Kempfert/Rolff · Qualität und Evaluation

Reihe »Neue Lehrerbildung und Schulentwicklung«

Guy Kempfert / Hans-Günter Rolff

Qualität und Evaluation

Ein Leitfaden für Pädagogisches Qualitätsmanagement

4., überarbeitete und erweiterte Auflage

Beltz Verlag · Weinheim und Basel

Guy Kempfert, Gymnasialdirektor in Liestal (Schweiz), Schulleiter und Leiter von Fortbildungskursen zur Schulentwicklung.

Hans-Günter Rolff, Prof. Dr., Gründer des Instituts für Schulentwicklungsforschung der Universität Dortmund.

4., überarbeitete und erweiterte Auflage 2005
(1.–3. Auflage »Pädagogische Qualitätsentwicklung« ISBN 3-407-25220-X)

Lektorat: Peter E. Kalb

© 2005 Beltz Verlag · Weinheim und Basel
www.beltz.de
Herstellung: Lore Amann
Satz: Druckhaus »Thomas Müntzer«, Bad Langensalza
Druck: Druckhaus Beltz, Hemsbach
Umschlaggestaltung: Federico Luci, Köln
Umschlagabbildung: Dieter Surm
Zeichnungen: Dieter Surm
Printed in Germany

ISBN 978-3-407-25360-6

Inhaltsverzeichnis

Vorwort

»Qualitätsmanagement und Evaluation« ist für die nächsten Jahre ein bedeutsames Thema, vielleicht sogar das bedeutsamste überhaupt. Qualitätsmanagement ist anspruchsvoll. Denn es muss ganzheitlich sein, auf einer umfassenden internen Evaluation beruhen, extern überprüft werden und sich womöglich auch noch für eine Zertifizierung eignen. Deshalb ist es unlösbar mit Evaluation verknüpft. Zudem sollte es nicht nur einen Managementfokus haben, sondern dezidiert pädagogisch orientiert sein.

Qualitätsmanagement von Schulen kann im Prinzip auf zweierlei Weise betrieben werden: Von oben und von unten. Vermutlich ist eine Kombination von beidem das Effektivste. Über Qualität von oben herrscht eine intensive bildungspolitische Diskussion; bundes- bzw. landesweite Standards und nationale wie internationale Tests sind die Stichwörter. Über Qualität von unten gibt es keinen öffentlichen Diskurs und es ist auch wenig klar, was damit gemeint ist. Deshalb wird in diesem Buch dargelegt, wie Qualitätsentwicklung von unten, d.h. in der Einzelschule, aussieht und wie sie gelingen kann.

Der Vorläufer zu diesem Buch kam 1999 heraus und ist seitdem in drei Auflagen erschienen. Es wurde jetzt vollständig überarbeitet und ist ein neues Buch geworden. Die neuen Inhalte betreffen vor allem die »Treiber« des Qualitätsmanagements – zielführendes Handeln, Feedback-Kultur und Teamentwicklung – sowie Tests und Standards, innerschulische Verarbeitung der Testergebnisse, Parallel- und Vergleichsarbeiten, schulinterne Unterrichtsevaluation, kollegiale Hospitation und professionelle Lerngemeinschaften.

So sind die Umrisse eines umfassenden Pädagogischen Modells des Qualitäts-Managements für Schulen entstanden. Wir nennen es PQM. Es eignet sich für alle Schulen aller Schulformen.

Das Autorengespann hat sich bei gemeinsamer Schulentwicklungsarbeit bewährt. Es handelt sich um einen konzeptorientierten Schweizer Gymnasialschulleiter und einen praxisorientierten deutschen Erziehungswissenschaftler. Wir danken den Kolleginnen und Kollegen des Gymnasiums Liestal (Schweiz) und des »Instituts für Schulentwicklungsforschung« für zahlreiche Anregungen und Dieter Surm für die Karikaturen.

Liestal und Dortmund, im Mai 2004 *Guy Kempfert / Hans-Günter Rolff*

I. Zwei Linien der Qualitätsentwicklung

Schon vor TIMSS und PISA war Qualitätsmanagement eine wichtige Aufgabe, nach den ernüchternden Ergebnissen dieser internationalen Fachleistungs-Vergleichsstudien gilt das erst recht. Jetzt erwartet die öffentliche Diskussion, dass eine Leistungssteigerung in den getesteten Hauptfächern erfolgt.

Die Bildungspolitiker aller Couleur setzen auf Qualitätsmanagement. Es werden die unterschiedlichsten Modelle diskutiert und teilweise bereits auch ausprobiert. Die entscheidende Frage an diese Modelle lautet nach PISA:

»Wie sollen die Leistungsdefizite der Schülerinnen und Schüler behoben werden?«

Vor allem aus der angelsächsischen Forschung wissen wir, dass es offenbar besonders schwierig ist, »schwache«, d.h. ineffektive Schulen zu verbessern (Stoll/Myres 1998). Deshalb müssen sich die Modelle des QM auch an der Zusatzfrage messen, ob sie in der Lage sind, die Qualität dieser Schulen mit geringem Förderpotenzial zu heben.

In der Theorie wie in der gerade entstehenden Praxis so genannter neuer Steuerung des Schulsystems sind zwei Linien zu erkennen, die sich deutlich unterscheiden und miteinander konkurrieren: das von der Zentrale her konzipierte QM und das von der Entwicklung von Einzelschulen her gedachte Modell.

Im Folgenden werden beide Linien zunächst als theoretische Idealtypen (im Sinne M. Webers) ausgeschärft und dann empirisch beschrieben sowie auf ihre Wirksamkeit für Qualitätsverbesserung hin untersucht.

1. Von der Schule ausgehende Entwicklung

Der Grundtyp A ist der ältere von den beiden hier unterschiedenen Idealtypen. Er entstand in den 80er-Jahren, als das Scheitern der bis dato vorherrschenden zentralen Bildungsplanung offensichtlich wurde (vgl. Rolff 1991).

Initiierung: Einzelschule als Gestaltungseinheit

Der Grundtyp A baut auf die Einzelschule als Gestaltungseinheit oder – wie es auch formuliert wurde – als »Motor der Entwicklung«. Die dahinter stehende, durch zahlreiche empirische Studien erhärtete Idee ist, dass Qualität schulischer Arbeit und Ergebnisse nicht zentral erwirkt bzw. angeordnet werden kann, sondern sich nur *entwickelt*, wenn die Akteure innerhalb einer Schule dieses wollen und sie dabei unterstützt werden.

Grundtyp A steht für das Schulentwicklungsmodell. Schulen setzen sich selber Qualitätsziele und überprüfen regelmäßig, wie weit sie diese erreichen. Sie geben sich ein Qualitätsleitbild und stellen systematische Überlegungen an, wie sie es umsetzen (»implementieren«) können. Die Umsetzungsprogramme werden zumeist als Schulentwicklungsprogramme bezeichnet.

Kernprozess der Qualitätsentwicklung ist Unterrichtsentwicklung. Personal- und Organisationsentwicklung kommen hinzu, um das professionelle Selbst der in der Schule Handelnden zu fördern und für innerorganisatorische Abstützung zu sorgen.

Der Grundtyp A ist dezidiert als Entwicklungsmodell und gleichzeitig als Lernmodell zu verstehen. Da nicht davon auszugehen ist, dass die innerschulischen Akteure von vornherein in der Lage sind, ihre eigene Entwicklung selbst zu steuern, müssen Steuergruppen eingesetzt werden. Dies ist in einem bemerkenswerten Ausmaß auch seit 1989 an deutschen Schulen geschehen: Es gibt Bundesländer wie Hamburg oder NRW, in denen über zwei Drittel aller Schulen über Steuergruppen verfügen (oder verfügten), die für ihre Schulen in Form von Leitbildern bzw. Schulprogrammen weithin akzeptierte Qualitätsziele erarbeiteten und den Prozess der Umsetzung gestalten.

Das ist vermutlich als die größte Schulinnovation der letzten 100 Jahre anzusehen. Denn damit setzt sich ein neues Schulverständnis durch: An Stelle der Schule als bürokratische Lehranstalt tritt jetzt die Idee der »lernenden Schule«.

Qualitätsverständnis

Ausgangspunkt jedes QMs muss sein zu klären, was unter Qualität überhaupt zu verstehen ist.

Der Begriff Qualität geht zurück auf das lateinische Wort »qualitas«, welches Beschaffenheit, Güte, Werthaltigkeit bedeutet. Für das zeitgemäße QM ist Qualität, »was den Anforderungen entspricht« (ISO 9000ff.). In Wirtschaft und Verwaltung bestimmen die Kunden die Anforderungen. Wer bestimmt sie im Schulbereich? *Schulqualität* ist in erster Linie Lernqualität der Schüler. Aber die Schülerinnen und Schüler sind nicht Kunden, »sondern Koproduzenten des Lernens«, und sie bestimmen auch nicht die Anforderungen. Die Anforderungen entstehen aus:

- staatlichen Lehrplänen,
- gesellschaftlichen und wirtschaftlichen Erwartungen,
- der Wissenschaft,
- der Bildungs- und Erziehungstheorie und
- dem Leitbild/Schulprogramm.

Im Leitbild bestimmen die Schulen – im vorgenannten Rahmen – letztlich selbst, was sie unter Qualität verstehen.

Doch wie können die Schulen wissen, welche Qualität sie haben? Evaluation gibt die Antwort. Evaluation wird verstanden als Prozess des systematischen Sammelns und Analysierens von Daten/Informationen mit dem Ziel, an Kriterien orientierte Bewertungsurteile zu ermöglichen, die begründet und nachvollziehbar sind. Evaluation meint datengestützte Bewertung. Kriterien sind vor allem:

- Vorgaben der Behörde bzw. des Parlaments (auslegungsbedürftig),
- Leitbild/Schulprogramm,
- Projektziele/Projektauftrag/Leistungsauftrag,
- Vergleiche/Benchmarking,
- vereinbarte Qualitätsindikatoren und -standards (»Performance Indicators«).

Insgesamt liegt ein breites Qualitätsverständnis zu Grunde. Es bezieht sich auf Input-, Prozess- sowie Outputfaktoren und umfasst Lernleistungen wie Erziehung, Schulmanagement, wie Ressourcennutzung oder Schulkultur, wie Lehrerprofessionalität (vgl. dazu Abb. I.1).

Evaluation: Primär intern, dazu extern

Evaluation spielt also in jedem QM-Modell eine zentrale Rolle. Beim Schulentwicklungsmodell hat interne Evaluation eine Priorität, und externe Evaluation gehört unvermeidlich dazu. Mit Priorität ist sowohl zeitlicher Vorrang als auch Gewichtigkeit gemeint.

Abb. I.1: Qualitätstableau: 6 Qualitätsbereiche und 32 Qualitätsfelder (Stand: Sept. 2003)

1 Ergebnisse und Erfolge der Schule	2 Lernkultur – Qualität der Lehr- und Lernprozesse	3 Schulkultur	4 Schulmanagement	5 Lehrerprofessionalität und Personalentwicklung	6 Ziele und Strategien der Qualitätsentwicklung
1.1 Persönlichkeitsbildung	2.1 Schuleigenes Curriculum: Ziele und Inhalte	3.1 Soziales Klima in der Schule und in den Klassen	4.1 Schulleitungshandeln und Schulgemeinschaft	5.1 Zielgerichtete Personalentwicklung	6.1 Programm- und Leitbildentwicklung
1.2 Fachkompetenzen	2.2 Lernangebote zur Stärkung der Persönlichkeit	3.2 Lebensraum Schule – Lebensraum Klasse	4.2 Kooperative Wahrnehmung der Gesamtverantwortung	5.2 Weiterentwicklung beruflicher Kompetenzen	6.2 Konzepte und Evaluation der Unterrichts- und Erziehungsarbeit
1.3 Schlüsselqualifikationen	2.3 Unterrichtsgestaltung (Lehrerhandeln im Unterricht)	3.3 Beteiligung der Schüler- und Elternschaft	4.3 Schulleitungshandeln und Qualitätsmanagement	5.3 Lehrerkooperation (Arbeits- und Kommunikationskultur in der Schule)	6.3 Konzepte und Evaluation der Schulentwicklung (Schule als Ganzes)
1.4 Schulabschlüsse und Bildungsweg	2.4 Leistungsanforderungen und Leistungskontrolle	3.4 Öffnung von Schule und Kooperation mit gesellschaftlichen Partnern	4.4 Verwaltungs- und Ressourcenmanagement	5.4 Personaleinsatz der Beschäftigten	6.4 Maßnahmen zum schulübergreifenden Vergleich
1.5 Schulzufriedenheit und Schulimage	2.5 Schülerunterstützung im Lernprozess		4.5 Unterrichtsorganisation	5.5 Gesundheitsförderliche Arbeitsbedingungen	6.5 Dokumentation und Umsetzungsplanung
1.6 Gesamteindruck und Selbstpräsentation der Schule	2.6 Außerunterrichtliche Schülerbeurteilung				6.6 Verbesserung der Schulumfeldsituation und der Rahmenbedingungen

Quelle: KM-Niedersachsen

Die Priorität interner Evaluation wird von Schulentwicklungsbegleitern empfohlen und durch Forschungen gestützt. Coleman (1992) und Newman u.a. (1997) haben überzeugende Belege dafür gefunden, dass die interne Evaluation erst den Boden bereitet, auf dem QM gedeihen und externe Evaluation wirken kann. Findet externe Evaluation statt, ohne dass in der Schule eine Evaluationskultur entstanden ist, »verpufft« sie: Sie wird von den Lehrpersonen nicht verstanden und schon allein deshalb nicht akzeptiert. Es ist kein Bewusstsein für die Nützlichkeit von Evaluation vorhanden ebenso wenig wie eine Expertise im Umgang mit Daten.

Erst wenn eine »Kultur der Evaluation« entsteht, vermag Evaluation die erhofften Impulse für Unterrichts-, Personal- und Organisationsentwicklung, also Schulentwicklung zu geben. Lehrpersonen, die sich mit interner Evaluation beschäftigen, werden zu »reflektierenden Praktikern«, Schüler, die den Unterricht evaluieren und zudem ihre eigenen Lernfortschritte einzuschätzen wissen, beteiligen sich aktiv am QM, und Schulleiter, die Evaluationsergebnisse ernst nehmen, praktizieren datengestützte Schulführung.

Interne Evaluation ist beim Schulentwicklungsmodell vorrangig, externe notwendig. Die externe Evaluation, die der internen folgt, wird in der Regel als Peer-Review (Rolff 2000) oder Inspektion (Sparka 2001) durchgeführt.

Steuerung und Koordination: kriterien- und indikatorenorientiert

Schulentwicklung supponiert ein dezentrales QM: Erst einmal müssen die Schulen selbstverantwortlich handeln lernen (und dafür einen geeigneten Rechtsrahmen vorfinden), dann erst stellt sich die Frage der Koordination von Selbststeuerung und zentraler Steuerung. Der Prozess der »Verselbstständigung« von Schulen ist ein Lernprozess: Er benötigt Experimentierräume, Zeit, viel Unterstützung und für Selbstkontrolle auch Evaluation. Er ist ein aufwändiger Lernprozess. Er verlangt auch, dass zentrale Behörden Entscheidungsbefugnisse an die Schulen abgeben und Behörden nicht mehr in die Schulen »hineinregieren« (vgl. Rolff/Schmidt 2002).

Aber »Verselbstständigung« von Schulen ist ambivalent. Sie könnte auch auf das hinauslaufen, was die amerikanische Literatur »Balkanisierung« nennt: Jede Schule macht, was sie will, und sie verhält sich zudem aggressiv gegenüber jenen Schulen, die sie als Konkurrenten empfindet (Hargreaves 2000).

Deshalb ist es wichtig, die innerschulischen wie die außerschulischen Steuerungsmedien konklusiv aufeinander abzustimmen. Das ist in etlichen Ländern wie Schottland und den Niederlanden von vornherein der Fall gewesen, geschieht aber in anderen – wie in Deutschland – erst relativ spät, sozusagen im Nachhinein. Voraussetzung für eine Gesamtabstimmung ist ein Referenzsystem, auf das sich die innerschulische Qualitätsevaluation genauso beziehen kann wie die außerschulische. Sonst laufen die Aktivitäten des QM aneinander vorbei, und es entsteht keine Synergie. Ein Referenzsystem sollte von bedeutsamen Qualitätsbereichen ausgehen, diese nach Qualitätsfeldern ausdifferenzieren und für jedes Feld Kriterien bzw. Standards formulieren, die anhand von Indikatoren überprüft werden können. Vor allem sollten sie sowohl von Schulen wie auch von Behörden akzeptiert werden.

Abb. I.2: Basisinstrument: Qualitätsbereiche und Dimensionen nach Q2E

		1. Schulische Rahmenvorgaben und strategische Vereinbarungen	I. Inputqualitäten
13. Steuerung der Q-Prozesse durch die Schulleitung		2. Personelle und strukturelle Voraussetzungen	
		3. Materielle und finanzielle Ressourcen	
14. Praxis des Individualfeedbacks und der individuellen Q-Entwicklung		4. Schulführung	II. Schule
		5. Schulorganisation und Schuladministration	
		6. Kollegiale Zusammenarbeit und Schulkultur	
		7. Lehr- und Lernarrangement	III. Unterricht
		8. Soziale Beziehungen	
15. Praxis der Schulevaluation und der Schulentwicklung	V. Qualitätsmanagement	9. Prüfen und Beurteilen	
		10. Zufriedenheit der Leistungsempfangenden	IV. Output-/Outcomequalitäten
		11. Lern- und Sozialisationsergebnisse	
		12. Schul- und Laufbahnerfolg	

(II./III. Prozessqualitäten)

Unter den deutschen Bundesländern verfügt nur Niedersachsen über ein solches Referenzsystem, »Orientierungsrahmen Schulqualität in Niedersachsen« genannt. Der niedersächsische Orientierungsrahmen für QM besteht aus folgenden Bausteinen:

- 6 Qualitätsbereiche,
- 32 Qualitätsfelder (vgl. Abb. I.1),
- 86 Kriterien und
- zahlreichen Hinweisen zu Indikatoren und anderen Instrumenten und Methoden der Qualitätsevaluation.

Abbildung I.1 zeigt die Qualitätsbereiche und -felder des niedersächsischen Referenzrahmens, der die Gestalt eines Qualitätableaus hat. Zu jedem Qualitätsfeld gehören zwei bis vier Kriterien, die so etwas Ähnliches wie Qualitätsziele darstellen.

Die Kriterien des niedersächsischen Qualitätableaus müssen anhand von Indikatoren evaluierbar, d.h. überprüfbar gemacht werden. Diese Indikatoren können die Schulen selber konstruieren oder aus einer Indikatorensammlung übernehmen, die dem Qualitätsrahmen beigefügt ist. Das Erreichen der Kriterien wird auf einer vierstufigen Skala gemessen, die ähnlich definiert ist wie die Stufen in Schottland, den Niederlanden oder auch bei Q2E (s. nächste Seite).

Für die drei unmittelbar lernerfolgsbezogenen Q-Felder 1.2 Fachkompetenzen, 1.3 Schlüsselqualifikationen und 2.1 Schuleigenes Curriculum (Ziele und Inhalte) hat die deutsche Kultusministerkonferenz (KMK) der Länder jüngst Standards formuliert, an denen sich die Schulen der Sekundarstufe I orientieren müssen (s.u.).

In der deutschsprachigen Schweiz wurde ein Q-Modell entwickelt, das ebenfalls von der Einzelschule ausgeht und der internen Evaluation Priorität gibt. Es wird Q2E genannt als Kürzel von »Qualität durch Evaluation und Entwicklung« (Landwehr/Steiner 2002). Es bietet ebenfalls einen elaborierten Referenzrahmen für Schulqualität in Form eines so genannten Basisinstruments (vgl. Abb. I.2).

Das Basisinstrument verfügt über 12 Qualitätsdimensionen von »1. Schulischen Rahmenvorgaben und strategischen Vereinbarungen« bis »12. Schul- und Laufbahnerfolg«. Sie sind nach dem QM-üblichen Ablaufschema nach Inputprozess- und Output-/Outcomequalitäten gegliedert, wobei die Prozessqualitäten wiederum nach Schule und Unterricht ausdifferenziert sind. Zu jeder Dimension sind Kriterien bzw. Indikatoren angegeben, an denen man Qualität erkennen und bewerten kann. Sie werden bei Q2E Qualitätsmerkmale genannt.

Abbildung I.3 zeigt eine Auswahl solcher Kriterien/Indikatoren für die Unterrichtsentwicklung zentraler Qualitätsdimensionen »7. Lehr- und Lernarrangement«. Die Aussagen sind z.T. als Kriterien für Qualität in diesem Bereich zu verstehen, z.T. als Indikatoren, die anzeigen, woran man Qualität für diesen Bereich erkennen kann. Q2E versteht Indikatoren als »Hinweise darauf, dass bestimmte qualitätsbestimmende Werte vorhanden sind, gelebt und umgesetzt werden« (Bd. 4, S. 43).

Das Basisinstrument umfasst schließlich noch drei Bereiche des Qualitätsmanagements: I. Steuerung der Q-Prozesse durch die Schulleitung, II. Praxis des Individualfeedbacks und der individuellen Q-Entwicklung und III. Praxis der Schulevaluation und der Schulentwicklung. Für diese Bereiche des QMs sind wiederum Kriterien/Indikatoren angegeben und – wie gehabt – vielfach gestuft, sodass so genannte Bewertungstabellen entstehen.

Abbildung I.4 zeigt eine solche Bewertungstabelle für den Q-Bereich »Steuerung der Q-Prozesse durch die Schulleitung«.

Der Begriff des Standards bezieht sich auf die Stufen solcher Bewertungstabellen:

In der Q2E-Bewertungssystematik werden – wie international üblich – vier Qualitätsstufen unterschieden, die jedem Kriterium/Indikator zugeordnet am rechten Rand von Abbildung I.3 zu ersehen sind. Sie werden beim Q2E-Ansatz präzis wie folgt definiert:

- **Stufe 1:** Wenig entwickelte Praxis: Die Praxis befindet sich an einem defizitären, unbefriedigenden Zustand. Es gibt einen dringenden Handlungsbedarf.
- **Stufe 2:** Funktionsfähige Praxis: Die grundlegenden Anforderungen sind erfüllt; es gibt aber noch viele Verbesserungsmöglichkeiten.
- **Stufe 3:** Differenzierte, gut entwickelte Praxis: Die Praxis ist auf gutem Niveau etabliert; die »üblichen« Erwartungen werden erfüllt.
- **Stufe 4:** Exzellente Praxis: Die Praxis weist eine hohe situative Passung auf, d.h., sie wird flexibel den unterschiedlichen Situationen angepasst, um eine optimale Wirkung zu erreichen. Gleichzeitig ist eine nachhaltige Qualitätsentwicklung im Sinne einer lernenden Organisation gewährleistet (Bd. 5, S. 34).

Abb. I.3: **Kriterien/Indikatoren zur 7. Q-Dimension**					
c)	Gestaltung der Lehr- und Lernprozesse (methodisch-didaktisches Arrangement)	1	2	3	4
1	Die Lehrperson legt Wert darauf, dass die Schülerinnen und Schüler Einsicht erhalten in die Ziele und Absichten des Unterrichts sowie in die Bedeutung der Lernziele und Inhalte.				
2	Der Lehrperson gelingt es, komplexe Lernprozesse unter Berücksichtigung der Erfahrungen und des Vorwissens aufzubauen und schwierige Sachverhalte in einer schülergerechten Sprache zu erläutern.				
3	Es gelingt den Lehrpersonen, das Interesse der Schülerinnen und Schüler für die Unterrichtsthemen zu wecken und eine konzentrierte/engagierte Mitarbeit herbeizuführen.				

»Innerhalb der drei Bewertungstabellen zum Qualitätsmanagement kommt der Bewertungsstufe 3 eine besondere Bedeutung zu: Sie wird im Rahmen des Projekts Q2E als ›Standard-Stufe‹ für die Zertifizierung angenommen. Dies bedeutet, dass die in Stufe 3 formulierten Qualitätsaussagen als Soll-Vorgaben betrachtet werden, die

Abb. I.4: **Bewertungstabelle zur Steuerung des QM durch die Schulleitung**			
Stufe 1	Stufe 2	Stufe 3	Stufe 4
Wenig entwickelte (defizitäre) Praxis	Grundlegende Anforderungen an eine funktionsfähige Praxis sind erfüllt	Praxis ist auf gutem Niveau entwickelt	Exzellente Praxis mit hoher situativer Passung und Optimierungsschlaufe
Es gibt kein eigentliches Qualitätsmanagement an der Schule. Einzelne Maßnahmen der Q-Entwicklung und Q-Sicherung (z.B. Mitarbeitergespräch, Schulbesuche des Inspektorats, Fortbildungsmaßnahmen) stehen unverbunden und relativ zufällig nebeneinander. Die Schulleitung verfügt über wenig Wissen und Know-how bzgl. der Umsetzung eines wirksamen, systematischen Qualitätsmanagements sowie bzgl. ihrer eigenen Rolle in diesem Prozess. Der Aufbau eines systematischen Qualitätsmanagements ist aus Sicht der Schulleitung keine notwendige bzw. erstrebenswerte Zielsetzung (»Keine Zeit«; »Es gibt Wichtigeres zu tun«). Q-Maßnahmen werden nicht als zum Schulleitungsauftrag gehörend wahrgenommen. Die Instrumente, die als Bestandteile der Q-Sicherung zum Einsatz kommen, werden schematisch angewandt und bleiben weitgehend unreflektiert.	Ansätze eines systematischen Qualitätsmanagements zur Förderung der Schul- und Unterrichtsqualität sowie zur Förderung der einzelnen Mitarbeitenden sind vorhanden. Die Schulleitung hat Einblick in die Anforderungen an ein schulisches Q-Management. Sie baut in der Schule gezielt Q-Management-Know-how (Instrumente, Verfahren bzw. entsprechende Erfahrungen) auf. Die Schulleitung initiiert und unterstützt schulische und individuelle Q-Projekte. Sie sorgt dafür, dass Fragen der Schul- und Unterrichtsqualität thematisiert werden und stellt Ressourcen für den Q-Management-Aufbau bereit. *Abgrenzung zu3: Qualitätsprozesse besitzen für die Schulleitung »Projektstatus«, d.h., es sind Sondermaßnahmen, die noch nicht in den Schulführungsprozess integriert sind.* *Der Aufbau des Q-Managements wird als eine von außen initiierte Notwendigkeit gesehen. (Man muss etwas im Bereich Q-Management tun, um den Erwartungen der vorgesetzten Behörden, der öffentlichen Meinung, anderer Schulen usw. zu entsprechen.)*	Die Schulleitung betrachtet den Aufbau und die Umsetzung eines funktionsfähigen und wirksamen Q-Managements als einen wichtigen Aspekt der Schulführungsaufgabe. Die Schulleitung verfügt über ein differenziertes Wissen (konzeptionelles Wissen und praktisches Know-how), das eine adäquate Umsetzung eines ganzheitlichen Q-Managements ermöglicht. Die Schulleitung verfügt über geeignete Instrumente und Verfahren, um gravierende Qualitätsdefizite rechtzeitig zu erkennen und wirksam anzugehen. Die Schulleitung vertritt die Anliegen des Qualitätsmanagements mit dem notwendigen Gewicht gegenüber der Lehrerschaft und dem übrigen Schulpersonal. Sie sorgt dafür, dass die Instrumente und Verfahren der Qualitätssicherung und -entwicklung für alle Beteiligten transparent sind und mit der notwendigen Verbindlichkeit und Seriosität umgesetzt werden. ↑ **Standardstufe**	Die Schule verfügt über ein professionelles Q-Management mit kreativen Lösungen für die schulspezifischen Anliegen. Die Schulleitung hat das QM-Konzept verinnerlicht. Die Umsetzung erfolgt nicht rezepthaftstur, sondern unter Einbezug der Gegebenheiten und als Ableitung von allgemeinen Prinzipien. Die Schulleitung führt das Q-Management situationsadäquat; sie kann im Rahmen des Q-Konzepts variantenreich und flexibel reagieren. Es liegt ein vielfältiges Repertoire an Instrumenten und Erfahrungen des Q-Managements vor. Die Q-Instrumente, die von der Schule eingesetzt werden, berücksichtigen die Möglichkeiten und die Eigenheiten der Schule in einer differenzierten Weise. (Sie sind »maßgeschneidert« mit Bezug auf das spezifische Schulprofil.) Die laufenden Überprüfungen und Optimierungen des Qualitätsmanagements ist eine spürbares Anliegen der Schulleitung und wird von ihr auch umgesetzt.

Praxisgestaltung

von der Schule zum überwiegenden Teil (70 Prozent) erreicht werden sollten.« (Landwehr/Steiner 2002, Bd. 5, S. 25)

Die Hinweise auf 70 Prozent bringen allerdings eine Unschärfe in den Referenzrahmen, da nicht klar ist, worauf er sich genau bezieht.

Die genannten 12 Q-Dimensionen sollen einen Bezugsrahmen für die schulinterne Evaluation und die Formulierung schulspezifischer Qualitätsziele bieten. Die zuletzt aufgeführten drei Q-Bereiche dienen als Referenzrahmen für die externe Evaluation bzw. die Zertifizierung.

Die Referenzrahmen dienen bei beiden Modellen als zentrales Steuerungsmedium, an das sich Schulen wie Behörden halten müssen. Sie definieren beide das Qualitätsverständnis relativ breit. Dazu gehören Fachkompetenzen und Schlüsselqualifikationen, aber auch die Lehr- und Lernformen, die Schulkultur, die Lehrerprofessionalität oder das Schulmanagement.

Der wesentliche Unterschied liegt darin, das beim niedersächsischen Modell die externen Evaluatoren die Schule, vor allem auch den Unterricht direkt evaluieren, während beim Schweizer Modell die innerschulischen Q-Dimensionen in direkter Weise nur schulintern evaluiert werden: Die externe Evaluation bezieht sich nicht auf die Q-Dimensionen selbst, sondern darauf, wie professionell die Schulleitung und die Lehrerschaft diese Evaluation gestalten und ob sie eine Feedback-Kultur aufgebaut haben. Beim niedersächsischen Modell handelt es sich also um externe Direktevaluation und beim Schweizer Modell – genau wie beim QM in der Wirtschaft (ISO, EFQM) – um Meta-Evaluation (um Evaluation der Evaluation). Über die Wirkungen beider Modelle ist bisher nicht geforscht worden.

Zu erwähnen ist allerdings, dass das Schweizer Modell ein »Fenster« für direkte Evaluation durch Externe vorgesehen hat, die dort primäre Evaluation genannt wird. Sie ist allerdings für Schulen nicht verpflichtend, sondern optional (Landwehr/ Steiner 2002, Bd. 5, S. 31).

Implementationsprobleme

Über die Wirkungen beider Modelle auf die tatsächliche Qualität von Schule (und hier auf die Qualität des Unterrichts) ist bisher nicht geforscht worden. Dieser Frage vorgelagert, stellt sich das Implementationsproblem: Wie und wie weit sind die Modelle des QM in Schulen überhaupt umgesetzt worden, in »Reinform« oder abgewandelt, insgesamt oder nur teilweise, schulweit oder nicht in einzelnen Jahrgruppen, Fachschaften oder Abteilungen? Hierüber ist wenig bekannt, außer dass die Zahl der in Frage kommenden Schulen sehr gering ist. In der Schweiz haben Anfang 2004 ca. zehn Berufsschulen das Q2E-Modell umgesetzt, davon zwei oder drei ziemlich komplett. Das niedersächsische Modell ist bisher in keinem Fall auch nur annähernd komplett umgesetzt worden. Allerdings ist die externe Evaluation anhand des Q-Tableaus bei acht Schulen erfolgt, längst nicht das ganze Tableau umgreifend, dafür aber mit einem deutlichen Fokus auf Unterricht, allerdings kaum auf Fachunterricht.

Die allgemeinen Bedingungen von Implementation haben Huberman und Miles in ihren richtungsweisenden Untersuchungen 1984 herausgearbeitet. Demnach gelingt eine Implementation am ehesten in einem Kontext, der durch eine Kombination von »pressure and support« gekennzeichnet ist. In der deutschen Diskussion hat sich die Formel Druck und Zug eingebürgert, die nicht ganz so präzis ist, weil das Moment der Unterstützung nicht benannt wird.

Aus ersten Evaluationsberichten (Bastian/Rolff 2002 und Rolff u.a. 2004) wissen wir, dass

- sich nur wenige Schulen freiwillig einer externen Evaluation stellen,
- sich interne Evaluation in Schulen verbreitet,
- zumeist die Evaluation von Unterricht vermieden wird, schon gar von Fachunterricht,
- die Daten der Öffentlichkeit am liebsten vorenthalten werden, sogar der Schulöffentlichkeit,
- dort, wo externe Evaluation verpflichtend ist, die interne intensiviert wird,
- Evaluation insgesamt angstbesetzt ist und auf ernsthafte Vorbehalte stößt,
- konkrete Erfahrungen mit Evaluation, vor allem klare Regeln und Normen zum Umgang mit Daten geeignet sind, diese Ängste und Vorbehalte in beachtlicher Weise zu mindern (vgl. Müller 2002).

2. Zentral administrierte Entwicklung

Der Grundtyp B der Steuerung der Qualität von Schulen geht zurück auf die groß-flächigen Leistungsuntersuchungen, deren Karriere in Deutschland 1995 mit der Veröffentlichung der TIMSS-Ergebnisse begann und sich mit PISA und IGLU fort-setzt. Diese international Large-scale Assessments genannten Untersuchungen die-nen dem zentralen System-Monitoring. Vor ihrem Hintergrund hat die KMK erst-mals am 04.12.2003 bundesweit gültige und insofern »nationale« Bildungsstandards beschlossen, die die Qualität des Unterrichts sichern und der Weiterentwicklung die-nen sollen. Diese Standards wurden zentral entwickelt, und sie werden von den Län-derregierungen zentral administriert.

Initiierung durch Standards

Bildungsstandards nach dem Verständnis der KMK beschreiben *erwartete Lerner-gebnisse*. Sie sind so etwas wie »nationale Kompetenzerwartungen« (Helmke).

Bildungsstandards greifen allgemeine Bildungsziele auf und benennen Kompeten-zen, die Schülerinnen und Schüler bis zu einer bestimmten Jahrgangsstufe an zentra-len Inhalten erworben haben sollen. *Sie konzentrieren sich auf Kernbereiche eines Fa-ches.* Damit wird die bisherige Orientierung an Inhalten und Qualifikationen aufge-geben. Dies ist ein weltweiter Trend, der durch die international vergleichenden Schülerleistungstests TIMSS und PISA ausgelöst wurde.

Bildungsstandards nach dem vorherrschenden Verständnis formulieren fachliche und fachübergreifende Kompetenzen, die für die weitere schulische und berufliche Ausbildung von Bedeutung sind und die anschlussfähiges Lernen ermöglichen. Die Standards der KMK liegen zunächst für den Schulabschluss am Ende der Pflicht-schulzeit und für die Fächer Deutsch, Mathematik und Englisch vor. Weitere Fächer sollen folgen ebenso wie Standards für das Ende der (vierjährigen) Grundschulzeit.

Die nationalen Bildungsstandards sollten zunächst als Mindeststandards defi-niert werden, wurden aber letztlich als so genannte Regelstandards beschlossen. Sie greifen die Grundprinzipien des jeweiligen Unterrichtsfaches auf. **Die nationalen Bildungsstandards:**

- beschreiben die *fachbezogenen Kompetenzen einschließlich zu Grunde liegender Wissensbestände*, die Schülerinnen und Schüler bis zu einem bestimmten Zeit-punkt ihres Bildungsganges erreicht haben sollten;

- zielen auf systematisches und vernetztes Lernen und folgen so dem Prinzip des kumulativen Kompetenzerwerbs;
- beschreiben erwartete Leistungen im Rahmen von Anforderungsbereichen;
- beziehen sich auf den Kernbereich des jeweiligen Faches und geben den Schulen Gestaltungsräume für ihre pädagogische Arbeit;
- weisen ein mittleres Anforderungsniveau aus;
- werden durch Aufgabenbeispiele veranschaulicht.

Diese Standards basieren auf vorläufigen *fachspezifisch definierten Kompetenzmodellen*, die aus der Erfahrung der Schulpraxis heraus entwickelt wurden. Sie beziehen international anerkannte Standardmodelle – u.a. theoretische Grundlagen der PISA-Studie und den Gemeinsamen europäischen Referenzrahmen für Sprachen – ein.

Aufgabenbeispiele veranschaulichen die *fachlichen Bildungsstandards*. Die deutschen Bundesländer sind übereingekommen, weitere Aufgabenbeispiele zu entwickeln und *in landesweiten bzw. länderübergreifenden Orientierungs- und Vergleichsarbeiten oder in zentralen oder dezentralen Prüfungen festzustellen, in welchem Umfang die Standards erreicht werden*. Diese Feststellung kann zum Abschluss der Pflichtschulzeit erfolgen oder auch schon zu einem früheren Zeitpunkt getroffen werden, um Fördermaßnahmen zu ermöglichen. Das Prinzip kompetenzorientierter Standards soll am Fach Mathematik illustriert werden:

Beispiel Mathematik
Mit dem Erwerb des Schulabschlusses sollen Schülerinnen und Schüler über die nachfolgend genannten allgemeinen mathematischen Kompetenzen verfügen, die für alle Ebenen des mathematischen Arbeitens relevant sind. Diese Kompetenzen werden immer im Verbund erworben bzw. angewendet. Sie sind aus Abbildung I.5 zu ersehen.

Einige der oben benannten mathematischen Kompetenzen werden im Folgenden beispielhaft konkretisiert:

(K 1) Mathematisch argumentieren
Dazu gehört:
- Fragen stellen, die für die Mathematik charakteristisch sind (»Gibt es ...?«, »Wie verändert sich ...?«, »Ist das immer so ...?«), und Vermutungen begründet äußeren, mathematische Argumentationen entwickeln (wie Erläuterungen, Begründungen, Beweise), Lösungswege beschreiben und begründen.

(K 2) Probleme mathematisch lösen
Dazu gehört:
- Vorgegebene und selbst formulierte Probleme bearbeiten, geeignete heuristische Hilfsmittel, Strategien und Prinzipien zum Problemlösen auswählen und anwenden, die Plausibilität der Ergebnisse überprüfen sowie das Finden von Lösungsideen und die Lösungswege reflektieren.

Mathematische Leitideen

Die KMK betont, dass die oben beschriebenen allgemeinen mathematischen Kompetenzen von Schülerinnen und Schülern in der Auseinandersetzung mit mathematischen Inhalten erworben werden. Insofern bleiben Inhalte wichtig. Dementsprechend werden die allgemeinen mathematischen Kompetenzen als Dispositionen von Schülerinnen und Schülern inhaltsbezogen konkretisiert.

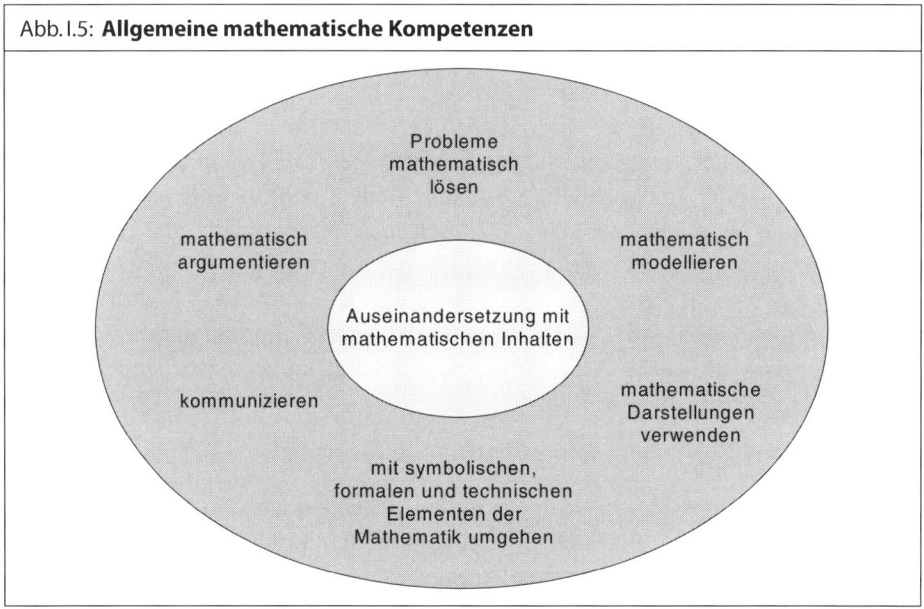

Abb. I.5: **Allgemeine mathematische Kompetenzen**

Solche Standards für inhaltsbezogene mathematische Kompetenzen sind jeweils ausgewählten mathematischen Leitideen zugeordnet, um Verständnis von grundlegenden mathematischen Konzepten zu erreichen, Besonderheiten mathematischen Denkens zu verdeutlichen sowie Bedeutung und Funktion der Mathematik für die Gestaltung und Erkenntnis der Welt erfahren zu lassen. Folgende mathematische Leitideen sind zu Grunde gelegt:

- Zahl,
- Messen,
- Raum und Form,
- funktionaler Zusammenhang,
- Daten und Zufall.

Eine Leitidee vereinigt Inhalte verschiedener mathematischer Sachgebiete und durchzieht ein mathematisches Curriculum spiralförmig.

Die Zuordnung einer inhaltsbezogenen mathematischen Kompetenz zu einer mathematischen Leitidee ist nicht in jedem Fall eindeutig, sondern davon abhängig, welcher Aspekt mathematischen Arbeitens im inhaltlichen Zusammenhang betont werden soll.

Dies wird wiederum für jede Leitidee verdeutlicht:

(L 1) Leitidee Zahl
Die Schülerinnen und Schüler
- nutzen sinntragende Vorstellungen von rationalen Zahlen, insbesondere von natürlichen, ganzen und gebrochenen Zahlen entsprechend der Verwendungsnotwendigkeit;
- stellen Zahlen der Situation angemessen vor, unter anderem in Zehnerpotenzschreibweise;
- begründen die Notwendigkeit von Zahlbereichserweiterungen an Beispielen, nutzen Rechengesetze, auch zum vorteilhaften Rechnen, nutzen zur Kontrolle Überschlagsrechnungen und andere Verfahren;
- runden Rechenergebnisse entsprechend dem Sachverhalt sinnvoll;
- verwenden Prozent- und Zinsrechnung sachgerecht;
- erläutern an Beispielen den Zusammenhang zwischen Rechenoperationen und deren Umkehrungen und nutzen diese Zusammenhänge;
- wählen, beschreiben und bewerten Vorgehensweisen und Verfahren, deren Algorithmen bzw. Kalküle zu Grunde liegen;
- führen in konkreten Situationen kombinatorische Überlegungen durch, um die Anzahl der jeweiligen Möglichkeiten zu bestimmen;
- prüfen und interpretieren Ergebnisse in Sachsituationen unter Einbeziehung einer kritischen Einschätzung des gewählten Modells und seiner Bearbeitung.

Für jeden Standard werden – wie in den internationalen Studien TIMSS und PISA – Kompetenzniveaus definiert. Bei den internationalen Studien geschah das auf Grund empirischer Daten mit Hilfe anspruchsvoller Skalierungsverfahren. Dabei ergaben sich zumeist 4 oder 5 Stufen. Die KMK nahm die Stufung nicht auf empirischer Basis, sondern anhand von Einschätzungen eines Gremiums von Fachdidaktikern vor, wobei immer das gleiche Dreistufen-Schema benutzt wurde (vgl. Abb. I.6).

Die an Kompetenzstufen orientierten Standards sollen regelmäßig durch Tests überprüft werden. Die Testorientierung geht so weit, dass sich die Proponenten dieses Modells Standards ohne diesbezügliche Tests ebenso wie Tests ohne Standards gar nicht vorstellen können. Standards und Tests werden als Zwillinge gedacht (vgl. z.B. Klieme u.a. 2003). Deshalb kann auch von einem Teststandard-Modell gesprochen werden.

Abb. I.6: **Anforderungsbereiche/Kompetenzstufen**		
I. Reproduzieren	**II. Zusammenhänge herstellen**	**III. Verallgemeinern und Reflektieren**
Mathematisch argumentieren Dazu gehört:		
• Routineargumentationen wiedergeben (wie Rechnungen, Verfahren, Herleitungen, Sätze, die aus dem Unterricht vertraut sind). • Mit Alltagswissen argumentieren.	• Überschaubare mehrschrittige Argumentationen erläutern oder entwickeln. • Lösungswege beschreiben und begründen. • Ergebnisse bzgl. ihres Anwendungskontextes bewerten. • Zusammenhänge, Ordnungen und Strukturen erläutern.	• Komplexe Argumentationen erläutern oder entwickeln. • Verschiedene Argumentationen bewerten. • Fragen stellen, die für die Mathematik charakteristisch sind, und Vermutungen begründet äußern.

Qualitätsverständnis

Das Qualitätsverständnis des Teststandard-Modells ist betont fachspezifisch. Deutsch-, Mathematik- und Englischkompetenzen sowie die dazugehörigen Wissensdomänen definieren, was unter Qualität zu verstehen ist. Andere Qualitätsdimensionen, wie sie das Schulentwicklungsmodell als Referenzrahmen benutzt, sind bestenfalls unterbelichtet, kommen letztlich gar nicht vor. Schulqualität ist Fachqualität. Auch wenn dieses Qualitätsverständnis im Kern plausibel ist, birgt es doch unübersehbar die Gefahr eines pädagogischen Reduktionismus. Hartmut v. Hentig spricht in diesem Zusammenhang von einer Drei-Fächer-Schule (Hentig 2003, S. V 30). Zudem regeln Standards in erster Linie, was gelernt werden soll; das Wie, welches die Reformschulen besonders betonen, tritt wieder in den Hintergrund.

Fraglos sind Standards für die Qualitätssicherung vonnöten. Problematisch ist jedoch die Verengung der Standards auf die drei »Hauptfächer« und die Verschweißung der Standards mit hoch voraussetzungsvollen Tests. Denn die Testkonstruktion wird letztlich durch skalierungstechnische Notwendigkeiten geleitet. Nicht was Schüler lernen und Lehrer lehren sollen, sondern was sich auf Kompetenzskalen abbilden lässt, könnte über die Auslegung von Standards entscheiden. Das wirkt mehrfach restriktiv: Es fällt tendenziell heraus, was dem kognitionswissenschaftlichen Kompetenzbegriff nicht genügt, was zu wenig fachlich gerahmt ist, und letztlich sogar, was sich nicht auf Stufenskalen abbilden lässt, also beispielsweise Emotionales, Musisches und Ästhetisches. Wenn man die Stufenlogik wirklich ernst nähme, dann blieben äußerst wenig Lernbereiche für Teststandards übrig. Behauptet sie doch, dass sich Lernen in klar abgrenzbarer, aufeinander aufbauender, inkludierender, einer festgelegten Reihenfolge gehorchenden Stufung vollzieht. Das ist selbst bei der etabliertesten Stufenabfolge, Piagets Modell der geistigen Entwicklung, nicht unumstritten.

Hinzu kommt, dass Lehrkräfte nicht in der Lage sind, derart anspruchsvolle Kompetenztests selbst auszuwerten. Das führt zu einer unvermeidlichen Abhängigkeit von Testinstituten. Das heißt vor allem, dass Lehrkräfte die Ergebnissicherung ihres Unterrichts nicht mehr selbst in der Hand haben. Es werden ihnen relativ abstrakte Ergebnisse zurückgemeldet, nämlich die Position von Schülergruppen auf Kompetenzniveaus. Die Frage, welche Inhalte im Unterricht vermittelt wurden und welche Methoden dabei wirksam waren, bleibt im Dunkeln. Auch Notwendigkeiten der Geheimhaltung der Testaufgaben und die riesigen Kosten für Neuentwicklung halten die Testkonstrukteure davon ab, konkrete Informationen an die Lehrkräfte zu geben. Das führt eher zu einer Deprofessionalisierung als zur versprochenen Professionalisierung. Lehrer kommen kaum umhin, sich nach den Beispielaufgaben der Tests zu richten, sodass »teaching to the test« die Regel wird.

Problematisch ist ferner, dass die Normierung von Teststandards eine Art eingebaute Tendenz zur Überhöhung hat. Qualität angesichts von Regelstandards ist hohe Qualität. Denn letztlich legen Politiker die Mindeststandards (»80 Prozent auf Niveau IV«) fest. Bayern z.B. könnte alle anderen übertreffen wollen, und niemand möchte – und kann – hinter Bayern zurückstehen. Robert Marzano hat herausgefunden, dass in den USA die Schüler neun Jahre länger zur Schule gehen müssten, wenn sie die in einigen Staaten geltenden Standards erreichen wollten.

Ein weiteres Problem liegt in der Versuchung, die Ergebnisse von Tests für Ausleseentscheidungen zu nutzen, also die Schullaufbahn oder den Schulabschluss von Schülern an Testergebnisse zu binden. Tests, die für Laufbahnentscheidungen genutzt werden, heißen in den USA »High Stakes Tests«. Sie werden dort in 18 Bundesstaaten eingesetzt. Sie ähneln den empfohlenen Teststandards sehr. Erste empirische Untersuchungen (vgl. Februar-Heft 2003 von »Educational Leadership«), zeigen übereinstimmend:

- Teststandards messen nicht, was sie vorgeben (schreibt Popham),
- schwache Schulen und schwache Schüler werden noch schwächer, und
- Teststandards können mehr demotivieren als motivieren (Amrein/Berliner).

Evaluation: primär extern, dazu Rückmeldungen

Die Teststandards sollen – definitionsgemäß – regelmäßig durch Tests überprüft werden. Die KMK hat beschlossen, dass zu diesem Zwecke eigens eine »Testagentur der Länder« gegründet wird. Deren Hauptaufgabe besteht darin, Anker-Items für die Normierung länderspezifischer Tests auf einer gemeinsamen (nationalen) Metrik bereitzustellen. Damit soll sie im Jahre 2006 anhand der dann verfügbaren bundesweit repräsentativen PISA-III-Daten beginnen, und zwar zunächst nur für Mathematik. Andere Fächer folgen später.

Externe Evaluation hat also eindeutig Priorität. Die bei diesen bundesweit, z.T. auch landesweit repräsentativen Stichprobenerhebungen anfallenden Daten werden den Schulen zurückgemeldet, wie es bei PISA I (PISA 2000) und IGLU bereits geschehen ist. Die Frage ist, wie die Schulen mit diesen Daten umgehen und ob bzw. wie sie sie für ihr eigenes QM nutzen. Diese Frage ist, abgesehen von einer Studie von Peek in Brandenburg und von einer kleineren Studie in Hessen (Schwarz/Steffens 2003), noch nicht untersucht worden. Diese Studie und Auskünfte der bei der Rückmeldung einbezogenen Landesinstitute lassen vermuten, dass zwar die meisten Schulen eine Datenrückmeldung anfordern, aber nur die wenigsten (ca. 20 Prozent) die Daten auch für QM-Zwecke nutzen. Das mag daran liegen, dass die Schulen in Deutschland bisher noch keine Erfahrungen mit datenbasierter Schulentwicklung gemacht haben oder dass die Daten nicht repräsentativ für die Schule und überhaupt schwer zu interpretieren sind. Die Hessen-Studie zeigt bemerkenswerterweise, dass der Einsatz von Beratern, die den Schulen bei der Dateninterpretation helfen, die Intensität der innerschulischen Verarbeitung erhöht.

Der Hauptgrund für die Rückmeldeabstinenz der Schulen liegt vermutlich darin, dass sich die Schulen mit den Daten aus Large-scale-Assessments kaum identifizieren: Sie stammen nicht – wie bei interner Evaluation – aus schuleigenen Fragestellungen, die Repräsentativität für die Schule ist nicht gesichert, und häufig gehen die Daten – wie bei IGLU – nur an die betroffenen Klassenlehrer, die diese für sich behalten, sodass sie nicht schulöffentlich werden.

Steuerung und Koordination: Standard- und testorientiert

Die Steuerung erfolgt zentral: Die Standards sind zentral erarbeitet und zentral vereinbart. Sie können nicht zentral, sondern nur in den Ländern realisiert werden. Die Länder haben sich verpflichtet, ihre Lehrpläne darauf abzustimmen. Die Bildungsstandards sind nach einer längeren kontroversen Debatte nicht schulformspezifisch, sondern schulformübergreifend formuliert. Die meisten Länder von Baden-Württemberg bis Nordrhein-Westfalen setzen sie allerdings in Form schulformspezifischer Kernlehrpläne um. Diese sollen die Lehrplanentwicklung der Einzelschulen steuern.

Ein Koordinierungsproblem entsteht insofern nicht, als die Schulen bei der Konzipierung der Standards nicht beteiligt waren. Sie wurden zentral erstellt und topdown an die Schulen weitergegeben.

Ähnlich verhält es sich mit dem Bund-Länder-Kommissionsprogramm Sinus, das durch Chik ergänzt wird. Beide Programme sind im Anschluss an TIMSS entstanden und intendieren eine Qualitätsverbesserung des mathematischen und naturwissenschaftlichen Unterrichts; Chik ist auf Chemie spezialisiert. Beide Programme orientieren sich an den (impliziten) Teststandards von TIMSS. Sie stellen zentral entwickelte, unterschiedliche Module (z.B. neue Aufgabenkultur) dar, die in Form von Modellvorhaben von Schulen ausprobiert wurden. Die Entwicklung der

Module, die Koordination des Einsatzes in Schulen und die Evaluation lag und liegt beim Institut für die Pädagogik der Naturwissenschaften. Die Evaluation hat ergeben, dass dieses top-down verbreitete Programm den Unterricht offenbar verändert (Prenzel 2001). Ob es die Fachleistungen verbessert hat, ist noch unklar.

Implementation durch Tests und zentrale Prüfungen

In der Präambel zu den KMK-Standards heißt es: Sie sollen verwirklicht werden »in einem Unterricht, der selbstständiges Lernen, die Entwicklung von kommunikativen Fähigkeiten und Kooperationsbereitschaft sowie eine zeitgemäße Informationsbeschaffung, Dokumentation und Präsentation von Lernergebnissen zum Ziel hat« (Teil Mathematik, S. 7).

Dies entspricht dem Bild modernen Unterrichts, muss aber als frommer Wunsch angesehen werden, solange nicht die Voraussetzungen für die Implementation in den einzelnen Schulen geschaffen werden, d.h. die Voraussetzungen für Unterrichtsentwicklung. In den KMK-Standards wird darauf nicht einmal hingewiesen.

Dabei ist davon auszugehen, dass die Lehrer sich nicht umstandslos mit den Standards bekannt machen, geschweige denn anfreunden werden. Empirische Untersuchungen zur Frage »Was wird durch eine Lehrplanrevision verändert« zeigen, dass revidierte Lehrpläne den Unterricht kaum erreichen und ca. 70 Prozent der befragten Lehrpersonen sie gar nicht kannten (Vollstädt/Tillmann u.a. 1999).

Dies Problem scheint den KMK-Planern bewusst gewesen zu sein. Vermutlich um sicher zu gehen, dass die Bildungsstandards von den Schulen auch ernst genommen werden, hat die KMK am 04.12.2003 eine Art Dreifachsicherung beschlossen:

Die Kultusministerkonferenz vereinbart:

»1. Die Bildungsstandards für den Mittleren Schulabschluss in den Fächern Deutsch, Mathematik, Erste Fremdsprache werden von den Ländern zu Beginn des Schuljahres 2004/2005 als Grundlagen der *fachspezifischen Anforderungen für den Mittleren Schulabschluss* übernommen.

2. Die Länder verpflichten sich, die Standards zu implementieren und anzuwenden. Dies betrifft insbesondere die Lehrplanarbeit, die Schulentwicklung und die Lehreraus- und -fortbildung. Die Länder kommen überein, weitere Aufgabenbeispiele zu entwickeln und *in landesweiten bzw. länderübergreifenden Orientierungs- und Vergleichsarbeiten oder in zentralen oder dezentralen Prüfungen festzustellen, in welchem Umfang die Standards erreicht werden*. ...

3. Die Standards und ihre Einhaltung werden unter Berücksichtigung der Entwicklung in den Fachwissenschaften, in der Fachdidaktik und in der Schulpraxis durch eine von den Ländern gemeinsam beauftragte *wissenschaftliche Einrichtung überprüft* und auf der *Basis validierter Tests weiterentwickelt.*«

Es wäre allerdings eine Illusion zu glauben, dass mit diesem dreifachen Druck die Implementationsprobleme gelöst seien. Huberman und Miles haben ja – wie erwähnt – schon frühzeitig darauf hingewiesen, dass zum Druck auch Zug (bzw. Support) hinzukommen muss, weil sonst nur Gegendruck entsteht bzw. defensive Routinen aktiviert werden.

Deshalb steht zu vermuten, dass die Schulen die Abschlussprüfungen am Ende der Pflichtschulzeit wohl an den Standards ausrichten, aber den Unterricht nicht signifikant verändern, ebenso wenig die Lernformen der Schülerinnen und Schüler. Zudem sind die Standards bisher nur für die 9. Klassen formuliert und werden demnächst für die 4. Klassen definiert: Niemand weiß, was sie für die 8., 7., 6. oder die 2. Klassen bedeuten!

3. Auf dem Wege zum integrierten Qualitätsmanagement?

Das von der Schule ausgehende Grundmodell A ist mit dem von zentralen Standards ausgehenden Modell B nicht unvereinbar. Im Gegenteil: International wird seit längerem daran gearbeitet, beide zu integrieren (vgl. z.B. Gray u.a. 1996). Auch wissen wir aus der Organisationsentwicklung, dass Bottom-up-Ansätze und Top-down-Ansätze notwendig zusammengehören, wenn (Qualitäts-)Entwicklungen gelingen sollen. Sind wir also auf dem Wege zu einem integrierten Qualitätsmanagement, das zudem Qualitätssicherung mit Qualitätsentwicklung vereint?

Situation: Rezentralisierung und Dominanz der Administration

In Deutschland steht in den letzten Jahren das Teststandard-Modell im Mittelpunkt der öffentlichen Debatte (allerdings nicht in den Schulen), des administrativen Handels und auch der Vergabe von Forschungsmitteln. Schulentwicklung spielt zwar eine Rolle, wird auch erwähnt, bleibt aber eher Rhetorik. Ein typisches Beispiel ist das bereits erwähnte Klieme-Gutachten zu nationalen Bildungsstandards (vgl. Klieme u.a. 2003, S. 110ff.). Es enthält ein ganzes Kapitel über Schulentwicklung. Faktisch geht es dabei jedoch um kaum mehr als um Gewinnung der Akzeptanz der Lehrerschaft, wie es in diesem Kapitel auch wörtlich heißt: Bezeichnend ist auch, dass in der Gutachtergruppe kein Schulentwickler vertreten war; es war auch kein Schulpädagoge dabei.

Ernst genommene Schulentwicklung verlangt nach Dezentralisierung, Stärkung der Einzelschule, Aufbau von Agenturen zur externen Evaluation, Erarbeitung und Verabschiedung eines Orientierungs- bzw. Referenzrahmens für Qualitätsevaluation und ein intensiv ausgebautes Unterstützungssystem – wie das in etlichen Schweizer Kantonen oder in den Niederlanden der Fall ist.

Guskey betont die Wirksamkeit dezentraler Schulentwicklung und stellt für die USA fest: »Die Lernerfolgsfeststellungen, die am besten geeignet sind, Verbesserungen des Lernens der Schüler zu Stande zu bringen, sind Tests, Quizze, Schreibaufgaben und andere Instrumente, die Lehrer auf reguläre Weise in ihrer Klasse anwenden.« (Guskey 2003, S. 7)

Demgegenüber dominiert mit dem deutschen Weg, nationale Bildungsstandards zu vereinbaren und mit Druckmitteln durchzusetzen, die Administration und tritt eine Rezentralisierung ein, bevor die Dezentralisierung überhaupt wirklich begonnen hat.

Statt dass »schwache« Schulen besonders unterstützt wurden, bleiben sie im Schatten der Standards. Nationale Bildungsstandards lenken die Aufmerksamkeit auf die »höheren« Schulen und helfen den Hauptschulen am wenigsten. Und »High Stakes Tests« verschärfen die Ungleichheit, die in Deutschland im Ländervergleich ohnehin am stärksten ausgeprägt ist. Hinzu kommt, dass die Hauptschulen eine Schulform darstellen, die insgesamt den »schwachen« Schulen zuzurechnen ist. PISA 2000 hat ergeben, dass Hauptschulen aus strukturellen Gründen suboptimale Entwicklungsmilieus darstellen, die Schüler gleicher kognitiver Grundausstattung bzw. Intelligenz erheblich weniger fördern als Realschulen oder Gymnasien (Baumert 2001, S. 182).

Die Frage ist, wie es zur Dominanz nationaler Teststandards kommen konnte. Empirische Evidenz spricht eher dagegen, und erfolgreiche PISA-Länder wie Finnland, Schweden oder Neuseeland arbeiten nicht mit solchen (kompetenzstufenorientierten Test-)Standards.

Der Erfolg dieses Modells in der Öffentlichkeit muss offenbar anders als durch wissenschaftliche Erkenntnisse begründet sein: Nationale Teststandards sind Symbolpolitik. Sie zeigen der allgemeinen Öffentlichkeit, dass Politik und Administration etwas tun, das Qualitätsthema ernst nehmen und beabsichtigen, die Qualität zu erhöhen – was allen nur gefallen kann. Sie versprechen vor allem, die Leistungen der deutschen Schüler zu verbessern, ohne an der leidigen Schulstrukturfrage und der damit verbundenen frühen Selektivität rühren zu müssen. Sie bringen auch nicht das Dauerthema Reform der Schulaufsicht, das mit der österreichischen Ausnahme in allen OECD-Ländern angepackt wurde, auf die Tagesordnung. Im Gegenteil: Die Schulaufsicht in der bisherigen Form wird dringend benötigt, um die Bildungsstandards zu administrieren. Schließlich sind Bildungsstandards auch Kosten sparend; sie sind jedenfalls erheblich preiswerter als der sonst fällige Ausbau des Unterstützungssystems für Schulentwicklung. Die Niederlande oder die Schweiz geben heute ein Mehrfaches für solche Unterstützungssysteme aus als Deutschland.

Perspektive: vom Cocktail zur Synthese

Bildungsstandards sind sinnvoll und nötig als Ausdruck fachlicher Bildungsziele und als Maßstab für Evaluation. Sie werden jedoch problematisch, wenn sie – wie gezeigt – mit »High Stakes Tests« verschmolzen und/oder zum dominanten, zentralen Steuerungsmittel mutieren und/oder nur mit Druck durchgesetzt werden können. Erst in einem Gesamtkonzept von Qualitätsmanagement werden Standards sinnvoll.

Einige Länder, auch Bundesländer, sind auf dem Wege zu einem Gesamtkonzept. Im Ausland sind z.B. Kanada, Schottland oder die Niederlande weit vorangeschritten, in Deutschland z.B. Niedersachsen, Baden-Württemberg, Rheinland-Pfalz und Nordrhein-Westfalen. Sie erproben zahlreiche der erwähnten Komponenten der Steuerung des Qualitätsmanagements, kombinieren auch etliche, haben sie jedoch nicht (oder noch nicht) zu einem umfassenden und konklusiven System integriert. Es handelt sich eher um Cocktails als um Synthesen.

Beispielsweise ist die externe Evaluation – wie in den Niederlanden – stark ausgebaut, aber die interne unterentwickelt. Oder es wird ein adäquat aufeinander eingespieltes Konzept von interner und externer Evaluation geplant und beschlossen –, aber es mangelt an einer Abstimmung mit den Bildungsstandards und erst recht mit Schulleistungstests.

Wenn aus einem Cocktail eine Synthese werden soll, muss nach *Medien der systematischen Verknüpfung* gesucht werden. Vier solcher Medien sind zurzeit zu erkennen:

1. Bildungsstandards und Schulcurricula,
2. allgemeindidaktische und fachdidaktische Unterrichtsentwicklung,
3. interne und externe Evaluation,
4. Tests zum Zwecke des System-Monitorings und der Schulevaluation.

Zu 1: Bildungsstandards müssen nicht zentral administriert und allein durch Druck implementiert werden. Sie sind »luftig« formuliert, sie geben einen Rahmen vor; sie lassen Raum für schulspezifische Auslegungen. Umgekehrt finden Schulen mit eigenem Profil in den Standards ein Orientierungssystem und auch Maßstäbe für die eigenen Leistungsansprüche. Wenn beides systematisch aufeinander bezogen wird, entsteht ein Schulcurriculum, das sich allerdings auf ein viel breiteres Feld beziehen sollte als die Standards bisher abstecken, z.B. auf andere Fächer und auf Lehr- und Lernformen, die von den bisher vorliegenden Standards gar nicht thematisiert werden.

Adressaten der Standards sind ausdrücklich die Fachkonferenzen. Damit verbunden ist ein Verständnis von Unterrichtsentwicklung als Entwicklung von Fachunterricht. Unterrichtsentwicklung im Rahmen von Schulentwicklung bezieht sich indes eher auf Methoden- und Kommunikationstraining sowie auf kooperatives Arbeiten, also auf Lernen von Schülern (und z.T. auch von Lehrern, vgl. Bastian/Rolff 2001). Fachunterricht bewegt sich gleichsam auf einer vertikalen Achse, im Gymnasium z.B. von der 5. bis zur 13. Klasse. Die Lehrer, die ein Fach unterrichten, arbeiten meist in mehreren Klassen. Der Ort professionellen Austausches ist die Fachkonferenz. In Ermangelung eines Bezugs auf dieselben Schüler (aus derselben Klasse) stehen Fachfragen im Mittelpunkt des Interesses.

Zu 2: Unterrichtsentwicklung im Sinne von Weiterentwicklung der Lernformen und Lernmethoden bezieht sich eher auf eine horizontale Ebene, auf das Lernen von Schülern derselben Klasse oder desselben Jahrgangs. Lehrer, die in diesem Sinne den Unterricht verbessern wollen, betreiben Unterrichtsentwicklung konsequenterweise auch im Rahmen von Klassen bzw. Jahrgangsteams. Beide Formen der Unterrichtsentwicklung gehören innerlich zusammen. Dieser Zusammenhang stellt sich allerdings in fragmentierten Schulen nicht von selber her. Er muss organisiert werden. Abbildung I.7 zeigt das (Koordinaten-)Kreuz integrierter Unterrichtsentwicklung, das durch eine Steuergruppe koordiniert wird und sich letztlich schulweit ausbreiten muss. Wenn diese Koordination gelingt, entsteht integriertes Lernen, eigenverant-wortliches Lernen genannt.

Der innere Zusammenhang beider Formen der Unterrichtsentwicklung wird auch in den Texten der Fachdidaktiker deutlich, in denen sich zumeist Formulierungen finden wie selbstreguliertes Lernen, kooperatives Lernen oder zielorientiertes Lernen, also allgemeindidaktische Kategorien. Auf der anderen Seite ist auch den »Lernentwicklern« klar, dass man Methoden nicht ohne Inhalte lernen kann.

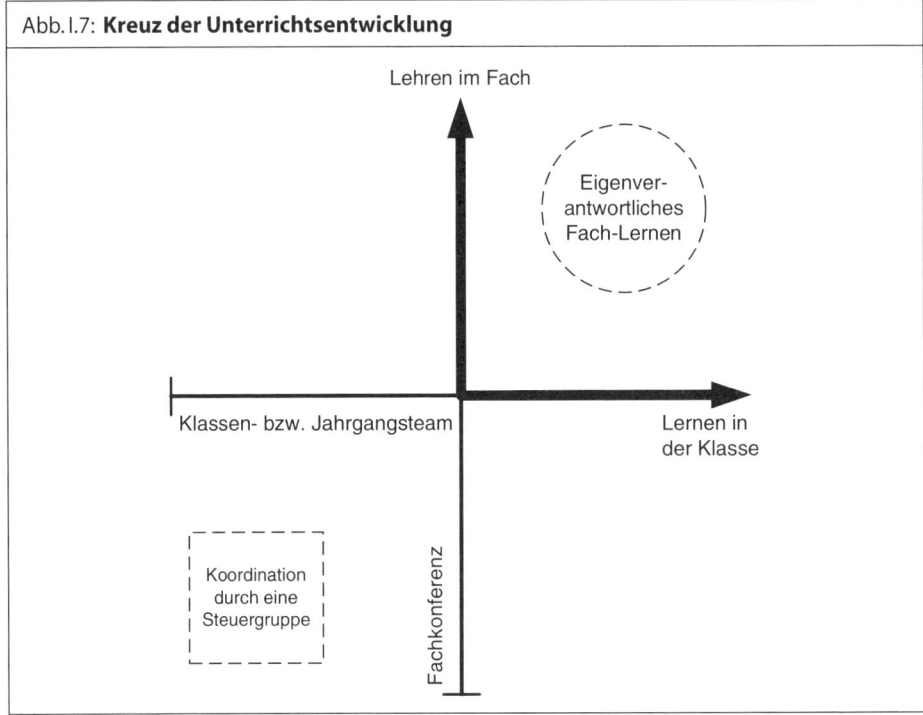

Abb. I.7: Kreuz der Unterrichtsentwicklung

Zu 3: Dass interne und externe Evaluation eng aufeinander bezogen sein müssen, um Wirksamkeit für Qualitätsentwicklung erzeugen zu können, wurde bereits ausführlich dargelegt. Die anspruchsvollste Form eines solchen Bezugssystems stellen die erwähnten Qualitäts-Tableaus dar. Es sind auch weniger aufwändige Referenzsysteme in Form von Fragebogensystemen vorhanden, die gut erprobt und von Schulen gut handhabbar sind. Sie dienen der internen Evaluation von Einzelschulen, dem Vergleich von Schulen untereinander und zudem als Datenbasis für System-Monitoring. Sie eignen sich zur internen wie zur externen Evaluation zugleich.

Der erste in Deutschland (1987) gebräuchliche Fragebogen dieser Art war der »Guide to Institutional Learning« (GIL), den Dalin entworfen hatte (Dalin/Rolff 1990). Der GIL impliziert ein breites Qualitätsverständnis, das sich über zehn Dimensionen erstreckt: 1. Ziele und Werte; 2. Unterrichtspraxis; 3. Arbeitsklima;

4. Normen und Erwartungen; 5. Leitung; 6. Entscheidungsprozesse; 7. Einfluss und Kontrolle; 8. Veränderungen; 9. Zeit für Arbeitsaufgaben und 10. Belohnung. Als unzureichend erwies sich der Umstand, dass der GIL über kein explizites Qualitätsverständnis verfügt und sich lediglich auf die Lehrpersonen bezieht und Schüler und Eltern ausblendet.

Das zuletzt genannte Manko überwand das IFS-Barometer (1996), welches auch Schüler- und Elternfragebögen umfasst und zudem bundesweite Vergleichswerte liefert. Ähnlich aufgebaut ist die so genannte Pädagogische Entwicklungs-Bilanz (PEB) des Deutschen Instituts für Internationale Pädagogische Forschung (Döbrich 2003), welches zunächst auch nur aus einem Lehrerfragbogen bestand, der 2002 um ein Schüler- und Elterninstrument ergänzt wurde und über Daten aus hessischen wie niedersächsischen Schulen verfügt.

Ein weiteres Instrument dieser Art hat die Bertelsmann-Stiftung erarbeitet (Stern u.a. 2003). Es ist ebenfalls mit Lehrer-, Schüler- und Elternfragebögen ausgestattet. Darüber hinaus orientiert es sich an einem expliziten Qualitätskonzept und ist auch für internationale Vergleiche geeignet.

Ein Nachteil aller vier Instrumente ist allerdings, dass es sich allein um standardisierte Fragebögen handelt, die Kapazität zur Datenerhebung sehr begrenzt ist, Fachleistungen z.B. überhaupt nicht erfasst und Schuleigenarten auch nicht.

Bei der externen Evaluation können im Prinzip zwei Varianten unterschieden werden, direkte und Meta-Evaluation. Die bisherigen Erfahrungen in den Niederlanden, in England und in einigen Schweizer Kantonen lassen vermuten, dass Meta-Evaluation eher geeignet ist, die interne Evaluation zu stimulieren, was allerdings noch einer genaueren Untersuchung bedarf. Würde sich diese Vermutung bestätigen, wäre davon abzuleiten, dass indirektere Kopplungen offenbar zu intensiveren Synthesen führen. – Meta-Evaluationen können von einer Evaluationsagentur, aber auch von Peers durchgeführt werden. Beide Ansätze sind in Deutschland noch unterentwickelt. Die Ministerien haben die Einführung von Tests als Form externer Evaluation vorgezogen.

Zu 4: Das vierte und hier zuletzt behandelte Medium der Integration ist das neuartigste, aufwändigste und möglicherweise wirksamste: die Weiterentwicklung und Kalibrierung von Vergleichsarbeiten zu Fachleistungstests mit mehrfacher Funktion. Es wurde ja bereits erwähnt, dass die Rückmeldung von Daten aus Large-scale-Assessments, die auf Stichproben beruhen, bei den teilnehmenden Schulen nicht viel bewirkt haben, u.a. weil – wie bei PISA 2000 – keine Daten aus vollständigen Klassen erhoben wurden oder – wie bei IGLU – wohl intakte Klassen-Daten-Sätze vorhanden sind, diese aber nur an die beteiligten Klassenlehrer, aber nicht an die Schule gegeben wurden.

Anders stellt sich die Situation dar, wenn eine Vollerhebung erfolgt, also Schülerdaten aus allen Klassen des Bezugsjahrgangs aller Schulen des Landes ermittelt und allen Schulen zurückgegeben werden. Dann ist eine intensivere Auseinandersetzung der Schulen mit diesen Daten zu erwarten und eine wirkungsvollere innerschulische

Verarbeitung. Derartige Vollerhebungen fanden zum ersten Mal in Hamburg in Form der LAU-Studie und dann in Rheinland-Pfalz (MARKUS) statt. Über die innerschulische Verarbeitung ist auch hier bisher wenig bekannt. Schrader und Helmke haben eine erste Evaluationsstudie aus Rheinland-Pfalz vorgelegt, dabei betrug die Rücklaufquote der Schulen allerdings weniger als 5 Prozent (Schrader/Helmke 2003).

Noch intensiver wird vermutlich die Kopplung mehrerer Funktionen bei VERA erfolgen, einem Vorhaben, an dem sieben Bundesländer teilnehmen. VERA ist ein Kürzel für Vergleichsarbeiten (Orth 2002), die allerdings zu Tests weiterentwickelt wurden, ohne ihre Schulnähe aufzugeben. VERA wird von allen 4. Klassen aller Schulen eines Bundeslandes bearbeitet. Es existiert eine normierte Zentralstichprobe, die repräsentativ für das Bundesland ist. Jeder Schule werden die Hälfte der Aufgaben für die Vergleichsarbeiten aus dieser Zentralstichprobe vorgegeben, sodass Daten für ein zentrales System-Monitoring zur Verfügung stehen. Die ausgewerteten Daten werden jeder Schule per Internet zugespielt, sodass sie sich am Landesdurchschnitt und – wegen der Fairness – mit Schulen in vergleichbarer soziokultureller und sozioökonomischer Lage messen kann. Auf der anderen Seite (nämlich der der Schule) kann jede Schule eigene Aufgaben zur Evaluation des eigenen spezifischen Profils aussuchen, allerdings nicht frei, sondern aus einem auf Zuwachs angelegten Datenpool. Das dürfte Anlass für eine stärkere Identifikation (»owner-ship«) der Schule mit diesen testartigen Vergleichsarbeiten sein (vgl. Helmke/Hosenfeld). Ein ähnliches Verfahren wird in NRW gerade für die 9. Jahrgänge entwickelt, es soll bereits Ende 2004 eingesetzt werden.

Diese Art von Vergleichsarbeiten stellt die wohl engste Verbindung zentral administrierter und schulbasierter Steuerung der Schulqualität dar. Top-down- und Bottom-up-Ansätze werden amalgamiert. Die Daten werden schulweit veröffentlicht und gehen auch an die Eltern. Datenbasierte und ergebnisorientierte Schulentwicklung wird möglich.

Druck und Zug können zusammenkommen – Zug allerdings nur, wenn die beteiligten Länder entsprechende Unterstützungssysteme für die Einzelschulen aufbauen. Qualitätsmanagement kann nur durch Schulentwicklung realisiert werden. Die Schulen müssen lernen, ihr Qualitätsmanagement in die eigenen Hände zu nehmen. Deshalb verlangt Schulentwicklung nach Lehrerfortbildung und Personalentwicklung. Die Schweiz und die Niederlande geben dafür im Vergleich zu Deutschland ein Mehrfaches aus. Wen wundert's, dass sie im internationalen Vergleich besser dastehen.

II. PQM – ein Modell für die Praxis

In Kapitel I haben wir gezeigt: Qualitätsmanagement von Schulen kann auf zweierlei Weise betrieben werden: von oben und von unten. Höchstwahrscheinlich ist eine Kombination von beidem das Effektivste. Über Qualität von oben herrscht eine intensive bildungspolitische Diskussion; bundes- und landesweite Standards und nationale wie internationale Tests sind die Stichwörter. Über Qualität von unten gibt es keinen öffentlichen Diskurs, und es ist auch wenig klar, was damit gemeint ist. Deshalb wollen wir in diesem Buch aufzeigen, wie Qualitätsentwicklung von unten, d.h. in der Einzelschule aussieht und wie sie gelingen kann: als Schulentwicklung zum einen und als Evaluation zum anderen. Zertifizierung könnte eine zusätzliche Komponente sein, sozusagen das i-Tüpfelchen.

1. Qualitätsarbeit als Entwicklung von Einzelschulen

Die Einzelschule ist deshalb die Basis für Qualität, weil man Qualität von Schule nicht anordnen und auch nicht konservieren kann. Die Schule wird am besten dort verbessert, wo sie stattfindet. Das Kollegium muss sie wollen und sie täglich neu schaffen. Aufgeklärte Behörden wissen inzwischen, dass ohne Zutun derer, auf die man einwirken will, auf Dauer keine Entwicklung zu erhoffen ist. Qualität kommt nicht ohne Prozesse zu Stande, für die jene verantwortlich sind, die unmittelbar die Arbeit tun. Das gilt nicht nur, aber besonders für Schulen, was an deren speziellem Charakter liegt. Denn Qualität von Schulen

- wird erst im Augenblick ihrer Entstehung durch pädagogische Interaktion realisiert, kann nicht im Voraus produziert und nicht bereitgehalten werden;
- wird dort geliefert, wo sich die Adressaten befinden, also die Schüler, und
- wird von Personen erzeugt, die in ihrer Arbeit nicht der unmittelbaren Kontrolle von Vorgesetzten unterworfen sind.

Entscheidend ist, dass die Vermittlung von Qualität persönliche Kontakte voraussetzt und von den Interessen und den Vorerfahrungen der Empfänger abhängt.

Die Einzelschule geriet nicht nur aus pädagogischen Gründen ins Blickfeld, sondern auf Grund einer weltweiten »Krise der Außensteuerung«: Überall wird nach neuen Steuerungsmodellen für Schulen und Schulsysteme gesucht; denn Schulen sind unregierbar geworden. Zentrale Behörden können die je individuellen Schulen in ihrer Entwicklung nicht (mehr) lenken, schon weil es ihnen angesichts der Vielfalt und Differenziertheit der Schullandschaft an Steuerungswissen fehlt, und innere Entwicklung, also pädagogisches Handeln, ohnehin nicht »regierbar« ist. Die Systemtheorie hat zudem auf den Punkt gebracht, was die meisten Schulpraktiker ahnten oder wussten: Wenn von außen interveniert wird, also z.B. von zentralen Behörden, dann entscheiden die Einzelsysteme, also die Schulen selbst, ob und wie sie diese Intervention verarbeiten. Schulreform erhielt also mit dem Blick auf die Einzelschule einen neuen Fokus. Diesen Perspektivenwechsel vollzogen Bildungspolitiker wie Bildungsforscher, Lehrerfortbildner wie Verleger und Herausgeber. Spätestens seit 1990 gilt die Einzelschule als »Motor der Entwicklung« (Dalin/Rolff 1990). In dem Maße, wie Qualitätssicherung und -entwicklung zur Aufgabe von Einzelschulen wird, beginnen Qualitätsentwicklung und Schulentwicklung zu verschmelzen.

Fast jede Maßnahme von Politik und Verwaltung, sogar Sparmaßnahmen, werden inzwischen Schulentwicklung genannt, fast alle, die mit Schulen arbeiten, Lehrkräfte fortbilden oder beraten, nennen sich Schulentwickler, und fast alles, was Schulen betreiben, versehen diese mit dem Etikett Schulentwicklung. Der Begriff erscheint ebenso populär wie inflationär. Es stellt sich zunehmend die Frage: Was ist eigentlich Schulentwicklung? Um die Antwort vorwegzunehmen: Es handelt sich dabei um einen Systemzusammenhang von Organisations-, Unterrichts- und Personalentwicklung.

Kein Ansatz hat die Wendung zur Entwicklung von Einzelschule so früh und so grundlegend beeinflusst wie der der Organisationsentwicklung (OE), und kein Ansatz hat so große innere Nähe dazu wie dieser. OE wurde in den USA bereits in den 60er-Jahren von Schulentwicklern aufgegriffen und in deutschen Bundesländern Ende der 70er-Jahre der Schulleitungsfortbildung zu Grunde gelegt. Ein »Durchbruch« geschah allerdings erst zu Beginn der 90er-Jahre, als die Schulpolitik fast aller Länder die Entwicklung von Einzelschulen propagierte und nach einem orientierenden und handlungsanleitenden Konzept gesucht wurde.

Organisationsentwicklung bedeutet, eine Organisation von innen heraus weiterzuentwickeln, und zwar im Wesentlichen durch deren Mitglieder selbst, wobei der Leitung eine zentrale Bedeutung zukommt und nicht selten Prozessberater von außen hinzugezogen werden (vgl. dazu French/Bell 1990). OE wird als Lernprozess von Menschen und Organisationen verstanden. Die Bezugstheorien von OE waren zu Beginn die Sozialpsychologie Lewinscher Prägung und die humanistische Psychologie. Heute dominiert die evolutionäre Systemtheorie, die sich sowohl auf die systemische Familientherapie als auch auf die soziologische Systemtheorie stützt (vgl. Baumgartner u.a. 1988).

Das Konzept der Schulentwicklung als pädagogische Organisationsentwicklung ist inzwischen außerordentlich ausdifferenziert und vielfach erprobt worden. Charakteristisch für OE-Konzepte ist, dass sie sich auf das Ganze der Schule beziehen und nicht nur auf Teilaspekte. Gleichzeitig wird aber betont, dass nur eine schrittweise Entwicklung möglich ist, die an Subeinheiten der Schule wie Fachkonferenzen anknüpfen kann, aber auch am Kooperationsklima, an der Schulleitung, am Schulprogramm oder einer Abteilung. Es wird in aller Regel nach der Devise »keine Maßnahme ohne vorherige Diagnose« verfahren, und es wird eine institutionelle Struktur zur Binnensteuerung des Wandels aufgebaut – zumeist in Form einer Steuer- oder Entwicklungsgruppe.

Unterricht steht traditionell im Zentrum von Schule, und konsequenterweise bezieht sich Lehrerfortbildung im Kern auf Unterricht. Schulentwicklung bezieht sich auf die ganze Schule und nicht nur und manchmal auch nicht primär auf Unterricht. Das mag ein Grund dafür sein, dass Unterrichtsentwicklung (UE) der Organisationsentwicklung gelegentlich wie in einem Wettbewerb gegenübergestellt wird, wenngleich Anhänger der OE schon früh die »Qualität des Unterrichts als Gestaltungszentrum« (Rolff 1993, S. 112) erkannt haben.

OE versteht Organisation als Interaktionszusammenhänge konkreter Menschen. Schulen sind in besonderem Maße personengetragene Einrichtungen. Der pädagogische Prozess ist im Kern ein zwischenmenschlicher, er beruht mehr als andere Interaktionszusammenhänge auf persönlicher Begegnung. Insofern ist es keine Phrase, dass im Mittelpunkt der Schule lebendige Menschen stehen, in erster Linie die Schülerinnen und Schüler sowie die Lehrpersonen. Deshalb ist es plausibel, Personalentwicklung (PE) als dritten Hauptweg zur Schulentwicklung anzusehen. Nur Lehrerinnen und Lehrer können die Qualität des Unterrichts verbessern. Insofern haben sie eine Schlüsselposition. Personalentwicklung meint ein Gesamtkonzept, das Personalbewirtschaftung, Personalfortbildung, Personalführung und Personalförderung umfasst. Schulische Personalentwicklung impliziert wegen der überragenden Bedeutung von Personen im pädagogischen Prozess auch Persönlichkeitsentwicklung (vgl. dazu Buhren/Rolff 2002).

Lehrerfortbildner betonen zu Recht, dass Unterricht zur Kernaktivität von Lehrpersonen gehört. Sie proklamieren darüber hinaus, dass Schulentwicklung deshalb immer bei Unterrichtsentwicklung ansetzen müsse (Meyer 1997, S. 159). Dies ist plausibel, dennoch ist zu bedenken, dass es etliche Schulen gibt, die erfolgreiche Schulentwicklungsprozesse auf ganz andere Weise in Gang setzen, wie z.B. anlässlich der Entwicklung eines Schulprogramms, der Einführung von Budgetautonomie oder der Erweiterung der Schulleiter zum Leitungsteam, also von Maßnahmen herleiten, die man der OE zurechnen kann. Einem zeitlich strategischen Primat der UE ist entgegenzuhalten, dass es dem neuen Paradigma widerspräche, nach dem die Einzelschule der Motor der Entwicklung ist. Das Proklamieren von Vorzugswegen und Prioritäten steht im Gegensatz zu einem Denken in Systemzusammenhängen, das in Abbildung II.1 skizziert ist.

Denkt man in Systemzusammenhängen oder handelt man konsequent, was nicht nur in diesem Fall auf dasselbe hinausläuft, dann führt jeder Weg der Schulentwicklung notwendig zu den anderen. Eine Schule kann z.B. mit Unterrichtsentwicklung beginnen, wobei es sich normalerweise nicht um einen Neubeginn, sondern um eine Fortsetzung bzw. Akzentuierung längst vorhandener oder doch angebahnter Entwicklungen handelt. Ob es dabei um überfachliches Lernen oder um erweiterte Unterrichtsformen oder um Methodentraining geht, jeder dieser Ansätze überschreitet die konventionelle Orientierung an einem Fach oder einem Lehrer und führt mit Konsequenz zu organisatorischen Veränderungen, die institutionell abgestützt werden müssen – also zu OE. Wer den Unterricht verändern will, muss mehr als den Unterricht verändern. Das kann auf mehr Kooperation hinauslaufen oder auf mehr Teamarbeit. Unterrichtsveränderung sollte auch Kern des Schulprogramms werden. Auswirkungen auf das Lehrerhandeln sind unvermeidlich, weshalb vermutlich immer ein Bedarf an PE entsteht – sei es in Form von Lehrerberatung, Kommunikationstraining oder Hospitation.

Analog und gleichwertig ist die Entscheidung einer Schule, mit systematischer und konsequenter OE zu starten, z.B. Teamentwicklung zu betreiben oder ein Schulprogramm zu erstellen. Wenn es sich um Teamarbeit in der Schulleitung handelt, ist PE vonnöten. Wenn sich die Teamarbeit auf Fach- oder Jahrgangsgruppen bezieht, folgt daraus UE. Ein Schulprogramm wiederum würde seinen Zweck verfehlen, wenn es nicht auch UE bewirkte.

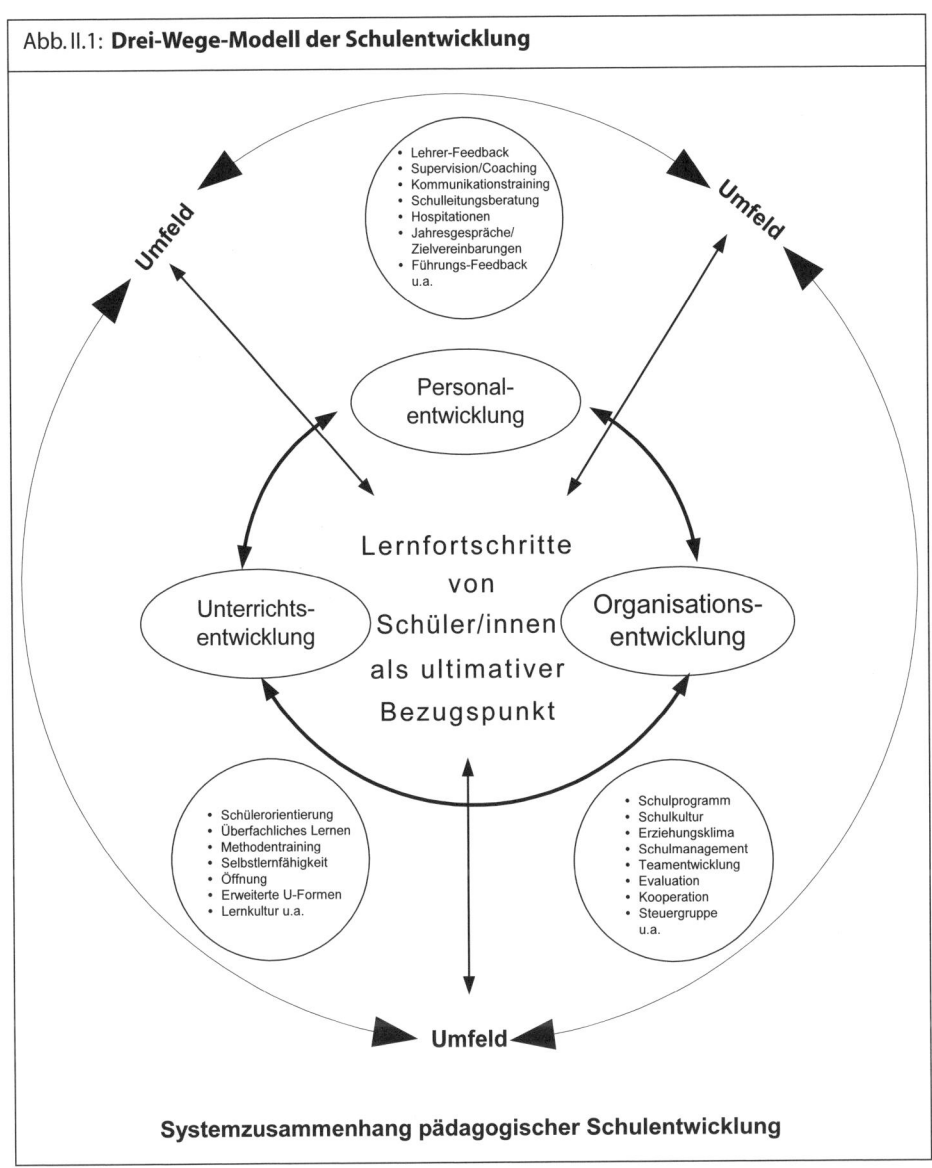

Abb. II.1: **Drei-Wege-Modell der Schulentwicklung**

- Lehrer-Feedback
- Supervision/Coaching
- Kommunikationstraining
- Schulleitungsberatung
- Hospitationen
- Jahresgespräche/
  Zielvereinbarungen
- Führungs-Feedback
  u.a.

Umfeld

Umfeld

Personal-
entwicklung

Lernfortschritte
von
Schüler/innen
als ultimativer
Bezugspunkt

Unterrichts-
entwicklung

Organisations-
entwicklung

- Schülerorientierung
- Überfachliches Lernen
- Methodentraining
- Selbstlernfähigkeit
- Öffnung
- Erweiterte U-Formen
- Lernkultur u.a.

- Schulprogramm
- Schulkultur
- Erziehungsklima
- Schulmanagement
- Teamentwicklung
- Evaluation
- Kooperation
- Steuergruppe
  u.a.

Umfeld

Systemzusammenhang pädagogischer Schulentwicklung

Schließlich könnte eine Schule auch bei der PE ansetzen, z.B. Supervisionsgruppen oder Erfahrungen sammeln mit Lehrerbeurteilung durch Schülerinnen und Schüler auf freiwilliger Basis. Letzteres wäre nur dann sinnvoll, wenn die Ergebnisse ausgewertet und Hinweise für einen veränderten Unterricht gewonnen würden und/oder die beteiligten Lehrkräfte sich zu Qualitätszirkeln bzw. Selbstlernteams zusammenschlössen. Supervision im Sinne von Schulentwicklung müsste arbeitsbezogen sein, was wiederum auf Unterricht und sonstige Schularbeit (im Bereich von Schulkultur, Schulmanagement oder Erziehungsklima) im Sinne von OE verweist.

Sowohl auf der Ebene der Praxis als auch auf der Ebene der Theorie zeigt sich also, dass Entwicklung von Einzelschulen keine Domäne eines einzigen konzeptionellen Ansatzes, sondern eine Synthese von Organisations-, Unterrichts- und Personalentwicklung ist. Schulentwicklung ist ein Lernprozess. Es geht dabei letztlich um die Einführung einer neuen Praxis durch Erfinden, Erproben oder Erneuern. Die Lernprozesse müssen vom Arbeitsplatz ausgehen und die Akteure dabei neue Einsichten gewinnen. Jedoch ist eines nicht zu übersehen: Was immer der Fall sein mag, das ultimative Ziel von Schulentwicklung sollten die Lernfortschritte von Schülerinnen und Schülern sein. Systematisches und institutionalisiertes Lernen ist der Daseinsgrund für Schule. Und der Verbesserung der Lernbedingungen sollten letztlich alle Maßnahmen der Schulentwicklung dienen, wenn sie gleichzeitig Qualitätsentwicklung sein will. Dabei wird ein »weiter« Lernbegriff zu Grunde gelegt, der kognitives wie soziales Lernen zum Kern hat und Kreativität wie Persönlichkeitsentwicklung umfasst.

Begriff der Schulentwicklung

Schulen entwickeln sich ständig, weil sich die Umweltbedingungen ändern. Dies kann man alltägliche Schulentwicklung nennen. Darüber hinaus sind hinsichtlich des Begriffsverständnisses drei Ebenen zu unterscheiden:

- Schulentwicklung ist die bewusste und systematische Weiterentwicklung von Einzelschulen. Man könnte diese häufig vorkommende Form von Schulentwicklung *intentionale* Schulentwicklung nennen oder Schulentwicklung 1. Ordnung.
- Schulentwicklung zielt darauf ab, lernende Schulen zu schaffen, die sich selbst organisieren, reflektieren und steuern. Dies wird von den neueren Schulgesetzen gefordert und von etlichen Schulen angestrebt, teilweise auch praktiziert. Dies könnte man als Schulentwicklung 2. Ordnung oder *institutionelle* Schulentwicklung bezeichnen.
- Die Entwicklung von Einzelschulen setzt eine Steuerung des Gesamtzusammenhangs voraus, welche Rahmenbedingungen festlegt, die einzelnen Schulen bei ihrer Entwicklung nachdrücklich ermuntert und unterstützt, die Selbstkoordinierung anregt und ein Evaluationssystem aufbaut. Dies könnte man als Schulentwicklung 3. Ordnung oder als *komplexe* Schulentwicklung begreifen.

Qualitätssicherung und -verbesserung, auch Qualitätsmanagement genannt, bedeutet Schulentwicklung auf allen drei genannten Ebenen. Ausgehen muss Qualitätsmanagement – wenn es wirksam sein will – jedenfalls von der Einzelschule.

Qualitätsmanagement ist anspruchsvoll. Denn es muss ganzheitlich sein, d.h. auf einer umfassenden Selbstevaluation beruhen, extern überprüft werden und am besten auch noch eine Zertifizierung umfassen. Zudem sollte es nicht nur einen Managementfokus haben, sondern dezidiert pädagogisch orientiert sein.

Pädagogisches Qualitätsverständnis

Mit Pädagogik ist in aller Kürze ein Verständnis von Schülern als prinzipiell zu Mündigkeit und allseitiger Entfaltung fähigen Menschen gemeint und eine Orientierung der Schule an Bildungstheorie und humanistischer Psychologie. Man hat in der bisherigen Debatte über PISA und die Folgen wenig pädagogische Argumente gehört. Deshalb brauchen wir eine grundlegend andere Qualitätsdebatte, eine,

- die nicht nur auf Wettbewerbsfähigkeit, sondern auf Pädagogik fokussiert ist sowie einen pädagogischen Qualitätsbegriff entwickelt, und eine solche,
- die nicht nur auf Vergleiche zentriert ist, sondern sich an Entwicklung orientiert.

Der Entwicklungsaspekt ist deshalb so wichtig, weil Qualität nicht nur geprüft, sondern vor allem erzeugt werden muss. Tests allein sind kein Garant für eine bessere Schule und das Zentralabitur auch nicht.

Qualität bezeichnet – wie erwähnt – traditionell einen Eigenwert: Güte, vortreffliche Beschaffenheit oder ganz allgemein etwas Wertvolles. Qualität war also bisher produktorientiert. Der produktorientierte Qualitätsbegriff wird in letzter Zeit durch einen eher prozessorientierten ergänzt bzw. ersetzt: Modernes Qualitätsmanagement wird verstanden als kontinuierlicher Verbesserungs- und damit als Lern-Prozess.

Die Experten der europäischen Norm- und Qualitätssicherungsinstitute definieren lapidar: *Qualität ist, was den Anforderungen entspricht.*

Diese Definition ist gar nicht so trivial, wie sie auf den ersten Blick erscheinen mag, denn sie führt zur richtigen Leitfrage: Wie lauten die Anforderungen an Qualität? Darauf gibt es mehrere Antworten, je nach Sichtweise und Interessenstandpunkt.

Das aus der Wirtschaft stammende Konzept des Qualitätsmanagements gliedert Qualität nach drei Ebenen, die leicht auf die Schule zu übertragen sind:

- *Input:* Hierunter können alle Ressourcen sowie das Schulcurriculum subsumiert werden, aber auch die vorhandene Zeit für das Lernen.
- *Prozess:* Damit sind Lernformen und Lernkultur, aber auch die verwaltungsmäßige Ablauforganisation gemeint.
- *Output:* Dieser Begriff bezeichnet die Abschlussqualifikationen, die Sitzenbleiberquoten und ganz allgemein das Niveau der Lernergebnisse.

Den Input definiert der Staat als Rahmenvorgabe; jede Schule und jedes Fach muss sie individuell ausformen. Die Prozessanforderungen beziehen sich auf die Lehr- und Lernkultur, sie bestimmt allein die Schule. Und so wichtig die Output-Orientierung auch sein mag: Qualität bemisst sich nicht nur an der Leistung der Schüler, sondern auch an dem, was die Einzelschule den Lernenden anbietet.

Die Bildungskommission Nordrhein-Westfalen hat mit dem »Haus des Lernens« ein komplexes Leitbild qualitätsbewusster Schulen entworfen, in dem die angestrebten Ergebnisse auf der fachlichen und überfachlichen, der sozialen und der emotionalen Ebene sowie die Angebote gleichermaßen berücksichtigt werden. Geistvoller Unterricht, eine pädagogische Lernkultur und anspruchsvolle Schülerleistungen sollen dabei zusammenlaufen.

Viele propagieren ein Qualitätsverständnis, bei dem eine »Kultur der Anstrengung« eine Rolle spielt. Daran ist aus pädagogischer Sicht nichts auszusetzen, aber unbedingt zu ergänzen, dass eine Kultur der Unterstützung, der Fehlertoleranz und der gegenseitigen Hilfe dazugehört, und es darf dabei nicht übersehen werden, dass die omnipräsente und von mächtigen Kräften der Wirtschaft geförderte Konsumkultur einer »Kultur der Anstrengungen« diametral entgegensteht. Dies weist darauf hin, dass das Qualitätsthema kein glattes, einlineares ist, sondern Widersprüchlichkeiten enthält, die offenbar auf unterschiedliche Interessen zurückzuführen sind.

Bildungssoziologen diagnostizieren seit langem, dass die Qualitätsnormen von Schulen aus gesellschaftlichen Gründen weniger am Habitus des Gebildeten ausgerichtet sind als vielmehr am erfolgs-, leistungs- und effizienzorientierten Individuum. Dies weist auf einen weiteren internen Widerspruch des Qualitätsthemas hin.

Eine qualitätsbewusste Schule muss nach bildungstheoretischem Verständnis sowohl Wissen als auch Verstehen vermitteln und zudem erziehen. Fachprobleme sind mit Fachkompetenzen allein nicht mehr zu meistern. Wenn es stimmt, dass täglich Tausende von Fachpublikationen erscheinen, dann gehört zur unvermeidlichen Auswahl nicht nur Fachwissen, sondern ebenso Verstehen der Zusammenhänge und Bedeutungen sowie eine starke Persönlichkeit, die einen Dauerentscheidungsdruck aushalten können muss. Auch deshalb kann Qualitätsentwicklung nicht nur aus einer permanenten Erhöhung des kognitiven Niveaus bestehen, das – wie schon Karl Kraus lästerte – dann so hoch wird, dass niemand mehr darauf stehen kann.

Die Qualität des individuellen Lernens ist aus guten Gründen von der Qualität der Schule zu unterscheiden. Eine Schule entscheidet letztlich selbst, was sie unter Qualität versteht. Die Qualität einer Schule entsteht nicht auf dem Erlassweg, schon deshalb nicht, weil die Lehrkräfte nicht umfassend verstehen können, was ein Erlass für ihr Handeln bedeutet, wenn er Neues enthält. Und das, was sie verstehen können, ist nicht selten konfliktträchtig und mindert die Akzeptanz. Eine qualitätsbewusste Schule ist demgegenüber eine, in der ständig über Qualität gesprochen und konsensuell entschieden wird.

Nicht zuletzt lebt die Qualität von Schulen von ihrem kulturellen Umfeld. Für Qualität ist entscheidend, ob Familien ihren Alltag bewusst auch auf die Lernförderung ihrer Kinder ausrichten, ob Bildungs- oder Unterhaltungs-Medien dominieren, ob es Fördervereine und interessante Nachbarschaften gibt (und damit Gratisbildung) – oder ob derlei nicht existiert.

Schließlich bleiben fast alle Anforderungen an Schulqualität hohl, wenn einem großen Teil der Heranwachsenden eine Teilhabe am Erwerbsleben verwehrt wird. Deshalb gehört auch das Festhalten an der Integrationsfunktion der Schule zum Qualitätsthema, vor allem zu einer Zeit, in der die zukünftige Generation aus ökologischen und sonstigen Gründen eine »Abstiegsgeneration« zu werden droht und in der Soziologen eine Zweidrittelgesellschaft der gut Situierten voraussagen. Etliche Managementtrainer sehen gar eine 20:80-Gesellschaft kommen – mit 20 Prozent Gewinnern und 80 Prozent Verlierern. Qualität heißt deshalb auch: Festhalten am Gemeinsinn und an Gesellschaftskritik.

Qualitätsarbeit basiert auf Evaluation

Qualitätsmanagement benötigt Daten als Grundlage für die Ist-Diagnose, für Steuerungswissen und für Bewertungen, also Evaluation. Evaluation ist ein außerordentlich heikles Thema und eine hochdelikate Angelegenheit. Sie ist mit vielfältigen Widersprüchen und Ambivalenzen verbunden: Evaluation braucht Vertrauen und schafft gleichzeitig Misstrauen. Evaluation kann äußerst nützlich sein und gleichzeitig viel Ärger bringen. Evaluation erbringt keine unmittelbar sichtbaren Vorteile oder Erleichterungen und wird deshalb von vielen Schulen anfangs spontan abgelehnt. Es gibt viele Aspekte, die zu problematisieren wären, und gleichzeitig ist dieses Problematisieren auch schon wieder selbst problematisch; denn den Schulen muss eher Mut gemacht werden, was durch zu viel Problematisieren eher erschwert wird. Über die ohnehin schon bestehende Skepsis hinaus verlässt die Kollegien in den Schulen dann vollends der Mut, die Evaluationsangelegenheiten in die eigenen Hände zu nehmen. Problemfragen sind vor allem:

- Kann man pädagogische Prozesse überhaupt messen? Kann man Lernprozesse operationalisieren? Lassen sich überfachliche Kompetenzen wie Selbstständigkeit und Verantwortungsbewusstsein, lassen sich die wichtigen Bildungsziele überhaupt messen?
- Kann ein Beruf evaluiert werden, der wie kaum ein anderer mit Bewertungen befasst und damit für Bewertungen in hohem Maße sensibilisiert ist?
- Wie steht es um die Grenzen der Objektivität von Bewertungen?

All dies ist zu problematisieren, und gleichzeitig muss Evaluation vereinfacht und handhabbar gemacht werden. Das soll in diesem Buch geschehen.

Erfahrungen und Modelle von Selbstevaluation liegen inzwischen ausreichend vor (vgl. Altrichter/Posch 1997; Buhren u.a. 1998; Burkard/Eickenbusch 2000). Auch werden Modelle externer Evaluation in unterschiedlicher Form erprobt (vgl. Ditton 2003; Sparka 2001). Sie werden jedoch nicht systematisch mit der internen Evaluation verkoppelt und orientieren sich selten an schulübergreifenden Kriterien. Immer häufiger wird gefordert, das schulische Qualitätsmanagement zu zertifizieren. Bei ISO 9000ff. und neuerdings bei Q2E werden solche Zertifizierungen angeboten. Insgesamt mangelt es Qualitätsmanagements von und in Schulen an Ganzheitlichkeit, und noch seltener folgt es einem entschieden pädagogischen Referenzrahmen, der klar und praktikabel genug ist, um den einzelnen Schulen Handlungshinweise zu geben.

Deshalb sollen im Folgenden die Umrisse eines umfassenden pädagogischen Modells des Qualitätsmanagements für Schulen skizziert werden. Wir nennen es Pädagogisches Qualitäts-Management, kurz PQM: Wir scheuen uns dabei nicht, den Begriff des Managements zu verwenden, auch wenn dieser in Lehrerkreisen nicht immer beliebt ist. Der Vorzug ist, dass mit diesem Begriff Qualitätssicherung und Qualitätsentwicklung zugleich bezeichnet werden können. PQM dient also sowohl der Sicherung als auch der Entwicklung von Qualität.

2. Das Modell im Überblick

Das Modell besteht aus vier Steuerkreisen, die aus Platzgründen Ellipsenform angenommen haben, aus einzelnen Komponenten, die als rechteckige Kästchen dargestellt sind, aus zwei Entwicklungsachsen, die dunkel unterlegt sind, sowie aus etlichen Ein- und Rückwirkungen dieser Komponenten aufeinander, die durch Richtungspfeile symbolisiert sind (vgl. Abb. II.2). Es handelt sich also nicht um ein lineares, sondern um ein komplexes Modell, das auch Rückkoppelungen kennt. Wir beginnen die Darstellung mit den Steuerkreisen. Es besteht aus insgesamt vier Steuerkreisen.

Inhaltlicher Steuerkreis

Der inhaltliche Steuerkreis ist der oberste. Er ist in mancherlei Hinsicht der wichtigste. Er prägt das Pädagogische des Qualitätsmanagements. Das Pädagogische wird durch das Leitbild ausgedrückt, auf das sich (fast) alle Lehrkräfte einigen müssen. Es ist ein Dokument des pädagogischen Selbstverständnisses des ganzen Kollegiums, am besten auch der Eltern und der Schüler. Voraussetzung für die Erarbeitung eines Leitbildes ist, dass durch eine gemeinsame Diagnose die Stärken und Schwächen der Schule geklärt und gemeinsame Visionen entwickelt werden.

Ein Leitbild sollte möglichst zuerst erstellt werden. Denn es bietet einen Orientierungsrahmen und Ausgangspunkt für die Unterrichts-, Personal- und Organisationsentwicklung (UE, PE und OE). Es stellt die Entwicklungsperspektive der Schule dar, die durch UE, PE und OE umgesetzt wird.

Wir wiederholen, um es zu betonen: Zum inhaltlichen Steuerkreis gehört unverzichtbar, dass die Lernfortschritte der Schüler der Fokus ihrer Arbeit, letztlich der ultimativen Bezugspunkte sind, an denen sich alle Maßnahmen des PQM ausrichten. Dabei wird ein »weiter« Lernbegriff unterlegt, der kognitives, emotionales, ästhetisches und motorisches Lernen umfasst.

Operativer Steuerkreis

Der operative Steuerkreis umschließt den Kernprozess jeder Schule, den Unterricht. Dieser findet zumeist in Klassen statt, manchmal aber auch klassenübergreifend (nicht in der Abbildung dargestellt). Der Unterricht wird in erster Linie von der je-

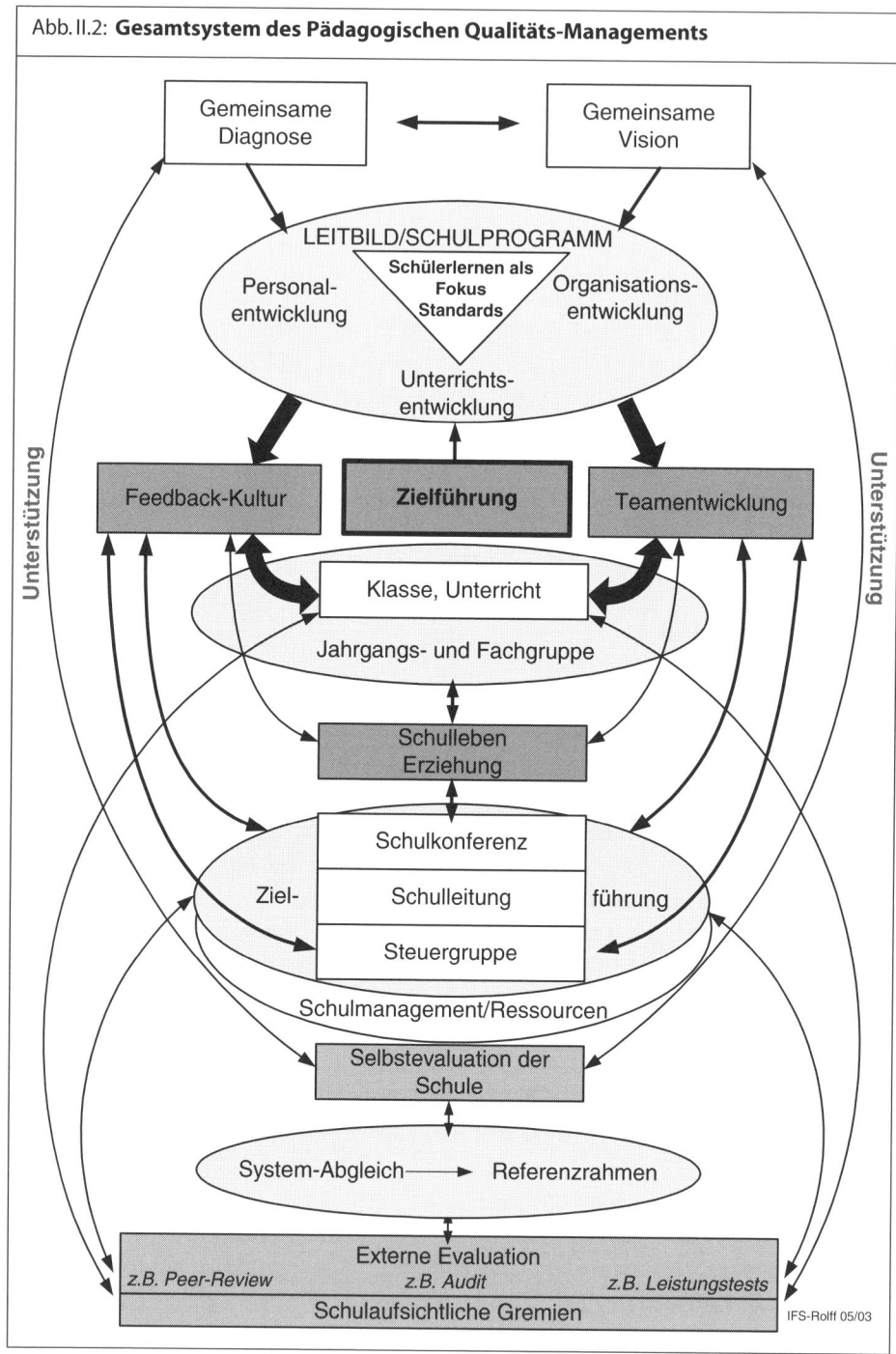

Abb. II.2: **Gesamtsystem des Pädagogischen Qualitäts-Managements**

weiligen Lehrperson gesteuert, wird aber auch in der Jahrgangs- und in der Fachgruppe abgestimmt. Es ist auch sinnvoll, die Lehrer und Lehrerinnen, die die meisten Stunden in einer Klasse erteilen, zu einem Klassenteam zusammenzuschließen, das die überfachlichen Angelegenheiten regelt, neue Lehrmethoden erprobt und über Erziehungsfragen berät. Unterricht erzieht, und das Erziehungsklima wirkt zurück auf den Unterricht.

Leitungs-Steuerkreis

Der Leitungs-Steuerkreis regelt das System des PQM insgesamt. Die Schulkonferenz ist für strategische Belange zuständig, der Schulleiter bzw. die Schulleiterin für die operativen. Beim Qualitätsmanagement trägt die Schulleitung die Gesamtverantwortung, macht aber nicht die gesamte Arbeit. Letztlich ist jeder für Qualität mitverantwortlich. Deshalb ist der Leitungs-Steuerkreis erweitert um eine Steuergruppe (STG), in der möglichst alle Lehrergruppen und Fachbereiche vertreten sind. Die STG koordiniert das PQM und trifft dabei Prozessentscheidungen, z.B. über den Einsatz von Instrumenten und Methoden des PQM oder über Fortbildungen. Die Entscheidung über Strukturen und Folgerungen aus den Ergebnissen fällt die Schulleitung, die STG kann sie im Auftrag des Kollegiums vorbereiten. Der Schulleiter sollte der STG angehören, ihr aber nicht vorsitzen, weil sie nicht als Verlängerung der Schulleitung, sondern als Organ des Kollegiums gedacht ist.

Für die Umsetzung (Implementation) der Arbeitsergebnisse und Empfehlungen der Steuergruppe ist wiederum die Schulleitung zuständig.

Evaluations-Steuerkreis

Der vierte Steuerkreis regelt den Abgleich zwischen dem PQM der Einzelschule und den Anforderungen des gesamten Schulsystems. Das PQM der Einzelschule basiert auf der Selbstevaluation, die schulintern stattfindet. Sie bezieht sich vor allem auf das Leitbild und aktuell auf einzelne Vorhaben oder Fokusse, wie z.B. den Mathematikunterricht im 9. Jahrgang oder Streitschlichtertraining.

Selbst- oder interne Evaluation benötigt allerdings einen externen Referenzrahmen, sonst würde sie »im eigenen Saft schmoren« und taugte sie auch nicht zur Rechenschaft. Externe Evaluation ermöglicht einen fremden Blick auf die eigene Arbeit sowie einen Vergleich mit anderen Schulen und dem ganzen Schulsystem. Die Formen der externen Evaluation, die etwa alle fünf Jahre stattfindet, sind vielfältig, es kann sich z.B. um Peer-Reviews (Peers sind »kritische Freunde« aus anderen Schulen, aber auch aus anderen Lebensbereichen) handeln, um den schulinternen Vergleich mit den Ergebnissen landesweiter oder internationaler Leistungsuntersuchungen (»Auto-Benchmarking«), um Inspektionen der Schulaufsicht oder um Audits von Einrichtungen, die Zertifikate, Gütesiegel oder Qualitätspreise vergeben. Unter

Auditoren werden unabhängige Sachverständige verstanden. Darauf wird noch zurückzukommen sein.

Schulleben und Erziehung

Zwischen dem operativen und dem Leitungs-Steuerkreis, also in der Mitte des Geschehens, ist das Schulleben angesiedelt. Zum Schulleben gehören das Klassenklima, die Kommunikationsstile, aber auch die Elternbeteiligung. Im gelungenen Fall wird es durch einen Ethos geprägt. Schulethos meint mehr als Schulklima, nämlich Grundwerte und Haltungen, vor allem solche, die etwas mit Kollegialität, Pflichtgefühl, Verbindlichkeit und Wertschätzung zu tun haben, sowohl in Bezug auf die Lehrer wie auf die Schüler.

Schulpädagogik ist immer Unterricht *und* Erziehung. Deshalb ist Erziehung ein zentraler Qualitätsbereich, auch wenn das in den meisten Modellen des QM übersehen wird.

Zielführendes Handeln

Evaluationen erbringen das Wissen darüber, wo man steht. Deshalb gehören sie notwendig zum PQM. Evaluation ist eine Voraussetzung. Wichtiger noch ist, sich klarzumachen, wohin man will bzw. muss. Das setzt eine Klärung der vorgegebenen wie der selbst zu setzenden Ziele voraus, um zielführend handeln zu können. Nur wer klare Ziele hat, weiß, was er erreichen will, und kann evaluieren, was erreicht wurde und was nicht. Zielführendes Handeln ist also der Ausgangspunkt des Qualitätsmanagements (vgl. Schmoker 1999).

Auch Zielvereinbarungen, z.B. zwischen Schulaufsicht und Schulleitung oder Schulleitung und Fachgruppen, gehören zum zielführenden Handeln.

Drei »Treiber«

Das PQM umfasst Sicherung, aber auch Entwicklung von Qualität. Die Qualitätsentwicklung bewegt sich auf zwei Entwicklungsachsen, der Teamentwicklung und der Feedback-Kultur. Beide stellen so etwas wie die »Treiber« der Qualitätsentwicklung dar. Auch zielführendes Handeln ist ein Treiber.

Die Auswahl dieser »Treiber« entspringt nicht der Willkür und auch nicht dem pädagogischen Wunschdenken. Sie ist durch Forschungsergebnisse begründet. Unterzieht man die Forschungsergebnisse zur Wirksamkeit von Schulentwicklung einer Analyse, schälen sich diese beide Achsen (oder Stränge) als die effektivsten heraus (vgl. vor allem Rosenholtz 1989). Dabei ist mit Wirksamkeit nicht etwa irgendeine diffuse Qualität gemeint, sondern präzis das, was im ersten Steuerkreis als ultimativer Bezugspunkt bezeichnet wurde: Die Lernerfolge der Schülerinnen und Schüler. Beide Entwicklungsachsen sollen kurz erläutert werden. Sie vermitteln sich beide über den Unterricht:

- Teamentwicklung.
- Teamarbeit kann in Schulen mannigfaltig sein: Klassen- und Jahrgangsteams, Fachteams, Projektteams und Schulleitungsteams sind die wichtigsten, aber nicht die einzig denkbaren Teams.
- Entscheidend ist allerdings, wie die Teams arbeiten. Nicht alle Gruppen sind Teams, und nicht alle Teams sind strikt auf Schülerlernen bezogen. Am wirksamsten sind sog. Professionelle Lerngemeinschaften, auf die wir noch zurückkommen (vgl. Kapitel III.3).

Feedback-Kultur

Eine Feedback-Kultur, die zweite Entwicklungsachse, entsteht, wenn reflektierende Dialoge zur Arbeits- und Alltagskultur von Schule werden: Dialoge über Unterricht und Erziehung zwischen Lehrern und Schülern, zwischen Lehrern und Lehrern, zwischen Lehrern und Schulleitern und zwischen Lehrern/Schulleitern und Eltern. Entscheidend dabei ist, dass die Gespräche datengestützt sind, also eine möglichst objektive Grundlage entsteht, auf die reflektiert werden kann. Daten können Zahlen, dokumentierende Texte oder auch Symbole sein wie Bilder, Graffitis oder Metaphern.

Auf die Feedback-Kultur kommen wir ebenfalls noch ausführlich zurück (vgl. Kapitel III.2). Eine Feedback-Kultur schafft ein Klima der Offenheit und ermöglicht, voneinander zu lernen, auch aus Fehlern. Sie ist auch die Grundlage für eine Hilfekultur, nicht nur in Bezug auf die Schüler, sondern ebenso auf die Lehrer untereinander. Feedback-Kultur hat also zentral mit gutem Unterricht zu tun, aber auch mit den Beziehungen von Leitung und Lehrpersonen.

Unterstützung

Schulen, die ein umfassendes PQM entwickeln wollen, benötigen üblicherweise intensive Unterstützung, vor allem im Bereich der Qualifizierung. Dazu gehören Weiterbildung, Beratung und Begleitung. Sie sollte sich vor allem auf Zielführung, die beiden Entwicklungsachsen Teamentwicklung und Feedback-Kultur sowie auf den operativen, aber auch auf den Leitungssteuerkreis beziehen. Anbieten können die Unterstützung in erster Linie die Behörden, aber auch private Anbieter. Verantwortlich für die Nutzung sind die Schulen selbst. Sie müssen PQM ermöglichen. Das wird nicht zum Nulltarif geschehen können, wenngleich Qualitätssicherung und -entwicklung zu den Bestandteilen der täglichen Lehrerarbeit gehören.

3. Gütesiegel/Zertikat als Vision

PQM ist ein umfassendes Konzept. Es betrifft jeden Einzelnen, jede Arbeitseinheit und letztlich das Ganze einer Schule. Qualität ist eine Systemeigenschaft. Alle sind mitverantwortlich, die Lehrer, die Schulleitung, die Eltern und auch die Schüler, ohne deren Eigenanteil Lernen nicht möglich wäre.

Alle externen Auditierungen und erst recht Zertifizierungen müssen also das ganze System bewerten. Dabei kann das ganzheitliche Bewertungsmodell des EFQM (European Foundation for Quality Management) als Vorbild dienen, weil es eine interne Evaluation voraussetzt und eine externe systematisch damit koppelt und zudem im Schulbereich bereits erprobt wird.

Quantifizierte Bewertung

EFQM beruht auf einem umfassenden Modell, das aus neun Hauptkomponenten besteht. Dabei werden auf diese neun Komponenten insgesamt 1.000 Punkte verteilt, z.B. 100 auf Führung oder 150 auf die Ergebnisse, davon 200 auf Mitarbeiterbezogene Ergebnisse. Wer in einer Branche die höchste Punktzahl erhält, bekommt einen Qualitätspreis, sozusagen ein Gütesiegel.

Dieser Ansatz könnte mühelos auf das PQM übertragen werden. Das Vorhandensein eines Leitbildes würde z.B. 40 Punkte ergeben, wenn es von allen Lehrpersonen gemeinsam erstellt und getragen wäre sogar 75. »Fokus auf Schülerlernen« wäre wenigstens 150 Punkte wert, Feedback-Kultur ebenfalls usw.

Zertifizierung

EFQM ist ursprünglich kein Zertifizierungs-, sondern ein Wettbewerbs- bzw. Qualitätspreismodell. Beim EFQM gibt es pro Sektor jedes Mal nur einen Preis pro Jahr. Im Dienstleistungssektor haben in den letzten 10 Jahren zweimal Schulen gewonnen, einmal eine nordirische, zum anderen Mal eine dänische. Aber man kann die Zahl der Preise leicht ausweiten, wie es der IFS-Qualitätspreis für Schulen in NRW im Jahre 2000 getan hat. Dabei gewannen 22 Schulen einen Preis (vgl. Mauthe/ Rösner 2000). Man kann das EFQM-Modell jedoch leicht zur Grundlage einer Zertifizierung machen. Man braucht nur eine Benchmark festzulegen, z.B. 700 Punkte. Betriebe, Dienstleistungseinrichtungen und auch Schulen, die diesen Wert erreichen und durch eine externe Evaluation bestätigt bekommen, erhielten dann ein Zertifikat. Bei Schulen sollte man wegen der Wichtigkeit des Schülerlernens zusätzlich spezifizieren, dass Schülerlernen und Unterricht dabei z.B. mindestens 250 Punkte erreichen sollen.

Die Zertifizierung muss durch eine bedeutende Institution oder durch ein akkreditiertes Zertifizierungsunternehmen erfolgen, weil sie sonst nicht anerkannt wird. Bedeutende Institutionen können Stiftungen sein, Institute u.Ä. Akkreditierte Zertifizierungsunternehmen existieren in der Bundesrepublik, aber auch im Ausland zu Dutzenden. Der größte Zertifizierer in Deutschland ist die TÜV-Tochter TÜV-Zert.

Die formellste Form der Zertifizierung erfolgt auf der Grundlage eines ausgereiften und anerkannten Modells des Qualitätsmanagements, welches beim »Deutschen Institut für Normung (DIN)« anerkannt ist. Im Bereich von Wirtschaft und Verwaltung ist dies vor allem ISO 9000ff. Im Bereich pädagogischer Einrichtungen existiert bereits ein formell zertifizierbares Modell, das Schweizer Q2E (Dreier/Hartmann 2003). Es bezieht sich – wie erwähnt – auf Berufsschulen und gymnasiale Oberstufen. PQM könnte ein zweites werden, das für alle Schulformen und -arten konzipiert ist.

Die Ansätze aller Zertifizierungen sind vergleichbar. Sie orientieren sich an DIN EN/SO 10011, Teil 1: Auditdurchführung.

Ablauf des Verfahrens

Die Verfahrensabläufe einer Zertifizierung für Dienstleistungseinrichtungen lassen sich gut auf den Schulbereich übertragen:

- **Vorinformation**
  Die Schule kann sich bei akkreditierten Zertifizierern (Adressen sind bei der TGA, www.tga-gmbh.de, zu erfragen) unverbindlich über eine Zertifizierung informieren lassen.
- **Antragstellung der Schule**
  Nach Antragstellung erhält die Schule einen Vertrag zur Durchführung des Zertifizierungsverfahrens.
- **Vorgespräch (auf Wunsch)**
  Um den Ausbau des Qualitätsmanagements bzgl. einer Zertifizierung abzuschätzen, ist die Durchführung eines individuellen Vorgesprächs möglich.
- **Voraudit (auf Wunsch)**
  Als »Generalprobe« für das Zertifizierungsaudit kann ein Voraudit in der Schule vereinbart werden. Hierbei werden einige Schlüsselpersonen nach Durchsicht der Dokumentation des Qualitätsmanagements gemäß einer Auditcheckliste befragt.
- **Prüfung der Dokumentation**
  Nach Einreichung des Handbuchs bzw. der Qualitätsdokumentation erfolgt deren Prüfung. Nach abgeschlossener Prüfung erhält die Schule einen Ergebnisbericht mit einer Empfehlung zur weiteren Vorgehensweise.

- **Zertifizierungsaudit**
  Nach positiv abgeschlossener Prüfung der Dokumentation erfolgt die Begutachtung bzgl. der Umsetzung des Beschriebenen in der Praxis. Dies geschieht durch Begehungen, Interviews und Beobachtungen. Bei positivem Ergebnis bzw. nach Behebung unkritischer Abweichungen wird die Zertifizierungserteilung vom Auditteam empfohlen.
- **Nachaudit**
  Werden während des Zertifizierungsaudits in der Schule kritische Abweichungen gegenüber der Zertifizierungsgrundlage festgestellt, wird vom Auditteam ein Nachaudit empfohlen. Hier wird nach der zuvor vereinbarten Dauer zur Durchführung der notwendigen Korrekturen deren Umsetzung und Wirksamkeit überprüft.
- **Zertifikatserteilung**
  Die Gültigkeitsdauer des Zertifikats beträgt üblicherweise drei Jahre. Die zertifizierten Einrichtungen werden veröffentlicht und sind berechtigt, das erteilte Zertifikat sowie das Zertifikatssymbol für die Außendarstellung zu verwenden.
- **Überwachungsverfahren**
  Das Zertifikat wird einmal im Rahmen eines Kurzaudits bestätigt. Nach drei bis fünf Jahren erfolgt ein Wiederholaudit zur Re-Zertifizierung um weitere Jahre.

Ziele von Zertifizierungen – Motive für Zertifizierungen

Die Zertifizierung ist nicht das wichtigste Element des PQM. Aber sie könnte nützlich sein für Schulen im Wettbewerb, z.B. für Berufsschulen, Privatschulen oder Deutsche Schulen im Ausland. Um den Wert eines Zertifizierungssystems für andere Schulformen einzuschätzen und die Verbreitungschancen absehen zu können, sind deren Ziele zu klären und die Motive zu eruieren. Das gilt für einzelne Schulen wie für deren Behörden. Idealerweise fallen Ziele und Motive zusammen, sodass man fragen kann:

Was können sich Schulen von einer Zertifizierung erhoffen?

- Schulen erhalten durch die Zertifizierung eine *externe Evaluation*, die ihnen die Stärken zeigt, aber auch die Defizite und zudem Vergleichsmöglichkeiten mit anderen Schulen eröffnet.
- Schulen erhalten dadurch *Entwicklungsimpulse:* Sie erkennen, wo etwas zu tun ist.
- Schulen bekommen durch die Zertifizierung eine *Bestätigung;* denn nicht jede Schule wird zertifiziert.
- Schulen, die in Konkurrenz um Schüler und Ressourcen stehen, können das Zertifikat als *Werbemittel* nutzen.
- Schließlich setzt eine Zertifizierung einen erfolgreichen Schulentwicklungsprozess (und einen Bericht darüber) voraus, welches *Zug und Verbindlichkeit* in die innere Schulentwicklung bringt.

Vermutlich sind Zertifizierungen für große Schuleinheiten wie Berufsschulen, Gymnasien und Gesamtschulen interessanter als für kleine Grundschulen. Andererseits gehen gerade im Grundschulbereich die Schülerzahlen deutlich zurück, wächst damit die Konkurrenz (die konfessionelle und allgemein private Grundschulen schon länger kennen) und damit auch das Interesse von Grundschulen an einer Zertifizierung.

Was können sich Schulbehörden von einer Zertifizierung ihrer Schulen erhoffen?

- Die Schulen sorgen selbst für Qualitätssicherung und Rechenschaftslegung, wodurch sie die letztinstanzlich zuständigen Behörden arbeitsmäßig entlasten.
- Die Schulen übernehmen die Gestaltungsverantwortung selbst und befreien die Behörden von unangemessenen Legitimationsverpflichtungen.
- Die Informationen über Einzelschulen werden objektiviert und transparenter, sodass die Behörden sachgerechter steuern können.

Auf diese Weise entspannt sich auch das Verhältnis von Behörden zur Politik, zur öffentlichen Meinung und vor allem zu den Eltern.

III. Praxisfelder: Alle sind für Qualität verantwortlich

In letzter Konsequenz sind alle für die Entwicklung von Qualität verantwortlich: Die Schulleitung, das Kollegium, aber auch die Schülerinnen und Schüler sowie Eltern. Denn die Schülerinnen und Schüler sind als Koproduzenten des Lernens oder Lernpartner zu verstehen. Lernen setzt Eigenaktivität voraus; Schüler sind nicht als Schwämme, die Wissen bloß aufsaugen, was für »Verstehen« ohnehin ganz unmöglich wäre, sondern eher als Konstrukteure ihrer »Wissensbasis« und als Interpreten von Sinn und Bedeutungen zu begreifen. Sie haben also ein eigenes Interesse an der kontinuierlichen Verbesserung der Qualität des Unterrichts. Es kommt darauf an, es ihnen bewusst zu machen. Auch das gehört zum Qualitätsmanagement.

1. Zielführendes Handeln als Ausgangspunkt

Es hilft nichts, die Anstrengungen zu vergrößern, ohne ein Ziel vor Augen zu haben. Deshalb ist der Ausgangspunkt jeglichen Qualitätsmanagements, Ziele zu klären und zu setzen. Die Ziele sollten mit der gesamten Schulgemeinde besprochen werden – zwischen Schülern und Lehrern, zwischen Leitungen und Kollegium, zwischen Behörden und Leitungen – und Ausdruck im Schulprogramm finden. Nur so werden sie zum Eigentum und erlangen Klarheit, Akzeptanz und Überprüfbarkeit. Dieser Prozess lässt sich am klarsten in Form eines Zielkreislaufs darstellen (Abb. III.1). Der Zielkreislauf bildet das Prozessmodell des PQM. Er muss mit dem Aufbaumodell, der Architektur des PQM (vgl. Abb. II.2), gekoppelt werden, um dieses zu dynamisieren.

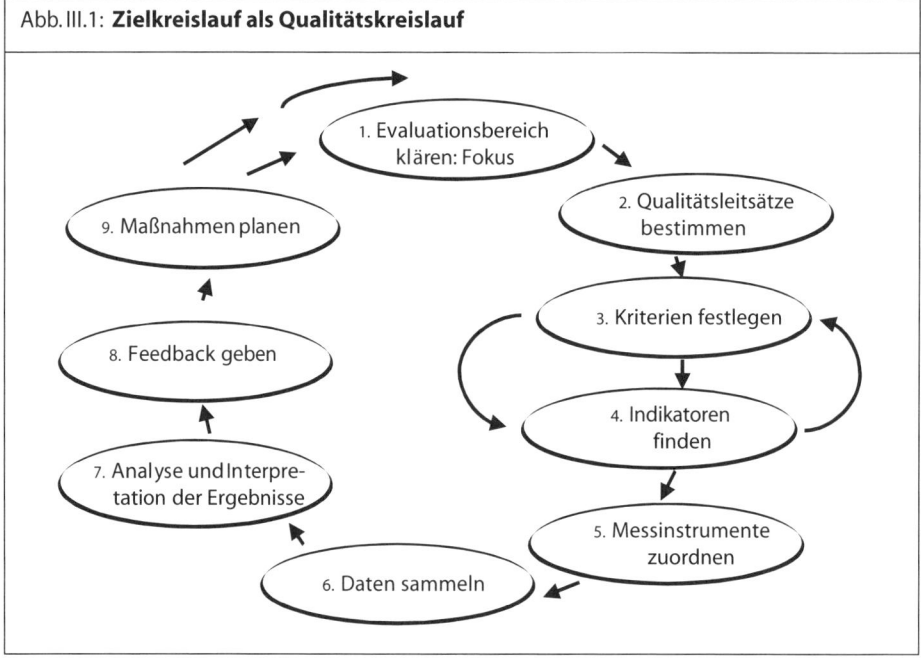

Abb. III.1: **Zielkreislauf als Qualitätskreislauf**

1. Evaluationsbereich klären: Fokus
2. Qualitätsleitsätze bestimmen
3. Kriterien festlegen
4. Indikatoren finden
5. Messinstrumente zuordnen
6. Daten sammeln
7. Analyse und Interpretation der Ergebnisse
8. Feedback geben
9. Maßnahmen planen

Die Zielkreisläufe formen und akzentuieren das Handeln der Schulleitung und der Steuergruppe, aber erst recht der Fachkonferenzen und der Jahrgangsteams. Letztere realisieren die Unterrichtsentwicklung, und diese ist nur effektiv, wenn Fach für Fach Halbjahres- bzw. Jahresziele festgelegt werden. Zu viele Ziele überfordern indes jedes

Qualitätsmanagement. Es geht auch nicht um die vielen Routinen, die im (Schul-) Lehrplan festgeschrieben werden, sondern um besondere Akzente, die gesetzt werden sollen, wie z.B. Methodentraining in der Jahrgangsgruppe 5 oder in der Fachkonferenz Mathematik. »Twenty is plenty« sagt man beim Qualitätsmanagement in der Industrie wie im Dienstleistungsbereich. Auch in der Schule sollten nicht mehr als 20 Ziele gleichzeitig verfolgt werden. Das sind nicht mehr als 1–2 pro Fachgruppe und 3–4 für die fachübergreifenden Angelegenheiten.Der Zielkreislauf ist gleichzeitig der Qualitätskreislauf. Beim Qualitätskreislauf geht es zunächst darum, den Bereich bzw. Gegenstand der Qualitätsevaluation zu bestimmen: Will man ein Projekt oder einen Unterrichtsschwerpunkt untersuchen? Will man Teile eines bereits entwickelten Schulprogramms evaluieren oder soll es um die Umsetzung eines Entwicklungsschwerpunktes gehen – sozusagen stellvertretend für das Schulprogramm? Will man einzelne Fächer weiterentwickeln und evaluieren oder fächerübergreifende Aktivitäten? Die (1.) Klärung des Evaluationsbereiches ist nicht nur der erste, sondern auch einer der wichtigsten Schritte im Rahmen des Qualitätsmanagements. Denn hiermit trifft man bereits eine Vorentscheidung darüber, wer die Beteiligten sein werden und welchen Umfang das Evaluationsprojekt haben wird. Es ist die Grundlage für Qualitätsmanagement.

Spätestens, wenn der Evaluationsbereich festlegt, ist nach den Zielen zu fragen. Wenn es ein Leitbild gibt, lassen sich daraus zunächst allgemeine (2.) Qualitätsleitsätze herleiten, die den Status von Oberzielen haben, z.B. »Wir fordern und fördern alle Schülerinnen und Schüler«. Diese Oberziele gilt es, klein zu arbeiten, d.h. zu präzisieren, wenn sie handlungsleitend und zugleich evaluierbar sein sollen. Dafür müssen (3.) Kriterien festgelegt und (4.) Indikatoren gefunden werden, z.B. die Ziele des Physikunterrichts im 9. Schuljahr und woran man ihr Erreichen erkennen kann.

Dann erst folgt die Auswahl oder die Neukonstruktion von (5.) Messinstrumenten, mit deren Hilfe man (6.) Daten sammeln kann, die als Ergebnis der Evaluation (7.) analysiert und interpretiert, d.h. bewertet werden. Ein (8.) Feedback an die »Lieferanten« der Daten darf nicht vergessen werden, wenn diese Daten etwas bewirken sollen. Um eine optimale Wirkung zu erzielen, geht es schließlich darum, (9.) Maßnahmen der Qualitätsentwicklung zu planen. Hier schließt sich der Kreis, und es steht die Frage an, ob eine neue Runde eingeleitet werden soll, um Maßnahmen zu optimieren, oder ein neuer Evaluationsbereich gesucht wird.

Die Qualitätsleitsätze enthalten ziemlich allgemeine Ziele, die möglichst aus dem Schulleitbild hergeleitet werden. Die Kriterien indes sollten möglichst präzise Ziele darstellen. Für die Charakterisierung geeigneter Qualitätskriterien hat sich das Kürzel Smart eingebürgert:

S	steht für spezifisch,
m	für messbar,
a	für aktionsorientiert (d.h. für umsetzbar durch Handeln),
r	für realisierbar und
t	für terminiert.

Terminiert bedeutet, dass Zeitpunkte festgelegt werden, zu denen ein Ziel erreicht oder doch zumindest überprüft werden sollte. Und realisierbar bedeutet, dass man keine illusorischen Ziele verfolgt, sondern »dass man hält, was man verspricht«. In diesem Sinne sind Qualitätskriterien Smart zu formulieren.

Man kann persönliche Ziele von Schulzielen unterscheiden, wobei im Rahmen professioneller Arbeit die persönlichen Ziele mit den Schulzielen zusammenhängen sollten. Persönliche Ziele sind vor allem dann qualitätswirksam, wenn sie in Zielvereinbarungen festgehalten werden (davon mehr in Kapitel IX, aber auch in Buhren/ Rolff 2002).

Schulziele

Bei den Schulzielen ist zwischen mehreren Ebenen zu differenzieren: ganze Schule, Jahrgangsstufen, Fachkonferenzen und Projekte. Hinzu kommt die Ebene des »ultimativen Bezugspunkts«, des Unterrichts und des Lernens der Schülerinnen und Schüler.

Auf der Ebene der ganzen Schule manifestieren sich die globalen, z.T. auch strategischen Ziele im Leitbild. Sie sind zu umfangreich und in aller Regel auch zu allgemein formuliert, um wirksame Anhaltspunkte für alltägliches zielführendes Handeln abgeben zu können. Deshalb müssen sie »übersetzt« werden in »smarte« Qualitätsziele bzw. Evaluations-Kriterien. Eine gute Möglichkeit, Leitsätze handlungswirksam zu machen, besteht auch darin, einen der Leitsätze zum Jahresmotto zu erklären und im Laufe des Schuljahres ständig zu aktualisieren: auf Briefköpfen, bei Schulfeiern (z.B. in Form von Spruchbändern), bei Projektwochen oder Veranstaltungen zur schulinternen Lehrerfortbildung.

Auf der Ebene von Jahrgangsstufen – z.B. von Eingangsstufen – ist es angebracht, ein oder zwei Halbjahresziele zu vereinbaren und dann auch zu evaluieren. Beispiele können Leseförderung sein oder Teamtraining.

Für Fachkonferenzen gilt im Prinzip das Gleiche wie für Jahrgangsstufen, nur dass Fachziele stärker betont werden (vgl. dazu Kapitel III.3).

Projekte ohne Ziele sind keine wirklichen Projekte. Es gehört zu den externen Grundsätzen des Projektmanagements, dass zu Beginn die Ziele geklärt und spezifiziert werden und am Schluss »gegen« diese Ziele eine Evaluation erfolgt.

Schüler und Unterricht

Die operative und damit die entscheidende Ebene des Qualitätsmanagements ist die des Lernens durch Unterricht. Zielführendes Handeln in diesem Bereich sollte schon in der Grundschule beginnen, was v.d. Gathen und Schultebraucks-Burgkart anhand einer Dortmunder Schule überzeugend illustrieren: Sie schreiben, dass die Möglichkeiten und Chancen, die Schüler an ihrer Lernentwicklung aktiv zu beteiligen, mit ihnen Ziele zu vereinbaren und Wege für die Umsetzung zu erarbeiten, bisher weitgehend unterschätzt werden. In der Dortmunder Grundschule wird die aktive Beteiligung des Schülers an seiner individuellen Lernentwicklung, die Verantwortungsübernahme für das eigene Lernen von Anfang an gefördert. So führt jedes Kind vom ersten Schultag an ein *Lerntagebuch*, in dem es seine Lernprozesse dokumentiert, sachbezogenes Reflektieren einübt und Rechenschaft ablegt. Darin werden wöchentlich die gesetzten Lernziele und tatsächlich erbrachten Lernleistungen miteinander verglichen und abgewogen. Dabei lernen die Schülerin und der Schüler, den eigenen Lernweg kritisch »abzugehen« und zu bewerten.

Zu einem der wichtigsten Instrumente der zielorientierten Unterrichtsentwicklung hat sich das zweimal jährlich durchgeführte *Entwicklungsgespräch* etabliert. Die Klassenlehrerin oder der Klassenlehrer spricht mit jedem Kind, in dessen Mittelpunkt das behutsam angeleitete Reflektieren über das eigene Lernen steht. Dabei geht es darum,

- eigene Stärken und Schwächen zu benennen,
- selbstständig ein Ziel festzulegen,
- Unterstützungsbedarf zu formulieren,
- zu beschreiben, woran die Erreichung des Ziels sichtbar werden soll, und
- einen Zeitpunkt zur Überprüfung zu vereinbaren.

Es scheint absolut notwendig zu sein, dass die Gesprächskultur im gesamten Kollegium abgestimmt ist. Jedes Einzelgespräch an diesem Schülersprechtag wird anhand eines festgelegten Ablaufschemas geführt. Somit bekommt der Schüler im Laufe der Schulzeit eine Gewissheit und Vertrautheit, wie zeitlicher und inhaltlicher Ablauf sich gestalten und worauf er sich einzustellen hat. Das »Schaffen von Strukturen« ist besonders für solche Kinder wichtig, die im außerschulischen Bereich ein »unklares« und »undurchsichtiges« Miteinander erleben. Hier helfen stringent durchgeführte Gespräche zwischen Schüler und Lehrkraft. Erwachsene werden in dieser Weise als berechenbar erlebt. Eine derartige Struktur hilft aber auch der Lehrkraft, den »Gesprächsmarathon« zu bewältigen und möglichst allen Kindern gleichwertig gerecht zu werden.

In dem gemeinsamen ca. 20-minütigen Gespräch wird zunächst auf die sozialen Stärken des Schülers eingegangen. Dabei wird die Beziehung des Kindes innerhalb der Klasse und auch in Bezug zu einzelnen Schülern in den Blick genommen. Danach werden Lernziele vom Kind formuliert. Als zweiter Schritt folgt die Reflexion des Arbeitsverhaltens, die mit der Analyse der Stärken beginnt und in eine Lernzielformulierung durch die Schüler mündet, bei der die Lehrkraft berät. Als dritte und letzte thematische Einheit schließt sich die fachorientierte Diskussion um Stärken und Lernziele z.B. in Mathematik und Deutsch an. Für die Lehrkraft ergeben sich daraus klare Anhaltspunkte für die Erstellung eines individuell zugeschnittenen Förderplans. In der Freiarbeit ergeben sich für den Schüler dann Möglichkeiten, die selbst benannten Schwächen anzugehen. Zuletzt wird die Mitschrift der Lehrkraft vom Schüler unterschrieben und ein Zeitpunkt vereinbart, an dem die gesteckten Ziele evaluiert werden sollen. Es kann der nächste Schülersprechtag oder ein individuell festgelegtes Datum sein. Im letzteren Fall bieten sich konkrete Anlässe an: die nächstliegenden Ferien, nach der nächsten Klassenarbeit oder bis zur Klassenfahrt. Vor allem sollte ein angemessen überschaubarer Zeitraum gewählt werden. Sonst besteht die Gefahr, dass das Ziel sowohl vom Schüler als auch von der Lehrkraft aus den Augen verloren wird.

Die Lehrkraft sollte eine eher zurückhaltende Rolle übernehmen. Die Redeanteile des Schülers sollen überwiegen. Die einzelnen Schritte werden schriftlich – im Konsens – festgehalten und können, falls das Kind dies als Hilfe empfindet, auf dem Tisch visualisiert werden. Tag für Tag kann sich das Kind an dem gemeinsam ausgehandelten Lernziel orientieren, und die Lehrkraft kann im Gegenzug bei Bedarf den Schüler an die Vorgabe erinnern. Diese »Selbstevaluation« unterstützt den Aufbau einer intrinsischen Motivation und fördert das zielgerichtete Lernen des Schülers nachhaltig. Nicht mehr die Reproduktion von Auswendiggelerntem, sondern die Fähigkeit, an neue Sachverhalte so heranzugehen, dass sie selbstständig strukturiert werden können, ist in der Dortmunder Grundschule gefordert. Die beschriebene Strukturierung der Lernwege durch das Kollegium und die Selbststeuerung durch den Schüler scheint in dem Bildungsprozess ein zentraler Baustein zu sein – bereits in der Grundschule (vgl. Gathen/Schultebraucks-Burgkart 2004).

2. Feedback-Kultur einführen und pflegen

Voller Erwartung sammelt eine Lehrperson die Fragebogen zu ihrem Unterricht ein. Doch das Resultat ist alles andere als erbaulich. Schüler sehen manchmal vieles weniger positiv als die Lehrperson und bescheinigen ihr in einigen Bereichen Mittelmaß und mitunter sogar noch schlechter.

Was fängt die Lehrperson mit diesen Ergebnissen an? Warum hat sie überhaupt diese Umfrage durchgeführt? Was bedeutet solch ein Resultat für das Gesamtsystem Schule?

Diese Situation ist zwar fiktiv, aber könnte überall passieren (und ist es wohl auch schon) und berührt die zentralen Fragen jedes Feedback-Systems:

- Welche Ziele verfolgen Feedbacks?
- Welche Voraussetzungen sind für das Gelingen notwendig?
- Was wird mit den Resultaten getan?
- Führen Feedbacks überhaupt zu Verbesserungen oder richten sie womöglich Schäden an?
- Wie kann eine Feedback-Kultur eingeführt und gepflegt werden?

Seit gut 50 Jahren gelten Feedbacks als Möglichkeit, in verschiedenen Bereichen die Differenz zwischen Ist- und Sollzustand aufzuzeigen und dem Empfänger des Feedbacks dadurch die Möglichkeit zu geben, sich dem Sollzustand weiter zu nähern. Dementsprechend wollen wir unter Feedback jegliche Form der Rückmeldung verstehen, die

- datengestützt,
- zielorientiert und
- systematisch

erfolgt. Zufällige, also nicht systematische Rückmeldungen können sicherlich auch aufschlussreiche Hinweise ergeben, laufen aber Gefahr, zu punktuell zu sein und damit nicht den wahren Kern zu treffen. Datengestützt ist unabdingbar; denn alle anderen Formen der Rückmeldung sagen hauptsächlich etwas über den Feedback-Geber aus und ermöglichen keine gezielte Bearbeitung. Und ohne Ziele wissen wir überhaupt nicht, worüber wir im Feedback Aussagen erhalten.

In unserem PQM verstehen wir Feedback als essenziellen Bestandteil bewussten Qualitätshandelns, denn es ist unerlässlich zu überprüfen, ob die intendierten Ziele mit den investierten Ressourcen (Maßnahmen, Zeit, Geld etc) auch wirklich erreicht worden sind und falls nicht, worin die Ursachen des Misslingens zu finden sind, damit gezielt die weitere Optimierung des Prozesses betrieben werden kann. Feedback ist aber auch genauso wichtig als Erfolgsmeldung denn Lehrpersonen und Schüler/innen haben ein Recht darauf zu erfahren, ob sich ihre Arbeit gelohnt hat. Solch eine Rückmeldung motiviert und spornt an.

Wenn wir im schulischen Kontext von Feedback sprechen, beziehen wir dies auf alle Facetten schulischen Handelns. Ob es sich um Individual-Feedback von Lehrpersonen, um Selbstbeobachtung von Schüler/innen, um kollegiale Unterrichtshospitation, um die Evaluation von Zielvereinbarungen von Projektgruppen oder gar um eine externe Evaluation der gesamten Schule handelt. Immer besteht das Ziel darin, einen Abgleich zwischen Zielen und Ergebnissen herzustellen. Diese Differenz wird oft auch als »blinder Fleck« bezeichnet. Als »blinden Fleck« bezeichnen wir den Teil der Persönlichkeit, den wir von uns selbst nicht wahrnehmen, den aber unsere Umwelt erkennt. Und wenn unsere Umwelt uns Mitteilungen über diesen Fleck gibt, können wir den blinden Fleck verkleinern. Dieses Feedback wird bei uns wie in allen Organisationen allerdings nur etwas bewirken, wenn wir gewillt sind, dieses Feedback zu akzeptieren, daraus zu lernen, und uns auch nachhaltig verändern. Und dies tun wir wiederum nur, wenn wir uns von dieser Veränderung etwas versprechen (siehe dazu ausführlich Kapitel V.3).

Es hilft sicher, wenn das Feedback in lernunterstützender, nicht verletzender Weise erteilt wird, doch ist dies für eine anschließende Veränderung keine conditio sine qua non. Denn wir verändern uns gelegentlich auch nach harscher Kritik. Entscheidend ist vielmehr, dass durch ein Feedback eine Selbstreflexion angestoßen wird, die zu einer Selbstregulation führt. »Diese Form der Selbststeuerung umfasst die Fähigkeit, eigene Wünsche und Werte überhaupt wahrzunehmen und entsprechende selbstkongruente Ziele zu bilden, das heißt Ziele, die weitgehend mit den eigenen Bedürfnissen, Werten und Überzeugungen übereinstimmen. Diese Fähigkeit ist eine Voraussetzung dafür, dass der eigene Wille überhaupt die ›richtigen‹ Ziele verfolgt, Ziele also, mit denen man sich wirklich identifizieren kann, hinter denen man voll und ganz steht und für man sich frei entscheiden kann. Ein noch so starker Wille hilft auf die Dauer wenig, wenn er die ›falschen‹ Ziele verfolgt, das heißt Ziele, die nicht in Einklang mit den eigenen Bedürfnissen und Werten stehen beziehungsweise nicht mit dem sozialen Umfeld abgeglichen sind.« (Kuhl, 2004, S. 31)

Besteht diese Bereitschaft zum Lernen nicht, dann wird die Rückmeldung oft nicht nur nicht akzeptiert, sondern stößt auf aktiven Widerstand, der sich z.B. darin äußert, dass die Kompetenz der Feedback-Geber oder aber die angewandten Methoden bezweifelt werden.

Adams, Hayes und Hopson (1976, zitiert in EFQM, S. 27) haben Reaktionen von Unternehmen untersucht, die Feedbacks durchgeführt hatten, und haben ein idealtypisches Verhaltensmuster gefunden (Abb. III.2).

Diese Reaktion ist keineswegs verwunderlich. Denn jegliche Form von Rückmeldung, die eine Differenz von Ist- und Sollzustand aufzeigt, wird als Kritik empfunden. Schließlich zeigt sie, dass das angestrebte Ziel nicht erreicht wurde. Da diese Zielerreichung aber die angestrebte Intention des Feedback-Empfängers war, muss die Rückmeldung als negative Kritik empfunden werden. Dabei spielt es keine Rolle, ob der Empfänger eine einzelne Lehrperson oder die ganze Schule ist.

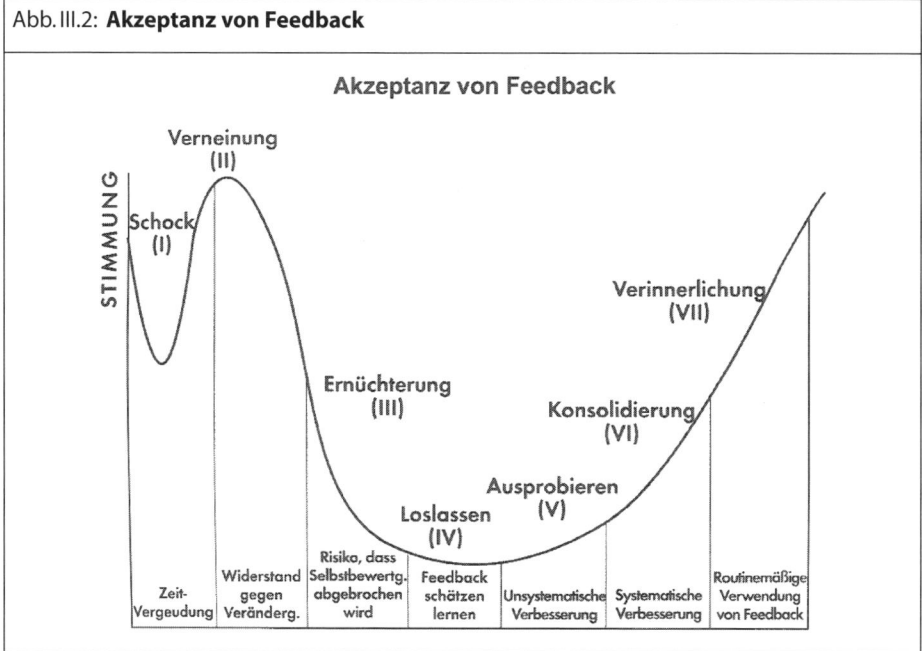

Abb. III.2: **Akzeptanz von Feedback**

Feedback zu erhalten, auch wenn es noch so gut gemeint zu sein scheint, auch wenn es erwünscht wurde, bedeutet zunächst einmal Kritik, bedeutet, dass sich jemand über den Empfänger stellt und sein Verhalten resp. das dadurch verursachte Ergebnis beurteilt und dadurch den Anschein erweckt, er wüsste es besser oder hätte es sogar besser getan. Und ergo hätte es der Empfänger ja ebenso gekonnt. Insofern ist es auch nicht verwunderlich, dass Feedback nicht von allen akzeptiert wird.

Es kommt beim Feedback noch erschwerend hinzu, dass Feedback-Verfahren immer erfolgsorientiert sind, d.h., sie messen, ob etwas erfolgreich war oder nicht. Dies ist insofern ungünstig als Lehrpersonen in ihrer Mehrheit wenig bis gar nicht erfolgsorientiert sind. Erfolgsorientierte Menschen möchten gerne wissen, welchen Anteil am Gesamterfolg der Organisation ihnen zu verdanken ist. Lehrpersonen interessiert dies kaum. So sagen Rheinberg u.a. (2001, zitiert nach Helmke 2003, S. 51):

»Personen mit starkem Leistungsmotiv sind von Situationen angezogen, in denen sie möglichst klare Rückmeldungen zum Stand oder Wachstum der eigenen Tüchtigkeit erhalten ... Aber an welchen Standards sollte ein Lehrer sein Expertentum in Sachen Unterricht messen? ... für Lehrer ergibt sich das Problem, dass

Lernzuwächse im Unterricht ein ›Gemeinschaftsprodukt‹ von Lehrern und Schülern sind, bei dem die Einzelanteile nur schwer auseinander gehalten geworden können. Von daher ist der Lernerfolg der Schüler nur eine partiell kontrollierbare Größe. Solche Konstellationen sind für hochleistungsmotivierte Personen wenig attraktiv, da sie Situationen bevorzugen, in denen der Handlungsausgang von ihnen selbst und ihrer eigenen Tüchtigkeit abhängt.«

Schließlich muss man fairerweise zugeben, dass es bislang auch noch keine eindeutigen Forschungsergebnisse über die Wirksamkeit von Evaluationen in Schulen gibt. Visscher und Coe haben die bisherigen Forschungen analysiert und kommen zu folgendem Ergebnis:

> »The evidence about feedback effects is mixed, complex, and not well understood. Research results indicate that feedback can be beneficial to future performance, but it can also do harm. Moreover, the relative lack of evidence derived from school contexts makes it hard to predict confidently what the effects will be in any particular case.« (2003, S. 325)

Nun kann man sich natürlich zu Recht fragen, warum nicht nur wir so großen Wert auf Feedback legen. Es ging schließlich jahre-, ja Jahrhundertelang auch ohne. Dabei wird aber übersehen, dass es Feedback schon immer gab, wenn auch selten in lernunterstützender Absicht. Im Zuge der wachsenden Gestaltungsfreiheit sehen wir zudem keinen anderen Weg, um die Zielerreichung von Schulen und in Schulen zu überprüfen, wenn wir nicht zu einer zentralen und allein output-orientierten Standardisierung von Schulen zurückkehren wollen. Aber selbst dann müssten wir herausfinden, warum die Standards nicht erreicht wurden. Und schließlich gibt es sehr viele ermutigende Beispiele von wirksamen Feedbacks im Schulalltag.

Insofern gilt es, in allen Schulen sehr behutsam, aber bestimmt unterschiedliche Formen von Feedbacks mit den Beteiligten zusammen einzuführen, auszuprobieren, zu modifizieren und aus den Ergebnissen zu lernen. Erst wenn es in Schulen selbstverständlich ist, dass nicht einfach nur input-orientiert gehandelt wird nach dem Motto: »Wir tun etwas, und es wird bestimmt etwas Gutes dabei herauskommen«, sondern wenn der gesamte Feedback- resp. Qualitätskreislauf im Kollegium internalisiert ist, kann man von einer gelebten Feedback-Kultur sprechen, die unabdingbar für eine nachhaltige Qualitätsentwicklung ist.

3. Teamentwicklung

Gemäß einer Umfrage bei 600 Firmen in England betrachten Manager Teamarbeit als besonders effektive Methode der Leitungssteigerung und ermuntern sie auch entsprechend. Allerdings leidet eine Mehrheit dieser Befragten darunter, dass sie zu viel Zeit in Sitzungen verbringen. »Britain's business managers are working hard to instil a more effective culture of teamwork among their colleagues, but meetings have become a noose around their necks, preventing them from achieving their potential.« (Training Journal, January 2004, S. 5)

Und auch in Schulen kann man mitunter ein ähnliches Bild finden: Ein beliebtes Spiel besteht dort (und auch anderswo) darin, Aufgaben einer Arbeitsgruppe zu übergeben und sich dadurch eine Zeit lang des Problems zu entledigen. Die Gruppe (wenn sich denn eine bildet) arbeitet emsig hinter verschlossenen Türen und präsentiert irgendwann stolz ihren Vorschlag – und das Kollegium ist entsetzt und gibt das Ganze wieder der Gruppe zur Überarbeitung zurück.

Wenn es also offensichtlich immer wieder Schwierigkeiten in der Teamarbeit gibt, sie aber gleichwohl ständig gefordert wird, muss man sich wohl fragen, wozu Teams und Teamarbeit in Schulen überhaupt gut sein sollen. Denn Lehrpersonen brauchen für ihren Unterricht kein Team, sie können ganz alleine vorbereiten, unterrichten und auch nachbereiten. Wozu also Ressourcen in etwas investieren das man scheinbar gar nicht braucht?

Es ist also nicht ganz einfach, Lehrpersonen von der Notwendigkeit von Zusammenarbeit zu überzeugen, und verordnen kann man sie ohnehin nicht. Wenn Lehrpersonen aber spüren, dass sie bei einer Zusammenarbeit profitieren können, sind sie eher geneigt, sich auf eine Kooperation einzulassen. Und in der Tat lohnt sich Zusammenarbeit nachweislich in verschiedener Hinsicht. Der wichtigste Vorteil ist zugleich der Hauptgrund für die Unterstützung von Teamentwicklung an Schulen:

Eine von der Schulgemeinschaft erarbeitete und getragene Vision guten Unterrichts, die anschließend gemeinsam implementiert und evaluiert wird, kann nachweislich die Lernleistungen der Schülerinnen und Schüler verbessern. Die kanadischen Unterrichtsforscher Joyce und Showers haben überzeugend anhand von Dutzenden von Forschungsergebnissen nachgewiesen, dass sich die Lernleistungen nur signifikant verbessern, wenn sich Lehrpersonen entschließen zusammenarbeiten und der Fokus ihrer Anstrengungen dabei auf den Unterricht zielt. Wenn ein Kollegium hingegen seine gemeinsamen Aktivitäten allein auf die Verschönerung des Schulhauses oder die Verbesserung der Kommunikation innerhalb des Kollegiums richtet, wird deswegen kein Schüler seine Leistungen verbessern. Und diese Verbesserung ist die Ultima Ratio von Schule schlechthin. Eine einzelne Lehrperson kann noch so ausgefeilte Methoden praktizieren, die Inhalte schülergerecht präsentieren und sich auch ansonsten für ihre Schüler aufopfern. Sie wird eine Einzelkämpferin bleiben, und in 90 Prozent der anderen Lektionen können alle Anstrengungen zunichte gemacht werden. Deshalb, und dies ist eigentlich auch ohne Forschungsevidenz nachvollziehbar, müssen Lehrpersonen kooperieren, damit die unterschiedlichen Fähigkeiten Gewinn bringend für eine nachhaltige Verbesserung der Lernleistungen der Schülerinnen und Schüler eingesetzt werden können. Und dann profitiert auch die einzelne Lehrperson wieder.

Es gibt unzählige Möglichkeiten der Zusammenarbeit. Es gibt inzwischen auch eine Vielzahl von Publikationen, die sich mit dem Aufbau von Teamarbeit in Schulen (Klippert, Philipp etc.) beschäftigen, sodass wir hier nicht näher darauf eingehen müssen.

Was auch immer in Schulen an Teamentwicklung passiert, ob Schulen Qualitätszirkel bilden, kollegiale Unterrichtshospitationen durchführen, Action Research betreiben (Altrichter, Posch) oder eine andere Form der Zusammenarbeit praktizieren, wichtig ist die zentrale Ausrichtung auf den Unterricht. Natürlich ist auch eine Schulhausverschönerung wichtig und kann vielleicht sogar das Lernklima verbessern. Aber wenn der Unterricht weiterhin demotivierend und nicht schülergerecht betrieben wird, nützen die schönsten Farben nichts.

Eine weitere Bedingung von Teamarbeit ist die klare Zielrichtung. Das Ziel muss geklärt und von allen getragen werden. Alle Teammitglieder müssen vom Vorhaben überzeugt sein, und die Ziele sowohl nach innen als auch nach außen vertreten. Nur so ist zu erwarten, dass das Team motiviert und engagiert an der Zielerreichung arbeitet und Synergien nutzen kann. Und dies auch, wenn sich zwischendurch Probleme ergeben. Nur wenn das Ziel allen klar ist, können die einzelnen Mitglieder den Weg finden. Und nur wenn das Ziel klar ist, kann der Erfolg der Arbeit auch evaluiert werden.

Deshalb ist die erste Phase der Teamentwicklung auch so entscheidend. Denn hier werden Ziele vereinbart, und es lohnt sich, diese Phase gründlich zu gestalten. Hier gilt es, den Grundsatz von Ruth Kohn zu beherzigen: »Wenn du wenig Zeit hast, nimm dir am Anfang viel davon.«

3.1 Fachkonferenzen

Lehrerinnen und Lehrer – zumindest in weiterführenden Schulen – gehören einer oder mehreren Fachgruppen, Fachschaften oder Fachkonferenzen an, wo sie sich je nach personeller Zusammensetzung unterschiedlich oft treffen, Fachfragen diskutieren und gemeinsame Maßnahmen vereinbaren – oder eben auch nicht! Unserer Erfahrung nach sind sich Fachschaften ihrer verantwortlichen Rolle für Qualitätsarbeit noch nicht hinreichend bewusst. Von ihrem Potenzial her wären Fachkonferenzen die idealen Organe für die Entwicklung und Realisierung pädagogischer

Qualitätsstandards, aber immer noch gebärden sie sich eher wie »schlafende Riesen der Schulentwicklung«.

Wenn Schulentwicklung als ein von allen getragener Prozess angesehen wird und den Fachgruppen darin eine essenzielle Bedeutung zukommt, dann sollten sie mehr sein als Routineveranstaltungen, die zweimal im Jahr tagen und die nötigsten Geschäfte klären. Vielmehr sollten sie vier wesentliche – wenn möglich aus dem Leitbild bzw. dem Schulprogramm abgeleitete – Funktionen haben:

- Verantwortung für die fachliche Qualitätsentwicklung in ihrem Fach,
- Mitverantwortung für die Personalförderung in ihrem Fach,
- Verantwortung der eigenen Infrastruktur,
- Interessenvertretung der fachlichen Anliegen nach innen und außen.

Im Folgenden sollen diese Funktionen mit den dazugehörigen Aufgaben, wenn immer möglich, anhand von Beispielen, aufgezeigt werden, wobei nochmals unterstrichen werden muss, dass es sich dabei um die Beschreibung eines Idealtypus handelt.

Qualitätsentwicklung

Manchmal noch mehr als für didaktische Fragen interessieren sich die Lehrkräfte für ihr Fach bzw. ihre Fächer, und Fachkonferenzen sind die Gremien, in denen unter Gleichgesinnten fachliche Aspekte diskutiert und auf ihre Relevanz für den Unterricht hin überprüft werden. Hier erfolgt also, wenn auch oft eher informell, das Festlegen von Qualitätsstandards. Dies geschieht durch

- Austausch von Informationen zu pädagogisch-didaktischen Fragen,
- Austausch von Unterrichtserfahrungen und Unterrichtsmaterialien,
- gemeinsame Erarbeitung von Unterrichtsreihen,
- Organisation von gegenseitigem Unterrichtsbesuch,
- Evaluation neuer Unterrichtsmittel,
- Entwicklung, Umsetzung und Überprüfung des Curriculums,
- wissenschaftlichen Diskurs z.B. in Lesezirkeln.

So organisieren z.B. neusprachliche Fachkonferenzen regelmäßig Literaturabende (in der Fremdsprache) – entweder zu einem gemeinsam gelesenen Werk, oder alle stellen eine Lektüre ihrer Wahl vor. Der Anlass kann mit einem gemeinsamen Abendessen verbunden werden und so viel zur Kooperationsbereitschaft und dem informellen Wissensaustausch der Teilnehmer beitragen. In anderen Fachkonferenzen können Unterrichtseinheiten oder Werkstätten von einigen Kolleginnen und Kollegen zusammen erarbeitet und die Materialien wie Dias, Arbeitsblätter usw. den anderen zur Verfügung gestellt werden in der Hoffnung, dass andere entweder Verbesserungsvorschläge machen oder eigene Projekte für die Gemeinschaft erarbeiten. Dank der neuen Informationstechnologie entstehen an vielen Orten intranetbasierte Datenbanken, in denen Kollegen Materialien ablegen, die allen zur Verfügung stehen. Damit aber hier keine Datenfriedhöfe entstehen, müssen Fachkonferenzen für die kontinuierliche Nutzung sorgen.

In Kapitel IV erläutern wir ausführlich die Bedeutung von gemeinsam vereinbarten Kriterien für Lernerfolgsfeststellungen, die unerlässlich für die fachlich-pädagogische Qualität der Schule sind. Man kann, auch und besonders aus der Sicht der Schüler/innen und deren Eltern, gar nicht oft genug betonen, wie sensibel gerade dieser Bereich der Lehrerarbeit ist. Es ist deshalb unumgänglich, innerhalb von Fachkonferenzen einen Konsens in diesem Bereich herzustellen. Die Schulleitung muss wohl besonders hier ihre pädagogische Führungsfunktion wahrnehmen, indem sie sanft, aber beharrlich auf die Notwendigkeit von hohen und dennoch transparenten Anforderungen pocht. Um diesen Aspekt zu gewährleisten, sollten Fachkonferenzen von Zeit zu Zeit

- über ihre Notengebung und Prüfungsanforderungen diskutieren (s. Abb. III.3),
- gemeinsame Tests erarbeiten,
- Prüfungen austauschen und diskutieren,
- Prüfungen gemeinsam korrigieren.

Jede Fachkonferenz braucht genau wie jede Lehrkraft gelegentlich einen Input, um dem Unterricht wieder neue Impulse verleihen zu können. Dies kann gemeinsam oder allein geschehen, sollte in irgendeiner Form aber immer wieder in die Fachkonferenz zurückfließen, damit auch die anderen Kollegen von den Erfahrungen profitieren können. Dies kann geschehen durch

- Ausarbeitung, Organisation, Durchführung und Evaluation von gemeinsamen fachschaftsinternen oder fachschaftsübergreifenden Weiterbildungsanlässen oder durch
- individuelle Fortbildung.

Auch wenn aus Schulentwicklungs- und Kostengründen der gemeinsamen Fortbildung gegenüber der individuellen oft der Vorzug gegeben wird, darf der Wert individueller Weiterbildung nicht unterschätzt werden. Schließlich kann dort nicht nur dem Bedürfnis nach maßgeschneiderter Fortbildung entsprochen werden, sondern man erhält durch den Kontakt mit Teilnehmern aus anderen Regionen einen wertvollen Blick über den eigenen Gartenzaun.

Wenn Fachkonferenzen wachsen und zu aktiven »Riesen der Schulentwicklung« mutieren sollen, dann gehören sie zu den wichtigsten Agenturen für das wesentliche Ziel der pädagogischen Qualitätsentwicklung, nämlich durch

- Umsetzung der schulischen Entwicklungsschwerpunkte und
- Sicherung der fachlichen Qualität.

Abb. III.3: Bewertungskriterien für eine Abiturarbeit in den Bereichen Mathematik, Informatik, Physik und Technik (Abiturarbeiten sind schriftliche, selbstständige Arbeiten, die ein Jahr vor dem Abitur von allen Schülern geschrieben und benotet werden)

Die Note für die Maturaarbeit setzt sich aus
- einem schriftlich/praktischen Teil (mit oder ohne »Produkt«)   50%
- und einer mündlichen Präsentation (mit anschließender Befragung)   50%

zusammen.

Die Beurteilung des schriftlichen Teils umfasst
- den Arbeitsprozess   20%
- das Produkt   maximal 40%
- die eigentliche schriftliche Arbeit   mindestens 40 %

Zu Beginn der Maturaarbeit macht die/der Schüler/in mit ihrer/ihrem Betreuer(in) ab, welchen Teil ein Produkt (Modell, Maschine, technisches Gerät, Computerprogramm ...) einnehmen soll, falls überhaupt ein Produkt hergestellt werden soll.

Die Beurteilung des Arbeitprozesses beinhaltet
- Planung (Vorarbeiten, Disposition, Zeitplan)   30%
- Ablauf (Einhaltung des Zeitplans, Zielgerichtetheit, Selbstständigkeit, Reflexion und adäquate Korrekturen, Vollständigkeit und Aussagekraft der Lernjournals, Umgang mit Schwierigkeiten, Einhaltung von Vereinbarungen)   60%
- Reflexion des Arbeitsprozesses durch die/den Schüler/in   10%

Die Beurteilung eines Produktes umfasst die
- Handwerkliche Ausführung (fachgerechte Wahl der Materialien bzw. Hilfsmittel, Verarbeitung, Ästhetik)   30%
- Funktionalität   30%
- Originalität (Konzept und Gestaltung), Komplexität der Aufgabe, Kreativität und Eleganz der Lösung   40%

Die Beurteilung der schriftlichen Arbeiten setzt sich aus
- Inhalt
  Ist die Aufgabenstellung erfüllt? Sind die Aussagen richtig und differenziert? Sind die Quellen relevant, vielfältig und aktuell? Sind allfällige Versuchsergebnisse richtig verarbeitet? Ist die Behandlung des Themas richtig, systematisch und nachvollziehbar? Zeigen sich Sachkompetenz und Eigenständigkeit oder besonders hohes Engagement, Motivation, Kreativität, Originalität?   70%
- Form
  Ist die Arbeit übersichtlich gestaltet und gegliedert? Genügt der Text den sprachlichen Anforderungen bezüglich Stil, Grammatik und Orthographie? Wird die Fach- und Symbolsprache richtig verwendet? Sind Quellenangaben und Zitate korrekt? Sind Darstellungen korrekt beschriftet? Genügen Inhalts-, Quellen- und Literaturverzeichnis den Anforderungen?   30%

zusammen

Quelle: Gymnasium Liestal, Fachkonferenzen Mathematik und Physik

Personalförderung

An den meisten Schulen haben noch nicht einmal Schulleiter/innen irgendwelche Kompetenzen bei der Personalentwicklung geschweige denn Mitglieder des Kollegiums. Dies darf jedoch kein Grund sein, die Fachkonferenzen von vornherein von diesem Bereich auszuschließen. Denn erstens ist es im Zuge der Entwicklung zu teilautonomen Schulen im deutschsprachigen Raum nur noch eine Frage der Zeit, wann Schulleitungen auch die unumgänglichen Kompetenzen in der Personalpolitik erhalten, und zudem können Fachkonferenzen bereits heute in vielfacher Hinsicht in die Personalförderung ihrer Schule mit einbezogen werden, ohne dass dies durch ministerielle Erlasse geregelt ist. So ist es problemlos möglich,

- sich gegenseitig im Unterricht zu besuchen,
- in die Zuteilung der Klassen einbezogen zu werden,
- neue Kollegen zu mentorieren,
- in die Einstellung neuer Kollegen einbezogen zu werden.

Die Integration von neuen Kollegen muss nicht speziell verordnet werden, sondern kann in der Fachschaft von einer erfahrenen Lehrkraft übernommen werden. Diese Lehrperson sollte dann allerdings das Recht und die Pflicht haben, als Mentor Unterrichtsbesuche durchzuführen und die Schulleitung bei der Lehrerbeurteilung zu beraten.

Gleiches gilt bei der Neueinstellung, bei der Vertreterinnen und Vertreter der Fachkonferenzen beim Auswahl- bzw. Vorstellungsgespräch anwesend sein sollten, was auch für Probelektionen gilt. Schließlich wissen Fachvertreter am besten, welche Standards im Fach erwartet werden, und indem sie in die Personalauswahl mit einbezogen werden, tragen sie auch Verantwortung für die gemeinsame Schulentwicklung, die so immer mehr als gemeinsame Aufgabe betrachtet wird. Zur Personalförderung gehört schließlich die Betreuung von eventuell vorhandenen Assistenten. Diese gibt es in der Schweiz für Chemie-, Biologie- und Physikfachschaften, und sie unterstehen in der Regel direkt dem Fachkonferenzleiter. Er ist verantwortlich für die Führung dieser Assistenten, erteilt Arbeitsaufträge und überwacht sie auch.

Infrastruktur

Zu Kennzeichen von guten Schulen gehören nicht nur hohe und transparente Anforderungen, sondern auch eine funktionierende Infrastruktur. Dies ist nicht allein Sache des Hausdienstes, sondern ebenso der Fachkonferenzen. Dazu ist es zuerst nötig, ein Fachschaftsbudget zu Händen der Schulleitung aufzustellen und es nach der Genehmigung zu verwalten.

Dies bedeutet, dass Fachkonferenzen auch eigenständig die von ihnen benötigten Materialien kaufen und darüber Buch führen. Die Rechnungsabwicklung sollte allerdings zentral über das Sekretariat erfolgen. Um der Schulleitung Entscheidungskriterien für die Budgetgenehmigung zu geben, sollten Fachkonferenzen ihre Budgeteingaben wenn immer möglich auf Grund der fachlichen wie der übergeordneten Ziele – z.B. des Schulprogramms – begründen (siehe Abb. III.4). Bei den überall vorherrschenden knappen Kassen ist es zudem nötig, eine Prioritätenliste abzugeben, damit nicht die Schulleitung nach eigenem Gutdünken streichen muss. Ist das Budget einmal genehmigt, können Fachliteratur, Geräte, Hilfsmittel angeschafft oder fachschaftsinterne Fortbildungen konzipiert werden. Als ständige und wohl auch in allen Fachschaften traditionell ausgeübte Aufgaben gelten darüber hinaus

- die Verantwortung für die Fachräume,
- die Betreuung der Homepage im Internet,
- die Verwaltung der Fachbibliothek, der Mediothek sowie der Sammlungen (Skelette, Präparate, etc.) sowie
- das Erarbeiten von Weisungen für die Benutzung von Spezialräumen (z.B. Informatikzimmer, Sternwarte, etc.) sowie
- die Durchsetzung und Kontrolle der Einhaltung derselben.

Abb. III.4: Formular für die Eingabe des Budgets

Fachschaft N.N.

310.71 = Reihenbibliothek

310.75 = Anschaffungen (ohne EDV)

310.76 = Verbrauchsmaterial (ohne EDV)

311.80 = Informatik Anschaffungen

318.82 = Informatik Verbrauchsmaterial (Toner, Kabel, kleine Reparaturen usw.)

318.83 = EDV-Lizenzen

Vorjahresbudget XXX

310.71	Euro
310.75	Euro
310.76	Euro

(Fortsetzung **Abb. III.4**)

1. Priorität (diese Ausgaben müssen unbedingt getätigt werden)

Konto	Beschreibung	Begründung	Betrag in Euro
310.71			
		Total	
310.75			
		Total	
310.76			
		Total	

2. Priorität (diese Ausgaben könnten auch nächstes Jahr realisiert werden)

Konto	Beschreibung	Begründung	Betrag in Euro
310.71			
		Total	
310.75			
		Total	
310.76			
		Total	

Informatik

Konto	Beschreibung	Begründung	Betrag in Euro
318.81			
		Total	
318.82			
		Total	
318.83			
		Total	

Allgemeine Bemerkungen:

_____

Bezug zu den Fachschaftszielen: _____

Interessenvertretung der Fachschaft nach innen und außen

Jede Fachschaft vertritt zuerst einmal ihre eigenen Interessen und erst in zweiter Linie gesamtschulische. Man muss nur einmal an Diskussionen über neue Lehrpläne mit den dazugehörenden Stundenzuteilungen für die einzelnen Fachschaften teilnehmen! Dies ist systemisch bedingt und kann deshalb auch nicht einfach geändert werden. Außerdem ist es auch nicht immer unbedingt schädlich. Schließlich stellt eine gewisse Konkurrenz auch eine Herausforderung für alle Fachkonferenzen dar. Damit Vorstellungen der Fachkonferenzen über den eigenen Kreis hinaus bekannt werden und auch in den außerfachlichen Entscheidungsprozess einfließen können, ist es für Fachkonferenzen wichtig, über geeignete Kanäle zu verfügen. Sie sollten innerschulisch z.B.

- Anschaffungsvorschläge für die Schülerbibliothek unterbreiten, zu fachspezifischen Anliegen ihre Meinung kundtun,
- bei der Koordination von fächerübergreifenden Aktivitäten sowie der Organisation von Spezialanlässen (z.B. Sporttagen, Musikaufführungen etc.) mitarbeiten und
- als Vertretung und Ansprechpartner der Schulleitung auftreten.

Da wesentliche fachliche Anliegen zumeist überregional geregelt werden, müssen Fachkonferenzen zudem auch in den entsprechenden Gremien vertreten sein.

Es versteht sich von selbst, dass diese Aufzählung keinen Anspruch auf Vollzähligkeit erhebt. Auch wird je nach Schulkultur die eine oder andere Aufgabe z.B. von der Schulleitung übernommen. Soll die Veranstaltung Schule allerdings von möglichst vielen getragen und bewegt werden, so ist es unumgänglich, den Fachschaften mehr Autonomie einzuräumen. Die Art und Weise, wie diese Aufgaben wahrgenommen werden, ist wiederum Sache jeder einzelnen Schule. Wichtig für das Funktionieren und die Kontinuität der Fachschaftsarbeit ist aber eine klare Organisation und auch schriftliche Vereinbarung der Funktionen, Aufgaben und Rechte sowie Pflichten, beispielsweise in einem Reglement der Fachkonferenz. Das Reglement des Gymnasium Liestal sieht z.B. wie folgt aus:

1. Allgemeine Bestimmungen	
1.1	Das Fachschaftsreglement schafft die Rahmenbedingungen zur Organisation der Fachschaften. Ferner definiert es deren Aufgaben und Funktionen.
1.2	Alle Lehrpersonen schließen sich zu Fachschaften zusammen. Jede Lehrperson gehört denjenigen Fachschaften an, welche ihre Unterrichtsfächer vertreten.
1.3	Die Fachschaften organisieren sich selbst. Sie geben anfangs Schuljahr der Schulleitung ihre Funktionsträger bekannt (mindestens Vorstand und Finanzverantwortliche). Spätere Mutationen sind umgehend dem Sekretariat mitzuteilen. Jede Lehr-

person verpflichtet sich, in gemeinsamer Absprache innerhalb der Fachschaft einzelne Aufgaben zu übernehmen. Eine allfällige Entschädigung erfolgt individuell und nach transparenten Kriterien im Rahmen der Mitarbeitergespräche.

1.4 Der Fachschaftsvorstand vertritt die Fachschaft gegenüber dem Kollegium, der Schulleitung und an gemeinsamen Anlässen der Fachschaftsvorstände. Er lädt zu Versammlungen ein, leitet sie und plant die Aktivitäten innerhalb der Fachschaft. Er hat die Möglichkeit, Aufgaben zu delegieren.

1.5 Mindestens einmal pro Jahr findet eine Zusammenkunft auf Grund einer schriftlichen Einladung statt. Eine Kopie der Einladung geht an die Schulleitung.

1.6 Die Teilnahme an der Fachschaftsversammlung ist obligatorisch. Entschuldigungen sind rechtzeitig an den Fachvorstand zu richten. Unentschuldigt Abwesende werden entsprechend im Protokoll aufgeführt.

1.7 Jede Lehrperson hat an der Fachschaftsversammlung Stimm- und Wahlrecht.

1.8 Beschlussfähig ist eine Fachschaftsversammlung, sofern mehr als die Hälfte der Fachschaftsmitglieder daran teilnimmt.

1.9 Das von der Fachschaftsversammlung erstellte Protokoll wird an die Fachschaftsmitglieder und die Schulleitung verteilt sowie im Lehrerzimmer aufgehängt.

2. Funktionen

Die Fachschaften haben die vier folgenden Funktionen:

- Sie setzen sich für die **Qualitätsentwicklung** in ihrem Fach ein.
- Sie haben Mitspracherecht bei der **Personalförderung**.
- Sie tragen die Verantwortung für die eigene **Infrastruktur**.
- Sie nehmen **fachschaftsübergreifende Kontakte** wahr.

2.1 Qualitätsentwicklung

2.1.1 Die Schulleitung, der Konvent oder die Versammlung der Fachschaftsvorstände können den Fachschaften verbindliche Themen für die fachschaftsinterne Diskussion unterbreiten und mit den Fachschaften entsprechende Ziele vereinbaren.

2.1.2 Die Fachschaften können Fortbildungsanlässe organisieren. Solche Anlässe finden grundsätzlich in der unterrichtsfreien Zeit statt.

2.1.3 Die Fachschaften formulieren Ziele, setzen sich mit ihnen auseinander und evaluieren sie. Der Unterricht ist integraler Bestandteil der Zielformulierung.

2.2 Personalförderung

2.2.1 Die Schulleitung bestimmt, nach Absprache mit dem Fachschaftsvorstand und den Mentoratsverantwortlichen, für neue Lehrpersonen eine Mentorin oder einen Mentor.

2.2.2 Die Fachschaften sind berechtigt, durch die Schulleitung über deren fachschaftsspezifische Personalpolitik informiert zu werden.

Bei der Neuanstellung von Lehrpersonen kann der Fachschaftsvorstand auf Wunsch in das Vorstellungsgespräch einbezogen werden. Probelektionen werden vom Fachschaftsvorstand in Zusammenarbeit mit der Schulleitung vorbereitet und durchgeführt. Der Fachvorstand kann eine weitere Person der Fachschaft zu Probelektionen beratend hinzuziehen.

2.2.3   Die Schulleitung diskutiert auf Wunsch mit den Fachschaften über Pensenwünsche und Möglichkeiten der Pensenverteilung.

2.2.4   Die Fachschaft thematisiert Fragen zur Personalentwicklung und -förderung in der Fachschaft.

2.3   Infrastruktur und Budgetierung

2.3.1   Die Fachschaften erstellen ein Budget und reichen dieses der Schulleitung ein. Ziele und Prioritäten sollen ersichtlich sein.

2.3.2   Die Finanzverantwortlichen kaufen ein und führen über ihre Ausgaben Buch. (IT-Ausgaben werden separat geregelt.)

2.3.3   Die Abrechnung wird zentral über das Schulsekretariat abgewickelt.

2.3.4   Die Fachschaften sind verantwortlich für die Verwaltung ihrer Materialien, Bibliothek, Maschinen und Sammlung mit Ausnahme von Material, das von außerschulischen Institutionen mitbenützt wird.

2.3.5   Bei Umbauten oder Renovationen werden die betroffenen Fachschaften in Planung und Realisation mit einbezogen.

2.3.6   In Fachschaften mit Assistenten betreut der Fachvorstand den Assistenten und ist ihm gegenüber auch weisungsberechtigt. Der Fachvorstand ist für die regelmäßige Aktualisierung der Stellenbeschreibung des Assistenten verantwortlich.

2.4   Fachschaftsübergreifende Kontakte

2.4.1   Die Fachschaften pflegen den Kontakt mit anderen Fachschaften.

2.4.2   Sie unterbreiten den Bibliothekarinnen der Schulbibliothek ihre Anschaffungsvorschläge selbstständig.

2.4.3   Sie haben die Möglichkeit, fachspezifische Aktivitäten für Gruppen von Interessierten außerhalb der Fachschaft oder die ganze Schule zu organisieren (z.B. Sporttag, Ökologietag, Kulturreise).

2.4.4   Sie vertreten ihr Fach an Informationsveranstaltungen.

2.4.5   Sie sorgen dafür, dass sie nach Möglichkeit in den kantonalen Fachschaften vertreten sind.

2.4.6   Sie pflegen nach Möglichkeit den Kontakt mit den entsprechenden Fachschaften der Sekundarschulen in unserem Einzugsgebiet. Kontakte und Unterrichtsbesuche können während der Unterrichtszeit erfolgen.

Ansprechpartner der Schulleitung muss eine Person sein, die als Fachkonferenzvorsitzende von der Fachgruppe für eine bestimmte Dauer gewählt wird und die Realisierung der Fachgruppenaufgaben garantiert.
Daraus folgt, dass diese Lehrperson

- die Fachkonferenz gegenüber den Kolleg/innen und der Schulleitung vertritt,
- Ansprechpartner des Kollegiums und der Schulleitung ist,
- das Budget erstellt und verwaltet,
- die Verantwortung für die Infrastruktur (Geräte, Apparate, Materialien etc.) und

- die Betreuung eventueller Assistenten/Laboranten trägt,
- Fachgruppensitzungen leitet und
- dafür sorgt, dass ein Protokoll erstellt und an Kollegen, Schulleitung verteilt sowie im Lehrerzimmer zur Information aller Kollegen aufgehängt wird.

Ein Beispiel für ein solches »qualitätsorientiertes« Protokoll sieht wie folgt aus:

Protokoll der Fachschaftssitzung Chemie

Montag, 17.02.03, 14:45h–16:20 h, C1

Anwesend: Ru (Vorsitz), HS, Le, Mg, Grg

Entschuldigt: Ho

---

1. Protokoll

Das Protokoll der vorangegangenen Fachschaftssitzung wird dankend genehmigt.

2. FS Chemie: Vorsteher/Kommunikation, Zusammenarbeit

Seit dem 1. Semester 2002/03 erfüllt Heinz die Aufgaben des FS Vorsitzenden in Stellvertretung für den erkrankten Walter Christen. Die FS bestätigt Heinz gerne in dieser Position. Es ist geplant, dieses Amt in Rotation auszuführen, d.h., nach 2–3 Jahren stünde ein Wechsel an.

Durch Walters Ausfall und der damit verbundenen höheren Pensen für die meisten sowie durch die gleichzeitige Neugruppierung der FS empfanden wir die Stimmung im Team während des letzten Semesters als etwas gespannt. Wir wollen uns bemühen, in Zukunft die Kommunikation untereinander noch offener zu gestalten und damit den Informationsfluss zu vereinfachen. Konkret stellen wir uns auch ein Anschlagbrett vor, über welches wir uns austauschen können. In Zukunft soll auch E-Mail vermehrt genutzt werden (Termin: Anfang 1. Semester 2003/04.)

Weiter will die FS ihre allgemein zugänglichen Ordner aktualisieren und ergänzen, die Unterrichtsmaterial, Übungsblätter etc. enthalten. Diese Materialien sollen auch elektronisch vorhanden und für alle zugänglich sein (siehe auch Punkt 4, Fortbildungstage).

Schließlich ist es wünschenswert, dass wieder gemeinsame Unternehmungen geplant und genossen werden; so z.B. gelegentlich Mittagessen und das Weihnachtsessen.

3. Angefangene Projekte: Stand; wie weiter?

    a. Homepage

    Die Homepage der FS Chemie soll sich, wie gewünscht, dem einheitlichen Auftritt aller Fachschaften anpassen. Werner beobachtet »die Szene«. Nachdem die FS Alte Sprachen ihre Seite gestaltet hat, werden wir uns anschließen. Zurzeit findet sich Info über die FS; Links für Schüler/innen sind jedoch nicht mehr vorhanden. Wir planen neu z.B. den Zugang zu einem Repetitorium für Schüler/innen.

    b. Medien

    Es war vom Schulverbund BL geplant, Filme und Videos zur Unterrichtsergänzung per Internet für am Server angeschlossene Schulen verfügbar zu machen. Das Ziel war auch, den Schüler/innen Zugriff darauf zu gewähren. Auch dieses Projekt ist zurzeit »on hold«.

Die FS Chemie wird ihre Bestände an Filmen und Videos im Rahmen der Fortbildungstage (siehe Punkt 4) durchgehen, katalogisieren und entscheiden, ob und welche Sequenzen auf CD gebrannt werden sollen (Kostenfrage!).

c. Computerkonzept

Vorschläge für die Computereinrichtung der FS Chemie müssen dringend bis zu den Sommerferien konkretisiert werden. Zum Einsatz von PCs im Unterricht werden Le, Ho, Mg Ideen sammeln; bisher befassen sich diese mit der Nutzung als Alternative zum Arbeiten mit Leitprogrammen und mit der Anwendung in Wahlkursen.

d. Laptop/Beamer

Während der Fortbildungstage sollen sich alle im Team mit den Funktionen der Laptops und Beamer in beiden Chemiezimmern vertraut machen (siehe Punkt 4).

4. Fachschaftsinterne Fortbildung: 1. Tag (Mo., 14. April)

Obligatorisch Unterrichtsbezogene Themen/Diskussion FS Ziele

Vorschläge:

- FS Sitzung
    - zur Diskussion der Ziele
    - zur Evaluierung der Erfahrungen mit der Maturaprüfung im 5. Prüfungsfach
- Entrümpelung und Neuorganisation der FS Bibliothek und anderer Schränke, d.h., beschriften und zugänglich machen (Priorität)
- Laptop/Beamer bedienen lernen (Priorität)
- Aktualisierung der allgemeinen Unterrichtsmaterialien, hard copys und elektronisch
- Transfer von »privaten« Sammlungen in den FS Ordner
- Erstellen einer CD-Version unserer Dia-Sammlung
- Erneuerung und Erweiterung einer Auswahl von Praktikumsexperimenten speziell für das Praktikum der 3. Klasse im B-Typ und evtl. Freifachpraktikum
- Gemeinsames Mittagessen

5. Verbindliche Stoffabsprachen

Traktandum vertagt auf Sitzung vom 14. April, da am sinnvollsten, wenn das Team komplett ist.

6. Varia

Finanzielles der Pensionierungsfeier für Walter wurde geregelt.

Das Ablegen aller schriftlichen Arbeiten in einem gemeinsamen Ordner (am ehesten elektronisch) wurde vorgeschlagen.

Protokoll: Mg/13.03.03

Quelle: Gymnasium Liestal – Fachschaft Chemie

Schulleitungen gehören zwar ebenfalls irgendeiner Fachschaft an und sollten deren Sitzungen auch als »normale« Kollegen besuchen, sie haben allerdings auch weiter gehende Verantwortungen gegenüber den Fachschaften. Zunächst delegiert die Schulleitung einen wesentlichen Teil der Qualitätsentwicklung an das Kollegium und zeigt dadurch Vertrauen. Um diese Entwicklung zu fördern,

- unterstützt sie die Fachschaften durch Bereitstellung der notwendigen Ressourcen wie Zeit, Geld, Literatur- und Fortbildungshinweise oder durch allgemeine Dienstleistungen, wie z.B. Statistiken über die Entwicklung der Notengebung oder die Personalsituation;
- verfolgt sie die Aktivitäten indem sie aufmerksam die Protokolle liest und dies die Fachvorstände immer wieder auch informell durch Rückfragen wissen lässt;
- genehmigt und evaluiert sie Zielvorhaben;
- koordiniert sie fachübergreifende Aktivitäten oder regt diese an;
- bezieht sie sie systematisch in die Personalentwicklung ein;
- regt sie Zusammenarbeit an;
- führt sie zielorientiert;
- sorgt sie für klare Kompetenzbeschreibungen, wie z.B. Fachgruppenzielvereinbarungen (siehe Kapitel IX.3) und deren Evaluation;
- stellt sie Fachberater zur Verfügung;
- sorgt sie für feste Sitzungstermine und unterstützt Fachvorstände bei der Durchsetzung von Verbindlichkeiten und
- sanktioniert unwillige Kollegen.

Dies kann in den Jahresgesprächen (s. Kapitel IX.2) mit den Fachkonferenzvorsitzenden geschehen, durch gelegentliche Teilnahme an den Konferenzen (deren Einladungen immer zur Kenntnis an die Schulleitung gehen sollten), durch Informationen der Fachkonferenzen über Notenstatistiken, die zur Diskussion anregen können und vor allem durch Zielvereinbarungen mit den Fachkonferenzen.

Es ist allerdings nicht nur wichtig, dass Fachgruppen diese beschriebenen Kompetenzen erhalten. Genauso wichtig ist es, dass die Schulleitung z.B. durch Jahresgespräche mit den Fachschaftsvorsitzenden die Kontinuität und Verbindlichkeit der Fachschaftsarbeit in Bezug auf deren Funktionen sicherstellt.

Ein weiteres Mittel zur Qualitätsentwicklung bilden sog. Zielvereinbarungskonferenzen gemeinsam mit allen Fachgruppenvorsitzenden. Sie finden einmal im Jahr statt, und alle Fachkonferenzen geben vorher der Schulleitung schriftlich ihre Ziele für das kommende Jahr (die kommenden Jahre) sowie die notwendigen Maßnahmen, wenn möglich mit den daraus resultierenden Kosten ab.

Diese Berichte werden an alle Fachgruppen rechtzeitig vor der Sitzung verteilt, und in der Sitzung können Fragen gestellt werden, Anregungen gegeben oder Einwände geäußert werden. Die auf Grund der Diskussion bereinigten Ziele sind dann ein weiterer Bestandteil des Schulprogramms. Die Realisierung der Ziele wird in der im folgenden Jahr stattfindenden Sitzung zusammen mit den neuen Zielen evaluiert. So entwickeln sich Fachschaften zu Qualitätszirkeln und damit langsam zu einem wesentlichen Träger des pädagogischen Qualitätsmanagements.

Voraussetzungen

Zu klären bleibt für jede Schule, wie der Budgetierungsprozess verläuft, wie genau die Mitwirkung bei der Einstellung von Lehrkräften funktioniert, wie Kollegen die Kompetenz für ihre Mentoratsarbeit erhalten, ob diese Nebenämter vergütet werden sollen oder können usw. Zu verhindern ist auf alle Fälle, dass mit der Funktion des Fachgruppenvorsitzenden eine – aus Lehrersicht gesehen – zweite weisungsbefugte Hierarchieebene entsteht. Andererseits muss der Vorsitzende die Möglichkeit haben, die Verbindlichkeit gefällter Beschlüsse durchzusetzen oder z.B. die Anwesenheitsverpflichtung an Sitzungen zu verlangen.

Schließlich erfordert die Zusammenarbeit in Fachgruppen Toleranz, Respekt und die Bereitschaft, mit anderen an der Qualität des gemeinsamen Fachs zu arbeiten. Denn häufig sind ja auch unausgesprochene Ängste wegen eines möglichen Fachkompetenzvergleichs vorhanden.

Und auch hier ist es notwendig, die Arbeit der Fachgruppen von Zeit zu Zeit zu evaluieren, um deren Prozesse zu optimieren. Wie dies geschehen kann, zeigt die Abbildung III.3.1.3.

Überfachliche Arbeit

Eine zu enge Fixierung der pädagogischen Qualitätsentwicklung auf die Fachschaften kann allerdings auch zu Problemen führen. Die Welt besteht nicht aus Fächern, und an den Universitäten sind auch immer mehr fachübergreifende Studiengänge und sogar Fakultäten entstanden, z.B. Chemietechnik oder Wirtschaftsinformatik. Sachkunde in der Grundschule ist ebenfalls fachübergreifend. So gibt es immer wieder Anlässe, einen besonderen Aktionstag zu einem Thema durchzuführen (Sonnenfinsternis, Umwelt etc). Dann können alle Fachgruppen u.a. Workshops, Ringvorlesungen oder Exkursionen anbieten und somit zusätzlich vernetztes Denken durch fächerübergreifende Angebote praktizieren.

Die fächerübergreifende Arbeit an Entwicklungsschwerpunkten (vgl. dazu Philipp/Rolff 1998, S. 73ff.) oder fachübergreifende Zusammenarbeit in Jahrgangs- oder Klassenteams sind weitere Möglichkeiten für fächerüberschreitende Qualitätsarbeit.

Abb. III.5: **Evaluationsfragebogen: Zusammenarbeit in der Fachschaft**

Dieser Fragebogen stützt sich auf das Fachschaftsreglement.

Er bezieht sich auf die Zusammenarbeit in den Fachschaften während der letzten zwei Jahre.

Er wird an der Lehrerkonferenz anonymisiert ausgefüllt.

Sind folgende Vorgaben des Fachschaftsreglements erfüllt worden?

	trifft über- haupt nicht zu			trifft voll und ganz zu
1. Qualitätsentwicklung:				
a) Folgende Maßnahmen der Qualitätsentwicklung haben bei uns stattgefunden:	☐	☐	☐	☐
Regelmäßige Überprüfung der Lernziele und Fachrichtlinien	☐	☐	☐	☐
Austausch von Prüfungen	☐	☐	☐	☐
Diskussion über Notengebung und Prüfungsanforderungen bzw. Bewertungskriterien	☐	☐	☐	☐
Evaluation neuer Lehrmittel	☐	☐	☐	☐
Gemeinsame Erarbeitung von Unterrichtseinheiten	☐	☐	☐	☐
Organisation von gegenseitigen Unterrichtsbesuchen	☐	☐	☐	☐
b) Meine Fachschaft hat einen Fortbildungsanlass durchgeführt.	☐	☐	☐	☐
c) In meiner Fachschaft wurden externe Fortbildungsanlässe koordiniert.	☐	☐	☐	☐
2. Personalförderung:				
a) Meine Fachschaft wurde durch die Schulleitung über deren Personalpolitik informiert.	☐	☐	☐	☐
b) Die Schulleitung hat mit uns über Pensenwünsche und Möglichkeiten der Pensenverteilung diskutiert.	☐	☐	☐	☐
c) Wir haben die Pensenverteilung in der Fachschaft einvernehmlich diskutiert.	☐	☐	☐	☐

(Fortsetzung **Abb. III.5**)

3. Infrastruktur:				
a) Die Fachschaft erstellte ein Budget und reichte dieses der Schulleitung ein.	☐	☐	☐	☐
b) Ziele und Prioritäten des Budgets wurden in der Fachschaft vorher diskutiert.	☐	☐	☐	☐
c) *Die Ausgaben wurden für mich transparent abgewickelt.*	☐	☐	☐	☐
d) *Meine Fachschaft hat Raum für eine den Schülerinnen und Schülern nicht zugängliche Fachbibliothek bzw. Sammlung.*	☐	☐	☐	☐
4. Fachschaftsübergreifende Kontakte:				
Meine Fachschaft ...				
a) pflegte den Kontakt mit anderen Fachschaften.	☐	☐	☐	☐
b) hat die fachschaftsspezifischen Anschaffungen für die Mediothek diskutiert.	☐	☐	☐	☐
c) hatte die Möglichkeit, fachschaftsspezifische Anlässe zu organisieren.	☐	☐	☐	☐
d) vertrat ihr Fach am Tag der offenen Tür.	☐	☐	☐	☐
e) pflegte den Kontakt mit der Homepage-Gruppe.	☐	☐	☐	☐
f) sorgte dafür, dass sie in der kantonalen Fachschaft oder anderen Gremien vertreten ist.	☐	☐	☐	☐
g) pflegte den Kontakt mit den Bezirksschulen.	☐	☐	☐	☐
5. Allgemeines:				
a) Die Zusammenarbeit in meiner Fachschaft ist gut.	☐	☐	☐	☐
b) Fachschaftssitzungen haben mindestens einmal pro Semester stattgefunden.	☐	☐	☐	☐
c) Die Teilnahme aller Fachschaftsmitglieder an den Fachschaftssitzungen ist selbstverständlich.	☐	☐	☐	☐
d) Die Zusammenarbeit innerhalb meiner Fachschaft hat sich in den letzten zwei Jahren verbessert.	☐	☐	☐	☐
6. Eigene Bemerkungen:				
Quelle: Kantonsschule Wohlen, Schweiz				

3.2 Professionelle Lerngemeinschaften

Neuere Forschungen aus den USA (vgl. Seashore-Louis/Leithwood 1998; Fullan 2000) geben gewichtige Hinweise dafür, dass so genannte professional learning communities besonders effektiv für Personalentwicklung und das Lernen der Schüler zugleich sind. Sie verbinden und vereinigen wie kein anderer Ansatz das Lehrerlernen mit dem Schülerlernen bzw. Personalentwicklung mit Unterrichtsentwicklung. Im Folgenden wird dargelegt, was man sich unter diesem Konzept konkret vorstellen kann.

Die Begrifflichkeit schillert: Mal wird das ganze Kollegium als PLG verstanden, mal sind Untereinheiten gemeint, was mehr Sinn macht. Solche Untereinheiten oder intermediäre Organisationen bestehen aus Gruppen von Lehrpersonen, die sich innerhalb von Schulen gebildet haben, und die aus drei bis zehn Mitgliedern bestehen. Sie tagen vergleichbar mit Qualitätszirkeln etwa vierzehntägig. Ihre Hauptkennzeichnung ist eine doppelte: Sie sind zum einen strikt auf die Verbesserung von Schülerleistungen bezogen, und sie sind zum anderen dezidiert auf die professionelle Entwicklung ihrer Mitglieder bedacht nach dem Motto »Lehrer als Lerner«. Die Verbesserung der Schülerleistungen als handlungsleitendes Kriterium nimmt fast rigorose Züge an. Bei jeder Aktion, bei jedem Vorschlag und bei jeder Entscheidung wird in erster Linie gefragt: Und was nützt das dem Lernerfolg unserer Schülerinnen und Schüler? Lehrer als Lerner verstehen sich als solche, die **von**einander (»Lehrer lernen von Lehrern«) und die **mit**einander, also in einer professionellen Gemeinschaft lernen.

PLGs werden bewusst nicht Gruppen, sondern *Gemeinschaften genannt*. Gemeinschaften sind eine Gruppe von Menschen, die durch gemeinsames Fühlen, Streben und Urteilen verbunden sind. Sie sind personenzentriert und befriedigen Bedürfnisse wie Vertrauen, Fürsorge, Anteilnahme, Besorgtheit sowie Bildung, Verpflichtung und Verbindlichkeit.

Professionalität bedeutet qualifizierte Ausbildung und Orientierung an hohen Standards der Berufsausübung, die zumeist von einer Berufsorganisation gesichert werden, sowie Interesse an Weiterqualifikation.

Die Kombination von Professionalität und Gemeinschaft geht davon aus, dass berufliches Lernen in Zeiten turbulenten Wandels immer auch experimentelles Ausprobieren von Neuem bedeutet, deshalb mit Risiken behaftet ist, sich diskontinuierlich vollzieht und dabei gelegentlich Minikrisen unvermeidbar sind, weshalb es mit einem Kontinuität und Solidarität verbürgenden stabilen Rahmen verbunden sein sollte.

Seashore-Louis/Leithwood (1998, S. 280f.) haben fünf Elemente identifiziert, durch die »school-based professional communities« bestimmt werden:

a) **Gemeinsam geteilte Normen und Werte**
Damit ist keinesfalls eine alles überdeckende Einigkeit gemeint, vielmehr eine gemeinsame Sicht auf Kinder, Lernen, Lehren und Lehrer sowie eine gemeinsame

Wertschätzung von zwischenmenschlicher Verbundenheit und beruflicher Verpflichtung. Werte von Unterstützung und Hilfsbereitschaft werden besonders betont. Andere Autoren (z.B. Fullan) sprechen in diesem Zusammenhang von Kohärenz. Ein gemeinsam erarbeitetes Schulleitbild kann Ausdruck eines solchen gemeinsamen Grundverständnisses und von Kohärenz sein.

b) **Fokus auf Schülerlernen**

Die Lehrer bekennen sich zu einer kollektiven Verantwortung für das Lernen der Schüler. Die Konzentration aller Handlungen und Vorhaben auf die Lernförderung von Schülern ist eine »Kerncharakteristik« von Professionellen Lerngemeinschaften. Die berufsbegleitenden Diskussionen von Lehrpersonen kreisen um Lernprobleme und Lernchancen der Schülerinnen und Schüler. Sie reden darüber, welche ihrer Handlungen die geistige und soziale Entwicklung der Schüler am besten fördern. »In einer starken professionellen Gemeinschaft wird dieser Fokus eher durch gegenseitige Verpflichtungen der Lehrpersonen gestärkt als durch Regeln. Wenn Lehrer klare und konsistente Botschaften über ihre Ziele und Methoden des Lehrens aussenden und austauschen, erhöht das die Chancen auf Lernfortschritte der Schüler.« (Ebd., S. 280)

c) **Deprivatisierung**

Die Unterrichtspraxis der Lehrer wird nicht als Privatsache angesehen, sondern offen und schulöffentlich diskutiert. »Weil es keine einzigen und eindeutigen Formeln des Lehrens gibt, werden die Kollegen zur kritischen Quelle von Einsicht und Feedback, was das persönliche Verstehen über die eigene Praxis erhöht.« (Ebd., S. 281) Indem Lehrpersonen ihre berufsbedingte Unsicherheit teilen, lernen sie neue Wege kennen, über das zu reden, was sie tun, und wird Unterrichten in der öffentlichen Schule auch ein Stück öffentlicher.

d) **Zusammenarbeit/Kooperation**

In dem Maße, in dem die Schülerschaft sozial, ethnisch und kulturell heterogener wird und sich der gesellschaftliche Trend zum Individualismus durchsetzt, müssen die Lehrpersonen stärker zusammenarbeiten. Nur wenn sie ihre Kompetenzen zusammenbringen und ihre Erfahrungen austauschen, sind sie in der Lage, die vielfältigen neuen Herausforderungen durch die Schülerschaft pädagogisch fruchtbar zu machen. Aus gelingender Kooperation können sie auch die nötige sozial-emotionale Unterstützung erhalten.

Zur Kooperation gehören auch eine gemeinsame Planung und Curriculumentwicklung.

e) **Reflektierender Dialog**

Reflexion im Sinne eines Nachdenkens über das eigene Tun erhöht die Bewusstheit über das Handeln und seine Konsequenzen. Ohne Gegenspiegelung durch andere bleiben allerdings die eigenen blinden Flecke unerkannt. Deshalb ist ein stetiger professioneller Dialog mit Kollegen erforderlich, der die intellektuellen und sozialen Ansprüche reflektiert sowie die Inhalte und Methoden des Lehrens und Lernens. Dieser Dialog wird umso fruchtbarer, je mehr er sich auf Daten bezieht, sodass Lehrer zu »reflektierenden Praktikern« (vgl. Schön 1983) werden.

PLGs sind auch in den USA eine Novität; sie sind es erst recht im deutschen Sprachraum. Deshalb werfen sie im Moment noch viele Fragen auf. Vier der wichtigsten Fragen sollen im Folgenden genannt und in einem ersten Anlauf beantwortet werden.

1.   *Welche institutionelle Basis sollen PLGs haben bzw. wie sollen sie in der Schule verankert werden?*

Zur Beantwortung dieser Frage müssen zunächst die Zielgruppen für die Arbeit in PLGs gesucht bzw. die schon vorhandenen innerschulischen Arbeitsstrukturen geklärt werden. In Frage kommen in erster Linie:

- Fachgruppen,
- Klassenteams, also die drei bis fünf Lehrer einer Klasse, die das Gros des Unterrichts »abdecken« (nur in Sekundarschulen möglich),
- komplette Jahrgangsgruppen (die dann überfachlich arbeiten).

Wichtig ist, dass die PLGs durch Schulleitungen unterstützt werden, symbolisch wie organisatorisch. Beispielsweise könnte die Schulleitung mit dem Sprecher bzw. den Mitgliedern einer PLG Zielvereinbarungen treffen, die auch die Unterstützung regelt. Vor allem müsste die Schulleitung die stundenplantechnischen Voraussetzungen treffen und auch Entlastungen schaffen, indem sie z.B. zulässt, dass hin und wieder eine 6. oder 7. Stunde »abgehängt« wird, zu der dann die PLG tagen kann.

Zur Institutionalisierung im Sinne von »Aufdauerstellung« gehört auch, dass sich die Lehrpersonen nicht verzetteln, sondern nur in einer, nicht aber in zwei oder gar drei PLGs mitarbeiten. In einem späteren reifen Stadium wird es sowohl PLGs geben, die horizontal organisiert sind, also in Klassen- oder Jahrgangsteams vor allem Unterrichtsentwicklung betreiben, und solche, die horizontal nach Fachgruppen organisiert sind. In Fachkonferenzen sitzen Lehrpersonen zusammen, die »unten« – z.B. in der 5. Klasse – und »oben« – z.B. in der 10. oder 13. Klasse – unterrichten.

Die Evaluation des Projektes »Schule & Co.« hat ergeben, dass offenbar eine Kombination von Klassen- bzw. Jahrgangsteams zum einen und Fachteams zum anderen die wirksamste Konstellation für umfassende und nachhaltige Unterrichtsentwicklung darstellt (vgl. Bastian/Rolff 2001, S. 29).

Das Zusammenspiel stellt allerdings eine komplizierte Koordinierungsaufgabe, die nur durch die Schulleitung und in großen Schulen am besten durch eine Steuergruppe bewältigt werden kann.

Die Fachteams bestehen aus Lehrern eines Faches. Sie behandeln eher fachinhaltliche und fachdidaktische Fragen und entwickeln den Unterricht (und sich selbst) in dieser Hinsicht weiter. Ihre Arbeit bezieht sich im Prinzip auf alle Schüler eines Faches. Die Klassen- oder Jahrgangsteams bestehen aus Lehrern mehrerer Fächer, sie unterrichten jedoch dieselben Schüler. Deshalb steht bei ihnen eher das Lernen im

Mittelpunkt ihrer Arbeit: Verbesserung der Lernmethodik, Unterstützung der Schüler beim Selbstlernen, Evaluation des Unterrichts u.Ä. Jede Lehrperson könnte sich mithin in zwei PLGs engagieren, was einen Idealzustand bezeichnet, der unter den heutigen Arbeitsbedingungen von Lehrern jedoch kaum zumutbar ist.

2. Welche konkreten Aktivitäten finden in einer PLG statt?

Es liegt nahe, dass Mitglieder einer PLG sich auf Beispiele eigener, gelungener Unterrichtspraxis (»best practice«) besinnen, die sie sich gegenseitig vorstellen und auf mutmaßliche Folgen für das Lernen der Schüler hin überprüfen. Das bedeutet auch einen Einstieg in die Unterrichtsevaluation, die im gelungenen Fall zur Dauereinrichtung wird. Zu nennen wären ferner:

- Führen und gemeinsames Auswerten von Lerntagebüchern,
- Gegenseitige Vertretung im Unterricht, um eine konkrete Basis für Erfahrungsaustausch in der eigenen Schule zu finden,
- Anbahnung, Durchführung und Auswertung von Hospitationen,
- Entwicklung und Austausch von Arbeitsmitteln,
- Organisation und Auswertung von Schüler-Feedback,
- Klärung und Überprüfung von Leistungsstandards,
- Austausch und Auswertung von Klassenarbeiten und Parallelarbeiten,
- Erstellen von Förderplänen,
- Erfahrungsaustausch mit Kollegen aus anderen Schulen.

Fachkonferenzen, die sich als PLG verstehen, müssen deutlich häufiger als bisher tagen; sie treffen sich bisher üblicherweise einmal zu Beginn des Schulhalbjahres. Sie beschäftigen sich in erster Linie mit fachinhaltlichen und fachdidaktischen Themen. Sie können allerdings auch überfachliche oder allgemeindidaktische Themen bearbeiten, wie z.B. Leistungsbeurteilung, Teamentwicklung, Schülerorientierung oder Handlungsorientierung. Fachkonferenzen als PLGs könnten auch Orte für fachbezogene kollegiale Beratung sein, wobei der Reihe nach einzelne Unterrichtsbeispiele beraten würden, die entweder problembeladen sind oder sich als Modell für weiterentwickelten Unterricht eignen. In dem Maße, wie sich derartige Beratungsverhältnisse verdichten, entsteht eine Beziehungsform, die als gegenseitiges Coaching verstanden werden kann.

Fachbezogene PLGs können auch gemeinsam Projekte planen und durchführen, Konzepte der reflexiven Koedukation entwickeln oder mit Unterrichtsbeurteilung durch Schülerinnen und Schüler experimentieren. Die PLGs bieten die Chance, auf freiwilliger Basis Erfahrungen auszutauschen, Instrumente und Verfahren zu sammeln und weiterzuentwickeln sowie mit Varianten zu arbeiten.

Selbstverständlich können PLGs dieses nicht alles gleichzeitig tun. Die Konzentration auf ein oder zwei Aktivitäten ist besonders am Anfang wichtig.

3. Wie können PLGs ihre Professionalität erhöhen?

Joyce und Showers haben 1995 anhand der Auswertung von empirischen Untersuchungen und Erfahrungsberichten belegt, dass »*peer coaching study teams*« die intensivste und effektivste Form der Lehrerfortbildung und der Unterrichtsentwicklung darstellen. Fachkonferenzen, Klassen- und Jahrgangsteams entsprechen solchen »peer coaching study teams«, wenn sie wie PLGs arbeiten. Sie stellen Selbsthilfegruppen dar, bei denen Berufskollegen (»peers«) sich gegenseitig anregen und voneinander lernen. Sie planen gemeinsam z.B. Sequenzen von Unterricht, führen ihn durch und werten die Erfahrungen und Ergebnisse gemeinsam aus. Professionalisierung geschieht auch, wenn eine Lehrkraft eine andere bittet, zu bestimmten Aspekten ihres Unterrichts einen Videofilm zu drehen, den sich beide dann gemeinsam ansehen und auswerten.

Kollegien entwickeln dabei eine gemeinsame Sprache. So ist beispielsweise Schülerorientierung in den meisten Kollegien ein wohl positiv besetztes, aber leeres Wort, in das jeder hineinpackt, was gerade passt. Arbeit in PLGs, vor allem die Erstellung von Arbeitsmaterialien und die Einigung auf gemeinsame Ziele veranlasst indes alle, mit klaren Begriffen zu arbeiten und diese miteinander abzustimmen. Es geht nicht nur um die Verabschiedung von Stoffverteilungsplänen, sondern auch um das Erarbeiten und Teilen von Zielvorstellungen, Problemsichten und Normen der Zusammenarbeit. Aus Lehrerkollegien werden dann *Lernkollegien*. Dazu bedarf es allerdings etlicher Fortbildungen, die am besten gemeinsam durchgeführt werden. Gegenstand der Fortbildungen sind u.a.

- Moderationstechniken,
- Feedback und Beratungsgespräche,
- Konfliktmanagement,
- Konstruktion von Qualitätsindikatoren,
- Selbstevaluation,
- Videodokumentation.

Hinzu kommen Fortbildungen zu fachlichen und fachdidaktischen Fragen. Die Fortbildung der PLGs kann einerseits extern und andererseits intern durchgeführt werden. Die PLGs können gemeinsam eine externe Fortbildungsveranstaltung besuchen, sie auswerten und versuchen, die Erfahrungen im eigenen Unterricht umzusetzen.

PLGs könnten umgekehrt Fortbildner bzw. Trainer für eine längerfristige Begleitung in ihrer Schule gewinnen und sich für einen bestimmten Zeitraum intensiv begleiten lassen. Solche Fortbildner könnten auch selber Unterrichtsstunden (als Beispiel) geben oder Mitglieder der PLGs in deren Unterricht coachen.

Die PLGs müssten versuchen, eine Feedback-Kultur aufzubauen, untereinander und im Verhältnis zu den Schülerinnen und Schülern. Darüber hinaus wäre eine Vernetzung mit (Fach-)Lehrpersonen anderer Schulen dem professionellen Lernen zuträglich, vor allem eine Zusammenarbeit mit PLGs anderer Schulen.

Diskurse innerhalb der PLGs über Kriterien lernförderlichen Unterrichts, vor allem die Vereinbarung solcher Kriterien, sowie über Kriterien der Leistungsbewertung sind weitere, letztlich unverzichtbare Beiträge zur Professionalisierung.

4. Wie können PLGs initiiert werden?

Die Frage nach der Initiierung von PLGs muss für jede Schule gesondert beantwortet werden, weil die Antwort von den je besonderen Ausgangs- und Rahmenbindungen, aber auch von der Lernkultur jeder einzelnen Schule abhängt. Für alle Schulen kann man jedoch davon ausgehen, dass der Schulleitung dabei eine besondere Bedeutung zukommt. Die Schulleitung kann anregen, sich mit PLGs zu beschäftigen (durch SCHILF-Veranstaltungen, Besuch einschlägiger Schulen usw.), und sie kann Anlässe nutzen, die Idee der PLGs aufzunehmen. Beispielsweise könnten die Ergebnisse von innerschulischen Vergleichsarbeiten oder außerschulischen Evaluationen solche Anlässe bieten – ebenso die Ergebnisse der großflächigen Schulleistungstests wie PISA, IGLU und DESI bzw. der Landestests in Brandenburg, Bayern, Hamburg und Rheinland-Pfalz.

Die Schulleitung könnte darüber hinaus Veranstaltungen inszenieren, bei denen die Lehrerschaft ihre besten Beispiele (»Schätze«) der Unterrichtsentwicklung präsentiert und untereinander diskutiert und später auch austauscht.

Möglicherweise sind Initiativen aus der Lehrerschaft ohnehin wirksamer für die Initiierung von PLGs als Anregungen von der Schulleitung. Kommen entsprechende Initiativen aus dem Kollegium wäre es Aufgabe der Schulleitung, diese zu unterstützen.

Nicht zu unterschätzen sind die Impulse, die von der Schulprogrammarbeit ausgehen. Unterrichtsentwicklung sollte einen hohen Stellenwert im Schulprogramm haben. Das lehren Erfahrungen aus der Schulentwicklung, und das schreiben die Richtlinien etlicher Länder vor. PLGs könnten sich als probate Einrichtung zur Umsetzung der unterrichtsbezogenen Komponenten von Schulprogrammen erweisen.

Widerstand gegen die Etablierung von PLGs wird es in Hülle und Fülle geben. Vor allem ein 14-tägiger oder auch monatlicher Tagungsrhythmus ist für deutsche Schulen völlig ungewohnt.

Aber man kann produktiv arbeitende PLGs ohnehin nicht erzwingen. Man wird besser damit fahren, auf Freiwilligkeit zu setzen und mit den Interessierten zu beginnen. Es wäre vermutlich unprofessionell, die Energie damit zu verbrauchen, entschiedene Gegner partout überzeugen zu wollen.

Das Ideal wäre eine Schule, bei der jede Lehrerin und jeder Lehrer Mitglied zweier PLGs ist, einer horizontalen und einer vertikalen, und sich jede PLG an einer gemeinsamen Steuergruppe beteiligt. Aber ein solches Ideal ist nicht rasch zu erreichen, sondern in fünf bis zehn Jahren, und zudem ist es auch nicht das einzige Ideal: Schulen können auch ganz andere Wege gehen, z.B. institutionalisiertes Methodentraining oder Entwicklung einer Feedback-Kultur im Kollegium.

Wenn sich eine Schule entscheidet, mit PLGs zu arbeiten, *empfiehlt es sich, klein anzufangen*. Beispielsweise könnte sich eine Fachkonferenz oder eine Jahrgangsgruppe entscheiden, mit PLGs erste Erfahrungen zu sammeln. Die Unterstützung der Schulleitung ist vonnöten, aber die Entscheidung sollte – wie erwähnt – strikt freiwillig sein. Es wäre sinnvoll, wenn sich alle Kolleginnen und Kollegen der Fachgruppe bzw. des Jahrgangs beteiligen. Wehren sich einige dagegen und kommt es auch nach längerer Aussprache nicht zu einem gemeinsamen Beschluss, sollte eine andere Fach- oder Jahrgangsgruppe beginnen oder auch ein Klassenteam.

In keinem Fall darf es bei PLGs um Lehrerbeurteilung durch Vorgesetzte gehen, weil dann die Offenheit des Lernklimas gefährdet wäre. Lehrerbeurteilung ist ein wichtiges Thema, aber es sollte von der Mitwirkung in PLGs strikt getrennt werden. Ein unterstützender Beschluss der Lehrerkonferenz wäre sicherlich nützlich. In jedem Fall sollte die startende PLG regelmäßig Protokolle führen, die dem Kollegium einsichtig sind. In der nächsten Runde könnten sich weitere Fächer oder Jahrgänge beteiligen oder sich Klassenteams bilden. Erst danach wäre die Bildung einer Steuergruppe angebracht.

IV. Interne Evaluation

Qualitätsentwicklung beruht auf Evaluation. Nur durch Evaluation kann sich eine Schule Gewissheit über Stärken und Schwächen verschaffen. Evaluation unterstützt die Qualitätsentwicklung in vielfältiger Weise:

- Evaluation sichert eine gewisse Verbindlichkeit. Beispielsweise könnte ohne selbstkritische Evaluation das Schulprogramm ein bloßes Stück Papier bleiben, das die Schule einmal verabschiedet und damit »erledigt« hat.
- Evaluation gibt Aufschluss über den Nutzen von Innovationsprojekten und vermag auf diese Weise, möglicherweise auch Skeptiker und Gegner zu überzeugen.
- Evaluation macht beispielsweise bei Jahresgesprächen auf Gelungenes, aber auch auf Unerreichtes aufmerksam.
- Evaluation schafft eine Wissensbasis für Selbstreflexion (»hält dem Kollegium den Spiegel vor«) und schützt auch vor Vergessen des Vereinbarten und Gewollten.
- Evaluation ermöglicht, aus Erfahrungen systematisch zu lernen.
- Evaluation legt den Grund für die Entstehung einer Feedback-Kultur im Kollegium und zwischen Kollegium und Schülern und auch Eltern.
- Evaluation dient schließlich der Rechenschaftslegung innerhalb des Kollegiums und vor allem gegenüber der Öffentlichkeit.

Evaluation ist also elementarer Bestandteil der Qualitätsentwicklung. Evaluation ist allerdings auch ein heikles Thema. Sie ist mit Widersprüchen und Ambivalenzen verbunden; Evaluation braucht Vertrauen; und gleichzeitig kann Evaluation auch Misstrauen schaffen. Evaluation kann äußerst nützlich sein, und gleichzeitig vermag sie Ängste zu wecken. Evaluation schafft anfangs keine unmittelbaren sichtbaren Vorteile oder Erleichterungen und wird deshalb von etlichen Schulen zuerst abgelehnt. Das liegt sozusagen im Wesen der Evaluation begründet, das immer mit Bewertung zu tun hat.

Bereits im Kapitel I haben wir Evaluation als einen Prozess des systematischen Sammelns und Analysierens von Daten bzw. Informationen definiert mit dem Ziel, an Kriterien orientierte Bewertungsurteile zu ermöglichen, die begründet und nachvollziehbar sind. Diese Begriffsbestimmung soll im Folgenden kurz erläutert werden, um so ins Bewusstsein zu rufen, dass die meisten Schulen bereits Erfahrungen mit Evaluation gemacht haben. Erstens beinhaltet Evaluation das systematische Sammeln und Analysieren von Daten, wobei Daten hier im weitesten Sinne gefasst werden: als Ziffern und Zahlen, aber auch als qualitative und symbolische Daten in Form von Dokumenten, Unterrichtsskizzen, Inszenierungen, Festen, Jubiläen, Ritualen und Ähnlichem mehr.

Zweitens und vor allem ist Evaluation Bewertung. Man könnte den Begriff Evaluation auch durch Bewerten ersetzen. Gerade im Bewerten besteht die Brisanz der Evaluation. Es geht um die Frage nach dem Erreichen von Standards und um Stärken und Schwachstellen. Das setzt voraus, dass über Daten geredet wird, und die Daten in einem Kollegium, in einer Forschergruppe, in der Schulleitung oder zwischen Schule und eventuell der Schulaufsicht abgeglichen werden. Das schafft die Basis für die Begründung von Werturteilen. Daten müssen – wie es in der Fachsprache heißt – kommunikativ, d.h. durch Abklärungsgespräche validiert werden, und auf dieser Grundlage entsteht die Evidenz von Bewertungsurteilen.

Drittens meint Evaluation ein Produkt und einen Prozess, nicht etwas Einmaliges, nicht ein Ereignis, sondern etwas Andauerndes. Evaluation ist auch nicht als Schlusspunkt einer Reise zu verstehen, sondern eher als Reisebegleitung. Da es sich bei Evaluation um Bewertung handelt, steht auch immer die Qualität der Schule auf dem Prüfstand. Ein Aspekt, der in der Qualitätsdiskussion allerdings häufig vergessen wird, ist die Frage, ob es um die Evaluation der Angebote oder aber nur um die Evaluation der Ergebnisse geht. Die Ergebnisse des Unterrichts stehen seit PISA im Mittelpunkt des Interesses. Jedoch allein die Ergebnisse des Unterrichts zu evaluieren hieße, nur eine Seite der Medaille zu erfassen. Zur Qualität der Schule gehört auch die Qualität ihrer Angebote im Unterricht wie im außerunterrichtlichen Bereich, also z.B. die Lernkultur, die Förder- und die Wahlpflichtangebote, die Pausengestaltung oder die Beziehung zum Umfeld. Mit den Lernergebnissen allein ist noch nicht die Qualität der Schule evaluiert. Etliche Lernergebnisse können ja auch ohne das Zutun der Schule erreicht worden sein, z.B. durch die Eltern, durch die hohe Leistungsfähigkeit der Schülerinnen und Schüler usw. Viertens muss Evaluation durch Kriterien geleitet sein, was in Schulen bisher eher selten der Fall war. Kriterien der Evaluation können sein:

- Vorgaben der Behörde bzw. des Parlaments,
- Leitbild/Schulprogramm,
- Projektziele/Projektauftrag/Leistungsauftrag,
- Vergleiche/»Benchmarking«,
- vereinbarte Qualitätsindikatoren.

Evaluation muss von Anfang an Thema der Qualitätsentwicklung sein. Falls das nicht der Fall ist, müssen die Ziele und Kriterien der Evaluation im Nachhinein bestimmt werden. Das allerdings nährt Versuchungen zur Selbsttäuschung, wobei im Nachhinein als Erfolg definiert wird, was tatsächlich herauskommt, aber im Vorhinein gar nicht beabsichtigt war.

Beim Qualitätsmanagement ist es besonders wichtig, die Ziele und Kriterien der Evaluation bereits zu Beginn zu erörtern: Wenn klar wird, was überhaupt evaluierbar ist und was nicht (oder nur sehr schwer), dann stehen die Entwicklungsschwerpunkte, Arbeitspläne und möglichst auch die Leitsätze von Anfang an auf dem Prüfstand und müssen realistischer definiert werden. Dann ist auch die Gefahr geringer, dass sich ein Kollegium ein Schulprogramm gibt, welches es gar nicht umsetzen kann.

Evaluation ist komplex und schwierig, aber von Kollegien durchaus durchführbar, wenn die Ansprüche zu Beginn nicht allzu hoch geschraubt werden, wenn einige Instrumente zur Verfügung stehen, wenn es einschlägige Fortbildung gibt und erst recht, wenn Berater hinzugezogen werden. Am unaufwändigsten ist die Evaluation der Qualitätsentwicklung, wenn klare Ziele definiert wurden. Beispiele für derartige handhabbare Ziele sind:

- Verringerung des Sitzenbleibens,
- Verringerung des frühzeitigen Schulabbruchs oder -abgangs,
- jede Lehrperson kennt jede Schülerin und jeden Schüler mit Namen,
- Nachmittagsangebote für alle Schüler, die das wollen, werden geschaffen.

»Verringerung des Sitzenbleibens« kann relativ leicht an der Quote der Klassenwiederholer gemessen werden. Die Daten sind der jährlich neu erstellten Schulstatistik zu entnehmen. Das Gleiche gilt für »Schulabbruch bzw. -abgang«. Ob jede Lehrperson jede Schülerin und jeden Schüler mit Namen kennt, ist ebenso leicht zu erheben wie die Nachmittagsangebote. Die Bewertung der Angebote ist allerdings etwas schwieriger. Sie könnte mittels der noch darzustellenden Qualitätsindikatoren erfolgen.

Wir haben bereits betont, dass zu den klaren Zielen nur solche zählen sollten, die auch im Rahmen der Möglichkeiten einer Schule zu realisieren sind. Die Namen aller Schülerinnen und Schüler kann man selbstverständlich nur in kleinen Schulen kennen. Dass die Ziele so klar sind, wie in diesem Beispiel genannt, dürfte eher Ausnahme als Regel sein. Leitsätze und Vorhaben des Schulprogramms sind oft so komplex, dass sie sich nicht umstandslos messen lassen, und einiges davon lässt sich überhaupt nicht in Form von Ziffern ausdrücken. Außerdem ist eine zu strikte Zielorientierung auch abträglich für pädagogische Fantasie und für Lernen aus neuen Erfahrungen. Wer immer nur das Ziel im Auge hat, verliert darüber den Spaß am Reisen.

Deshalb sollte man im Normalfall davon ausgehen, dass Evaluation sich vor allem dann als schwierige Aufgabe erweist, wenn die Ziele nicht so eindeutig messbar sind.

1. Qualitätsindikatoren

Wir haben gute Erfahrungen gemacht, solche Ziele in Form von Indikatoren auszudrücken, mittels derer eine Schule selbst bestimmt, was unter »Anforderungen« zu verstehen ist, und gleichzeitig erkenntlich wird, ob und inwieweit diese Anforderungen auch tatsächlich erreicht werden. Um klarzustellen, worum es sich bei Indikatoren handelt, müssen diese in einen Gesamtzusammenhang gestellt werden, wie das im Qualitätskreislauf (vgl. Abb. III.1) geschehen ist. Dabei geht es in einem ersten Schritt darum, den Bereich bzw. Fokus der Evaluation zu bestimmen: Will man z.B. alle Leitsätze eines Schulprogramms untersuchen (was mit ziemlicher Sicherheit eine Überforderung wäre) oder nur einen oder zwei? Soll außerdem ein Entwicklungsschwerpunkt evaluiert werden oder soll es nur um dessen Umsetzung gehen und der Entwicklungsschwerpunkt sozusagen stellvertretend für das ganze Schulprogramm stehen? In einem zweiten Schritt sind die Leitsätze zu klären: Was versteht man überhaupt unter Qualität? Ist das in den Lehrplänen festgelegt oder geht das aus dem Bildungsverständnis der Schulgemeinde (oder der Abnehmer) hervor? Vielleicht kann man sich auch am Durchschnitt orientieren (wenn er bekannt ist) und versuchen, ihn zu erreichen oder besser zu sein oder gar am besten zu sein (was vermutlich übertrieben wäre).

Die Qualitätsleitsätze sind im dritten Schritt in Kriterien zu übersetzen. Welche Kriterien existieren z.B. für die Evaluation von Schülerorientierung oder für einen qualitativ besseren Mathematikunterricht? Kriterien haben eine große Nähe zu den Zielen.

Für diese Kriterien sind dann im vierten Schritt Indikatoren zu bestimmen. Dies ist der entscheidende und für Schulen bisher ungewohnte Schritt.

Für diese Indikatoren sind im fünften Schritt Messinstrumente zu finden, mit Hilfe derer man Daten sammeln kann, die dann analysiert und interpretiert und schließlich in Konsequenzen umgesetzt werden – allerdings nicht, ohne die Ergebnisse vorher den Untersuchten (den Lehrern, Schülern oder Eltern) zurückzuspiegeln und mit ihnen zu besprechen.

Die Leitsätze werden gelegentlich auch Oberziele genannt und die Kriterien als Ziele bezeichnet. Die Begriffe gehen in der deutschen und internationalen Diskussion allerdings stark durcheinander. Häufig wird das, was wir Kriterien nennen, als Indikatoren bezeichnet, z.B. in den Veröffentlichungen über die schottischen »Qualitätsindikatoren« (z.B. auf Plakaten und in Schriften der Bertelsmann-Stiftung) oder über die »Qualitätsindikatoren« der niederländischen Schulinspektion. Wir halten an unserer Begrifflichkeit fest, weil sie uns am klarsten und plausibelsten erscheint und sie zudem mit der in der Schweiz und Österreich gebräuchlichen Begrifflichkeit übereinstimmt. Diese Begriffe werden im Folgenden erläutert und an praktischen Beispielen illustriert.

Oberziele bzw. Qualitätsleitsätze können aus den KMK-Bildungsstandards entstammen, vom Schulrecht vorgegeben sein, aus der Forschung (zur Fachdidaktik oder zur Lernpsychologie) kommen oder direkt aus dem Schulleitbild übernommen werden.

Ziele oder Kriterien sind Präzisierungen dessen, was die Qualitätsleitsätze aussagen. Sie können auch als Merkmale verstanden werden – z.B. guten Unterrichts oder gelungener Erziehung.

Unter Indikatoren versteht man »Anzeiger«, an denen man klar erkennen kann, ob und inwieweit die Ziele/Kriterien erreicht sind. Indikatoren erfüllen ihre Aufgabe nur, wenn sie »sinnlich repräsentiert« sind, also zu sehen, zu hören oder anzufassen sind. Benchmarks oder Normen nennen wir schwellenwertähnliche Quantifizierungen, die festlegen, was unter guter oder zufrieden stellender Qualität zu verstehen ist, z.B. 80 Prozent oder 60 Prozent der Schüler haben erreicht, was die Indikatoren anzeigen. Benchmarks sind also vorgegeben, übernommen oder selbst ausgehandelt. Diese Benchmarks werden in den Niederlanden und Österreich auch Normen genannt. Sie sind häufig in der Tat auch normativ, weil sie nicht auf »objektiven« Maßstäben beruhen, sondern ausgehandelt werden, je nach Ebene von Bildungspolitikern, Kultusbeamten oder auch den Mitgliedern einer Fachkonferenz einer Einzelschule.

Ein Beispiel

Um die Arbeit mit Qualitätsindikatoren zu illustrieren, erläutern wir die einzelnen Schritte an einem Beispiel (vgl. Buhren/Rolff 1998):

1. Evaluationsbereiche klären

Im Albert-Einstein-Gymnasium in Neumarkt in NRW hat sich eine Lehrergruppe dazu entschieden, die offenen Lernformen, die vor zwei Jahren in den Jahrgängen 7 und 8 in den Fächern Deutsch, Gesellschaftslehre und Mathematik eingeführt wurden, einer kritischen datengestützten Bewertung zu unterziehen – also zu evaluieren. Das Ziel dieser Evaluation soll darin bestehen, die Erfolge und Misserfolge des Projekts zu analysieren und zu bewerten, möglicherweise Modifikationen des Konzepts vorzunehmen und eine Basis für die weitere Arbeit zu erhalten. Gleichzeitig will man den Kriterien innerhalb des Kollegiums etwas entgegensetzen, die – ohne direkt beteiligt zu sein – die offenen Lernformen als ineffektiv, Lernqualität mindernd oder schlichtweg als Spielerei abtun. Natürlich ist sich die Lehrergruppe darüber im Klaren, dass eine möglichst objektive Bewertung des Konzepts auch zur Revision, zur Veränderung oder gar zur Einstellung des Projekts führen kann, nämlich dann, wenn die erwarteten Ziele nicht erreicht wurden.

2. Qualitätsleitsätze bestimmen

Keine Maßnahme, kein Vorhaben oder Unterrichtsprojekt wird ohne gemeinsam entwickelte und vereinbarte Zielsetzungen auskommen. Auch wenn diese Leitsätze hin und wieder aus dem Blickfeld geraten, sind sie für jede Bewertung eines Projekts unabdingbar. Denn ohne diese wären Projekte reiner Selbstzweck. Erst wenn die Oberziele eines Projekts klar sind, lassen sich Bewertungskriterien festlegen, die ein Projekt als gelungen und erfolgreich oder als misslungen und gescheitert ausweisen.

Die Bildungsziele, aus denen die KMK-Standards hergeleitet werden, haben ebenfalls den Status von Qualitätsleitsätzen. Ähnliche Gedanken machte sich auch die Lehrergruppe des Albert-Einstein-Gymnasiums. So versuchten die einzelnen Mitglieder der Arbeitsgruppe noch einmal zu rekapitulieren, welche Zielsetzungen sie bei der Entwicklung und Initiierung des Projekts »offene Lernformen« vorgetragen hatten, als das Projekt in der Lehrerkonferenz vorgestellt und verabschiedet worden war:

- selbstständiges Arbeiten von Schülern,
- Motivation und Arbeitseifer in den beteiligten Fächern steigern,
- Teamfähigkeit der Schüler fördern und ausbauen,
- soziale Fähigkeiten wie Kooperation, Solidarität, Altruismus etc. stärken,
- individuelle Leistungsfähigkeit in differenzierter Form entwickeln.

Auf diese fünf Oberziele oder Leitsätze hatte man sich damals geeinigt, ohne allerdings zu klären, wie man denn eigentlich überprüfen wollte, ob diese Ziele auch tatsächlich erreicht werden können bzw. ob man sich ihnen zumindest ein Stück weit nähern kann.

3. Kriterien klären

Es wird kaum möglich sein, alle Qualitätsleitsätze in eine Evaluation einzubeziehen, zumal einige der ursprünglich für das Projekt formulierten Zielsetzungen sehr umfassend sind. Deshalb ist es notwendig, aus diesen Leitsätzen oder Oberzielen (Kriterien) zu formulieren, denen anschließend Indikatoren zugeordnet werden können. Vor allem hier kann die Formel gelten: Weniger ist mehr. Denn eine Reduzierung auf die Kriterien, welche in den primären Aufgabenbereich von Lehrerinnen und Lehrern fallen, können realistischerweise auch am ehesten überprüft werden. Die Projektgruppe des Albert-Einstein-Gymnasiums beschränkte sich auf insgesamt vier Kriterien, für die sie anschließend Qualitätsindikatoren formulierte: *selbstständiges Arbeiten, Kooperation und Teamarbeit, Arbeitsmotivation, Methodenvielfalt.*

4. Indikatoren festlegen

Um Kriterien oder Ziele zu überprüfen, muss man sie operationabel, d.h. in der Schul- und Unterrichtspraxis konkret nachvollziehbar machen können. Dies erreicht man durch Indikatoren, die bezogen auf die jeweiligen Ziele durch Befragung, Beobachtung oder Beschreibung validiert, also bewertet werden können. Indikatoren sollen so konkret, d.h. so erkennbar wie möglich sein.

Je umfangreicher und detaillierter die erhobenen Daten auf der Grundlage von Qualitätsindikatoren sind, umso deutlicher lassen sich Aussagen zum Erreichen pädagogischer Zielsetzungen treffen. Die Lehrergruppe des Albert-Einstein-Gymnasiums formulierte daher vor dem Hintergrund ihrer bisherigen praktischen Erfahrungen mit dem Projekt für jedes einzelne Kriterium eine Reihe von Indikatoren. Zum Kriterium *Selbstständiges Arbeiten* waren es die Indikatoren für *selbstständiges Arbeiten* von Schülern zeigt Abbildung IV.1.

Abb. IV.1: **Indikatoren für selbstständiges Arbeiten von Schülern**
Die Schüler bearbeiten selbstständig das Material zum Thema.
Die Schüler bringen eigene Ideen zum Thema ein.
Die Schüler versuchen, Lösungen zunächst ohne Hilfe des Lehrers zu finden.
Die Schüler entwickeln eigene Materialien zum Thema.
Die Schüler wenden sich bei Problemen an ihre Mitschüler.
Die Schüler arbeiten in ihrem eigenen Rhythmus, ohne andere zu stören.
Die Schüler kümmern sich um individuelle Arbeitsaufgaben.
Die Schüler führen einen Arbeitshefter, in dem sie ihre Arbeitsprodukte dokumentieren.
Quelle: Buhren/Rolff, a.a.O., S. 12

Bei der Entwicklung weiterer Qualitätsindikatoren stellte die Gruppe fest, dass es durchaus Überschneidungen bei den einzelnen Kriterien gibt, sodass man die Indikatoren auch mehreren Kriterien zuordnen kann.

5. Benchmarks

Das Kollegium entwickelte anhand der Indikatoren ein kleines Raster (vgl. Abb. IV.2), das die Bestimmung von Messlatten erlaubte, an denen sie ablasen, ob sie mit der Zielerreichung zufrieden sein konnten. Die Benchmarks sind durch Kreuze gekennzeichnet.

Abb. IV.2: **Benchmarks für selbstständiges Arbeiten**					
Indikator trifft zu für ... Prozent der Schüler	100	75	50	25	0
Die Schüler bearbeiten selbstständig das Material zum Thema.		X			
Die Schüler entwickeln eigene Materialien zum Thema.			X		
Die Schüler bringen eigene Ideen zum Thema ein.	X				
Quelle: Buhren/Rolff 1998, S. 18					

Verallgemeinerung

Die Indikatorenbildung ist kein leichtes Unterfangen, da man sich immer wieder von den Kriterien lösen muss, um der Frage nachzugehen: Wie kann ich dies in der Praxis überprüfen? Es besteht zudem keine absolute Sicherheit, dass die Indikatoren wirklich Aufschluss über das Erreichen der jeweiligen Ziele geben, also gültig sind. Dies kann letztlich nur der mehrmalige Einsatz und der Vergleich von Ergebnissen über einen längeren Zeitraum sicherstellen. Am schwierigsten ist nach unseren Erfahrungen, die Indikatoren von den Kriterien zu unterscheiden. In vielen Fällen werden Indikatoren genannt, die man sinnvoller als Kriterien ansehen sollte. Beispielsweise sind Aussagen wie:

Die Schülerinnen und Schüler ...
... sind bereit, sich anzustrengen,
... fördern die Arbeitsatmosphäre,
... zeigen Führungsqualitäten und
... denken über Fachgrenzen hinaus

eher als Kriterien anzusehen denn als Indikatoren. Sie sind eher Ziele als konkrete »Anzeiger« der Ergebnisse.

In einem weiteren Beispiel wird der Klarheit halber versucht, Kriterien und Indikatoren direkt gegenüberzustellen (Abb. IV.3). Aber auch hier wäre z.B. zu fragen, wie man messen kann, wie Lehrpersonen auf Schülerfragen eingehen. Wenn man diese Fragen nicht beantworten kann, hat man auch keinen Indikator gefunden. Dieses zweite Beispiel ist jedoch in anderer Hinsicht interessant, denn es bezieht sich auf Fachleistungen, also auf den Kern schulischen Unterrichts. Es ist zudem methodisch interessant, weil die Struktur der Gegenüberstellung von Kriterien und entsprechenden Indikatoren dazu zwingt, beide säuberlich auseinander zu halten.

Abb. IV.3: **Kriterien und Indikatoren für verbesserten Mathematikunterricht**	
Kriterien	**Indikatoren**
Grundfertigkeiten, wie sie im Lehrplan stehen	Informelle Tests, die die Fachgruppe für alle Klassen erarbeitet hat (Standard: 80 Prozent der Aufgaben müssen gelöst werden).
Problemlösefähigkeit	Eingekleidete Aufgaben werden gelöst. Es werden mehrere Lösungen einer Aufgabe entwickelt.
Schülerzentrierung	Anregungen von Schülern werden in der Fachgruppe besprochen. Lehrpersonen gehen auf Schülerfragen ein. Lehrpersonen berücksichtigen Vorschläge von Schülern.
Verständlichkeit	Schüler können anderen Schülern den Stoff erklären. Schüler setzen Arbeitsaufträge intentionsgemäß und zügig um. Verständnisfragen von Schülern werden beantwortet.
Quelle: Trainingsseminar des IPTS-Kiel 11/97	

Qualitätsindikatoren können sich auf jedes Fach und auch auf fachübergreifenden Unterricht beziehen. Auch zu den KMK-Standards müssen Indikatoren konstruiert werden, wenn sie anders als durch vorhandene Tests evaluiert werden sollen. Solche Tests gibt es auf absehbare Zeit nur für die 9. und 4. Klassen.

Indikatoren eignen sich ebenso zur Evaluation allgemeinpädagogischer Vorhaben – wie im ersten Beispiel dargelegt. Weitere allgemeinpädagogische Vorhaben wären z.B. Erziehung zur Teamfähigkeit, Schülerorientierung, Projektarbeit oder handlungsorientierter Unterricht.

Qualitätsindikatoren sind geradezu universell verwendbar. Über die genannten Bereiche hinaus eignen sie sich auch, um z.B. die Fachschafts- oder die Öffentlichkeitsarbeit einer Schule zu evaluieren. Die Abbildungen IV.4 und IV.5 zeigen solche Indikatoren in exemplarischer Weise. Hier wurde auch versucht, zu den Kriterien Standards zu formulieren. Auch diese Beispiele erheben keinen Anspruch auf Perfektion; sie sollen nur zeigen, wie Qualitäts-Indikatorensysteme aussehen und dass Schulen in der Lage sind, diese selbst zu entwickeln – wobei alle genannten Schulen allerdings Berater in Anspruch genommen haben.

Abb. IV.4: **Kriterien, Indikatoren und Standards für die Qualität von Fachschaftsarbeit**

Kriterien	Indikatoren	Benchmarks/Normen
Zusammenarbeit innerhalb der Fachschaft stärken.	Teilnehmer an Sitzungen.	Mindestens 90 Prozent der Fachschaftsmitglieder sind anwesend.
Die Fachschaftsmitglieder lernen neue Formen des Unterrichts kennen.	In den Sitzungen werden neue Unterrichtsformen vorgestellt.	Mindestens in jeder zweiten Sitzung eine neue Unterrichtsform.
Die Fachschaftsmitglieder lernen neue Methoden des Unterrichts kennen.	Methodenvielfalt des Unterrichts wächst.	Pro Schuljahr lernt jeder Lehrer eine neue Methode kennen.
Die Fachschaftsmitglieder gleichen die Prüfungspraxis an.	Musterprüfung im Prüfungsordner.	
Quelle: Gymnasium Wohlen		

Abb. IV.5: **Kriterien, Indikatoren und Standards für Qualität von Öffentlichkeitsarbeit**

Kriterien	Indikatoren	Benchmarks/Normen
Bekanntheitsgrad der Schule erhöhen.	Regelmäßige positive Präsenz in den Medien.	Zehn positive Zeitungsberichte über die Schule pro Jahr.
Akzeptanz der Schule erhöhen.	Schüleranmeldungen steigen und Besuch der Eltern nimmt zu.	Anmeldungen steigen um 10 Prozent pro Jahr. 70 Prozent der Eltern kommen zu Elternabenden.
Quelle: Kempfert		

2. Erhebungsinstrumente

In dem Maße, in dem sich die Datenerhebung und Datenauswertung an wissenschaftlichen Standards orientiert, nähert sich die interne Evaluation der Schulforschung. Schulevaluation ist ihrem Charakter nach jedoch nicht reine Wissenschaft, sondern Praxisforschung; die praktizierenden Lehrpersonen sind gleichzeitig Forschende. Diese neue Form der Aktionsforschung unterscheidet sich wesentlich von der bisherigen, bei der es darum ging, die Trennung von Forschenden (aus Hochschulen und Instituten) und Lehrpersonen zu verringern, indem den Beforschten Mitwirkungsmöglichkeiten gegeben und ihnen die erhobenen Daten zurückgespiegelt wurden. Evaluation als Praxisforschung ist konsequenter angelegt, indem hier die Trennung völlig aufgehoben wird. Die Lehrpersonen selbst sind die Forschenden, die ihre eigene Schule untersuchen. Wir nennen das Praxisforschung. Sie orientiert sich nicht an Grundlagenforschung, nimmt aber die Gütekriterien professioneller Arbeit sehr ernst wie Vorurteilslosigkeit, Triftigkeit und Gültigkeit, d.h. das Bemühen darum, dass die Instrumente zur Datenerhebung auch tatsächlich das messen, was sie zu messen vorgeben.

Schulen sind dazu nach unseren Erfahrungen zumeist in der Lage. Sofern sie es nicht sind, können sie es in Fortbildungskursen lernen. Es ist meistens nicht nötig, Wissenschaftler für die Selbst-Evaluation zu engagieren. Die Rolle der Wissenschaftler besteht eher darin, bei Fortbildungskursen mitzuwirken.

Schulen sind auch deshalb zur Evaluation selbst in der Lage, weil sie vorhandene Instrumente übernehmen oder modifizieren können. Ohne entsprechende Instrumente und Methoden ist Praxisforschung nicht möglich (»Wenn man zum Fischen geht, muss man ein Netz mitnehmen, und dies muss den passenden Zuschnitt haben«). Abbildung IV.6 zeigt das Ensemble an Instrumenten und Methoden, die sich verwenden lassen. Man kann dabei qualitative von quantitativen Methoden unterscheiden. Qualitative Methoden sind z.B.:

- gezielte Gespräche und Interviews (die aufgezeichnet und ausgewertet werden),
- offene Fragebögen,
- Fotodokumentation,
- Checklisten,
- Unterrichtsbeobachtung (nach einem Beobachtungsplan),
- Auswertung von Schülerarbeiten und Schuldokumenten,
- Tagebücher oder
- Aufnahmen/Videofilme.

Zu den quantitativen Methoden zählen vor allem:

- standardisierte Fragebögen (bei denen die Antworten angekreuzt werden),
- Analyse der Schulstatistiken und
- Tests.

Die zur Evaluation eingesetzten Verfahren und Instrumente müssen (einfachen) empirischen Standards genügen. Es sollte nicht der Eindruck entstehen, es reiche aus, mal eben ein paar Fragen auf einen Zettel zu schreiben, dies Fragebogen zu nennen und anschließend zu verteilen. Interne Evaluation ist eine Arbeit, bei der wissenschaftliche Herangehensweisen und Kriterien zur Geltung kommen. Die wissenschaftliche Ausbildung der Lehrerinnen und Lehrer ist hierfür eine gute Ausgangsbasis, an der angeknüpft werden kann und auch sollte.

Abb. IV.6: **Instrumente/Methoden zur Evaluation**		
Evaluationsbereich		
Instrument/Methode	*Bitte ankreuzen*	*Begründung der Wahl/Ablehnung*
Gespräche, gezielt		
Interviews mit Leitfragen		
Fragebögen, offen		
Fragebögen, standardisiert		
Gruppendiskussionen		
Checkliste(n)		
Unterrichtsbeobachtung		
Auswertung der Schülerarbeiten		
Tagebücher		
Auswertung von Schuldokumenten		
Aufnahmen/Videofilme		
Schattenstudien		
Analyse der Schulstatistik		
Expressive Daten (Bilder, Symbole)		
Fotodokumentation		
Tests		
Andere (bitte spezifizieren)		
Die oben aufgeführte Übersicht soll Ihnen die Auswahl der Techniken erleichtern, mit denen Sie Daten für die Evaluation erheben können. Legen Sie erst den Evaluationsbereich fest. Kreuzen Sie jede Technik an, die Sie benutzen wollen. Begründen Sie Ihre Wahl bzw. Ablehnung der angekreuzten Methoden kurz. Diese Wahl sollte von den Einzelnen erst allein, dann von der Evaluationsgruppe gemeinsam bearbeitet werden.		

Man sollte qualitative Verfahren nicht gegen die quantitativen ausspielen. Wir plädieren vielmehr für eine Kombination qualitativer und quantitativer Verfahren. Es hängt in erster Linie von der Fragestellung und dem Evaluationsziel ab, für welches Instrument man sich entscheidet. Sinnvoll ist eine Kombination, weil ein einzelnes Instrument schnell zur Routine wird und damit weniger wirksam ist. Eine Kombination verschiedener Methoden erlaubt darüber hinaus auch eine bessere Validierung der Ergebnisse.

Wenn bei den Fragebögen für die Bestandsaufnahme noch empfohlen werden kann, vorhandene Instrumente zu übernehmen bzw. zu modifizieren, so gilt das für die zielorientierte Evaluation nicht oder nur sehr eingeschränkt. Denn es wäre ein großer Zufall, wenn ein vorfindlicher Fragebogen zur besonderen Fragestellung eines Schulprogramms oder eines einzelnen Entwicklungsschwerpunktes genau passen würde. Vielmehr ist davon auszugehen, dass Fragebögen maßgeschneidert, d.h. neu konstruiert werden müssen, nachdem die ersten drei Grundschritte der Evaluation gegangen wurden.

Die Konstruktion eines Fragebogens zum Zwecke der Selbstevaluation ist nicht so schwierig, wie es scheinen mag. Abbildung IV.7 gibt dafür die wesentlichen Hinweise (vgl. auch Kirchhoff u.a. 2000).

Am wichtigsten bei der Fragebogenkonstruktion sind die Vorklärungen und dabei die Bemühungen zur Eindeutigkeit. Wenn gefragt wird, ob sich die Unterrichtsdifferenzierung bewährt hat, wäre vorher zu klären, was die Kriterien sind, d.h. welche Formen überhaupt gemeint sind (innere oder äußere und bei innerer Freiarbeit oder Gruppenarbeit oder Partnerarbeit oder ...). Viele Fragen sind einfach zu »groß«, um beantwortet werden zu können, z.B. die nach der Belastung von Lehrpersonen. Man muss sie deshalb kleinarbeiten, z.B. fragen nach Belastung

- im Unterricht (Fächer usw.),
- im fachfremden Unterricht (eventuell bei Vertretungen),
- in den Konferenzen,
- bei Schulratsbesuchen,
- morgens oder mittags
- usw.

Es müssen bei komplexen Sachverhalten also immer mehrere Fragen gestellt werden, und diese Frage sollten immer eindimensional sein. Eine typisch zweidimensionale Aussage, die nicht eindeutig beantwortet werden kann, lautet z.B. »Die Leitung ist kompetent und kollegial«. Die Leitung kann kompetent, aber nicht kollegial sein oder kollegial und nicht kompetent oder beides oder beides nicht. Schließlich ist noch vor der Formulierung falscher Alternativen zu warnen, z.B. die Aussage: »Soziales Lernen statt Leistungsoptimierung«. Man kann dem zustimmen, aber auch der Meinung sein, dass sowohl soziales Lernen als auch Leistungsoptimierung anzustreben sind und beides auch vereinbar ist. Das lässt sich nicht in einer einzigen Frage, sondern nur anhand zweier Aussagen ausdrücken.

Abb. IV.7: Tipps für die Konstruktion von standardisierten Fragen

Vorab ist zu klären:

Was ist mein Kriterium?

Was muss ich unbedingt wissen? (Was geht mich nichts an?)

Wie formuliere ich die Frage, damit ich eine Antwort genau auf meine Frage bekomme? Auf Eindimensionalität achten!

Welche Antwortmöglichkeiten biete ich an? (Einschätzskala, Entscheidungsfrage, Multiplechoice, offene Antwortmöglichkeit)

Wie nehme ich dem Fragebogen seinen streng formalen Charakter?

Wie helfe ich den Teilnehmenden beim Ausfüllen des Fragebogens? (Anleitung, eingestreute Hinweise, Layout des Fragebogens)

Beispiele für Fragetypen:

Skalierte Frage/Einstellungsfrage

Die Teilnehmenden beantworten eine Frage durch Ankreuzen auf einer Einschätzskala. Z.B. »Wissenschaftliche Grundlagen sind für meine Arbeit wichtig.«

trifft zu	☐	☐	☐	☐	☐	trifft nicht zu
	-2	-1	0	$+1$	$+2$	

Manchmal sollte die Mittelkategorie wegfallen, um Antworten nach sozialer Erwünschtheit oder eine »Flucht in die Mitte« zu vermeiden.

Entscheidungsfrage/Faktfrage:

Die Teilnehmenden beantworten eine Frage durch Ankreuzen auf einer Alternativskala.

»Sind Sie Mitglied der Schulleitung?«

   ja   ☐   nein   ☐

Multiplechoicefrage

»Welches ist Ihr fachlicher Schwerpunkt in der Arbeitslehre?«

Haushaltslehre? Technik? Wirtschaftslehre?

Offene Antwortmöglichkeiten

»Bitte schreiben Sie in Stichworten auf, was Ihnen an der Maßnahme gefallen bzw. nicht gefallen hat.«

Mir hat gefallen: _____

Mir hat nicht gefallen: _____

Quelle: Rolff – IFS

3. Technische Hinweise

Evaluation in der Schule ist in erster Linie Lehrerforschung. Dies ist ein neues Feld, das von der Lehrerausbildung bisher kaum »beackert« wurde. Dadurch ist ein enormer Fortbildungsbedarf entstanden, für den wir im Folgenden einige Hinweise geben.

Wir empfehlen, sich dabei des gesamten Methodenrepertoires der Bildungsforschung zu bedienen und nicht dem Fehler zu verfallen, sich allein auf eine Methode oder nur auf einen Ansatz zu kaprizieren. Das ist nicht nur praktisch, sondern entspricht auch dem neuesten Stand der Methodendiskussion. Triangulation ist diesbezüglich das Schlüsselwort, das das aktuelle Forschungsprogramm ausdrückt:

»Der Begriff der Triangulation bezeichnet vereinfacht ausgedrückt, dass ein Forschungsgegenstand von (mindestens) zwei Punkten aus betrachtet wird. In der Regel wird die Analyse von zwei und mehr Punkten durch die Verwendung verschiedener methodischer Zugänge realisiert.« (Flick 1998, S. 443) Breitere Aufmerksamkeit findet dabei eine Konzeption, die nach Flick vor allem aus drei Ebenen besteht:

- »Die Kombination verschiedener Datenquellen (›Data Triangulation‹), die zu verschiedenen Zeitpunkten, an unterschiedlichen Orten und an verschiedenen Personen erhoben werden.
- Investigator Triangulation kennzeichnet den Einsatz verschiedener Beobachter bzw. Interviewer, um die subjektive Verzerrung durch den Einzelnen auszugleichen.
- Theorie-Triangulation bezeichnet die Annäherung an den Forschungsgegenstand, ausgehend von verschiedenen Perspektiven und Hypothesen.« (Flick 1998, S. 443)

Triangulation bedeutet, sich nicht auf einen Methodenstreit einzulassen, sondern sich je nach Fragestellung und Erkenntnisgegenstand des gesamten Methodenrepertoires zu bedienen, des qualitativen wie des quantitativen.

Altrichter und Messner berichten aus einem Qualitätsevaluations-Projekt in Graz: »Insgesamt war überraschend, wie Fragebögen verwendet wurden. Obwohl ihre Einstellung und Auswertung den meisten Lehrer/innen nicht vertraut ist, scheint das Instrument eine große Attraktivität zu haben. Der Fragebogen wird offenbar von vielen Lehrer-Evaluatorinnen als das sozialwissenschaftliche Forschungsinstrument angesehen, zu dem wenige Alternativen bekannt sind. Praxisfreundliche Evaluationsformen wie Unterrichtsbeobachtung oder einfache Feedback-Instrumente ...

werden zwar auch angewandt, doch werden diese oft durch Fragebögen ergänzt. Der Wunsch, zu gefestigten, repräsentativeren und objektiveren Aussagen zu gelangen, spielt eine große Rolle. Dieses Ziel zu erreichen erscheint nur mit dem Fragebogen möglich.« (Altrichter/Messner 1998, S. 32)

Fragebögen eignen sich hervorragend, um Daten bei einer großen Zahl von Personen zu erheben, vor allem bei Befragungen der Eltern oder aller Schüler. Sie sind auch zu empfehlen, wenn die Auswertung sehr rasch erfolgen muss. Ansonsten ist jede Schule gut beraten, etwas tiefer in den Instrumentenkasten zu greifen und zu »triangulieren«. Methodenmix wäre übrigens eine vereinfachte Übersetzung von Triangulation.

Technische Probleme der Qualitätsevaluation ergeben sich zumeist bei der Beschaffung von Instrumenten, der Datenerhebung und der Datenauswertung. Für alle drei Bereiche sind einige Hinweise angebracht, die die Arbeit erleichtern können.

Wir empfehlen, nicht alle Instrumente selber entwickeln zu wollen (»das Rad nicht neu erfinden«), sondern nach Klärung des Evaluationsbereichs und der Leitfragen die vorhandenen Instrumentensammlungen durchzumustern. Brauchbares daraus bietet das Material für Anpassungen an die Gegebenheiten der jeweiligen Schulen, also für Adaptionen und Modifikationen. Die Instrumentensammlung ist reichhaltiger als gemeinhin angenommen wird. Beispielsweise können Schulen fündig werden:

- beim Landesinstitut für Schule in Soest,
- beim »Institut für Schulentwicklungsforschung« der Universität Dortmund,
- bei der Pädagogischen Arbeitsstelle des Schweizer Lehrerverbandes (LCH),
- beim »Institut für Interdisziplinäre Forschung und Fortbildung« in Klagenfurt,
- beim »Journal für Schulentwicklung«, das in jedem Heft ein »Methodenatelier« führt, oder bei der Zeitschrift »Lernende Schule«, aber auch bei Schwerpunktheften der Zeitschrift »Pädagogik«.

Beim Erheben von Daten ist der Arbeitsaufwand das Hauptproblem. Deshalb sollte jede Schule vorher genau prüfen, ob Daten überhaupt erhoben werden müssen oder bereits (z.T. sogar längst) vorhanden sind, z.B. in der Schulstatistik, den Klassenbüchern oder der Bestandsanalyse anlässlich der Schulprogrammentwicklung.

Wenn Daten neu erhoben werden, sollten sie auf das Nötigste begrenzt werden. Vor allem nicht klar fokussierte Interviews ziehen sich häufig in die Länge. Verschriftlicht füllt ein einziges Interview häufig zwanzig und mehr Seiten. Hier ist die Konzentration angebracht. Ein weiteres Problem besteht im »Verwelken« von Eindrücken und Erinnerungen. Beobachtungseindrücke sollten so unmittelbar wie möglich notiert werden. Fokussierung und Konzentration sind hier besonders angesagt, da der Strom des Geschehens (und Gesehens) schier übermächtig fließt.

Schließlich stellt die Rücklaufquote bei Befragungen ein besonderes Problem dar. Sie liegt bei schriftlichen Lehrerbefragungen im Durchschnitt bei knapp über 30 Prozent. Das ist entschieden zu wenig für Evaluation. Um die Rücklaufquote zu erhöhen, empfehlen wir, das Ausfüllen von Fragebögen im Lehrerzimmer bzw. in den Klassenzimmern zu veranstalten und die ausgefüllten Bögen sogleich wieder einzusammeln. Das erhöht nicht nur die Rücklaufquote auf fast 100 Prozent, sondern hat auch noch den Vorteil, dass die »Konstrukteure« der Fragebögen anwesend sind und Auskünfte geben können. Es sollte auch dazu ermuntert werden, bei Schwierigkeiten mit der einen oder anderen Frage diese einfach auszulassen, dafür aber den Fragebogen mit den übrigen Eintragungen abzugeben.

Die *Datenauswertung* sollte noch nicht die evaluative Bewertung anstreben, sondern eine möglichst genaue Aufbereitung der Ergebnisse in eher beschreibender Form. Zusammenhänge und besonders bemerkenswerte Ergebnisse sollten kenntlich gemacht werden. Die wertende Interpretation ist dann Aufgabe der Adressatengruppen.

Quantitative Erhebungen werden selbstverständlich quantitativ ausgewertet. Kleinere Untersuchungen mit ca. 30 bis 50 Fällen lassen sich ohne größeren Aufwand manuell auswerten, also Daten aus einer oder zwei Schulklassen – auch die meisten Lehrerkollegien sind nicht größer. Bei Erhebungen zwischen 50 und 100 Fällen hängt es von der Länge des Fragebogens ab, ob eine manuelle Auswertung noch sinnvoll ist.

Bei hundert oder gar mehreren hundert Fällen ist eine computerisierte Form der Auswertung unerlässlich. Dabei können die üblichen Programme wie D-Base, Lotus 1-2-3 oder Excel verwendet werden. Wir empfehlen, dass Schulen diese Auswertungen selber vornehmen, und wir kennen auch etliche Schulen, die das getan haben, z.B. im Rahmen von Informatik- oder Statistikkursen oder -projekten unter Einbezug von Schülern. Dies hat nicht nur den Vorteil der Kosteneinsparung, sondern es schafft auch diesbezügliches Know-how in der Schule und erhöht die Akzeptanz der Ergebnisse.

Die Darstellung der Ergebnisse sollte möglichst verständlich und eindeutig sein. Torten- und Balkendiagramme mögen ebenso wie Histogramme dekorativ sein, zumal wenn sie in Farbe ausgeführt sind. Sie enthalten aber selten alle Informationen, und häufig ist der Bezug zum Erhebungsinstrument verloren gegangen. Wir ziehen es vor, die Ergebnisse direkt in das Erhebungsinstrument einzutragen, vor allem wenn es sich dabei um Fragebögen handelt. Das spart Zeit und macht das Ergebnis lesbarer; denn das Erhebungsinstrument haben alle Betroffenen beim Ausfüllen kennen gelernt.

Qualitative Daten werden qualitativ ausgewertet, was vor allem dann aufwändig ist, wenn die Erhebung zahlreiche Personen umfasste. Wenn nicht mehr als ca. 25 Personen beteiligt waren, kann man die erhobenen Texte auf (mit Tesakrepp haftfähige) Karteikarten oder (selbstklebende) Post-its übertragen und dann an einer großflächigen Wand sortieren. Dabei sollte zusammengehängt werden, was zusammengehört, sodass Kategorien gefunden werden. Die Suche nach Überschriften bzw. Rubriken erleichtert das Kategorienbilden sehr. Bei größeren Datenmengen ist die Verwendung von Computerprogrammen äußerst hilfreich. Es gibt inzwischen ein reichhaltiges einschlägiges Angebot (vgl. dazu Moser 1995).

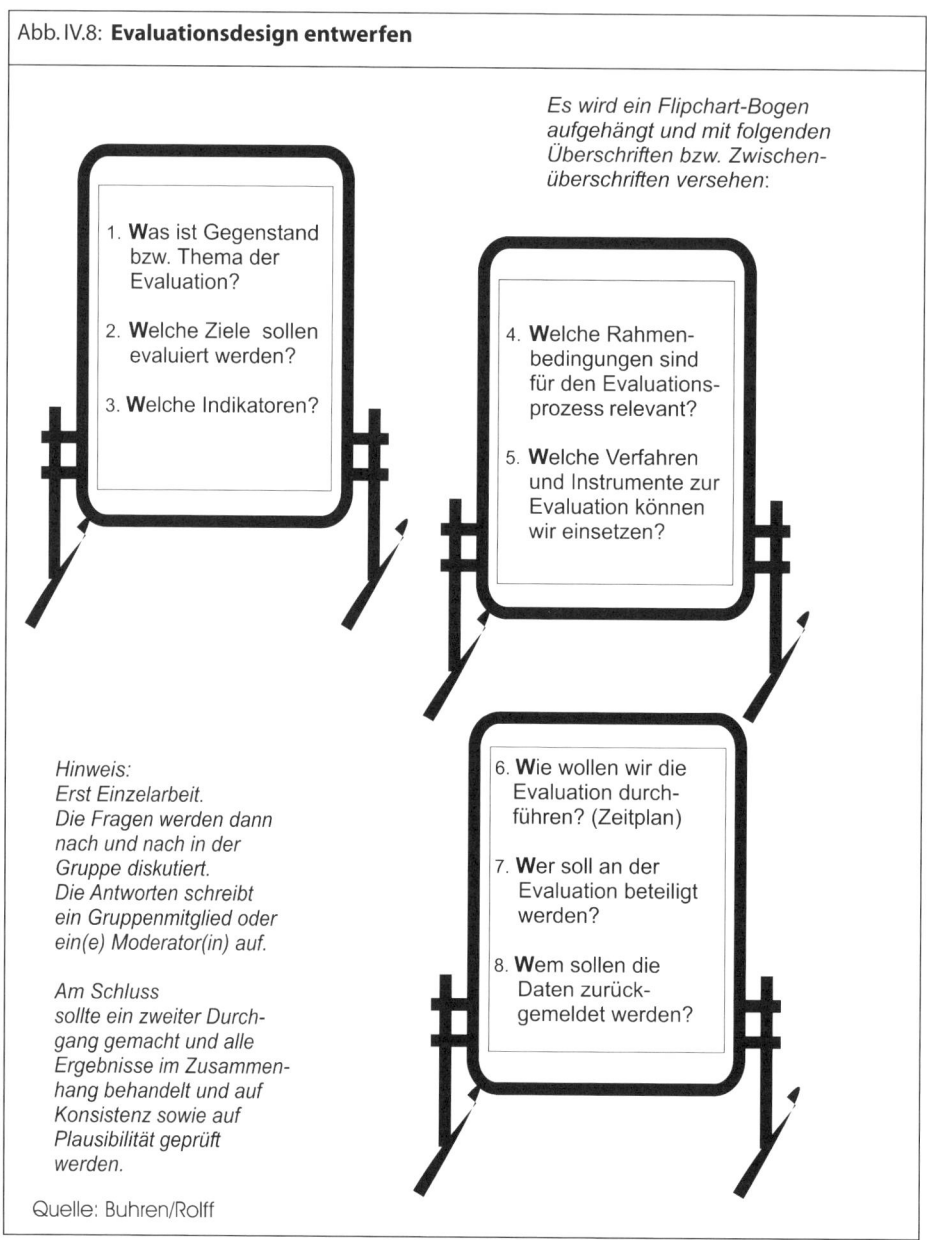

Abb. IV.8: **Evaluationsdesign entwerfen**

Es wird ein Flipchart-Bogen aufgehängt und mit folgenden Überschriften bzw. Zwischenüberschriften versehen:

1. **W**as ist Gegenstand bzw. Thema der Evaluation?

2. **W**elche Ziele sollen evaluiert werden?

3. **W**elche Indikatoren?

4. **W**elche Rahmenbedingungen sind für den Evaluationsprozess relevant?

5. **W**elche Verfahren und Instrumente zur Evaluation können wir einsetzen?

6. **W**ie wollen wir die Evaluation durchführen? (Zeitplan)

7. **W**er soll an der Evaluation beteiligt werden?

8. **W**em sollen die Daten zurückgemeldet werden?

Hinweis:
Erst Einzelarbeit.
Die Fragen werden dann nach und nach in der Gruppe diskutiert.
Die Antworten schreibt ein Gruppenmitglied oder ein(e) Moderator(in) auf.

Am Schluss sollte ein zweiter Durchgang gemacht und alle Ergebnisse im Zusammenhang behandelt und auf Konsistenz sowie auf Plausibilität geprüft werden.

Quelle: Buhren/Rolff

Für den Schritt 8 sollte besondere Sorgfalt aufgewandt werden. Denn die Art der Rückmeldung und der Adressatenkreis entscheiden darüber, ob die Evaluation der Qualität auch Folgen für die Weiterentwicklung der Qualität hat (vgl. dazu Kapitel VII.4).

Abbildung IV.8 zeigt abschließend den Gesamtzusammenhang eines Evaluationsvorhabens in Form einer Schrittfolge bei der Erstellung eines Evaluations-Designs, auch Evaluationsplan genannt. Die ersten drei Schritte klären den Evaluationsbereich oder -fokus. Man kann (und sollte wohl auch) anknüpfen bei der Bestimmung bzw. Auswahl von Kriterien, die den zu evaluierenden Zielen entsprechen, und der Konstruktion von Indikatoren (vgl. Kapitel IV.1). Der 4. Schritt besteht in der Klärung der Rahmenbedingungen. Vorab, am besten sogar vor der Festlegung von Zielen, sollte recherchiert werden, ob es Vorgaben seitens des Staates oder des Schulträgers gibt, z.B. die KMK-Standards, ein Kerncurriculum, Richtwerte aus Erlassen oder Verordnungen. Zudem empfiehlt es sich im 4. Schritt, die voraussichtlich benötigten personellen und sachlichen Ressourcen abzuschätzen und zu klären, ob sie zur Verfügung stehen. Schließlich wäre zu prüfen, wieweit das Kollegium aufgeschlossen ist für das Evaluationsvorhaben (vgl. dazu auch den folgenden Abschnitt).

Im 5. Schritt ist zu ermitteln, welche Verfahren bzw. Instrumente der Evaluation zur Verfügung stehen, im 6. ein Zeitplan zu schmieden und im 7. zu klären, wer alles an der Evaluation zu beteiligen ist.

4. Kultur der Evaluation

Nur eine Schule, die ihre Arbeitsgrundlage und ihre Lernergebnisse fortlaufend überprüft, die ihre Stärken und Schwächen analysiert und diagnostiziert, kann ihren Unterricht im Sinne einer lernenden Schule selber weiterentwickeln.

Aber Evaluation ist ein außerordentlich heikles Thema und eine hochdelikate Angelegenheit. Sie ist mit vielfältigen Widersprüchen und Ambivalenzen verbunden: Evaluation braucht Vertrauen und schafft gleichzeitig Misstrauen. Evaluation kann äußerst nützlich sein und gleichzeitig viel Ärger bringen. Evaluation schafft keine unmittelbar sichtbaren Vorteile oder Erleichterungen und wird deshalb von vielen Schulen anfangs spontan abgelehnt.

Die »Störanfälligkeit« der Evaluation liegt an der Dynamik von Lehrerarbeit, die im Folgenden kurz skizziert werden soll: Die Schule ist eine ganz besondere Organisation, wie in Kapitel I dargelegt wurde. Das Personal ist außerordentlich hoch qualifiziert und besteht fast ausschließlich aus akademisch ausgebildeten Lehrerinnen und Lehrern. Schulleitungen verstehen sich häufig als Kollegen, als Gleiche unter Gleichen. Sofern das der Fall ist, ergeben sich Führungsdefizite, wenn nicht, antihierarchische Effekte in großen Teilen der Lehrerschaft.

Weil die Arbeit in den Klassen vergleichsweise ähnlich ist und die Ausbildung ebenfalls, herrscht in den meisten Kollegien ein Gleichheitssyndrom, wobei es sich letztlich um einen Mythos handelt. Der amerikanische Schulforscher Lortie hat in den Schulen ein Egalitäts-Autonomie-Syndrom festgestellt (Lortie 1977). Dieses besagt, dass alle Lehrerinnen und Lehrer ohne Unterschied von Erfahrung, Interessen, Vorlieben und Können gleich behandelt werden wollen. Offene Kritik wird durch das »Kollegialitätsprinzip« vermieden. Es besteht aus Scheu, Unterschiede sichtbar werden zu lassen. Lehrpersonen, die etwas Besonderes wollen und öffentlich machen, haben es dabei schwer, da der Versuch der Profilierung im Kollegium häufig negativ bewertet wird. Der tabuisierte Umgang mit Unterschieden in den Schulen bewirkt, dass Differenzen eher verschleiert denn als Ausgangspunkt für Auseinandersetzungen – und somit als Lernchancen – genutzt werden. Gelegenheiten, die Verständnis und Wertschätzung für unterschiedliche Positionen fördern und Widerspruch als notwendiges, positives Korrektiv erlebbar machen, werden nicht gesucht. Es handelt sich dabei eindeutig um einen Mythos, weil jeder weiß, wer zu den »besseren« Lehrpersonen gehört und wer eher schwach ist und »mitgezogen« wird.

Lehrerarbeit findet traditionell unter der Bedingung von Autonomie statt. Lehrpersonen begreifen ihre Arbeit eher in Kategorien wie »Ich und meine Klasse« oder »Ich und mein Fach« als im Sinne von »Wir und unsere Schule«. Teams sind nach wie vor selten. Die einzelnen Fach- oder Jahrgangsgruppen stehen lose verbunden nebeneinander, Kooperation und Zusammenarbeit der Mitarbeiter/innen ist organisatorisch nicht gefordert. Qualität von Schule bestimmt sich deshalb eher additiv; sie besteht aus der Summe der Lehrerarbeit, aber wenig aus der »Synergie« der ganzen Schule. Autonomie der Lehrerarbeit ist im Kern Vereinzelung. Sie ist strukturelle Voraussetzung dafür, dass sich Lehrerarbeit schwer vergleichen lässt und der Gleichheitsmythos aufrechterhalten werden kann. Umgekehrt dient der »Egalitarismus dazu, die Autonomie zu schützen« (Lortie 1977, S. 195).

Krainz-Dürr kann anhand von Fallanalysen feststellen, dass derart unstrukturiert strukturierte Lehrerkollegien nicht geeignet sind, Probleme zu identifizieren und selbstständig zu lösen, da Kommunikation über berufsrelevante Fragen vorwiegend im informellen Raum stattfindet. »In jeder Aufgabenbeschreibung der Tätigkeit von LehrerInnen sind keine Arbeitszeiten für Kommunikation unter KollegInnen vorgesehen, diese findet – wenn überhaupt – im informellen Raum statt. Das leitende Ideal ist die Kommunikation von ›Mensch zu Mensch‹. Es gibt in Schulen keine Zeiten und Räume, in denen über Dinge, die die Gesamtheit betreffen, kommuniziert werden kann. Konferenzen verlaufen meist ritualisiert und sind überdies mit Informationen über organisatorische Dinge überfrachtet. Es ist ein Merkmal der heutigen Schule, dass die offiziellen Gremien der Schulpartnerschaft zwar formal wichtige Entscheidungsträger sind, in der Realität aber wenig Bedeutung haben. So ergibt sich an den meisten Schulen die paradoxe Situation, dass offizielle Gremien existieren, die ihre formelle Potenz nicht ausschöpfen, während die restlichen Fragen in den Kollegien im informellen Raum geklärt werden. Der Nachteil dieser Vorgangsweise ist, dass auf diese Weise kaum verbindliche Entscheidungen auf einer breiten Basis getroffen werden können.« (Krainz-Dürr 1999, S. 345)

Die Autonomie der Lehrerarbeit führt zu »endemischer Unsicherheit«, um einen weiteren Begriff von Lortie (1977, S. 134ff.) zu gebrauchen. Damit ist gemeint die in die Tätigkeit der Lehrer eingelassene Unsicherheit über den Erfolg der eigenen Tätigkeit sowie der Bewertungsmaßstäbe von Schülerleistungen und dem ständigen Zweifel darüber, ob man auf der »Höhe der Zeit« ist.

Um das Egalitäts-Autonomie-Syndrom aufrechtzuerhalten, neigen zahlreiche Schulen dazu, eine eigene Welt der internen Kollegialität aufzubauen und sich nach außen abzuriegeln, z.T. in hermetischer Form. Die sozialpsychologischen Analysen von Schulen lassen sich zuspitzen, indem die interne Dynamik von Lehrerkollegien auf drei Punkte gebracht wird: Es geht vor allem um Anerkennung, Macht und Bewertung.

Bei *Anerkennung* handelt es sich im Wesentlichen um das Gemochtwerden von Schülerinnen und Schülern, aber auch von Kollegen. Pädagogische Arbeit besteht aus persönlichem Austausch und persönlichem Engagement wie bei kaum einer anderen Arbeit. Belohnungen materieller Art sind nicht vorgesehen und werden auch nicht als angemessen betrachtet. Es gibt nur symbolische Anerkennung, bleibt sie aus, führt das zu Kränkungen.

Macht haben Lehrpersonen über Schüler, aber nicht über Kollegen. Das Autonomie-Postulat drückt auch aus, dass Kollegen nicht übereinander Macht haben, im

Zweifel auch nicht die Schulleitung. Einfluss, sozusagen einen Enkel der Macht, wollen jedoch viele Lehrpersonen nehmen, vor allem auf die Gestaltung des Arbeitsplatzes, aber auch auf die informelle Kommunikation und auf die Maßstäbe der Bewertung.

Bewertung ist in der Schule asymmetrisch angesiedelt. Sie ist nahezu einseitig: Lehrpersonen bewerten Schülerinnen und Schüler permanent, aber sie werden von ihnen oder von anderen so gut wie nie selbst bewertet. So bewertet ein Deutschlehrer pro Jahr Hunderte von Aufsätzen, schreibt selber aber keinen, und wenn doch, wird dieser nicht bewertet. Lehrpersonen wissen, wie schwierig die Bewertungen von Schülern sind, und sie neigen eher dazu, sich der Bewertung zu entziehen, wozu u.a. der Gleichheitsmythos dient, aber auch die besonders komplexe Struktur pädagogischer Arbeit. Im Übrigen fehlen in fast allen Kollegien transparente und gemeinsam akzeptierte Kriterien für Bewertung.

Die beschriebenen Kennzeichen von Lehrerarbeit schaffen kein Klima, in dem Evaluation leicht gedeihen könnte. Wie zahlreiche Fallstudien zeigen, die vor allem Altrichter und Burkard ausgewertet haben, wird Evaluation vielmehr als Herausforderung verstanden, sowohl was die »hermetisch geschlossene« Schule als auch die um Anerkennung, Macht und (gerechte) Bewertung ringende Lehrpersonen betrifft. Altrichter und Burkard, aber auch eigene Studien, kommen zu den folgenden Befunden:

- Ergebnisse von Evaluation werden oft als Kritik an der bisherigen Arbeit empfunden, sowohl auf der Ebene der Lehrperson als auch auf der der ganzen Schule.
- Im Lehrberuf fallen Anspruch und Wirklichkeit stark auseinander. Damit ist psychisch schwer fertig zu werden. Deshalb herrscht oft eine Einstellung des »besser nicht Hinsehens«.
- Evaluation erfordert viel Konfliktbereitschaft, Zeit und Arbeitsaufwand.
- Evaluation kann zur Verunsicherung über das eigene Rollenverständnis führen und erscheint deshalb als Bedrohung.
- Evaluation wird als Fremdkörper, als aufgesetzt, als nicht zur bisherigen Arbeit gehörend empfunden.
- Evaluation tritt in einem ausgesprochen rationalen Gewand auf und hat doch »emotionalen Tiefgang« (Burkard).
- Evaluation wird mit Kontrolle in Zusammenhang gebracht; Missbrauchsängste können auftreten.

Dies alles führt dazu, dass etliche Lehrpersonen geneigt sind, Evaluationsansprüche so weit wie möglich zu »unterlaufen«. Dabei kommt ihnen entgegen, dass es vermutlich kein Evaluationsverfahren gibt, schon gar kein externes, das nicht zu »unterlaufen« wäre. Wenn Evaluation von außen »aufgesetzt« wird, wenn es keine gemeinsamen Vereinbarungen gibt, dann entstehen Fassaden. Deshalb ist Evaluation nur oder vor allem wirksam, wenn sich eine Kultur *authentischer* Evaluation entwickelt.

Zu einer Kultur authentischer Evaluation gehört erstens, dass niemand an den Pranger gestellt werden darf. Wenn eine Lehrerin bzw. ein Lehrer sich selbst evaluieren will oder wenn die Schulleitung das möchte, muss die einzelne Person geschützt werden. Rankings, d.h. Bestenlisten machen Angst, aber bewirken hinsichtlich der Qualität nichts. Nur wenn die betroffene Person es will, dürfen personengebundene Daten weitergegeben werden. Damit ist bereits ein zweiter wichtiger Punkt – nämlich der Datenschutz – angesprochen. Diesbezüglich führen externe und interne Evaluation derzeit zu einer gewissen Rechtsunsicherheit. Es sind viele Fragen ungeklärt, und die ethische Forderung wäre, dass eine Datenhoheit bestehen muss: Die Daten, die Personen freiwillig erheben, gehören den Personen. Folglich gehören auch die Daten, die von den Schulen erhoben werden, den Schulen. Die Schulen entscheiden darüber, was mit den Daten geschieht, ob sie weitergegeben werden oder nicht. Das schließt selbstverständlich nicht aus, dass auch Behörden an den Schulen Daten erheben und diese Daten veröffentlichen dürfen.

Drittens gehört auch Mehrperspektivität zu einer Kultur der Evaluation: sich nicht nur selber zu bespiegeln, sondern sich auf fremd evaluieren zu lassen, von Schülerinnen und Schülern sowie von Kolleginnen und Kollegen. Um die dunklen Flecke der eigenen Wahrnehmung, die jeder hat, aufzuhellen, ist es unabdingbar, einen »fremden Blick« einzuholen.

Viertens gehört zur Kultur authentischer Evaluation, dass das Grundmuster der Kommunikation dialogisch ist. Es müssen gemeinsame Ziele und Zielvereinbarungen ausgehandelt werden, intern mit anderen Kolleginnen und Kollegen und – bei externer Evaluation – mit den Behörden.

Feedback-Geben ist ein weiteres wichtiges Kriterium einer Ethik der Evaluation. Zur Ethik gehört schließlich, dass Konsequenzen aus den Ergebnissen gezogen werden; sonst hätte Evaluation keinen Nutzen und auch keinen Sinn.

Evaluation sollte – will sie der Qualitätssicherung dienen – mit Selbstevaluation beginnen. Die Initiierung von Evaluationsprozessen ist am wirkungsvollsten, wenn sie zuvörderst von den Schulen, von den Akteuren selbst ausgeht. Selbstevaluation allein kann allerdings die Qualität nicht hinreichend sichern. Deshalb bedarf es auch der externen Evaluation. Diese darf den Schulen allerdings nicht »übergestülpt« werden. Es geht nicht darum, Evaluation anzuordnen. Es geht auch nicht darum, um Vertrauen zu buhlen. Es geht darum, Akzeptanz durch transparente und dialogische Verfahren zu erzielen. Sonst wird es Fassadenevaluation geben. Das bedeutet – zumindest für die nächsten Jahre: Beim Qualitätsmanagement geht es nicht um Regulieren, sondern um Experimentieren.

Rolle der Schulleitung

Die sozialpsychologische Analyse der Lehrerarbeit zeigt, dass Evaluation von Schulen weniger als technisch-fachlicher und mehr als sozialer Prozess wahrgenommen wird, der nach Fähigkeiten der offenen Kommunikation, Konfliktberatung und Moderation verlangt. Evaluation ist also keine nebenher zu erledigende Aufgabe. Es müssen Prozesse eingeleitet, Beteiligungen geklärt und Beschlüsse über Konsequenzen herbeigeführt werden. Dies ist vor allem – aber nicht allein – Schulleitungsaufgabe.

Die Schulleitung muss die Evaluation gewährleisten und organisieren. Und sie muss dafür sorgen, dass die Evaluation so angelegt wird, dass auch unangenehme Tatsachen zu Tage gefördert werden, ohne dass es persönliche Schuldzuweisungen gibt. *Evaluation bedeutet, sich von anderen auf die Füße treten zu lassen, ohne dass es Verletzungen gibt.* Es muss also ein Klima der Offenheit geschaffen werden. Geschieht das nicht, werden Schulen versucht sein, eine sog. Fassadenevaluation zu betreiben, bei der die wesentlichen Probleme und die wirklichen Stärken der Schule nicht zur Sprache kommen.

Für die Schaffung eines Klimas, das die Evaluation zu unterstützen vermag, haben sich die folgenden Verfahrensregeln bewährt (vgl. auch Burkard 1998):

- Den Nutzen klar machen; also verdeutlichen, wozu die Evaluation eigentlich dient, was sie und wem sie nutzen soll.
- Einen Evaluationsausschuss bilden. Niemand sollte alleine evaluieren, auch nicht die Schulleitung. Deren Funktion besteht vielmehr vor allem darin, einen Ausschuss zu bilden, Personenschutz zu sichern, rechtliche Fragen zu klären und für anspruchsvolle, professionelle Verfahren zu sorgen.
- Klein anfangen; also keine Breitbandevaluation durchführen, sondern mit einer Bereichsevaluation beginnen: zu einem Leitsatz oder einem Entwicklungsschwerpunkt.
- Nicht zu umfangreiche Berichte erstellen: Erfahrungen aus anderen Ländern zeigen, dass Berichte nicht länger als 15 Seiten lang sein sollten, damit sie noch rezipierbar sind.
- Vorhandene Daten nutzen: Daten (also z.B. die Septemberstatistik oder die Unterrichtsverteilungspläne) müssen nicht immer neu erhoben werden. An vielen Schulen finden sich riesige »Datenfriedhöfe«, auf denen die Daten bisher nur ruhen, also nicht genutzt werden.
- Vorhandene Instrumente und Verfahren übernehmen und modifizieren. Es müssen nicht immer wieder neue Instrumente erfunden werden. Vorhandene Instrumente sollen aber an die eigene Situation, die eigene Fragestellung angepasst, können also nicht einfach übernommen werden. Ein Austausch mit anderen Schulen ist lohnend.
- Feedback üben: Entscheidend bei Evaluation ist, dass man über die Ergebnisse spricht und sie »zurückmeldet«, und zwar denjenigen, von denen die Daten kommen. Das verlangt nach einer pädagogischen Grundqualifikation, die trainiert werden muss.
- Fortbildung für alle Beteiligten, bei denen Evaluation – wie das Feedback geben – geübt wird.
- Und schließlich Konsequenzen aus der Evaluation ziehen, sonst lässt sie ihren Nutzen nicht erkennen.

Derartige Verfahrensregeln helfen, eine alltägliche Kultur der Evaluation zu schaffen, in erster Linie Transparenz, Zuverlässigkeit und Vertrauen. Auch oder gerade wenn Vertrauen weniger von Personen und mehr von Verfahren abhängt, spielen die Schulleiter und Schulleiterinnen beim Aufbau einer Evaluationskultur eine besondere Rolle. Sie sind dreifach gefordert: Sie müssen führen, managen und moderieren. Etwas locker, aber durchaus pointiert, könnte man formulieren, dass die Entwicklung einer Evaluationskultur durch Schieben, Schätzen und Schonen stattfindet.

Schieben heißt in erster Linie initiieren. Aber es ist mit dem Initiieren nicht getan. Die Schulleitung muss darauf achten, dass Prozesse weitergehen, auch wenn es Schwierigkeiten und Durchhänger gibt. Ein Know-how in Evaluationsmethoden mag hier nützlich sein, vor allem, wenn dabei »Meilensteine« gesetzt werden und eine Selbstevaluation eine Rolle spielt.

Die Qualität von Schule ist auch daran zu erkennen, dass die Lehrpersonen zusammen daran arbeiten, gemeinsame Ziele zu entwickeln. Gemeinsame Ziele resultieren nicht nur daraus, die Visionen einzelner Lehrkräfte und von Gruppen von Lehrkräften unter einen Hut zu bringen, sondern sie darüber hinaus mit einer Reihe externer Visionen über guten Unterricht in Einklang zu bringen, die Schulen berücksichtigen müssen.

Gemeinsames Handeln, um etwas zu Stande zu bringen, bedeutet, sich gezielt vorwärts bewegen, Dinge angehen, für die eine realistische Chance auf Erfolg besteht, in einer gesunden Mischung von Veränderung und Stabilität, von Weiterentwicklung und Erhaltung. Schulleiterinnen und Schulleiter nehmen auf diesen Gebieten eine entscheidende Rolle ein. Sie müssen der Unterrichtspraxis nahe bleiben und die Kommunikationskanäle offen halten. Schulen, die zu hierarchisch sind, betonen die Distanz zwischen Menschen und tragen nicht zur Zusammenarbeit und Arbeitsteilung bei. Schulen werden gestärkt, wenn sie neben den Lehrkräften andere Gruppen in diesen Prozess einbeziehen, vor allem die Eltern, das lokale Umfeld und die jungen Menschen selbst.

Schätzen hat einen Doppelsinn: Einmal geht es um die Fähigkeit zur Selbsteinschätzung im Sinne von Evaluation, zum anderen um eine Kultur der Würdigung anderer Personen, deren Eigenarten und Leistungen. Schulleitung sollte beides fördern.

Erfolgreiche Schulen sind jene, die einen realistischen Blick auf die gegenwärtige Qualität des Unterrichts zu werfen und zu teilen gewillt sind. Solche Praxisreflexion betrifft sowohl einzelne Lehrpersonen (und auch die Leitung) als auch Gremien und Arbeitsstrukturen. Dass Selbsteinschätzung hin und wieder nach einer Spiegelung von außen verlangt, wurde bereits betont. Ebenso wichtig ist der zweite Aspekt des »Schätzens«: Schule zu entwickeln, wobei Menschen, Gefühle, Ideen, Probleme und Erfolge teilen und sich gern gegenseitig ihre Fach- und Sachkenntnisse sowie Unterstützung anbieten, kann ein schwieriger und langsamer Prozess sein. Oft bedeutet er, zuallererst das Selbstvertrauen der Lehrkräfte durch Hervorhebung ihrer Erfolge, durch Vertrauen und Übertragung von Verantwortung zu stärken.

Neigung zu Kritik und Beurteilung macht Zusammenarbeit schwieriger, während Verständnis für die Lage, die Gefühle und Bestrebungen der anderen hilft.

Schonen ist ein Aspekt, der häufig übersehen wird – und doch gehört er konstitutiv dazu. Es geht im Kern darum, dass die Schulleitung »kontrolliert«, dass sich keine Lehrkraft gesundheitlich übernimmt, niemand (z.B. durch Evaluation des Unterrichts) an den Pranger gestellt wird, die Arbeit untereinander so gerecht wie möglich aufgeteilt wird, nicht übermäßig viele Projekte gleichzeitig durchgeführt werden und eine lebendige Streitkultur entsteht, die sich strikt von Mobbing unterscheidet.

V. Evaluation und Entwicklung des Unterrichts

1. Was ist guter Unterricht?

Einleitung

Landauf, landab ertönt der Ruf nach Unterrichtsevaluation. Unterschiedliche Motive und Ziele stecken dahinter. Schulbehörden verfolgen andere Ziele als Elternvertreter und Lehrpersonen und Schüler wiederum andere.

Bevor wir unterschiedliche Möglichkeiten von Unterrichtsevaluationen beschreiben, gilt es also zunächst, sich über das Ziel klar zu werden. Anschließend soll der Kontext aufgezeigt werden, in dem Unterrichtsevaluation stattfindet, damit ihre Bedeutung adäquat erfasst werden kann.

Das übergeordnete Ziel von Unterrichtsevaluation besteht übereinstimmend darin, den Unterricht zu verbessern, um das Lernen der Schüler zu optimieren. Dazu soll die Evaluation den beteiligten Akteuren fundierte Daten liefern. Die Interpretation dieser Daten soll zeigen, ob die intendierten Auswirkungen des Unterrichts erreicht wurden oder nicht. Eine Evaluation selbst sagt also zunächst gar nichts aus über den befragten Gegenstand. Die Ergebnisse an sich sind weder gut noch schlecht. Die Schlussfolgerungen ergeben sich erst aus der in der Regel von mehreren Personen durchgeführten Interpretation, der sog. »kommunikativen Validierung«. Im Grunde genommen versucht jede Unterrichtsevaluation eine implizite oder explizite Kausalität zwischen dem Unterrichtsverlauf und seinen Wirkungen herauszufinden.

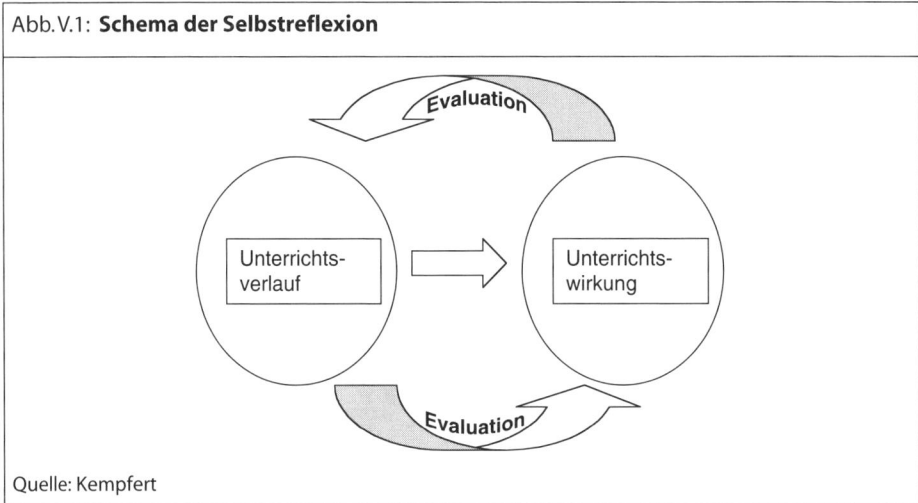

Abb. V.1: **Schema der Selbstreflexion**

Quelle: Kempfert

Leider – oder Gott sei Dank – ist es bisher noch niemandem gelungen, ein »Kochbuch« mit den »todsicheren« Rezepten für den optimalen Unterricht auf Grund eindeutiger Forschungsergebnisse zu kreieren. Denn die Wirkung resp. Wirksamkeit von Unterricht wird nur zu einem relativ kleinen Prozentsatz durch den Unterrichtsprozess erzielt. Faktoren wie das soziale Umfeld, das Elternhaus, die Freizeitgewohnheiten, die Persönlichkeit der Lehrperson, die Intelligenz des Schülers oder die Zusammensetzung der Klasse beeinflussen in einem noch ungeahnten Ausmaß die Wirksamkeit der Unterrichtsanstrengungen. Und in diesem Zusammenhang gilt es, nochmals daran zu erinnern, dass es von den Schülerinnen und Schüler abhängt, ob der Unterricht etwas bewirkt.

Bevor wir vor dem Hintergrund empirisch gewonnener Erkenntnisse über wirksamen Unterricht unterschiedliche Formen von Unterrichtsevaluation beschreiben, ist es unabdingbar, sich die Grundvoraussetzung für eine Erfolg versprechende Evaluation vor Augen zu halten:

- Evaluationen jeglicher Art werden nur Wirkungen zeigen wenn die handelnden Akteure einen Mehrwert darin erkennen. Nur dann sind z.B. bei einer Unterrichtsevaluation die direkt Beteiligten, also Lehrpersonen und Schüler/innen bereit, auf Grund ihrer Selbstreflexion ihr Verhalten zu ändern. Ansonsten verkommt jede Evaluation zur Fassadenevaluation die erfolgreich unterlaufen werden kann. Dies wäre eine reine Ressourcenverschwendung. Deshalb können Evaluationen auch nicht von »oben« befohlen werden.

Aber was versteht man denn nun unter gutem oder besser gesagt wirksamem Unterricht?

Auch wenn auf Grund der oben geschilderten Umstände klar ist, dass es den »guten« Unterricht in der Idealausprägung nicht gibt und Unterrichtsevaluation insofern immer nur eine Annäherung an Kausalzusammenhänge ergeben kann, gilt trotzdem nicht der trügerische Umkehrschluss, dass der jeweilige Unterrichtsstil keine Rolle spielt. Es gibt sehr wohl eindeutige Forschungsergebnisse über die Wirksamkeit von Unterrichtsmethoden, und es gibt inzwischen eine ganze Reihe durch Forschung erhärtete Aussagen über wirksames Lehrerverhalten (sog. Kompetenzen). So ist inzwischen erwiesen, dass selbstständiges, kooperatives Lernen von Schülerinnen und Schülern einen höheren Lernerfolg bringt als ständige Lehrervorträge. Allerdings variiert der Erfolg je nach Schülerpersönlichkeit. Zudem gibt es ebenso gute und schlechte Lehrervorträge wie es gutes und schlechtes autonomes Lernen gibt. Entscheidend ist die Professionalität, mit der die Lehrperson eine Methode anwendet.

In letzter Konsequenz sind alle für die Entwicklung von Qualität verantwortlich: Die Schulleitung, das Kollegium, aber auch die Schülerinnen und Schüler sowie deren Eltern. Denn die Schülerinnen und Schüler sind als Koproduzenten des Lernens oder Lernpartner zu verstehen. Lernen setzt Eigenaktivität voraus; Schüler sind nicht als Schwämme, die Wissen bloß aufsaugen, was für »Verstehen« ohnehin ganz unmöglich wäre, sondern eher als Konstrukteure ihrer »Wissensbasis« und als Interpreten von Sinn und Bedeutungen zu begreifen. Sie haben also ein eigenes Interesse an der kontinuierlichen Verbesserung der Qualität des Unterrichts. Wichtig ist, dass die Qualitätsstandards gemeinsam besprochen werden – zwischen Schülern und Lehrern, zwischen Leitungen und Kollegium, zwischen Behörden und Leitungen – und Ausdruck im Schulprogramm finden. Nur so werden sie zum Eigentum und erlangen Klarheit, Akzeptanz und Überprüfbarkeit. Dies ist eine Grundfrage der Schulpädagogik, die wir hier nicht in der angemessenen Ausführlichkeit behandeln können. Aber wir wollen wenigstens einige Stichworte in Erinnerung rufen und Beispiele dafür wiedergeben, was empirische Bildungsforschung, auf Lernforschung basierende Didaktik und internationale Bildungsforschung unter gutem Unterricht verstehen.

Die Schulpädagogik unterscheidet zunächst und grundlegend eine inhaltliche und eine methodische Dimension oder Seite des Unterrichts. Die Inhalte können fächerorientiert, was vermutlich die Basis ist und bleibt, und fächerübergreifend angeboten werden. Bei den Inhalten ist eine Stoff- von einer Kompetenzebene zu unterscheiden. Zu den Kompetenzen gehören so genannte Schlüsselqualifikationen (international »cross-curricular-competencies« genannt) wie Fähigkeit zur Integration, Reflexion, Anwendung und Transfer von Wissen, aber auch Fähigkeiten zum selbstständigen Lernen bzw. zum Lernen des Lernens sowie soziale Kompetenzen wie Fähigkeit zur Zusammenarbeit oder zur Kommunikation über die Muttersprache hinaus.

Bei den Methoden sind Unterrichtsformen (z.B. Frontalunterricht, Gruppenunterricht, Projekte, Freiarbeit u.Ä.) zu unterscheiden von Lernformen (wie Handlungsorientierung, Textarbeit, Training, usw.).

Jeder Unterricht erzieht, hat also eine dritte pädagogisch zu gestaltende Dimension. Unterricht erzieht, weil er stets im Rahmen einer sozialen Interaktion stattfindet zwischen Schülern und Lehrern, Schülern und Schülern, Autoren (von Büchern oder Software mit Schülern), die mit Absichten verbunden sind, z.B. das Verstehen zu erleichtern, für eine Position zu werben, in jedem Fall die Rahmenbedingungen lernförderlich zu halten oder zu machen.

Alle drei Dimensionen des Unterrichts sind belangreich für Qualitätsarbeit und deren Evaluation. Welche Ausprägungen dieser Dimensionen als guter Unterricht anzuerkennen sind, ist auslegungsbedürftig. Die Ergebnisse empirischer Unterrichtsforschung, der neueren Didaktik und der internationalen Bildungsplanung vermögen solche Auslegungen ebenso zu inspirieren wie zu orientieren.

Es gibt inzwischen sowohl in der deutschsprachigen als auch in der englischen Literatur eine große Anzahl von Forschungsergebnissen über Lehrerkompetenzen die eine höhere Wahrscheinlichkeit für wirksamen Unterrichtserfolg haben. Es ist oft nicht einfach, Kausalitäten zwischen Unterrichtsdurchführung und Wirkung zu erkennen. Zur Illustration einer solchen Untersuchung geben wir im Folgenden eine Zusammenfassung einer Forschung des bekannten Unterrichtsforschers Andreas Helmke wieder. Helmke hat in einer interessanten Studie die Qualität von Unterricht zu bestimmen versucht, indem er sich auf zwei augenscheinlich konträre, dafür aber präzis definierte Ziele bezog. Er untersuchte, ob es mit Mitteln des Schulunterrichts möglich ist, alle Schüler im Leistungsniveau zu fördern und gleichzeitig die Streuung zwischen den Leistungen der einzelnen Schüler einer Klasse zu verringern (»Chancengleichheit«). Mit dieser Problemstellung zeichnet sich Helmkes Studie dadurch aus, dass sie von einem klaren und eindeutigen Zielkriterium für »gute« Schulen ausgeht.

Helmke hat herausgefunden, dass in einigen Schulklassen überdurchschnittlich qualifiziert und zugleich streuungsmindernd unterrichtet wurde. Er nennt diese Klassen »Optimalklassen«. Solche Optimalbedingungen scheinen je nach Schulform und Fach zwischen 15 und 30 Prozent aller untersuchten Klassen zu erfüllen. Im Fach Deutsch scheint die Optimierung eher als in den »Lehrgangsfächern« Mathematik und Englisch zu gelingen.

Helmke untersuchte 5. und 6. Hauptschulklassen. Er konnte in seiner Stichprobe von 29 Klassen sechs solcher Optimalklassen entdecken (Helmke 1988). Er kommt zu dem Ergebnis, dass egalisierender Unterricht in den meisten Klassen zur leistungsmäßigen Unterforderung der besseren Schüler führt. Er belegt gleichzeitig, dass es etliche Schulklassen gibt, in denen eine Verbindung *doch* gelingt und egalisierender Unterricht mit überdurchschnittlichen Leistungszuwächsen einhergeht.

Interessanter als dieses Ergebnis ist das Aufzeigen der *Bedingungen,* unter denen egalisierender und zugleich qualifizierender Unterricht stattfindet. Zehn solcher Bedingungen von Optimalklassen können in Anlehnung an Helmke identifiziert werden; Sie bezeichnen gleichzeitig Gelingensbedingungen von so genanntem guten Unterricht:

1. Kommen in Optimalklassen Disziplinstörungen vor, greift der Lehrer ohne Zögern ein. Dennoch handelt es sich nicht um autoritär geführte Klassen. Vielmehr gibt es ein System wohl bekannter und funktionierender Verhaltensregeln, die Lehrer und Schüler miteinander vereinbart haben. Auf Grund der Regeln ist den Schülern klar, was in verschiedenen Phasen des Unterrichts zu tun ist. Beispielsweise kommt es in Optimalklassen selten vor, dass Schüler nach Beendigung ihrer Stillarbeitsaufgaben nicht wissen, was sie anschließend tun sollen. Selten treten Verzögerungen ein, weil z.B. kein Ordnungsdienst für Tafelreinigung eingeteilt ist oder weil der Lehrer wegen Lappalien – z.B. Bleistiftspitzen – um Erlaubnis gefragt werden muss.

2. Optimalklassen sind lehrstofforientiert. Dies soll heißen, dass Lehrer in Optimalklassen die zur Verfügung stehende Unterrichtszeit intensiv für die Behandlung des Unterrichtsstoffs nutzen (»time on task«). Es wird wenig Zeit mit Angelegenheiten verbracht, die nicht auf Unterricht bezogen sind, wie z.B. Geld einsammeln. Gewiss wird Geld eingesammelt, aber gut organisiert und zügig. Es ist im Übrigen keineswegs so, dass die Lehrer der Optimalklassen einen Teil der Stoffbewältigung in den Hausaufgabenbereich verlagern. Das größte Ausmaß an Hausaufgaben stellt Helmke bei sog. Negativklassen fest, die eine überdurch-

schnittliche Leistungsentwicklung und zugleich eine starke Vergrößerung der Leistungsstreuung verzeichnen. Eine verstärkte Hausaufgabenbelastung scheint also eher zu einer Verschärfung der Leistungsunterschiede zu führen. Dies ist auch insofern plausibel, als die Qualität und Intensität der Hausaufgabenbetreuung von Elternhaus zu Elternhaus stark schwanken.

3. Eine wichtige Bedingung für Optimalklassen ist die Art der Lehr-Lern-Organisation. So fällt insbesondere die häufige Bildung von Kleingruppen ins Gewicht. Dabei spielen Hilfen für einzelne Schüler keine gewichtige Rolle. Der Lehrer, der sich ja nicht beliebig auf Schüler verteilen kann und nicht beliebig viel Zeit hat, bezieht individualisierende Arbeiten gerade nicht auf einzelne Schüler, sondern mehr auf Zweier- oder Dreier-Gruppen, die ähnliche Probleme haben und entsprechend vom Lehrer zusammengesetzt werden. Er ist dadurch effektiver in der individuellen Förderung.

4. Besonders auffällig ist in Optimalklassen die Variation des Schwierigkeitsgrades von Anforderungen, die durch Lehrerfragen gestellt werden. Lehrer in Optimalklassen unterscheiden sich deutlich von anderen Lehrern hinsichtlich der Häufigkeit anspruchsvoller Fragen, d.h. Fragen, die auf Verständnis, Problemlösen oder Anwendung abzielen. Der Anteil anspruchsvoller Fragen ist bei Lehrern der Optimalklassen nahezu doppelt so hoch wie beim Durchschnitt der übrigen Klassen.

5. Die Lehrer der Optimalklassen sorgen nicht nur für Variationen der Schwierigkeitsgrade, sondern zeichnen sich auch durch eine gute Dosierung der Fragen aus. In Optimalklassen geben deutlich weniger Schüler an, durch schwierige Fragen überfordert zu sein. Die Lehrer stellen wohl (und gerade) schwierige und anspruchsvolle Fragen, aber sie dosieren sie und stellen sie gut vorbereitet sowie im rechten Moment.

6. Weiterhin sind Lehrer in Optimalklassen durch eine ausgesprochene Förderungsorientierung gekennzeichnet. Der Akzent liegt bei der Beschäftigung mit leistungsschwachen Schülern, denen die Hauptsorge gilt.

7. Eine Schlüsselrolle für eine erfolgreiche Koppelung überdurchschnittlich egalisierender und überdurchschnittlich qualifizierender Leistung kommt dem Tempofaktor zu. In Klassen, in denen eine Koppelung von Egalisierung und günstiger Leistungsentwicklung gelingt, vermeiden es die Lehrer weitgehend, ihre Schüler mit solchen Anforderungen zu konfrontieren, deren Bewältigung auf Schülerseite eine hohe Geschwindigkeit informationsverarbeitender Prozesse voraussetzt. Lehrer in Optimalklassen zeigen Toleranz für Langsamkeit. Sie legen geringen Wert darauf, dass die Schüler sich auf Kommando äußern, schnell Kopfrechnen, Fragen »wie aus der Pistole geschossen« beantworten usw. Sie nehmen dadurch bedingte zeitliche Verzögerungen des Unterrichtsfortschritts in Kauf. Vermutlich bemühen sich diese Lehrer mehr als andere um Gelassenheit und Geduld bei den Schülern wie bei sich selbst.

8. Als weitere wichtige Bedingung für optimalen Unterricht bezeichnet Helmke die diagnostische Sensibilität der Lehrer. Sie beziehen die Diagnosefähigkeit auf

die affektiven Lernvoraussetzungen der Schüler, genauer: auf die konkrete Ausprägung der Leistungsangst. Lehrer müssen wissen, wann, wo und wie bei den Schülern Angst vor Leistungsversagen auftritt. Im Gegensatz dazu spielt die Genauigkeit der Diagnose von Unterschieden im Leistungsstand offenbar keine so große Rolle. Mit anderen Worten: Ganz besonders wichtig ist die diagnostische Fähigkeit von Lehrern für die optimale Befindlichkeit von Schülern.

9. Die neunte Bedingung für optimalen Unterricht betrifft das alltägliche Lehrerverhalten: Die Lehrer in Optimalklassen sind bei ihren Schülern beliebter und werden als humorvoller erlebt. Die Schüler erfahren von ihnen häufiger Lob, Ermutigung und Freundlichkeit.

10. Zehntens und letztens geht aus der Helmke-Studie hervor, dass leistungsorientierter Unterricht kein Selbstzweck ist und schon gar nicht umstandslos zu den gewünschten Zielen führt. Überdurchschnittliche Leistungsförderung aller Schüler erzielt nur, wer keinen engen Leistungsbegriff anlegt, wer auf geschwindigkeitsbetonte Leistungsanforderungen verzichtet und wer in der Lage ist, Leistungsangst bei Schülern abzubauen.

Diese von Helmke empirisch nachgewiesenen Gelingensfaktoren stimmen mit den Erkenntnissen der internationalen Schuleffektivitätsforschung überein, sodass es legitim erscheint, eine, wenn auch nur vorläufige, Aufstellung dieser Faktoren vorzunehmen.

2. Unterrichtsrelevante Kompetenzen

Wenn verschiedene Gelingensfaktoren guten Unterrichts erkannt sind, hat dies Auswirkungen auf unterschiedliche Bereiche der Pädagogik. So ist die Lehrerausbildung ebenso tangiert wie die Lehrerauswahl und, in unserem Zusammenhang besonders bedeutungsvoll, die Unterrichtsevaluation. Denn wenn eine Evaluation effektiv sein, d.h. sinnvolle und wirksame Maßnahmen nach sich ziehen soll, ist es unabdingbar, sich bei der Evaluation auf nachweislich wirksame Aspekte zu konzentrieren, anstatt ein Sammelsurium von offenkundig irrelevanten Items zu untersuchen. Zu diesem Zweck möchten wir in diesem Kapitel zunächst die bisher erforschten wirksamen Lehrerkompetenzen beschreiben, um sie in einem zweiten Schritt für die Lehrerselbstevaluation zu operationalisieren. In der pädagogischen Literatur findet man die Begriffe »Standards« und »Kompetenzen« für den gleichen Sachverhalt. Wir verwenden im Folgenden den Begriff »Kompetenzen« aus zwei Gründen. Erstens wird der Begriff »Standard« momentan im Sinne einer Standardisierung der Leistungsanforderungen verstanden. Zweitens ist der Begriff »Kompetenz« ein seit langem gebräuchlicher Terminus in der Kognitionspsychologie und auch der Wirtschaft. Kompetenzen beinhalten hier die Aspekte »Fähigkeiten«, »Wissen«, »Können« und »Einstellungen« resp. »Haltung« sowie Persönlichkeitsmerkmale wie »Energie«, »Intelligenz« etc. Diese Kompetenzen äußern sich in Verhaltensweisen, und die sind beobachtbar (und auch messbar ...). Dies bedeutet konkret am Beispiel der Kompetenz »Teamorientierung« Folgendes: Wenn jemand diese Kompetenz besitzt, dann weiß er, worum es geht, er kann und will sie praktizieren, und er ist auch von ihrem Sinn überzeugt.

Welcher Zusammenhang besteht aber nun zwischen einer Beschreibung dieser Kompetenzen und den unterschiedlichen Formen von Unterrichtsevaluationen?

Wir meinen, dass jede Evaluation einen Referenzrahmen benötigt und dass es einer unnötigen Ressourcenverschwendung gleichkäme, wenn irgendwelche »unwichtigen Aspekte« des Unterrichts evaluiert werden würden. So ist es z.B. eine reine Zeitverschwendung, den »Humor« einer Lehrperson zu evaluieren. Denn abgesehen davon, dass Humor ein Persönlichkeitsmerkmal ist, das man sich nicht einfach ab- oder angewöhnen kann, hat dieser Aspekt allein keine nachgewiesene Auswirkung auf den Unterrichtserfolg. Ist das Ziel der Unterrichtsevaluation aber die nachhaltige Verbesserung des Unterrichts, dann sollen auch nur solche Aspekte evaluiert werden, die unterrichtsrelevant sind. Deshalb beschreiben wir im Folgenden eine – längst nicht vollständige Liste – der momentan übereinstimmend als unterrichtsrelevant angesehenen Kompetenzen von Lehrerverhalten. Wir lehnen uns dabei an die Forschungsergebnisse von Helmke, Oser, Brophy u.v.a.m. an und subsummieren sie unter den drei Kategorien »Unterricht«, »Selbst- und Sozialkompetenz« sowie »Gesamtschulische Kompetenzen«. Auch wenn diese Kompetenzen von Forschern aus verschiedenen Ländern stammen, können sie dennoch als universell gültig angesehen werden, denn »research all over the world suggests that schooling is much more similar than different across countries and cultures« (Brophy, S. 33). Es gibt in der Forschung keine einheitliche Terminologie dieser Kompetenzen, und die nun folgende Liste in Abbildung V.2 haben wir selbst zusammengestellt.

Abb. V.2: **Verhaltenskompetenzen von Lehrpersonen**	
I. Kompetenzen, bezogen auf den Unterricht	**Diese Kompetenz umschreibt die Fähigkeit,**
Diagnostik	Leistungen auf vielfältige Art zu überprüfen und lernfördernde Rückmeldungen zu geben.
Feedback	Rückmeldungen von verschiedenen Seiten über den Unterricht einzuholen und zu verarbeiten.
Fordern und Fördern	hohe und erreichbare Anforderungen zu stellen und die Lernleistungen aller Schülerinnen und Schüler auf angemessene Weise zu verbessern.
Förderung von Lernstrategien	allgemeine und fachspezifische Arbeitstechniken im Unterricht zu praktizieren.
Förderung der Selbstständigkeit	Schüler/innen Möglichkeiten zum selbstständigen Wissenserwerb zu bieten.
Geschlechterförderung	beide Geschlechter sowohl inhaltlich als auch methodisch gleichermaßen zu fördern.
Gesprächsführung	das Interesse der Schüler/innen zu wecken und den Unterricht zielgerichtet und sinnstiftend zu leiten. Reaktionen der Schüler/innen in einer lernfördernden Art aufzunehmen und adäquat in den Unterricht einzubauen.
Hausaufgaben	den Schüler/innen eine Wiederholung und Vertiefung der Unterrichtsinhalte zu bieten.
Individualisierung	individuelle Stärken und Schwächen der Schüler/innen zu erkennen und lernfördernd zu reagieren.
Klarheit/Sprache	die Inhalte verständlich zu präsentieren.
Klassenführung	für einen lernintensiven und störungsarmen Unterricht zu sorgen.
Lehr- und Lernzeit	Schüler/innen ein Optimum an Lerngelegenheiten zu geben.
Lehrer-Schüler-Beziehung	eine lernfördernde, angstfreie Beziehung aufzubauen und zu erhalten.

(Fortsetzung **Abb.V.2**)	
Medien	Inhalte mit unterschiedlichen Medien situationsangepasst zu vermitteln.
Methodik	unterschiedliche Methoden zu kennen und sie situativ richtig einzusetzen.
Motivierung	unterschiedliche Motivierungsmotive zu kennen und sie entsprechend einzusetzen.
Prüfungen	die Leistungsentwicklung mit unterschiedlichen Methoden zu prüfen und entsprechend zu reagieren.
Unterrichtsplanung	Lektionen kurz- und längerfristig niveaugerecht planen zu können.
Unterrichtsinhalte	relevante Inhalte schülergerecht auszusuchen.
Unterrichtsmaterialien	den Schüler/innen verständliche Materialien in einer lernfördernden Form zu bieten.
Unterrichtsverlauf	die Lektionen logisch nachvollziehbar und niveaugerecht zu rhythmisieren.
Unterrichtsnachbereitung	die Lektionen zu überarbeiten und Konsequenzen für die folgenden Stunden zu ziehen.
II. Kompetenzen, bezogen auf die Selbst- und Sozialkompetenzen	**diese Kompetenz umschreibt die Fähigkeit,**
Fortbildung	den eigenen Fortbildungsbedarf zu analysieren, sich entsprechend fortzubilden und die Erkenntnisse sowohl im Unterricht als auch in der Schulentwicklung umzusetzen.
Selbstmanagement	die Arbeit rationell und ressourcenorientiert zu planen und zu erledigen.
Selbstreflexion	das eigene Verhalten selbstkritisch zu reflektieren und entsprechende Konsequenzen zu ziehen.
Veränderungsbereitschaft	neuem gegenüber aufgeschlossen zu sein.
Zusammenarbeit	gemeinsam mit anderen an der schulischen Qualität zu arbeiten.
III. Kompetenzen, bezogen auf gesamtschulische Aktivitäten	**diese Kompetenz umschreibt die Fähigkeit,**
Corporate Identity oder Schule und Öffentlichkeit	loyal die Ziele der Schule nach innen und außen zu vertreten.
Elternarbeit	Eltern in die schulische Arbeit einzubeziehen.
Engagement in der Schulentwicklung	Die Qualität der Schule kontinuierlich zu reflektieren und zu entwickeln.
Quelle: Kempfert	

Es versteht sich von selbst, dass diese Kompetenzen nicht abschließend sind und dass sie vor allem auch nicht isoliert betrachtet werden dürfen. Vielmehr bedingen und ergänzen sie sich gegenseitig, und in ihrer Gesamtheit stellen sie die wesentlichen Gelingensfaktoren wirksamen Unterrichts dar.

Keine Lehrperson kann alle Kompetenzen erfüllen, und sie dienen auch nicht als Benchmark, sondern als Anhaltspunkte für die Personalentwicklung – z.B. bei der Konzipierung eines Mentoratssystems; vor allem aber als referenzieller Ausgangspunkt jeglicher Evaluation.

3. Selbstevaluation von Lehrerinnen und Lehrern

Ohne Lehrpersonen gibt es in der Schule keinen Unterricht und ohne qualifizierte Lehrpersonen keinen qualifizierten Unterricht. Um die Qualität des Unterrichts kontinuierlich zu sichern und weiterzuentwickeln, ist es für Lehrpersonen allerdings unabdingbar, sich von Zeit zu Zeit selbstkritisch mit der eigenen Praxis auseinander zu setzen. Denn Verhaltensänderungen erfolgen ausschließlich auf Grund von Selbstreflexionen. Voraussetzung dafür ist ein solides Selbstvertrauen, gepaart mit einer Veränderungsbereitschaft sowie der Erwartung, dass mit einer Änderung eine Verbesserung eintritt. Nur wenn dieser erhoffte Nutzen oder »Mehrwert« möglich scheint, wenn also der Aufwand in einem positiven Verhältnis zum Nutzen steht, wird die Veränderung ausgeführt und kann von dauerhafter Wirkung sein.

Bevor wir einige Möglichkeiten von Selbstevaluationen vorstellen, ist es wichtig, eine Begriffsklärung vorzunehmen. Es gibt in der Literatur und entsprechend in der Praxis eine Vielzahl von sich teilweise widersprechenden Definitionen. Wir verstehen unter Selbstevaluation den Prozess der Selbstbeobachtung, in dem eine Person Daten aus eigener Initiative über sich selbst sammelt, sie analysiert, darüber reflektiert und bestenfalls auch geeignete Maßnahmen daraus ableitet. Selbstevaluation kann auch die Weitergabe der Daten an ausgewählte Personen mit der Bitte um ein Feedback beinhalten. Alle von anderen Personen gelieferten Daten, ob erwünscht oder unerwünscht, ob von Schüler/innen, Kollegen oder Vorgesetzten, sind Fremdevaluationen, denn sie wurden von »Fremden« produziert und reflektieren auch deren Sichtweisen.

Nun mag man einwenden, dass wohl alle Menschen ständig auf vielfältige Art und Weise Rückmeldungen über ihr Verhalten erhalten und – ob sie wollen oder nicht – darüber nachdenken. Auch Lehrpersonen erhalten täglich Dutzende von Rückmeldungen. Egal ob es sich dabei um eine subjektiv empfundene geglückte oder misslungene Lektion, um ein Gespräch im Lehrerzimmer oder einen Zeitungsartikel handelt. Immer wieder werden Anregungen selektiv wahrgenommen und mit der eigenen Praxis abgeglichen, Vorsätze formuliert, manchmal umgesetzt und manchmal auch nicht. Gegen diese »zufällige« Qualitätsentwicklung ist nichts einzuwenden – im Gegenteil! Sie erfolgt aus hehren Motiven und oft mit hohem Engagement.

Im Zuge der zunehmenden Gestaltungsautonomie der Schulen ist es aber unerlässlich, dass diese Zufallsevaluationen durch systematische Reflexionen ergänzt werden. Denn Lehrpersonen haben eine im Vergleich zu allen anderen Berufen nicht vergleichbare Handlungsfreiheit in der Gestaltung ihres Unterrichts, und unterliegen zudem – und dies ist die Krux – weder einem Erfolgsdruck noch einer ernsthaften Kontrolle, sodass ihr Verhalten kaum je Konsequenzen nach sich zieht. Diese Gestaltungsfreiheit ist wohl die Hauptattraktivität des Lehrberufs, und sie gilt es zu erhalten. Und gerade um sie zu erhalten, müssen sich Lehrpersonen vermehrt ihrer Professionalität bewusst werden und ihren Beruf als »reflective practitioner« (Schön) betrachten, der systematisch die eigene Praxis erforscht und reflektiert, geeignete Maßnahmen daraus ableitet und auch deren Erfolg wiederum überprüft. Wenn Lehrpersonen dies nicht realisieren, dann werden es irgendwann andere für sie übernehmen – und was dabei herauskommt, kann man sich unschwer vorstellen.

Es muss also im ureigensten Interesse aller Lehrpersonen liegen, über ihr Verhalten und ihre Wirkung aus vielfältigen Quellen informiert zu werden, um weiterhin mit Freude und Erfolg dauerhaft ihren Beruf auszuüben.

Es gibt inzwischen eine ganze Reihe von erprobten Instrumenten zur Selbstevaluation von Lehrpersonen, und wir möchten einige vorstellen, die wir auch bereits mehrfach erprobt haben und die ohne großen Aufwand durchführbar sind.

Reflexionsjournal

Um systematisch über den eigenen Unterricht nachzudenken, ist unseres Erachtens eine schriftliche Reflexion notwendig. Denn nur wer seine Gedanken in eine schriftliche Form bringt, wer Gedanken in Worte fasst, kann sich differenziert mit unterschiedlichen Aspekten seines Verhaltens auseinander setzen. Denn die Schriftlichkeit zwingt zur Logik und zur Systematik. Man hinterfragt das Geschriebene, während man sich beim bloßen gedanklichen Reflektieren seiner Gedankensprünge oft nicht bewusst wird. Zudem hat alles schriftlich Verfasste Dokumentationscharakter und kann zu einem späteren Zeitpunkt modifiziert werden. Zudem können die Ergebnisse der Maßnahmen mit den ersten Reflexionen verglichen und somit ein eventueller Erfolg festgestellt werden. Natürlich ist es für die meisten Lehrpersonen ungewohnt, sich Notizen über den Schulalltag zu machen. Um den Einstieg zu erleichtern, empfehlen wir, ein so genanntes Reflexionsjournal zu führen (Abb. V.3).

Mit Hilfe dieses Journals kann eine Lehrperson die Geschehnisse eines Tages oder mehrerer Tage Revue passieren lassen und sowohl positive als auch weniger positive Momente reflektieren. Es ist besonders wichtig, sich auch und vor allem der geglückten Situationen bewusst zu werden und diese zu stärken. Allzu oft konzentrieren sich Lehrpersonen wegen ihrer »deformation professionelle« lediglich auf die Schwachpunkte und lähmen dadurch ihre positive Energie. Sich die positiven Ergebnisse bewusst zu machen stärkt aber das Selbstwertgefühl und fördert eine positive Grundeinstellung. Dies kann zu erneuten Unterrichtserfolgen führen (Pygmalion-Effekt) und bietet dadurch wiederum die Voraussetzung für eine weitere Selbstreflexion.

Abb. V.3: **Reflexionsjournal – Einträge**
Datum:
1. Was hat mir heute/in letzter Zeit in meinem Unterricht besonders Freude bereitet?
2. Was können die Gründe dafür sein?
3. Womit bin ich heute/in letzter Zeit in meinem Unterricht nicht besonders zufrieden?
4. Was können die Gründe dafür sein?
5. Allgemeine Bemerkungen/Ideen/Fragen
Quelle: Kempfert

Dieses Journal kann ein- bis zweimal pro Jahr über einen Zeitraum von zwei bis drei Wochen an zwei oder drei Tagen bearbeitet werden. Somit hätte eine Lehrperson pro Durchgang maximal neun Einträge im Reflexionsjournal. Zudem würden einmalige negative Erlebnisse an Gewicht verlieren, man könnte sowohl eine Entwicklung als auch möglicherweise einen Schwerpunkt feststellen. Dadurch kann die Energie gezielt auf die Weiterentwicklung der Stärken oder die Behebung von Defiziten gerichtet werden.

Nach dem mehrmaligen Verfassen dieses Journals erfolgt die verstärkt reflexive Phase. Nun sollen die Einzeleinträge auf Zusammenhänge untersucht, Schwerpunkte herausdestilliert und Folgerungen gezogen werden. Dies ist der eigentliche Knackpunkt. Denn nun muss etwas getan und möglicherweise etwas Neues ausprobiert werden. Diese Reflexion kann mit Hilfe eines Formulars vorgenommen werden (Abb. V.4).

Hat nun eine Lehrperson beschlossen, die subjektiven Defizite zu beheben, so ist es zunächst wichtig, sich nicht zu viel vorzunehmen und die Ergebnisse auch zu überprüfen. Deshalb raten wir, sich zunächst über die Ziele, anschließend über mögliche Maßnahmen zur Zielerreichung und auf alle Fälle darüber klar zu werden, woran die Zielerreichung erkannt werden kann (Erfolgsindikatoren). Nur wenn sich Lehrpersonen über ihre Ziele klar sind und Ziele nicht mit Maßnahmen verwechseln, können Ergebnisse überhaupt evaluiert werden. Geschieht dies nicht, kann sehr

Abb. V.4: **Reflexionsjournal – Auswertung**
Datum:
1. Welche Erkenntnisse habe ich aus meinen Eintragungen gewonnen?
2. Welche Konsequenzen ziehe ich aus diesen Erkenntnissen?
3. Was möchte ich mit diesen Konsequenzen erreichen? (Ziele)
4. Wie will ich dieses Ziel/diese Ziele erreichen?
5. Woran erkenne ich, dass ich dieses Ziel/diese Ziele erreicht habe?
6. Wann fange ich mit der Umsetzung an?
7. Wann überprüfe ich den Erfolg?
Quelle: Kempfert

viel blinder Aktivismus entstehen, der wirkungslos verpufft und lediglich Frustrationen bei allen Beteiligten verursacht.

Man mag nun einwenden, dass diese wenigen Einträge nicht genügen und die wirklichen Schwächen dadurch nicht aufgedeckt werden. Hinter solchen Einwänden verbirgt sich oft die Vorstellung, Lehrpersonen sollten ganz schnell die doch offenkundigen Defizite beseitigen. Es ist allerdings nur oberflächlich betrachtet wenig. Denn wenn eine Lehrperson diese Methode zweimal im Jahr anwendet, hat sie sich bereits sechs Wochen mit ihrer Praxis auseinander gesetzt. Und diese Reflexion führt zu Maßnahmen, die ihrerseits wieder evaluiert werden, und dies kann mindestens ebenso lange, wenn nicht länger dauern. Dadurch wäre bereits eine Zeitspanne von drei Monaten erreicht. Und man darf hier ungeniert fragen, welche Berufsgruppe sich regelmäßig so lange selbst beobachtet. Zudem ist es uns ein wesentliches Anliegen darauf hinzuweisen, dass unser Grundsatz »Weniger ist mehr« überall Anwendung findet. Jede Evaluation muss schließlich professionell durchgeführt werden, d.h., sie muss den Kreislauf von der Datenerhebung über deren Interpretation bis zur Evaluation der Maßnahmen durchlaufen. Und zudem sollen dauerhafte Veränderungen angestrebt werden. Und solch ein Kreislauf braucht Zeit und Kraft, ein Umstand, der leider auch häufig in der mitunter schulpraxisfernen Fachliteratur übersehen wird.

Kompetenzorientierte Selbstbefragung

Eine weitere Möglichkeit der Selbstevaluation besteht darin, eine Selbstbefragung vorzunehmen, die sich an den im vorhergehenden Kapitel beschriebenen Kompetenzen orientiert. Die folgende Liste der erwähnten Kompetenzen beschreibt jede Kompetenz inhaltlich mittels Fragen näher. Diese Fragen zeigen immer den Idealzustand der Kompetenz, d.h., eine Realisierung impliziert eine höchst wirksame Maßnahme zur Erreichung des Unterrichtserfolgs. Man sollte auch hier wiederum dem Grundsatz »weniger ist mehr« folgen und sich lediglich eine Kompetenz aussuchen und die dazugehörenden Fragen entsprechend der eigenen Einschätzung beantworten. Da alle Kompetenzen bedeutsam sind, können Lehrpersonen auch völlig frei ihren eigenen Schwerpunkt setzen, ohne Gefahr zu laufen, sich unnötig mit etwas »Unwichtigem« zu beschäftigen. Entscheidend ist auch hier, die einzelnen Fragen schriftlich mit Beispielen zu belegen und zu kommentieren, um so den Reflexionsprozess zu optimieren.

Alle im vorherigen Kapitel aufgeführten Kompetenzen können Ausgangspunkte einer Selbstevaluation sein. Es würde den Rahmen dieses Buches sprengen, wenn wir alle in der gleichen Ausführlichkeit beschreiben würden. Deshalb zeigen wir die Vorgehensweise exemplarisch an den zwei Kompetenzen »Diagnostik« sowie »Förderung der Selbstständigkeit« (Abb.V.5).

Abb.V.5: **Fragebogen zur Selbstevaluation von Lehrpersonen**					
Kompetenz	Trifft völlig zu	Trifft zu	Trifft eher nicht zu	Trifft überhaupt nicht zu	Beispiel(e)/ Bemerkungen
Diagnostik					
Ich erteile sowohl Noten für schriftliche als auch mündliche Leistungen.					
Die Kriterien der Notengebung sind bekannt.					

(Fortsetzung **Abb.V.5**)					
Schüler/innen können sich jederzeit über ihren Leistungsstand informieren.					
Ich betrachte Fehler als normal und nutze sie produktiv für den Lernprozess.					
Ich beurteile sowohl Einzel- als auch Gruppenleistungen.					
Ich beziehe unterschiedliche Lernaktivitäten in die Gesamtbeurteilung ein.					
Ich fördere die Selbstbeurteilungskompetenz der Schüler.					
Ich messe die Leistungen mit unterschiedlichen Instrumenten.					
Schüler erhalten eine individuelle Rückmeldung über ihre Lernentwicklung.					
Ich erteile lernförderndes Feedback.					
Förderung der Selbstständigkeit					
Ich lasse Schüler/innen selbstständig Probleme lösen.					
Ich greife in Gruppenauseinandersetzungen nicht ein.					
Ich praktiziere verschiedene Formen selbstständigen Arbeitens.					
Kooperatives Lernen hat einen großen Stellenwert in meinem Unterricht.					
Ich gebe Schüler/innen Hilfestellung bei selbstständigen Arbeiten.					
Ich gehe auf Vorschläge und Anregungen der Schüler/innen ein.					
Ich rege Interaktionen zwischen den Schüler/innen an.					
Ich ermuntere Schüler/innen, eigene Lösungswege zu probieren.					
Ich zeige den Schüler/innen, wie sie ihr Lernen selbstständig organisieren können.					
Ich übertrage Schüler/innen Verantwortung für ihr Lernen.					
Ich ermuntere Schüler, Ergebnisse in Frage zu stellen.					
Quelle: Kempfert					

Diese Methode ist auch mit dem Reflexionsjournal kombinierbar. Wenn eine Lehrperson z.B. bei der Analyse des Journals feststellt, dass sie häufiger Disziplinarprobleme hat, kann sie u.U. auf Grund des Selbstbefragungsbogens feststellen, dass Mängel in der Klassenführung bestehen.

Wie immer bei Selbstreflexionen ist es auch wieder entscheidend, ob die Überlegungen zu irgendwelchen Konsequenzen führen. Auch hier kann es hilfreich sein, mit sich eine Vereinbarung zu schließen (Abb. V.6).

Es erscheint uns aus den oben angeführten Gründen angebracht, sich während eines Semesters lediglich mit einer Kompetenz zu beschäftigen und dabei wiederum nur ein Item zu bearbeiten. Wichtig ist wiederum die schriftliche Beantwortung der folgenden Fragen. Die Beschreibung der erhofften Resultate ist unabdingbar, um sich Klarheit über die Ziele zu verschaffen. Zudem ist nur so der Erfolg oder Misserfolg der Maßnahme evaluierbar.

Abb. V.6: **Selbstvereinbarung zur Unterrichtsentwicklung**
Ich werde folgende Maßnahme(n) in meinem Unterricht umsetzen:
Was möchte ich damit erreichen? (Ziel)
Beschreibung des Vorgehens
Zeitpunkt und Klasse(n)
Woran erkenne ich den Erfolg der Maßnahme?
Wie und wann werde ich den Erfolg messen?
Werde ich das Projekt mit einem Kollegen/einer Kollegin besprechen? Wenn ja, mit wem?
Quelle: Kempfert

Warum so wenig? Grundsätzlich sollte diese Arbeit doch zum professionellen Selbstverständnis und somit zum Alltag jeder Lehrperson gehören. Doch wir wissen auch, wie unendlich schwierig es ist, eingefahrene und vertraute Gewohnheiten aufzugeben. Denn alles Neue bedeutet nun einmal Mehrarbeit und nicht ohne weiteres auf den ersten Blick auch zugleich Mehrwert.

So nimmt sich eine Lehrperson z.B. vor, in Zukunft nicht nur Hausaufgaben aufzugeben, sondern sie auch sinnvoll im Unterricht zu integrieren und/oder sie zu korrigieren. Damit möchte sie einerseits den Wissenszuwachs einzelner Schüler in Erfahrung bringen, um die weiteren Unterrichtsschritte zu planen und um andererseits einigen Schüler/innen individuelle Rückmeldungen zu geben. Dies bedeutet bereits eine beträchtliche Mehrarbeit. Insofern scheint uns ein kleinschrittiges Vorgehen gerechtfertigt, denn diese Neuerung soll ja dauerhaften Charakter annehmen und langfristig wiederum Zeitersparnis bringen, wenn durch die erhoffte Lernverbesserung das Unterrichten leichter fällt. Und je mehr Maßnahmen eine Lehrperson sich vornimmt, umso größer ist die Wahrscheinlichkeit, dass die Lehrperson von der dann anfallenden Arbeit abgeschreckt wird und alles beim Alten belässt. Insofern würden wir – um beim Beispiel Hausaufgaben zu bleiben – sogar empfehlen, diese Maßnahme nicht sofort in allen Klassen und mit allen Schüler/innen umzusetzen – denn bei lediglich 4 Lektionen pro Tag mit insgesamt 60 Schüler/innen, ergäbe dies bei einer durchschnittlichen Korrekturzeit von nur 6 Minuten pro Hausaufgabe eine Zusatzarbeit von täglich vier Stunden.

Andere Formen der Selbstevaluation

Video- und Audioaufnahmen des Unterrichts

Zwei technisch inzwischen unkomplizierte Verfahren der Selbstbeobachtung bieten die Videographie des eigenen Unterrichts oder der Mitschnitt einer Lektion auf einer Tonkassette resp. CD. Kameras können inzwischen so postiert werden, dass zumindest die Aktionen der Lehrperson deutlich sichtbar sind. Ein Problem stellt aber nach wie vor der Ton dar. Schüleräußerungen sind oft kaum hörbar und man müsste schon Richtmikrofone resp. mehrere Mikrofone im Klassenzimmer aufstellen, um alle Äußerungen wirklich zu verstehen. Der bedeutende Mehraufwand der Umwandlung des Klassenzimmers in ein Filmstudio führt allerdings wahrscheinlich nicht zu einem ebenso bedeutenden Nutzen. Insofern raten wir davon ab, hier zu viel unnötige Energie zu verschwenden, und sie stattdessen lieber in die Auswertung des Films zu stecken.

Man kann natürlich auch beide Methoden miteinander kombinieren und das Tonband während der Videobetrachtung laufen lassen.

Der Vorteil beider Verfahren besteht darin, dass Lehrpersonen sich an objektiven Daten orientieren, und sich mit »nackten« Tatsachen konfrontiert sehen. Zudem können diese Daten mehrfach angeschaut resp. angehört werden, man kann auf ausgesuchte Merkmale achten, man kann die Daten anderen zeigen und sie um einen Kommentar bitten. Man kann solche Aufnahmen nach einiger Zeit auch mit neuen vergleichen und Unterschiede resp. Entwicklungen beobachten.

Einen möglichen Nachteil sehen wir in dem häufig beobachteten Verhalten von Lehrpersonen, dass sie mit sich selbst äußerst kritisch umgehen und sich vor allem bei der Videographie auf die scheinbaren Defizite stürzen. Deshalb ist es wohl ratsam, mit dieser Methode behutsam umzugehen oder die Auswertung gemeinsam mit einem Kollegen vorzunehmen.

Portfolios

Schließlich weisen wir auf das Anlegen von *Portfolios* als Möglichkeit der Lehrerselbstevaluation hin. Mit Portfolios wird vor allem in den angelsächsischen Ländern gearbeitet. Ursprünglich meinte der Begriff Portfolio eine Mappe bzw. Tragetasche, in der Zeichnungen, Schriftstücke oder Dokumente gesammelt und aufbewahrt wurden. Portfolios wurden und werden vor allem von Malern, Zeichnern und Architekten benutzt. Analog dazu können Lehrerinnen und Lehrer eine Mappe anlegen und in dieser alle verfügbaren Dokumente zur Selbsteinschätzung ihres Unterrichts und ihrer Schulaktivitäten sammeln. Sie können damit ihre eigenen Stärken und Schwächen analysieren sowie ihre persönliche Entwicklung dokumentieren, aber auch Materialien sammeln, die sie bei Beurteilungen oder Bewertungen vorlegen. Zum Inhalt des Portfolios können gehören:

- Unterrichtsentwürfe,
- Video- oder Kassettenaufnahmen vom eigenen Unterricht,
- Beispiele von Schülerarbeiten,
- Publikationen,
- Evaluationsinstrumente,
- Ergebnisse von Arbeiten innerhalb der Schulentwicklung,
- Selbsteinschätzungen,
- Zertifikate über Aus- und Fortbildung.

Damit Portfolios nicht zu einem kunterbunten unverbindlichen Sammelsurium von zufällig gefundenen Artefakten geraten, ist es unabdingbar, sie auch wiederum vor dem Hintergrund unterrichtsrelevanter Kompetenzen zu erstellen. Die Zeitschrift »journal für lehrerInnenbildung« hat sich sehr ausführlich mit Portfolios beschäftigt, und wir verweisen zur vertieften Auseinandersetzung auf dieses Heft (4/2001).

Ein Portfolio kann auch als Grundlage dienen, auf der die Behörde oder die Schulleitung der Lehrperson ein Zeugnis ausstellt, ohne die Lehrperson regelmäßig im Unterricht besuchen zu müssen. Im Prinzip ist es der Lehrperson überlassen, ob und von wem sie welche Art von Zeugnis einfordern will. Die Frage der Zeugnisausfertigung sollte so geregelt werden, dass Lehrpersonen Zeugnisse sowohl bei der

Schulbehörde wie auch bei der Schulleitung einfordern können. Fehlen diesen Instanzen die Beurteilungsgrundlagen (z.B. weil schon lange keine Schulbesuche mehr durchgeführt wurden), so kann die Lehrperson frühzeitig die Durchführung von Schulbesuchen zu Beurteilungszwecken einfordern. Es steht der Lehrperson zudem frei, die im Rahmen der schulischen Selbstevaluation in großer Dichte anfallenden Feedbacks von Schülern und Eltern sowie aus kollegialem Hospitieren oder von externen Fachleuten ihrem Portfolio beizulegen.

4. Schülerselbstevaluation

Schülerinnen und Schüler sind in letzter Konsequenz für ihr Lernen selbst verantwortlich, und deshalb sollen sie auch genau so über ihr Lernen nachdenken wie die Lehrpersonen über ihren Unterricht.

Schülerinnen und Schüler sind dies allerdings – zumindest im deutschsprachigen Raum – bisher kaum gewohnt, sondern verhalten sich zumeist noch konsumorientiert. Deshalb ist es zunächst auch einmal Aufgabe der Lehrpersonen, die Schülerinnen und Schüler über ihre Eigenverantwortung zu informieren, unterschiedliche Formen der Selbstevaluation einzuführen und immer mal wieder zu praktizieren. Hier liegt die Verantwortung auch nach der Einführung bei der Lehrperson, denn Schüler/innen werden in ihrer Mehrheit selten von sich aus den Drang verspüren, ihren Lernprozess systematisch allein zu evaluieren.

Doch wie vorgehen? Es gibt wie immer unterschiedliche Vorgehensweisen, und wir möchten im Folgenden auf zwei näher eingehen.

In einem ersten Schritt sollten Schülerinnen und Schüler zunächst einmal für das Verfahren sensibilisiert werden. Dies kann z.B. durch eine in Gruppen durchgeführte, Übung geschehen (Abb.V.7).

Abb.V.7: **Kombination von Selbst- und Fremdevaluation nach einer Unterrichtsstunde**
Wir behandeln im Unterricht gerade folgendes Thema:
Bitte diskutiert in diesem Zusammenhang die beiden folgenden Fragen zunächst allein und anschließend in Gruppen:
1: Was sollte unsere Lehrerin/unser Lehrer tun, damit ich dieses Thema wirklich verstehe?
2: Was muss ich tun, damitich dieses Thema wirklich verstehe?
Quelle: Kempfert

Diese Übung erfüllt mehrere Zwecke. Zum einen erfährt die Lehrperson en passant etwas über wirksame Methoden ihres Unterrichts, und zum anderen werden sich die Schüler/innen ihrer Verantwortung für den eigenen Lernerfolg bewusst, ohne dass die Lehrperson ihnen dies »oberlehrerhaft« erklärt.

Bei der Auswertung der zweiten Frage werden etliche Bedingungen für den Lernerfolg der Schüler/innen gesammelt, wodurch allen die Unterschiedlichkeit des »guten Lernens« bewusst wird und einige Schüler zusätzliche Anregungen für das eigene Lernverhalten erhalten.

Diese bunte Sammlung wird in einem zweiten Schritt systematisch geordnet, und so ergeben sich analog zu den Kompetenzen der Lehrpersonen ebenso Kompetenzen der Schülerinnen und Schüler, die ihr Lernen unterstützen. Folgende Kompetenzen schälen sich normalerweise heraus:

- Beteiligung im Unterricht,
- lernförderndes Verhalten im Klassenzimmer,
- Arbeitstechniken,
- Hausaufgaben.

Nun bittet die Lehrperson die Schüler/innen, sich auf die für sie bedeutsamste Kompetenz zu konzentrieren und durch Selbstreflexion herauszufinden, wo es für sie noch Entwicklungsbedarf gibt. Die Lehrperson kann aber auch diese Liste um einige Kompetenzen ergänzen und mit den Schüler/innen Kriterien für die nachhaltige Realisierung der Kompetenzen erarbeiten, die wie bei den Lehrerkompetenzen in Form von Fragen aufgeschrieben werden, sodass ein vergleichbarer Katalog entsteht (Abb.V.8), der, wie oben beschrieben, bearbeitet werden kann.

Eine Variante dieser Übung kann darin bestehen, dass die Lehrperson alle Items, wie z.B. »regelmäßig Hausaufgaben machen«, auf Karteikarten schreibt und analog zu den bekannten Übungen wie »Was ist eine gute Schule« oder »Was ist guter Unterricht« eine Übung zum Thema »Was ist gutes Lernen« produziert und sie mit einer Klasse durchführt. Natürlich kann diese Variante auch mit einer Klasse hergestellt werden. Dadurch wird der Spieltrieb aktiviert, und zudem schärft die Diskussion um die Formulierung der Karten das Verständnis für wirksames Lernen.

Wie auch immer. Zum Schluss stellt sich wie bei jeder Evaluation die Gretchenfrage: Welche Maßnahmen bin ich bereit zu treffen, um meinen Lernprozess zu verbessern? Diese Vereinbarungen sollten idealerweise zusammen mit der Lehrperson getroffen werden, die auf Grund ihrer Expertise die nötigen Vorschläge unterbreiten kann. Das Lernen der Schülerinnen und Schüler kann noch wirksamer unterstützt werden, wenn sie in einem fortgeschrittenen Stadium ihre Arbeitstechniken z.B. mit Methoden des kooperativen Lernens ihren Mitschülern beibringen und innerhalb der Klasse Lerngemeinschaften bilden und womöglich noch Lernvereinbarungen abschließen.

Abb. V.8: **Kompetenzen für Schülerinnen und Schüler**					
Kompetenzen	Trifft völlig zu	Trifft zu	Trifft eher nicht zu	Trifft überhaupt nicht zu	Beispiel(e)/ Bemerkungen
Arbeitstechniken					
Ich analysiere die Fehler in meinen Prüfungen und bemühe mich, sie zu beheben.					
Ich arbeite nach einem Plan.					
Ich kenne Lerntechniken.					
Ich analysiere mein Lernverhalten.					
Ich lerne mit Karteikarten.					
Hausaufgaben					
Ich mache meine Hausaufgaben.					
Ich notiere mir Fragen für den Unterricht.					
Ich wiederhole den Inhalt der letzten Stunde als Vorbereitung für die nächste.					
Lehr- und Lernzeit					
Ich erscheine pünktlich zum Unterricht.					
Ich schwänze nicht.					
Ich hole den Stoff von ausgefallenen Stunden nach.					
Ich bin zu Beginn des Unterrichts lernbereit.					
Lehrer-Schüler-Beziehung					
Ich unterstütze das Zusammengehörigkeitsgefühl in der Klasse.					
Ich kann Verhaltensweisen von Lehrpersonen nachvollziehen.					
Ich kann mich in ihre Situation versetzen.					
Ich rede auch außerhalb des Unterrichts mit meinen Lehrpersonen.					
Motivierung					
Ich lerne gern.					
Ich gehe gern zur Schule.					

(Fortsetzung **Abb. V.8**)					
Ich weiß, warum ich hier bin.					
Ich gebe bei Schwierigkeiten nicht auf.					
Ich arbeite gern an herausfordernden Aufgaben.					
Ich bin bestrebt, überdurchschnittliche Leistungen in der Klasse zu erreichen.					
Prüfungen					
Ich bereite mich auf Prüfungen vor.					
Ich stelle der Lehrperson vor dem Test Fragen.					
Ich informiere mich, was in den Prüfungen drankommt.					
Ich habe alle Unterlagen zur Prüfungs-vorbereitung beisammen.					
Ich korrigiere die Prüfungen nach der Rückgabe.					
Ich kenne die Kriterien der Noten-gebung.					
Ich löse alte Tests meiner Lehrpersonen beim Vorbereiten von Prüfungen					
Verhalten im Klassenzimmer					
Ich kenne die in der Schule für alle geltenden Normen, Regeln und Verfahrensweisen.					
Ich halte mich an die Normen, Regeln und Verfahrensweisen der Schule.					
Ich spreche Mitschüler/innen auf Verstöße gegen vereinbarte Normen an.					
Ich gehe nicht auf ablenkende Schüler/innenbeiträge ein resp. unter-binde sie.					
Ich halte mich an Vereinbarungen der Klasse.					
Ich kenne die wesentlichen Kommunikationsregeln.					
Ich mache mich nicht über Mit-schüler/innen lustig.					
Quelle: Kempfert					

Abb. V.9: **Kraftfeldanalyse: Selbstbeobachtung des Lernens**	
Thema der Lektion:	Datum:

Folgende Faktoren haben in dieser Stunde mein Lernen im Unterricht

gefördert	behindert
• der Film hat zusammengefasst, was wir vorher behandelt hatten	• Lehrer war unpünktlich
• interessantes Thema, neue Informationen	• ich war müde, und es ging mir nicht gut
• gutes Arbeitsblatt	• ewige Wiederholung des Diskussionsthemas
• Klasse hat gut mitgemacht	• unleserlicher Tafelanschrieb
• Zusammenstellung der Ursachen an der Tafel	• hatte Hausaufgaben nicht gemacht
• der Übungstest. Jetzt weiß ich, wie ich mich vorbereiten muss	• nichts
• Besprechung der Hausaufgaben	• vorbeifliegendes Flugzeug
• Erklärung der Begriffe	• Lehrer wusste nicht, wie der DVD-Player funktioniert
• Diskussion mit verteilten Rollen	• zu große Gruppe für die Diskussion
• klare Struktur an der Wandtafel	• Ton vom Video war kaum zu hören
• gute Repetition	• ich verstehe nichts von Politik
• Abwechslung	• Text war zu schwierig
• Gruppenarbeit mit anschließender Besprechung im Plenum	• Geplapper von (Name eines Schülers)
• interessante Quellen	• ich war mit anderen Gedanken beschäftigt
• ruhiges Verhalten der Mitschüler	• mir fehlt das Hintergrundwissen
• jede Meinung wurde akzeptiert	• ich bin unruhig und habe ein starkes Mitteilungsbedürfnis
• gute Fragen	• Film anschauen und gleichzeitig Notizen machen
• dass wir Notizen machen mussten (ich konnte mich deshalb besser konzentrieren)	• Fragen waren schwer zu verstehen
• mir ging es viel besser als gestern	• zu viel Stoff
• habe Hausaufgaben gemacht und sie verstanden	• Stress wegen des Tests in der folgenden Stunde
• Thema selbstständig erarbeiten	• kritische Blicke des Lehrers
• gute Zusammenfassung am Schluss	• Bemerkungen wie: »Haben Sie denn die Hausaufgaben nicht gemacht«, finde ich im Unterricht nicht angebracht und demotivierend
• Aufmunterung durch Lehrer	

Bitte beschreiben Sie die Faktoren nach der Lektion so ausführlich wie möglich.

Name (fakultativ): _____

Quelle: Kempfert

Dieser Vision einer zu »reflective students« mutierenden Klassengemeinschaft setzt die Realität des Schulalltags allerdings klare Grenzen. Denn Schüler/innen haben nun einmal oft hauptsächlich das Ziel, gute Noten zu erhalten – egal wie –, und werden darin vom Selektionssystem unterstützt. Und sie sind entwicklungsmäßig oft auch gar nicht in der Lage, sich ähnlich zu verhalten wie ihre Lehrpersonen, denn von denen setzen sie sich ja gerade ab!

Eine andere Möglichkeit der Schülerselbstevaluation besteht darin, wiederum analog zur Lehrerselbstevaluation, ein Reflexionsjournal zu führen. Im Gegensatz zur oben beschriebenen Vorgehensweise werden nun auch Lernschwierigkeiten notiert, die angegangen werden sollen.

Aus unserer Erfahrung können wir folgendes Vorgehen empfehlen: Die Lehrperson erklärt den Schülern, dass sie ihnen helfen möchte, ihr Lernverhalten zu beobachten, um daraus Rückschlüsse für die Gestaltung des Unterrichts sowie für das Lernverhalten der Schüler zu erhalten. Anschließend verteilt sie ihnen eine Kräftefeldanalyse mit der Bitte, diese am Ende der Stunde auszufüllen. In der Abbildung V.9 haben wir einige durchaus repräsentative Antworten von Schüler/innen, aus mehreren solcher Selbstevaluationen aufgeführt, um zu veranschaulichen, was diese Methode bewirken kann und wo die Grenzen liegen. Am Schluss der Stunde erhalten die Schüler einige Minuten Zeit, um das Blatt auszufüllen. Es erfolgt kein Austausch, sondern die Schüler nehmen das Blatt mit nach Hause mit der Bitte, es zu ergänzen und möglichst ausführlich die Beobachtungspunkte zu beschreiben.

Diese Übung wird während zwei bis drei Wochen mit jeweils einem neuen Blatt wiederholt, damit die für eine Analyse notwendige Datenbasis breit genug ist. Die Lehrperson muss in dieser Phase auf das richtige Maß achten, damit sich das Vorgehen nicht abnutzt. Am Ende erhalten die Schüler ein Formular, in das sie die Zusammenfassungen ihrer Erkenntnisse eintragen können (Abb. V.10).

Abb. V.10: **Unterrichtsevaluation: Zusammenzug der Beobachtungen**	
Beobachtungszeitraum:	Lehrperson:
Folgende 3 für mich wesentliche Faktoren haben in der letzten Zeit mein Lernen im Unterricht	
gefördert	**behindert**
Durch kurze Zusammenfassungen kann ich mir einen besseren Überblick über das Thema verschaffen. Ich kann dann auch gerade nachfragen. Wenn ich in anderen Fächern längere Zeit keine Möglichkeit dazu habe, verliere ich schnell den Überblick.	An der Tafel stehen mitunter viel zu viele Dinge. Dadurch verliere ich manchmal den Überblick, ich weiß gar nicht mehr, was wichtig und was unwichtig ist. Das führt bei mir zu Chaos und Missverständnissen.
Bitte beschreiben Sie die Faktoren und die jeweiligen Begründungen so ausführlich wie möglich. Name (fakultativ): _____	
Quelle: Kempfert	

Hier zeigt sich deutlich, wie wichtig die nochmalige Bearbeitung der Notizen ist. Denn es setzt eine Selbstreflexion mit den nach der Stunde schnell aufgeschriebenen Faktoren ein, und die Beschreibungen werden in aller Regel auch entsprechend ausführlicher.

Diese Auswertung kann je nach Klasse zu Hause oder in der Schule erfolgen. Die Auswertung kann erfahrungsgemäß innerhalb der Klasse in Gruppen besprochen und in diesen Gruppen können auch Vorschläge für geeignete Maßnahmen diskutiert werden.

Nachdem sich die drei wesentlichen Faktoren herausgeschält haben, ist es unerlässlich, diese Beobachtungen zu hinterfragen und zu analysieren. Es gilt herauszufinden, warum gerade diese Aspekte lernfördernd respektive hindernd sind und welche Schlüsse daraus zu ziehen sind. Dies kann mit Hilfe des Instruments in Abbildung V.11 geschehen.

Abb. V.11: **Analyse der Beobachtungen**

Sie haben während mehrerer Stunden Faktoren aufgeschrieben, die Ihr Lernen gefördert, und solche, die Ihr Lernen behindert haben. Um die Wirkung Ihrer Lernleistungen zu optimieren, ist es nun notwendig, diese Faktoren zu analysieren und Schlüsse daraus zu ziehen, um gegebenenfalls Maßnahmen zu ergreifen.

1. **Beschreiben Sie bitte zunächst die für Sie wesentlichen Erkenntnisse der beschriebenen Faktoren im Hinblick auf die**

Lernförderung	*Lernbehinderung*
• mehr mündliche Beteiligung • Visualisierung mit zeitgenössischen Filmen • Interpretation von Quellentexten	• keine Hausaufgaben gemacht • Unruhe in der Klasse

2. **Welche Schlussfolgerungen ziehen Sie aus diesen Beobachtungen für Ihr zukünftiges Verhalten?**

   • stärkere Mitarbeit im Unterricht
   • bessere Heftführung
   • öfters repetieren
   • möglichst ausgeschlafen in die Schule gehen

3. **Welche Wünsche/Vorschläge möchten Sie mir mitteilen?**

   • mehr Gruppenarbeiten
   • kurze Zusammenfassungen an die Tafel schreiben
   • keine Umfragen mehr
   • sich in die Situation von »dummen« Schülern hineinversetzen
   • geben Sie bitte weniger Hausaufgaben
   • Ihre Auflistungen an der Tafel sind sehr hilfreich

Name (fakultativ): _____

Quelle: Kempfert

Das folgende Maßnahmen-Formular müssen alle Schüler allein und unabhängig voneinander ausfüllen, denn nur die aus der Selbstreflexion gewonnenen Einsichten versprechen, auch in wirksame Maßnahmen umgesetzt zu werden (Abb.V.12).

Abb. V.12: **Vereinbarung von Maßnahmen**
Auf Grund Ihrer Analyse der Beobachtungen Ihres Lernverhaltens sollten Sie nun entsprechende Maßnahmen ergreifen. Bitte nehmen Sie sich höchstens 1 bis 2 Ziele vor.

1. Ich setze mir das folgende Ziel/die folgenden Ziele im Unterricht:
   • eine gute Note
   • bei aktuellen Themen mitdiskutieren

2. Mit diesem Ziel/diesen Zielen möchte ich Folgendes erreichen:
   • das Abitur bestehen
   • ich möchte verstehen, was in der Welt so passiert

3. Mit diesen Maßnahmen möchte ich das Ziel/die Ziele erreichen:
   • Hausaufgaben regelmäßig machen
   • regelmäßiger repetieren
   • Zeitung lesen und bei Unklarheiten fragen
   • aktive Teilnahme am Unterricht

4. Woran erkenne ich, dass ich das Ziel/die Ziele erreicht habe?
   • wenn ich bessere Noten schreibe
   • wenn ich mich beteilige und auch etwas zu sagen habe

5. Zur Zielerreichung benötige ich folgende Unterstützung von Herrn/Frau _____:
   • übersichtliche Zusammenfassungen
   • nicht zu viel Stoff in Tests abfragen
   • Erklärungen von politischen Zusammenhängen

6. Zeitpunkt der Zielerreichung:
   • Abitur
   • Ende Semester

Datum: _____
Unterschriften: _____ _____
Quelle: Kempfert

Damit solche Vorgehen keine Eintagsfliegen bleiben und lediglich interessante Unterbrechungen des Schulalltags darstellen, sondern verbindlichen Charakter annehmen ist die Lehrperson dafür verantwortlich, hin und wieder an die Vereinbarungen sowie die Eigenverantwortung der Schüler zu erinnern.

Überschlägt man kurz den zeitlichen Aufwand für diese relativ kleine Selbstevaluation wird einem sehr schnell bewusst, wie wichtig auch hier wiederum die sparsame Dosierung des Projekts ist, das man zudem nicht parallel in allen Klassen durchführen kann.

Wenn man aber schon Schülerselbstevaluation einführt, dann sind zusammenfassend folgende Punkte unbedingt zu beachten:

1. **Erläuterung des Prozedere:** Die Lehrperson muss zu Beginn den Sinn, das Vorgehen und die weitere Verwendung der Daten klären.
2. **Mehrfaches Ausfüllen:** Durch mehrfaches Ausfüllen der Kraftfeldanalyse wird automatisch eine Selbstbeobachtung in Gang gesetzt, die zu entsprechender Selbstreflexion führt. Zudem werden Zufallsergebnisse vermieden.
3. **Zusammenfassung der Daten:** Die Daten müssen analysiert und gewichtet werden, damit der Schwerpunkt der Weiterarbeit auf wirklich bedeutsame Faktoren gelegt wird. Hier soll die Lehrperson auch immer darauf hinweisen, dass Schüler ihre positiven Erfahrungen verstärken und sich nicht nur auf ihre Defizite konzentrieren.
4. **Maßnahmen:** Unser ceterum censeo: keine Evaluation ohne Maßnahmen ...
5. **Überprüfung der Maßnahmen:** Nur so kann die Verbindlichkeit der Selbstevaluation erhöht werden. Und hier liegt die Hauptverantwortung erfahrungsgemäß bei der Lehrperson. Denn wenn sie nicht von Zeit zu Zeit die Maßnahmen anspricht, versandet das ganze Unterfangen in den meisten Fällen.

Dass solche Selbstevaluationen durchaus Sinn machen und von Schülern geschätzt werden, zeigt eine repräsentative Auswahl von Schülerantworten, die aus mehreren Meta-Evaluationen gewonnen wurden (Abb.V.13).

Es wird in vielen Publikationen der letzten Zeit übersehen, dass solche oder ähnliche Maßnahmen in der Schulpraxis sehr zeitaufwändig sind, wenn sie richtig durchgeführt werden. Aber wenn die Selbstbeobachtung ohne Analyse oder Maßnahmen stattfindet, dann sollte man besser ganz auf sie verzichten und die Unterrichtszeit zum Unterrichten nutzen.

In diesem Zusammenhang hat es sich auch als sehr hilfreich erwiesen, solche Projekte den Eltern entweder in einem Informationsschreiben oder an Elternabenden mitzuteilen. So erfahren die Eltern nicht nur etwas Positives und somit Imageförderndes von der Schule. Ihnen wird auch bewusst gemacht, dass ihre Kinder einen hohen Grad an Eigenverantwortung tragen, und wenn Eltern dies akzeptieren und die Schule darin unterstützen, indem sie es in ihr Erziehungsverhalten aufnehmen, können Schulen einen zuverlässigen und wirksamen Partner bei ihrer Qualitätsarbeit gewinnen.

Abb. V.13: **Meta-Evaluation einer Schülerselbstevaluation**

Und nun noch eine Evaluation der gesamten Selbstevaluation! Ich möchte gerne wissen, ob diese Form der Unterrichts(selbst)beobachtung für Sie sinnvoll war, und bitte Sie deshalb, die folgenden Fragen zu beantworten.

1. Das Ausfüllen des Formulars hat Folgendes bei mir bewirkt:

   - Erkenntnisse über meine Zielsetzungen
   - noch nichts
   - ich war froh, endlich etwas sagen zu dürfen, was mein Lernen behindert
   - Überdenken meines Lernverhaltens
   - ich wurde mir zum ersten Mal bewusst, was mein Lernen im Unterricht wirklich behindert. Ich merkte wie ich bei mir selbst beginnen kann, um das Lernen zu optimieren
   - ich habe mir genau überlegt, wie und was im Unterricht gelaufen ist, und habe mich während der Stunden auch mehr »beobachtet«
   - ich konnte sehen, wie ich am Unterricht teilnahm
   - ich wusste noch, was wir in den letzten Stunden gemacht haben
   - Reflexion über Unterrichtsverhalten. Habe eigentlich mir noch nie große Gedanken gemacht, wie ich was lerne

2. Inwiefern ist die Form des Formulars

hilfreich	hinderlich
<ul><li>man kann besser ausdrücken, was man sonst schlecht aussprechen kann</li><li>positive Faktoren werden einem klar (besser als Fragebogen)</li><li>es kann durch Auswerten der verschiedenen Punkte eine Veränderung des eigenen Verhaltens während des Unterrichts geben</li></ul>	<ul><li>zu viel Platz</li><li>ich habe nie das ganze Blatt gebraucht</li></ul>

3. Ich erhoffe mir Folgendes von dieser Evaluation:

   - besseres Klima in der Klasse
   - dass sich wirklich etwas ändert
   - dass ich meine Ziele auch wirklich erreiche
   - dass wir auch mitbestimmen können, was Inhaltsstoff des Unterrichts ist

4. Allgemeine Bemerkungen

   - vielleicht sollte man bei der Selbstbeobachtung unterteilen in: Klasse/Lehrer/Selbst
   - es war gut, dass wir das Formular in mehreren Stunden ausgefüllt haben. So konnte ich besser über mein Lernen nachdenken
   - andere Lehrer sollten es auch machen
   - ich hatte schon lange auf solch eine Möglichkeit gewartet

Name (fakultativ): _____

Quelle: Kempfert

5. Unterrichtsevaluation mit Schülern

Auf die Frage nach dem Sinn ihres Feedbacks antwortete ein an einem groß angelegten Hamburger Feedback-Projekt beteiligter Schüler:

> »... wir machen das nicht direkt für uns, sondern für die Lehrer, weil sie sehen dann an den Zielscheiben, was ich gelernt habe, und wenn dann sehr viele Punkte ganz außen sind, weiß er dann ja, dass es ganz schlecht ist, und dann können sie sich darauf einstellen.« (Bastian/Combe/Langer 2003, S. 31)

Diese Aussage illustriert treffend, warum Unterrichts-Feedback bei Lehrpersonen nach wie vor auf große Skepsis stößt. Denn aus Lehrersicht bedeutet diese Aussage, dass er die alleinige Schuld an einem eventuellen Lernmisserfolg des Schülers trägt. Er kann nämlich sehen, »was ich gelernt habe«, und wenn »es ganz schlecht ist«, kann er »sich darauf einstellen«. Für dieses Feedback muss der Lehrer wohl auch noch dankbar sein, denn die Schüler »machen das nicht direkt für uns, sondern für die Lehrer«.

Man muss als Lehrer nicht unbedingt ein wirklich schlechtes Feedback erhalten haben, um dem Feedback-Verfahren skeptisch gegenüberzustehen. Die Kundenhaltung vieler Schüler, die auch in den Anlagen fast aller Feedback-Instrumente sichtbar ist, müssen Lehrpersonen fast zwangsläufig von solchen Befragungen abschrecken.

Genau deshalb sind Schüler-Feedbacks zu einem »verminten Feld« geworden, das bereits etliche Personen schwer verletzt hat und bei vielen anderen Angst erzeugt, denn neben der einseitigen Schuldzuweisung wird Feedback häufig auch als Lehrerbeurteilung oder -qualifizierung missverstanden. Hinzu kommen folgende Gründe für die Skepsis:

- Das Hierarchiegefälle zwischen Lehrperson und Schüler erschwert Lehrern aus psychologischen Gründen die Akzeptanz von Schülermeinungen. (»Was verstehen denn die schon von Unterricht«?)
- Zu viele und zu häufige Befragungen führen mancherorts zu einer Feedback-Inflation ohne anschließende Konsequenzen.
- Der jeder Beurteilung immer zu Grunde liegende Maßstab ist den Schülern oft nicht bewusst und dem Lehrer ohnehin nicht bekannt.
- Lehrpersonen unterrichten bereits eine ganze Weile, haben eine Professionalität entwickelt und fühlen das Erreichte immer wieder in Frage gestellt.

Aber auch Schüler spüren Schwierigkeiten beim Feedback-Verfahren:

- Möglicherweise trauen sie sich selbst bei anonym durchgeführten Umfragen nicht, die ganze Wahrheit zu sagen, denn sie müssen ja weiterhin den Unterricht besuchen, und der Lehrer könnte seinen Unmut über ein schlechtes Ergebnis ja bei den Schülern auslassen, und davon betroffen wären am meisten die schwachen. Insofern können sie versucht sein, ihre Rückmeldungen abzumildern.
- Manche haben bereits Erfahrungen mit Feedbacks und vor allem die Erfahrung gemacht, dass sich danach nichts ändert, sondern der Lehrer »eh macht, was er will«.

Hinzu kommt noch, dass

- Unterrichtszeit für die Durchführung und Auswertung verloren geht (was wohl hauptsächlich Lehrer stört);
- beliebtere Lehrer anscheinend einen Bonus erhalten und bei gleichem Verhalten besser abschneiden als unbeliebte.

Diese Aufzählung von Schwierigkeiten dient nicht der Abschreckung vor Unterrichts-Feedbacks. Im Gegenteil. Sie soll verdeutlichen, warum dieses Verfahren oft nicht angewendet wird und entsprechende Initiativen häufig im Sand verlaufen. Es hat unseres Erachtens auch keinen Sinn, immer wieder die große Bedeutung solcher Verfahren für die Qualitätsentwicklung zu betonen. Es macht vielmehr Sinn, die offenkundigen und systemimmanenten Mängel zu beheben und durch ein anderes Verfahren zu ersetzen.

Nachdem in den beiden vorangegangenen Kapiteln immer wieder auf die jeweilige Verantwortung sowohl von Lehrpersonen als auch Schülerinnen und Schülern für einen wirksamen Lernerfolg hingewiesen wurde, möchten wir diese Erkenntnis auch beim traditionellen Schüler-Feedback integrieren. Dabei handelt es sich um ein in der Literatur unseres Wissens nach bisher noch nirgendwo beschriebenes Verfahren einer gegenseitigen Rückmeldung, das wir »reziprokes Feedback« nennen. Um dieses Verfahren im lerntheoretischen Kontext zu verstehen, möchten wir nochmals kurz die gegenseitigen Verantwortlichkeiten beschreiben.

Es ist – zumindest theoretisch – seit langem bekannt, dass jeder Mensch eigenverantwortlich für sein Lernen zeichnet. Jeder muss am Ende eines Instruktionsprozesses die Informationen ganz allein verarbeiten und umsetzen – oder aber nicht. Ob dies im Schulunterricht, in einem Seminar, beim Fernsehen, Lesen oder in einer Diskussion passiert, spielt keine Rolle. Das Lernen kann einem niemand abnehmen. Lehrpersonen können Vokabeln situationsgerecht einführen, im Unterricht korrekt anwenden, Arbeitsmethoden zum Lernen der Vokabeln einführen und auch üben sowie die Wichtigkeit von Vokabellernen betonen. Die Vokabeln lernen müssen die Schüler/innen allerdings selbst.

Helmke hat diese an sich banale Tatsache sehr pointiert mit Hilfe eines marktwirtschaftlichen Modells beschrieben, das wir hier leicht modifiziert wiedergeben.

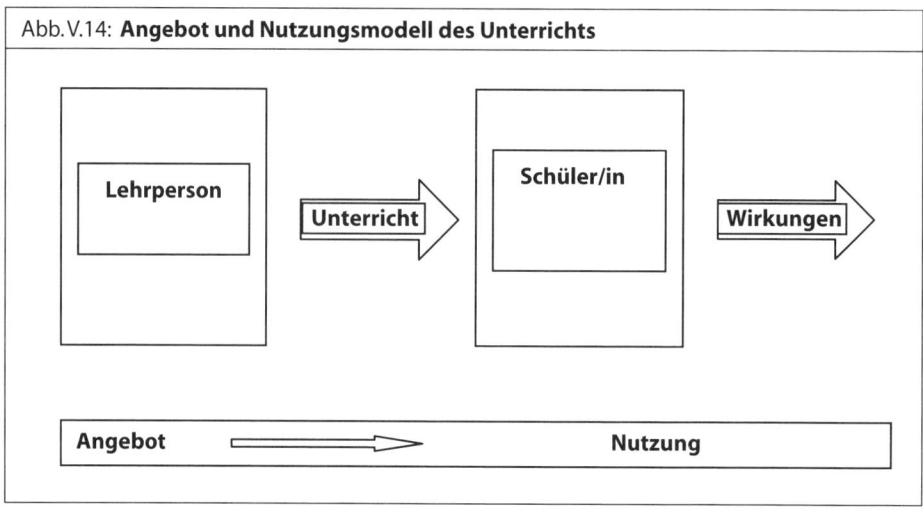

Abb. V.14: **Angebot und Nutzungsmodell des Unterrichts**

Dieser Tatsache zu Folge sind Lehrpersonen verantwortlich für einen optimalen Unterricht, um günstige Lernvoraussetzungen für Schüler zu schaffen. Allerdings wird das Lernen der Schüler nicht nur durch die Unterrichtsweise, sondern zu einem weitaus größeren Teil von außerunterrichtlichen Faktoren bestimmt, die weiter oben bereits beschrieben wurden.

Obwohl diese unterschiedlichen Verantwortlichkeiten bekannt sind, haben Lehrpersonen meistens das Gefühl, sie allein sind sowohl für den Unterricht als auch dessen Wirkung verantwortlich. So schrieb ein Lehrer nach 37 Jahren Dienstzeit in einem Leserbrief folgenden Satz:

> »Jedes Schulsystem ist nur so gut wie die Lehrkräfte, die darin unterrichten und das ein Umfeld für die Kinder bietet, damit sie sich ohne Druck entfalten können.« (Basler Zeitung, 1.3.2004)

Wenn aber offensichtlich die Schüler nicht nur die Ko-Produzenten des Unterrichts sind, sondern über die Wirksamkeit ganz allein entscheiden, dann muss sich diese Verantwortung doch auch in den mannigfaltigen Feedback-Verfahren niederschlagen. Diverse Autoren schreiben zwar immer wieder davon, dass durch Unterrichts-Feedbacks sowohl Lehrpersonen als auch Schüler/innen Rückmeldungen über die Effektivität ihres Lehrens und Lernens ziehen sollen, um gezielt daran zu arbeiten. Aber wie dies genau geschehen soll, steht nirgends. Wie und warum Schüler aus den Feedbacks etwas lernen sollen, sagt leider niemand. Hier wird entgegen aller Vernunft wieder ein prozessorientiertes Vorgehen propagiert nach dem Motto: Wir stecken etwas in das System hinein, und es wird sicherlich etwas Gutes dabei herauskommen.

Es ist schon merkwürdig: Die Schüler werden als selbstständige, mitdenkende, engagierte und nach Demokratie dürstende Personen geschildert, ihnen wird die wesentliche, wenn nicht gar alleinige, Verantwortung für die Wirkung des Unterrichts zugewiesen, aber beim Feedback werden sie geradezu entmündigt!

Denn wo erhalten sie Rückmeldungen über ihre Arbeit? Wo können denn sie im Feedback ihre Verantwortung erkennen? Und vor allem: Wer hilft ihnen, ihre Lernleistungen auf Grund der Feedbacks zu optimieren?

Oder gehen alle Autoren stillschweigend davon aus, dass dies ohnehin ständig durch die Lehrperson als Resultat der Schüler-Feedbacks quasi en passant passiert?

Es sind also andere Feedback-Verfahren und -instrumente nötig, um diesem oben erwähnten Sachverhalt gerecht zu werden. Dieses von uns seit einigen Jahren an diversen Schulen eingeführte »reziproke«, also gegenseitige Feedback fragt grundsätzlich sowohl nach der Verantwortung der Lehrperson als auch nach derjenigen der Schüler/innen. Es genügt also nicht zu fragen, ob beim Standard »Klarheit« die Lehrperson verständliche Arbeitsanweisungen erteilt, sondern es kann im gleichen Atemzug gefragt werden, ob der Schüler die Arbeitsanweisungen auch befolgt hat. Und beide Fragen können überdies noch als Selbst- wie auch als Fremdevaluation beantwortet werden.

Werden Unterrichts-Feedbacks konsequent in reziproker Form durchgeführt, dann steht niemand mehr (allein) am Pranger, und die vielen Vorteile von Schüler-Feedbacks können produktiv genutzt werden. Denn:

- Schülerbeobachtungen sind keine Momentaufnahmen, sondern beinhalten immer eine aus der Erfahrung in der längeren Zusammenarbeit mit dem Lehrer gewonnene Einschätzung.
- Schüler kennen auch andere Lehrer und insofern sind Vergleichsmaßstäbe vorhanden (wenn auch für den Lehrer, nicht ersichtlich).
- Die im Vergleich zu externen Beobachtern größere Anzahl verringert durch die Aggregierung der Daten die Subjektivität der Gesamtaussage.
- Der Unterricht wird nicht von externen Beobachtern »gestört« und das Ergebnis somit beeinflusst.
- Lehrpersonen erhalten ein Feedback zu den Auswirkungen ihres Handelns von den direkt Betroffenen.
- Unterrichts-Feedbacks von Schülern sind weniger zeitaufwändig als solche von externen Beobachtern und vor allem billiger.
- Und zudem sind Einschätzungen von Schülern auch nicht viel subjektiver als die Benotungen der Lehrpersonen.

Welche Vorteile ergeben sich dadurch für Lehrpersonen und Schüler?

Lehrpersonen
- erhalten Rückmeldungen über ihren Unterricht und die Effektivität des Lernens und können gezielt ihre Arbeit optimieren;
- erfahren eine Wertschätzung ihrer Arbeit;

- stehen Evaluationen grundsätzlich positiver gegenüber, da sie nicht mehr am Pranger stehen;
- fühlen sich entlastet, da sie auch offiziell nicht mehr für alles allein verantwortlich sind;
- spüren vermutlich eine erhöhte Arbeitszufriedenheit mit allen Konsequenzen (Gesundheit, Burnout etc.).

Schüler und Schülerinnen

- werden sich ihrer Verantwortung für die Erreichung der Lernziele bewusst;
- realisieren (hoffentlich), dass der Unterricht ein Angebot ist, über dessen Wirksamkeit sie allein entscheiden;
- erhalten ebenfalls Rückmeldungen über die Effektivität ihres Lernens und können gezielt ihre Lernleistungen verbessern;
- können zu »reflective students« werden.

Die Schule als Ganzes kann profitieren wenn

- dadurch entwicklungsresistente oder ängstliche Lehrpersonen ins (Feedback-) Boot geholt werden können;
- die aus den Einzel-Feedbacks gewonnenen Erkenntnisse als Steuerungswissen in das System zurückfließen.

So gesehen hat »reziprokes Feedback« Vorteile für Lehrpersonen, für Schülerinnen und Schüler sowie das Gesamtsystem Schule. Und wenn es entsprechend sorgfältig eingeführt, koordiniert, ausgewertet und in Maßnahmen umgesetzt wird, entsteht eine Win-win-Situation, die die gesamte schulische Qualitätsentwicklung positiv vorantreiben kann. (Wir verwenden bewusst den Konjunktiv, denn bislang gibt es keinen empirisch gesicherten Nachweis eines Kausalzusammenhangs von Unterrichtsevaluation und Unterrichtserfolg)

Wie bei allen Evaluationen setzt natürlich auch das »reziproke Feedback« voraus, dass alle Beteiligten eine Veränderungsbereitschaft zeigen und sich einen spürbaren Mehrwert von der Befragung erhoffen. Weitere Regeln betreffen das Verfahren:

- Reziprozität verlangt die Aufarbeitung der Ergebnisse im Dialog zwischen Lehrperson und Schüler sowie eine gegenseitige Verpflichtung zur Bearbeitung der Ergebnisse.
- Die Lehrperson übernimmt auch weiterhin Verantwortung für den Lehrprozess.
- Es ist kleinschrittig vorzugehen, und die Befragung sollte sich auf einige wenige Items beschränken, die dann auch wirklich bearbeitet werden.
- Im Anschluss an die Auswertung werden realistische Ziele anvisiert und keine utopischen Hoffnungen geschürt.
- Befragungen orientieren sich an unterrichtsrelevanten Standards (siehe oben).

Und noch ein Beispiel zur Abschreckung: Befragungen wie die in Abbildung V5.2 haben keinerlei Aussagekraft, denn sie orientieren sich an irrelevanten Standards (sind aber in Befragungen angetroffen worden!)

Abb. V.15: **Beispiel für einen unsinnigen Fragebogen**				
So ist unsere Lehrperson:	++	+	– –	–
Sie hat eine ruhige Ausstrahlung				
Sie hat Humor				
Sie ist sympathisch				
Sie ist elegant				
Sie hat eine angenehme Stimme				
Quelle: Kempfert				

Instrumente des »reziproken Feedbacks«

Es gibt inzwischen eine kaum noch überblickbare Anzahl von Feedback-Instrumenten die auch im Internet zur Verfügung stehen. Alle Instrumente können relativ einfach zu reziproken Feedback-Instrumenten umgestaltet und im Unterricht eingesetzt werden. Wir beschränken uns deshalb im Folgenden auf eine Auswahl verschiedener quantitativer und qualitativer Instrumente und stellen zunächst einen Fragebogen vor, der sich an den bereits mehrfach erwähnten Standards orientiert. Dabei zeigen wir an zwei Kompetenzen die Vorgehensweise. Wir empfehlen hier eine Mischung aus quantitativer und qualitativer Datenerhebung, um die Datenbasis zu vergrößern sowie die Reflexion anzuregen (Abb. V.16).

Man kann natürlich nicht zu allen Standards deckungsgleiche Fragen aus beiden Perspektiven stellen. So hat das Verhalten der Schüler beim Standard »Unterrichtsplanung« keinerlei direkte Auswirkungen und ist demnach auch nicht reziprok abfragbar. Eine gute Planung erfordert anschließend aber eine entsprechende Umsetzung, und die gelingt wiederum nur, wenn die Schüler ihren Teil dazu beitragen.

Ein weiteres, inzwischen sehr beliebtes – weil einfach und schnell herstellbares – Instrument stellt die Zielscheibe dar (Abb.V.17). Hier erhalten zunächst alle Schüler eine Kopie in die sie ihre Punkte eintragen, und anschließend übertragen alle ihre Ergebnisse auf eine vergrößerte Kopie oder eine entsprechende Zeichnung an der Wandtafel. Um jeglichen Gruppendruck und mögliche Beeinflussung auszuschalten, kann die Lehrperson auch alle Schüler bitten, ihre Zettel einem Schüler zum Übertragen zu geben. Anschließend wird das Ergebnis nach Auffälligkeiten oder Überraschungen kommentiert, und es werden wiederum Konsequenzen in Form von Maßnahmen gezogen.

Abb. V.16: »**Reziproker Fragebogen**«					
Standards/Kompetenzen	Trifft völlig zu	Trifft zu	Trifft eher nicht zu	Trifft überhaupt nicht zu	Beispiel(e)/ Bemerkungen
Prüfungsverhalten					
Unsere Lehrperson kündigt die Tests rechtzeitig an.					
Sie räumt vor jedem Test Fragemöglichkeiten ein.					
Sie korrigiert die Tests innerhalb einer nützlichen Frist.					
Die Tests werden besprochen.					
Die Kriterien der Testbewertung sind bekannt.					
Wir können sowohl die Tests als auch die Testaufgaben behalten.					
Wir haben alte Tests zum Üben erhalten.					
Ich habe mich auf die Prüfung vorbereitet.					
Ich habe der Lehrperson vor dem Test Fragen gestellt.					
Ich wusste, was in der Prüfung drankommt.					
Ich hatte alle Unterlagen zur Prüfungsvorbereitung beisammen.					
Ich habe die Fehler nach der Rückgabe korrigiert.					
Ich habe eine Fehleranalyse zur Weiterbearbeitung erstellt.					
Hausaufgaben					
Unsere Lehrperson gibt Hausaufgaben.					
Hausaufgaben dienen der Repetition des Unterrichtsstoffs.					
Hausaufgaben vertiefen den Unterrichtsstoff.					
Unsere Lehrperson bespricht die Hausaufgaben.					
Ich mache meine Hausaufgaben allein.					
Ich erledige sie zu Hause.					
Ich repetiere den Unterrichtsstoff vor der nächsten Stunde.					
Bei Unklarheiten wende ich mich an meine Lehrperson.					
Quelle: Kempfert					

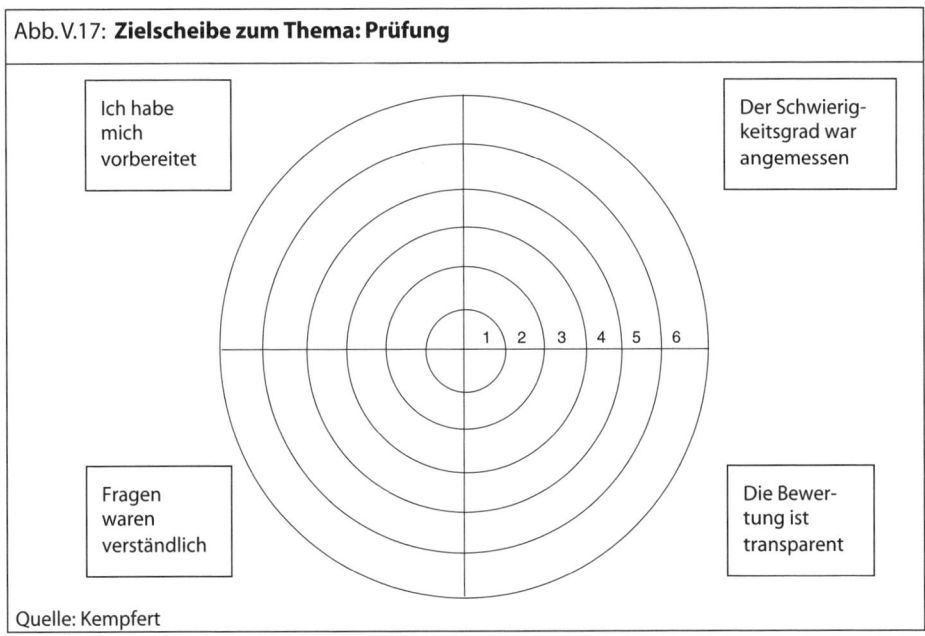

Abb. V.17: **Zielscheibe zum Thema: Prüfung**

Ich habe mich vorbereitet

Der Schwierigkeitsgrad war angemessen

Fragen waren verständlich

Die Bewertung ist transparent

Quelle: Kempfert

Manchmal wird gefragt, ob Schülerinnen und Schüler zur Unterrichtsbeurteilung überhaupt in der Lage sind. Zu dieser Frage sind umfangreiche Forschungen durchgeführt worden, in den 50er-Jahren in Deutschland und in den letzten Jahrzehnten vor allem in den USA (vgl. Buhren 1999). Sie kommen übereinstimmend zu dem Ergebnis, dass Schüler ausgesprochene Experten für die didaktische und pädagogische Qualität des Unterrichts sind. Man könnte angesichts dieser Forschungsergebnisse fragen: Wer überhaupt kann Unterricht und auch Lehrer im Unterricht besser beurteilen als die Schülerinnen und Schüler?

Allerdings erstreckt sich die Beurteilungskompetenz der Schüler nicht auf die Fachinhalte und auch kaum auf die Fachdidaktik. Dennoch können fächerbezogene Instrumente zur Unterrichtsbeurteilung durch Schüler sinnvoll zur Qualitätsentwicklung eingesetzt werden. Die Abbildung V.18 zeigt ein solches Instrument für den Englischunterricht der Oberstufe.

Fächerbezogene Fragebögen einzusetzen empfiehlt sich auch, um etwas Abwechslung in die Schülerrückmeldungen zum Unterricht zu bringen, weil eine ständige Verwendung ein und desselben Instruments sehr bald Monotonie und Abnutzungserscheinungen aufkommen ließe – vor allem bei den Schülern. Überhaupt sollten Fragebögen nicht mehr als zwei- bis dreimal pro Schuljahr ausgefüllt werden. Deshalb sollte eine gewisse Methodenvielfalt gepflegt werden, wenngleich es zu Zwecken der Evaluation nötig ist, etwa alle ein oder zwei Jahre dasselbe Instrument erneut zu gebrauchen, weil Entwicklungen und Veränderungen auf diese Weise am ehesten feststellbar sind. Bei der Methodenvielfalt spielt die Verwendung qualitativer Methoden eine besondere Rolle, weil qualitative Instrumente eine größere Daten

---

Abb. V.18: »Reziproker Fragebogen« zum Englischunterricht in der Oberstufe

Lehrperson: Klasse:

Fach: Englisch Datum:

Fragebogen für Schüler-Feedback: Wortschatzerwerb im Fach Englisch

	trifft voll und ganz zu			trifft über haupt nicht zu
1. Unser Vokabelunterricht vergrößert spürbar:	☐	☐	☐	☐
a) meinen aktiven Wortschatz (Sprechen und Schreiben)	☐	☐	☐	☐
b) meinen passiven Wortschatz (Hör- und Leseverständnis)	☐	☐	☐	☐
2. Ich kann mich in zunehmendem Maße differenziert äußern:	☐	☐	☐	☐
a) mündlich	☐	☐	☐	☐
b) schriftlich	☐	☐	☐	☐
3. Wörter lerne ich lieber nach Themen geordnet.	☐	☐	☐	☐
4. Ich möchte auf die Themenwahl Einfluss nehmen.	☐	☐	☐	☐
5. Meiner Meinung nach ist der Lernerfolg bei themenzentriertem Vokabelunterricht größer.	☐	☐	☐	☐
6. a) Ich erhalte von der Lehrperson zusätzliches Lehrmaterial. Falls zutreffend:	☐	☐	☐	☐
b) Dieses Unterrichtsmaterial ergänzt das Wörter- bzw. Lehrbuch sinnvoll.	☐	☐	☐	☐
c) Ich repetiere das zusätzliche Lehrmaterial regelmäßig.	☐	☐	☐	☐
7. Den erlernten Wortschatz kann ich gut anwenden:	☐	☐	☐	☐
Wortschatz des Lehrmittels	☐	☐	☐	☐
zusätzlichen Wortschatz	☐	☐	☐	☐
8. Der Wortschatz sollte abgefragt werden	☐	☐	☐	☐
9. Die Lehrperson kontrolliert meinen Lernfortschritt genügend.	☐	☐	☐	☐
a) durch Prüfungen (mit Notengebung)	☐	☐	☐	☐
b) durch Abfragen (ohne Notengebung)	☐	☐	☐	☐
	☐	☐	☐	☐

(Fortsetzung **Abb. V.18**)				
10. Ich übe gelernte Wörter a) Ich habe im Unterricht regelmäßig Gelegenheit, die gelernten Wörter zu üben.	☐	☐	☐	☐
Nennen Sie solche Gelegenheiten:	☐	☐	☐	☐
● Lesen von Texten	☐	☐	☐	☐
● Redesituationen	☐	☐	☐	☐
● Diskussionen	☐	☐	☐	☐
● Besuche von außerschulischen Veranstaltungen (etwa Theatervorführungen, Ausstellungen etc.)	☐	☐	☐	☐
● _____	☐	☐	☐	☐
11. Ich lerne Wörter	☐	☐	☐	☐
a) im Unterricht	☐	☐	☐	☐
b) außerhalb des Unterrichts	☐	☐	☐	☐
c) alleine	☐	☐	☐	☐
12. a) Die Lehrperson räumt genügend Zeit ein, dass ich neue Wörter lernen kann.	☐	☐	☐	☐
b) Ich nehme mir genügend Zeit, neue Wörter zu lernen.	☐	☐	☐	☐
13. a) Die Lehrperson gibt das zu erlernende Vokabular in sinnvollen Portionen als Hausaufgabe auf.	☐	☐	☐	☐
b) Ich eigne mir das zu erlernende Vokabular in ebenso sinnvollen Portionen an.	☐	☐	☐	☐
14. Ich möchte meinen Wortschatz auch selbstständig erweitern können.	☐	☐	☐	☐
15. Ich lerne Wörter besser	☐	☐	☐	☐
a) einzeln oder	☐	☐	☐	☐
b) in festen Fügungen	☐	☐	☐	☐
16. a) Ich kenne verschiedene Methoden, Wörter zu lernen. Falls zutreffend:	☐	☐	☐	☐
b) Ich wurde von der Lehrperson auf verschiedene Methoden der Wortschatzerwerbs aufmerksam gemacht.	☐	☐	☐	☐
Quelle: Kantonsschule Wohlen (Schweiz)				

vielfalt versprechen und auch eher unerwartete Ergebnisse erbringen als quantitative, die durchweg hoch standardisiert sind.

Bei qualitativen Methoden überwiegen offene Fragen. Für »reziproke Feedbacks« zum Unterricht empfehlen sich vor allem die in Abbildung V.19 gestellten Fragen.

Abb. V.19: **Reziproker qualitativer Fragebogen**
Was würdet ihr an meinem Unterricht beibehalten, und was würdet ihr ändern, wenn ihr an meiner Stelle wärt? Was könntet ihr tun, damit ihr noch mehr vom Unterricht profitiert?
Quelle: Kempfert/Rolff

Zu den qualitativen Verfahren zählen auch Gespräche über Unterricht, die durch Fragen – wie die eben genannten – gelenkt und fokussiert werden können.

Bei Gesprächen besteht das Problem, dass nicht alle zu Wort kommen und Kritiker befürchten, ihre Kritik würde die Lehrer vergällen.

Auch bei schriftlichen Befragungen qualitativer Art besteht das Problem, dass Schüler fürchten, die Lehrer würden ihre Handschrift erkennen. Abhilfe kann hier ein kleiner Evaluationsausschuss der Klasse schaffen, der nur aus Schülern besteht, der die Auswertung und die Ergebnisrückmeldung übernimmt und der sicherstellt, dass die Fragebögen unmittelbar nach der Auswertung vernichtet werden. Dieser Ausschuss müsste allerdings zuvor vom Lehrer in die Verfahrensweise eingeführt werden.

Abbildung V.20 zeigt einen Fragebogen, der es außerdem erlaubt, zwischen Einschätzung des Ist-Zustandes und Schülerwünschen zu unterscheiden. Eine Übereinstimmung ist zweifellos als Erfolg der Lehrperson zu deuten, und an Diskrepanzen lassen sich interessante Deutungsgespräche zwischen Schülern und Lehrer entfachen, die für Qualitätsentwicklung höchst belangreich sind, vor allem, wenn sie in Zielvereinbarungen über Veränderungen münden, die wechselseitig sind, zu deren Erfüllung Lehrer wie Schüler etwas beizutragen haben

Abb. V.20: **»Reziproker Fragebogen«** zur Kompetenz: Lehrer-Schüler-Beziehung				
Ist ☐ **Soll** ○				
1. Redet mit uns auch über außerschulische Dinge	☐ ☐ ☐ ☐ ○ ○ ○ ○			Redet nicht mit uns über außerschulische Dinge
2. Unser Lehrer unterstützt das Zusammengehörigkeitsgefühl in der Klasse	☐ ☐ ☐ ☐ ○ ○ ○ ○			Unser Lehrer unterstützt das Zusammengehörigkeitsgefühl in der Klasse nicht
3. Unser Lehrer nimmt sich Zeit für uns	☐ ☐ ☐ ☐ ○ ○ ○ ○			Unser Lehrer nimmt sich keine Zeit für uns
4. Ich nehme Anteil am Geschehen in unserer Klasse	☐ ☐ ☐ ☐ ○ ○ ○ ○			Ich nehme keinen Anteil am Geschehen in unserer Klasse
5. Ich nehme mir auch außerhalb des Unterrichts Zeit für Anliegen der Klasse	☐ ☐ ☐ ☐ ○ ○ ○ ○			Ich nehme mir außerhalb des Unterrichts keine Zeit für Anliegen der Klasse
Quelle: Gymnasium Liestal, Kempfert				

Auch hier wiederum genügen einige wenige Items, denn jedes Einzelne kann unter Umständen bereits wieder Maßnahmen nach sich ziehen.

»Reziprokes Feedback« eignet sich nicht nur zu einer nachträglichen Evaluation, sondern kann auch bewusst in die Unterrichtsvorbereitung eingebaut werden. Wenn nämlich Lehrpersonen bei der Unterrichtsvorbereitung sich überlegen, welche Verantwortung sie und welche die Schüler für den Unterrichtserfolg haben, wird ihnen automatisch auch klar, ob sie den Schülern dafür noch spezielle Unterstützung anbieten müssen (Abb. V.21).

Abb. V.21: »**Reziprokes Feedback**«: Strukturierungshilfe für die Planung und anschließende Erfolgsmessung eines Unterrichtsaspekts
Ich möchte Folgendes in meinem Unterricht einführen/verbessern: *Schülervorträge, die den Unterrichtsstoff ergänzen*
Welche Ziele verfolge ich dabei? *Schüler sollen selbstständig Material bearbeiten und das Wesentliche daraus in ein Kurzreferat einbauen* *sie sollen lernen, wie man einen Vortrag hält* *durch das Zusatzmaterial soll ihr Interesse am Thema erhöht werden*
Inwiefern trage ich Verantwortung für den Erfolg dieses Projekts? *bei der Themenwahl und der Materialsuche helfen* *den Schülern zeigen, wie man Vorträge schreibt und sie hält* *mit ihnen Vorträge üben* *ihnen dafür genügend Zeit in meinem Unterricht zur Verfügung stellen* *ihnen die Kriterien der Notengebung mitteilen*
Inwiefern tragen die Schüler/innen Verantwortung für den Erfolg dieses Aspekts? *rechtzeitig ein Thema wählen* *meine Erklärungen im Unterricht aktiv aufnehmen* *ihre Zeit einplanen* *mich bei Problemen um Rat fragen* *den Vortrag zu Hause üben*
Woran messe ich den Erfolg? (Indikatoren/Standards) *Am gehaltenen Vortrag, den ich auf Grund transparenter Kriterien bewerte*
Mit welchem Instrument kann ich das Feedback zum Unterrichtsprojekt durchführen? *Fragebogen, der Fragen zur Selbst- und Fremdeinschätzung beinhaltet (vgl. Abb. V.5.9)*
Quelle: Kempfert

Mit dem folgenden reziprok angelegten Feedback-Fragebogen kann die Zielerreichung des Projekts evaluiert werden (Abb. V.5.9).

Abb. V.22: »**Reziproker Fragebogen**« zu Schülervorträgen				
Beispiel Schüler/innen-Vortrag	4	3	2	1
Unsere Lehrperson gab die Beurteilungskriterien rechtzeitig bekannt (Gestik, Mimik, roter Faden, Medieneinsatz, Stimme, Inhalt)				
Wir hatten Gelegenheit, die Kriterien zu üben				
Unser Lehrer hat uns gezeigt, wie man Vorträge schreibt				
Wir haben Hinweise zur Materialbeschaffung erhalten				
Wir konnten die Lehrperson jederzeit um Rat fragen				
Ich habe mir einen Zeitplan aufgestellt				
Ich habe den Zeitplan eingehalten				
Ich hatte genügend Materialien				
Ich habe den Vortrag vorher geübt				
Weitere Bemerkungen:				
Name (fakultativ):				
Quelle: Kempfert				

Schüler-Feedbacks liegen im Trend, und immer wenn Modeerscheinungen unreflektiert kopiert werden, drohen Gefahren. In diesem Fall eine Inflationsgefahr. Wenn nämlich alle Lehrpersonen einer Schule unabhängig voneinander in all ihren Klassen Feedback-Bögen einsetzen, verkommt dieses Instrument zur Routine, und die Wirkung verstumpft.

Wir empfehlen deshalb ein vom Kollegium getragenes und auch kontrolliertes Verfahren, in dem zuvor die Rahmenbedingungen geklärt werden. Bei der Klärung dieser Bedingungen sollten u.a. die in Abbildung V.23 gestellten Fragen verbindlich geregelt werden.

Wir haben bisher in Seminaren und in Schulen sehr gute Erfahrungen mit reziproken Feedbacks gemacht und sind vor allem wegen der großen Akzeptanz von Lehrpersonen überzeugt, dass diese Methode Lehrpersonen und Schülern Wege ermöglicht, ohne Angst, sondern im Wissen ihrer gegenseitigen Verantwortung als »Ko-Produzenten« des Lernens nachhaltig an der Verbesserung der Lernleistungen der Schüler zu arbeiten. Wir sind allerdings nicht blauäugig und meinen, den Königsweg der Unterrichtsentwicklung gefunden zu haben. Mit guten Vorsätzen allein ist noch nichts erreicht. Aber auch wenn die Umstände wie gerade heute widrig erscheinen, sollte man sich dadurch nicht entmutigen lassen.

Wir gehen hier bewusst nicht auf Details des Evaluationsablaufs ein, sondern verweisen hierzu auf die sehr detaillierten Hinweise bei Burkhard/Eikenbusch/Ekholm 2003.

Abb. V.23: **Rahmenbedingungen für reziprokes Schüler-Feedback**

1. Ziel

Lehrerinnen und Lehrer der Musterschule planen und koordinieren gemeinsam Unterrichts-Feedbacks mit Schülerinnen und Schülern, um kontinuierlich die Qualität ihres Unterrichts zu verbessern. Dies ist ein Teil der Selbstevaluation unseres Unterrichts.

Die Lehrperson erhält somit eine Rückspiegelung ihrer Arbeit und wertvolle Hinweise für ihre Weiterentwicklung.

2. Grundsätzliches

- Ist die Teilnahme für alle obligatorisch?
- Ist die Klasse frei wählbar?
- Wann fangen wir an?
- Beginnen wir alle gleichzeitig?
- Führen wir Feedbacks auf allen Stufen durch?
- Gibt es zuvor ein Feedback-Training?

3. Umfang der Feedbacks

- Wie viele Feedbacks führen wir durch? In welchem Zeitraum?
- Wie viele Feedbacks erträgt eine Klasse wie oft im Jahr?
- Hängt die Anzahl der Feedbacks vom Pensum ab?

4. Durchführung der Feedbacks

- Wie werden Beobachtungsfokusse festgelegt?
- Von der Fachschaft?
- Vom Kollegium erstellter Beobachtungskatalog?
- Beobachtung des Entwicklungsschwerpunkts?
- Werden Feedbacks in Klassen angemeldet?
- Sind die Feedbacks anonym?
- Wer wertet die Feedbacks aus?
- Was passiert im Konfliktfall?
- Wie und wann erfolgt die Besprechung? Mündlich? Schriftlich?
- Welche Folgen haben die Feedbacks (Zielvereinbarungen)?
- Wir wird die Umsetzung der Maßnahmen evaluiert?

5. Organisation

- Wie wird die Durchführung kontrolliert?
- Gibt es eine Koordinationsstelle?

6. Rolle der Schulleitung

- Nimmt die Schulleitung teil?
- Überwacht sie die Durchführung?
- Was wird ihr mitgeteilt

(Fortsetzung **Abb. V.23**)

7. Rolle der Eltern

- Wie können die Eltern einbezogen werden?

8. Beobachtungsinstrumente

- Wer erarbeitet die Instrumente?
- Was geschieht mit den Instrumenten (vorher und nachher)?

9. Rückkoppelung an das System und Evaluation

- Erfolgt eine Rückkoppelung an das System? Wenn ja, wie?
- Gibt es einen kollegialen Austausch?
- Gibt es eine Gesamtevaluation? Zwischenevaluationen?

10. Daten

- Was geschieht mit den Daten (Einsicht, Archivierung, Entsorgung)?
- Wie stellen wir die Vertraulichkeit sicher?
- Dürfen Schüler die Ergebnisse notieren und mit nach Hause nehmen?
- Geben wir den Schülern eine Kopie der Ergebnisse?
- Wer muss informiert werden? (Eltern, Vorstand, Schüler ...)? Wie, wann, von wem?
- Was teilen wir den Schülern nach den Feedbacks mit?

Quelle: Kempfert

6. Kollegiale Unterrichtshospitation

Eine Selbstevaluation durchzuführen erfordert für Lehrpersonen keinen besonderen Mut, eine Schülerbefragung dagegen schon. Die Tür des Klassenzimmers für externe Beobachter zu öffnen und damit die bislang geschützte Intimsphäre des Unterrichts anderen zu zeigen erfordert erfahrungsgemäß am meisten Überwindung. Zu wissen, dass ein ebenso gut ausgebildeter Kollege womöglich sofort die Schwachstellen des Unterrichts erkennt und sie vielleicht publik macht, löst bei manchen Lehrpersonen bereits Schweißperlen aus. Dies, obwohl kollegiale Unterrichtsbeobachtung sicherlich eine der wirksamsten Formen der Unterrichtsevaluation darstellt. Es gilt also, diese Angst zu überwinden, und um dies zu erreichen, müssen einige Prinzipien im Vorfeld solcher Besuche geklärt werden. Zu den wesentlichen Grundsätzen kollegialer Unterrichtsbesuche gehören die folgenden:

- Die besuchte Lehrperson wählt sich ihren Beobachter selbst aus. Dabei ist es überhaupt nicht erforderlich, dass der Beobachter das gleiche Fach unterrichtet, also quasi als Fachperson auftritt, um dadurch seine Autorität unter Beweis zu stellen. Gerade der fremde Blick bzw. der Blick auf die vom Fach unabhängige Beobachtungsfrage erhöht die Akzeptanz, vielleicht auch weil der verdeckte Konkurrenzdruck wegfällt. Entscheidend bei der Partnerwahl ist vor allem das gegenseitige Vertrauen.
- Der Beobachter/die Beobachterin konzentriert sich auf einen einzigen Beobachtungsfokus und notiert lediglich Beobachtungen und keine Beurteilungen resp. trennt klar zwischen Beobachtung und Beurteilung.

Das Ziel kollegialer Hospitation besteht für den Beobachteten darin, Aufschlüsse über blinde Flecken zu erhalten, die als Anstoß zur Selbstreflexion dienen und dadurch zu einer Weiterentwicklung der Professionalität führen. Dies kann aber nur geschehen, wenn es keine Verletzungen z.B. durch »ver«urteilende Rückmeldungen gibt. Die Rückmeldungen sind insofern besonders entscheidend, als sie die Selbstreflexion der Lehrperson durch die diskursive Auseinandersetzung entscheidend stimulieren.

Die besuchte Lehrperson soll vor allem in ihrer Unterrichtskompetenz gefördert und bestärkt werden, weshalb auch und besonders bei der Rückmeldung auf positive Elemente geachtet werden soll.

Es lernt dabei automatisch auch der Beobachter, der die Handlungen des Partners natürlich immer, wenn auch unbewusst, als Spiegel seiner selbst wahrnimmt und einen Abgleich mit seinem Unterricht vornimmt.

Kollegiale Unterrichtshospitationen sind häufig auch sanfte Einstiege in Teamentwicklung; denn wir beobachten immer wieder, dass es im Anschluss von mehreren Besuchen zu gemeinsamen Projekten der Unterrichtsentwicklung kommt.

Bei kollegialen Unterrichtshospitationen gelten neben den genannten Voraussetzungen selbstverständlich auch alle bereits mehrfach erwähnten wie die Veränderungsbereitschaft, der erhoffte »Mehrwert«, klare Abmachungen und ein professionelles Feedback mit anschließenden Zielvereinbarungen

Ablauf einer kollegialen Unterrichtshospitation

Der fördernde, nicht in die Beurteilung eingehende Unterrichtsbesuch läuft in drei Schritten ab: Zunächst gibt es ein Gespräch zwischen beiden Lehrpersonen und nach dem Unterrichtsbesuch (oder mehreren) erfolgt das Auswertungsgespräch, verbunden mit einer Art Zielvereinbarung.

Vorbereitung des Besuchs

Bei der Vorbesprechung des Unterrichtsbesuchs wird der Termin des Besuchs sowie der Nachbesprechung festgelegt. Zudem bietet er die Gelegenheit, einmal in Ruhe sowohl über allgemeine als auch pädagogische Themen miteinander zu reden. Deshalb sollte man sich zwischen 30 und 60 Minuten Zeit nehmen und darf die Abmachung nicht im Lehrerzimmer zwischen Tür und Angel treffen.

Da der Unterrichtsbesuch einen ausschließlich fördernden Charakter hat, soll die besuchte Lehrperson angeben, worauf beim Unterrichtsbesuch geachtet werden soll. Wie bei allen Evaluationen sollen sich die Fokusse an solchen Kriterien wirksamen Unterrichts orientieren, die überhaupt beobachtbar sind (Unterrichtsplanung gehört also nicht dazu). Die am häufigsten gewünschten Themen sind gewöhnlich:

- Fragestellungen,
- Bewegung im Unterricht,
- Körpersprache,
- Einsatz von Medien,
- Lehrer-Schüler-Beziehung,
- Einbezug von Jungen und Mädchen,
- Klarheit der Sprache,
- Klassenführung.

Wir hören zumeist zwei Einwände gegen diese strikte Fokussierung auf lediglich einen vom Lehrer ausgewählten Beobachtungspunkt. Zunächst unterstellt man, dass die Lehrperson sich dabei bequem aus der Affäre ziehen kann, indem sie Stärken beobachten lässt und dadurch ihre Stellung im Kollegium nicht unterminiert. Andere Kritiker vermissen die Möglichkeit, neben dem vereinbarten Fokus auch noch die von ihnen vielleicht bemerkten »wirklichen Defizite« aufzuschreiben und dem Lehrer mitzuteilen, damit »es ihm endlich mal jemand sagt«. Beide Kritikpunkte hängen unserer Meinung mit der berufsbedingten Defizitorientierung sowie einer Misstrauenskultur zusammen und zeigen, wie schwierig es mitunter ist, Lehrpersonen verständlich zu machen, dass Verhaltensveränderungen (nicht nur im Unterricht) nur freiwillig auf Grund einer Selbstreflexion passieren und dass die vielen gut gemeinten Ratschläge mehr als »Schläge« denn als »Rat« empfunden werden.

Bei der Festlegung des Fokus gibt es zwei unterschiedliche Möglichkeiten der Beobachtung. Die Lehrperson möchte ein bestimmtes Ziel erreichen und möchte diese Zielerreichung durch einen Kollegen beobachten lassen. Bei solch einer Hospitationsform empfehlen wir, eine Abmachung wie in Abbildung V.24 zu treffen.

Abb. V.24: **Zielklärung vor einem Unterrichtsbesuch**
1. Welches Ziel/welche Ziele verfolgst du in dieser Klasse/in dieser Stunde/in deinem Fach?
2. Zu welchem Ziel möchtest du eine Rückmeldung von mir erhalten?
3. Welches sind für mich beobachtbare Indikatoren, ob das Ziel erreicht wurde?
Quelle: Kempfert/Ludwig

Eine weitere Möglichkeit besteht darin, dass die besuchte Lehrperson, aus welchen Gründen auch immer, eine Rückmeldung über irgendeinen Standard wünscht und z.B. erfahren möchte, wie sie Beiträge von Schülerinnen und Schülern im Unterricht einbaut. Natürlich steckt auch hinter diesen Wünschen immer ein Ziel. Im Gegensatz zur ersten Methode gibt es aber keine klare Messung der Zielerreichung oder Nicht-Zielerreichung, sondern eine erste Bestandsaufnahme die ihrerseits wiederum zu Zielvorgaben führen kann.

Bei der Diskussion über das Beobachtungskriterium ist es unerlässlich, die Fragestellung genau zu klären und auch hinsichtlich ihrer Protokollierbarkeit zu überprüfen. So macht es nicht nur wenig Sinn, sondern erweist sich in der Praxis als nahezu undurchführbar, »die Sprache« einer Lehrkraft zu beobachten. Hier ist eine differenziertere Aufgabenstellung unumgänglich. Möglich wäre eine Beobachtung einzelner Fassetten, wie z.B. Modulation der Stimme, Verständlichkeit, Lautstärke, Ironie etc. Diese Präzisierung ist deshalb so wichtig, weil der nächste Schritt darin besteht, ein Protokollraster zu erstellen. Je nach Aufgabenstellung drängt sich eine andere Beobachtungsmethode mit der entsprechenden Technik auf. Mögliche Instrumente der Unterrichtsbeobachtung können sein

- Zeichnungen (vom Bewegungsablauf im Unterricht),
- Zählungen (Anzahl Fragen, Anzahl Antworten etc.),
- Zeitmessungen (Zeitanteil der Lehrperson und Zeitanteil der Schüler/innen),
- Protokolle (Wiedergabe von Fragen oder Arbeitsanweisungen),

- Beschreibungen (Schülerverhalten bei Lehrererklärungen, Lehrerverhalten bei Störungen),
- Tonband/Videoprotokolle.

Beispiel: Ein Lehrer hatte Disziplinprobleme in seiner Klasse und bat seinen Kollegen um eine Beobachtung. Das Ziel in seinem Unterricht bestand darin, ein lernförderndes Klima im Unterricht herzustellen, sodass alle Schüler vom Unterricht profitieren können und er nicht kostbare Zeit für disziplinarische Maßnahmen verwenden musste. Der Indikator war für ihn, dass die Klasse während einer längeren Zeit konzentriert und ruhig arbeiten würde. Das Beobachtungsinstrument sah folgendermaßen aus:

Abb. V.25: **Beobachtungsinstrument zum Stundenverlauf**		
Phase	**Verhalten respektive Reaktion des Lehrers**	**Verhalten respektive Reaktion der Schüler/innen**
Einstieg		
Arbeitsaufträge des Lehrers		
Gruppenarbeit		
Auswertung		
Transfer durch Unterrichtsgespräch		
Quelle: Kempfert		

Im Zuge der vielerorts geforderten Transparenz taucht immer wieder die Frage auf, ob es denn nicht fairer wäre, der Lehrperson vor der Stunde dieses Instrument ebenfalls zu geben, damit sie von Anfang an weiß, wie beobachtet wird. Für Schulungszwecke mag dies sicherlich sinnvoll und auch hilfreich sein, für die Diagnose des Unterrichts hingegen ist es kontraproduktiv, weil

- Lehrkräfte vom Raster geleitet werden könnten und sich besonders bemühen, ihm gerecht zu werden (»teaching to the test«),
- auch ein optimal vorbereitetes Raster immer mal wieder während des Unterrichts modifiziert wird und auch modifiziert werden muss, dies dann aber der Lehrperson nicht mehr mitgeteilt werden kann.

Unterrichtsbesuch

Während des Unterrichtsbesuchs besteht die Aufgabe des Beobachters lediglich darin, ein möglichst lückenloses Protokoll des vereinbarten Beobachtungskriteriums anzufertigen. Es ist im Sinne der Prozessethik nicht statthaft, andere Kriterien ebenfalls zu protokollieren, weil man den Eindruck hat, es bestünde in jenem Bereich noch ein Verbesserungsbedarf. Ebenso wenig dürfen Kommentare oder gar bereits Interpretationen auf dem Protokoll erscheinen. Der Sinn der fokussierten kollegialen Hospitation besteht ja gerade in der Unterstützung der Lehrpersonen, und die Analyse soll gemeinsam auf Grund des Unterrichtsprotokolls erfolgen. Dies schließt natürlich nicht aus, dass man sich Notizen auf einem separaten Blatt macht, die das Beobachtungskriterium betreffen.

Abbildung V.26 zeigt das hier stark gekürzt wiedergegebene Unterrrichtsprotokoll nach der Stunde.

Abb. V.26: **Ausgefülltes Beobachtungsinstrument zum Stundenverlauf**		
Phase	**Verhalten respektive Reaktion des Lehrers**	**Verhalten respektive Reaktion der Schüler/innen**
Einstieg	Lp betritt vor dem Klingeln das Klassenzimmer, unterhält sich mit einigen Schülern und schreibt nach Klingeln an die Wandtafel »Nahostkonflikt« und bittet die Schüler um ihre Meinungen zu den Ursachen des Konflikts. Lp ermahnt alle zuzuhören und wiederholt die Frage. Lp schreibt Schüleräußerungen kommentarlos an die Tafel.	Schüler betreten nach und nach das Klassenzimmer, unterhalten sich, trinken und setzen sich. Nach dem Klingeln kommen zwei Schüler und setzen sich wortlos hin. Einige Schüler packen ihre Geschichtssachen aus, andere nicht. Schüler geben unterschiedliche Meinungen zu den Ursachen des Konflikts
Quelle: Kempfert		

Es ist wichtig, sich wirklich auf eine Beschreibung der Ereignisse zu konzentrieren und alle Wertungen zu unterlassen. Dies ist in der Realität allerdings schwieriger, als man glaubt. Wie schnell z.B. hätte man schreiben können: »Lp versäumt es zu warten, bis alle da sind ...«, und schon wäre eine Beurteilung erfolgt.

Feedback-Gespräch

Nach dem Unterrichtsbesuch kann man entweder das Unterrichtsprotokoll kopieren und seinem Kollegen aushändigen oder zu Hause überarbeiten und es vervollständigen. Wichtig ist auf jeden Fall, dass die beobachtete Lehrperson das Protokoll vor dem Feedback-Gespräch erhält, um die Daten in Ruhe allein zu analysieren und sich für die Besprechung vorzubereiten. Dieses Protokoll bildet die erforderliche Datenbasis für das Gespräch, denn nur auf Grund dieser Daten kann ein lernförderndes Gespräch gelingen.

Das Gespräch wird immer von der beobachteten Lehrperson eröffnet, denn sie muss zunächst die Gelegenheit erhalten, Verständnisfragen zum Protokoll zu stellen und anschließend ihre Eindrücke, Vermutungen und Interpretationen zu schildern. Erst dann schildert der Beobachter, wie die beobachteten Ereignisse auf ihn gewirkt haben. Mögliche Maßnahmen wiederum sollten dialogisch diskutiert werden, aber es ist Sache der besuchten Lehrperson zu entscheiden, welche Maßnahme sie wie und bis wann umzusetzen gedenkt.

Dieses Feedback-Gespräch bildet den Kern der Selbstreflexion und ist wegen seiner möglichen Verletzungsgefahr besonders professionell durchzuführen. Es ist deshalb unabdingbar, sich an allgemeine Feedback-Regeln zu halten. Dieses Feedback soll für beide Gesprächspartner lernfördernd sein, da ansonsten eine Qualitätsverbesserung nicht möglich ist. Daraus leitet sich ab, dass der Geber des Feedbacks sich auf seine subjektiven Wahrnehmungen beschränkt und dies auch deutlich macht. Ein Feedback ist erfahrungsgemäß erfolgreich, wenn beide Partner in einem Vertrauensverhältnis auf nahezu gleichberechtigter Ebene ihre Wahrnehmungen austauschen und anschließend gemeinsam interpretieren können. Insofern bilden Feedback-Besuche auch einen Mosaikstein in der Entwicklung einer Feedback-Kultur im Kollegium.

Voraussetzungen für ein lernförderndes Feedback:
- Es wird erteilt im Bewusstsein der eigenen Subjektivität, und
- es berücksichtigt die momentane Situation des Empfängers.

Merkmale des lernfördernden Feedbacks:
- Es erfolgt in gegenseitigem Einverständnis,
- bezieht sich auf konkrete Wahrnehmungen und beschreibt diese,
- konzentriert sich auf die Stärken, ohne die Schwächen zu ignorieren,
- Geber macht eigene Werte transparent,
- Geber verletzt Empfänger nicht (z.B. durch Abwertung),
- Geber spricht in Ich-Botschaften.

Der Empfänger
- ist einverstanden, ein Feedback zu erhalten,
- hört einfach zu,
- stellt bei Unklarheiten Rückfragen,
- verteidigt sich nicht,
- äußert abschließend seine Gefühle, schildert seine Optik des Gehörten,
- bedankt sich für das Feedback.

Interpretationen erfolgen abschließend gemeinsam und bilden die Grundlage von Zielvereinbarungen.

Man kann nicht einfach davon ausgehen, dass in jeder Schule die Bekanntgabe von Feedback-Regeln genügt, um erfolgreiche Gespräche zu führen. Deshalb sind sowohl für die Schulleitung als auch für das Kollegium entsprechende Fortbildungen nötig. Dies ist nicht nur hilfreich für die Feedback-Gespräche, sondern fördert ebenso die allgemeine Kommunikationskultur im Kollegium. Man wird dies allerdings nicht in einem eintägigen Seminar erlernen können. Gerade bei dieser Thematik zeigt sich, wie wichtig immer wiederkehrende Veranstaltungen sind, damit die Techniken einerseits erlernt werden und die gesamte Thematik andererseits in der Schule akzeptiert wird. Dann sind es nicht mehr vereinzelte »Psycho«-Kollegen, die durch scheinbar esoterische Gesprächsformen auffallen. Dadurch kann im Laufe der Jahre sowohl die Kommunikationsfähigkeit als auch die Einsicht in deren Notwendigkeit an Schulen wachsen. Schließlich ist eine gute Kommunikationskultur, unabdingbare Voraussetzung für eine systematische Qualitätsentwicklung. Denn die größere Kooperation der Lehrkräfte bedingt ein höheres Maß an Kommunikation, als es die bisher übliche »normale« Schulentwicklung erforderte.

Im vorliegenden Fall zeigte sich bei der Betrachtung des Protokolls folgendes Bild: Das Protokoll zeigte, dass es sowohl sehr ruhige als auch einige unruhige Phasen gab. Der Lehrer hatte allerdings fast nur die unruhigen zur Kenntnis genommen, und bei der Analyse der ruhigen stellte er fest, dass dort die Arbeitsaufträge sehr klar und zielorientiert formuliert wurden, während sie in den anderen Phasen offener waren. In diesen Phasen betreute der Lehrer die einzelnen Gruppen nicht, da er die gewünschte kreative Phase nicht stören wollte, während er in den anderen Phasen die Lernfortschritte kontrollierte und den Gruppen individuelle Unterstützung gab. Das Protokoll gab keine Auskunft darüber, ob einzelne Schüler speziell gestört hatten, und nach Einschätzung des Lehrers war dies auch nicht der Fall. Diese Feststellungen veranlassten den Lehrer zu folgenden Vermutungen: Anscheinend war es in dieser Klasse angebracht, eher klare Aufträge zu erteilen, und möglicherweise schätzten oder brauchten die Schüler sogar in allen Phasen seine Unterstützung.

Aus solchen und ähnlichen Fragen entwickeln sich immer Gespräche, die über das beobachtete Phänomen hinausgehen, denn die pädagogische Grundhaltung spiegelt sich schließlich in allen Bereichen. Insofern muss auch nicht befürchtet werden, dass Feedback-Besuche und deren Besprechungen lediglich minimale Kosmetikoperationen ohne Nachwirkungen darstellen.

Nach der gemeinsamen Interpretation ergibt sich am Ende zwangsläufig die Frage, was auf Grund der gewonnenen Erkenntnisse geschieht. An diesem Punkt ist es unerlässlich, dass in jedem Fall Maßnahmen in Form von Zielvereinbarungen getroffen werden. Dies kann allerdings, wie bereits erwähnt, nur gelingen, wenn die betroffene Lehrperson dazu bereit ist, den Sinn der Vereinbarung erkennt und auch akzeptiert. Im gemeinsamen Gespräch werden mögliche Maßnahmen erörtert und schriftlich festgehalten.

Ausgangspunkt der Vereinbarungen ist immer das beobachtete Phänomen. Die zu treffenden Maßnahmen sollten sich an folgenden Kriterien orientieren:

- sie beschränken sich auf das tatsächlich Machbare,
- sie werden nach einem vereinbarten Zeitpunkt evaluiert.

Es hat keinen Sinn, Maßnahmen zu vereinbaren, die finanziell aus dem Rahmen fallen oder nur durch eine längere Fortbildung der Lehrkraft zu erreichen wären.

Da es sich bei Kollegen um zwei auf der gleichen Hierarchiestufe stehende Personen handelt, gibt es allerdings keine Möglichkeit, die Verbindlichkeit der Umsetzung zu überprüfen. Dies aber ist unbedingt erforderlich, weil sonst wieder einmal »viel Lärm um nichts« resp. eine Evaluation ohne Maßnahmen erfolgt. Dies sollte natürlich nicht die Regel sein, denn die Hospitationen erfolgen ja aus eigenem Antrieb. Aber angesichts der Schulrealität hilft die Verbindlichkeit den Lehrern, auch wirklich an die Maßnahmen zu denken. Eine Möglichkeit besteht darin, dass man mit dem Tandempartner einen Vertrag schließt oder dass es einen Koordinator für Unterrichtshospitationen gibt, der die Evaluation der Maßnahme durch den Tandempartner einfordert. Eine weitere Möglichkeit besteht natürlich auch darin, der Schulleitung zwar nicht den Inhalt der Maßnahme, aber immerhin den Vollzug zu melden. Natürlich kann man jetzt einwenden, dass jeder dieser Vorschläge immer wieder unterlaufen werden kann, und das stimmt auch. Aber Lehrer können ohnehin jede Maßnahme unterlaufen, wenn sie wollen, genau so wie Schulen immer schon jegliche von oben verordneten Reformen erfolgreich abblocken konnten. Insofern hat es auch gar keinen Sinn, viel Energie in ohnehin nicht funktionierende Kontrollmechanismen zu investieren, sondern eine der oben beschriebenen Verbindlichkeiten zu praktizieren und ansonsten darauf zu vertrauen, dass die meisten Lehrerinnen und Lehrer ein genuines Interesse an ihrer Weiterentwicklung haben und diese auch realisieren, wenn sie die Möglichkeit dazu erhalten. Und wenn dies gelingt, dann hat es auch Auswirkungen auf das Gesamtsystem. Denn wenn sich die Unterrichtsqualität der individuellen Lehrpersonen verbessert und ihre Einsicht in die Notwendigkeit von Schulentwicklungsfragen zunimmt, dann verbessert sich zwangsläufig auch die Qualität der Schule.

Beobachter-Varianten

a) Soll die Schulleitung nicht in die Beurteilung einfließende Unterrichtsbesuche durchführen?

Werden Schulleiter nicht einzig und allein wegen ihrer Führungskompetenz (oder administrativen Fähigkeiten) ausgewählt? Ist es nicht ein Widerspruch, dass Schulleiter einerseits beurteilen und andererseits auch noch fördern sollen. Und sind sie überhaupt ausgebildet dazu? Wird durch Unterrichtsbesuche etwas bewegt, etwas verbessert oder werden dadurch nicht lediglich Repressionsmethoden legalisiert? Wird das Duckmäusertum gefördert? Was passiert mit den Daten? Sind diese Stunden beförderungsrelevant? Wird damit dem Leistungslohn Vorschub geleistet? Kann man den für die Qualifizierung der Lehrkräfte zuständigen Schulleitern zumuten, dass sie sowohl Inspektions- als auch Beratungsfunktionen übernehmen? Können sie jedes Mal unterscheiden, ob sie gerade den Chefhut oder den Kollegenhut aufhaben? Wäre es – systemisch betrachtet – nicht logischer, beide Rollen auch personell klar zu trennen und die Beratung außerhalb des Kollegiums anzusiedeln – womöglich sogar durch externe Profis durchführen zu lassen?

Unserer Meinung nach ist dieser Widerspruch ein konstitutives Element von Erziehung schlechthin. Schließlich bestehen alle erzieherischen Handlungen sowohl aus fördernden wie aus qualifizierenden bzw. aus beratenden und beurteilenden Elementen. Jede Lehrperson möchte ihren Schülern Unterrichtsinhalte so vermitteln, dass diese sie auch verstehen. Gleichwohl kommen durch die unweigerlich folgenden Benotungen die Guten wieder ins Töpfchen, und das Karussell beginnt sich erneut zu drehen.

Insofern ist es nicht plausibel, hier einen unlösbaren Widerspruch zu konstatieren. Trotzdem ist Vorsicht geboten, wenn Schulleiter/innen in Projekten von kollegialer Unterrichtshospitation als scheinbar gleichberechtigte Tandempartner mitmachen, denn sie sind es schlicht nicht. Vorstellbar und auch wünschbar ist, dass Mitglieder der Schulleitung sich gegenseitig besuchen und insofern am Gesamtprojekt beteiligt sind. Wenn eine Lehrperson allerdings von sich aus den Wunsch äußert, mit einem Mitglied der Schulleitung ein Tandem zu bilden oder in einem Trio dabei zu sein. ist dagegen nichts einzuwenden. Am Gymnasium Liestal wurden Feedback-Besuche zunächst durch die Schulleitung durchgeführt, allerdings handelte es sich nicht um gegenseitige, sondern einseitige Hospitationen. Diese Besuche verliefen nach dem oben beschriebenen Muster, und die Tatsache, dass die Schulleitung sie durchführte, hat zu keinerlei Problemen geführt, sondern vielleicht sogar den Boden für das nun im Kollegium gestartete Projekt der kollegialen Unterrichtshospitation gelegt.

b) Können Schülerinnen oder Schüler die Beobachtungen durchführen?
Schließlich sind Schülerinnen oder Schüler ja ohnehin im Unterricht, und die Lehrperson würde damit signalisieren, dass sie die Schüler ernst nimmt, und vor allem wüssten alle, dass sie an der Verbesserung ihres Unterrichts interessiert ist. Und die Auswertung könnte ebenfalls mit der ganzen Klasse geschehen, und die Mitschüler könnten die Beobachtungen aus ihrer Sicht ergänzen und interpretieren.

Es gibt zu dieser Frage wie überhaupt zum gesamten Komplex der Unterrichtsbeobachtung noch keine Forschungsergebnisse. Aber aus unserer Sicht stehen wir diesem Ansinnen sehr skeptisch gegenüber.

Zunächst einmal müsste ihnen die Lehrperson zeigen, wie man beobachtet und wie Beobachtungen von Beurteilungen zu unterscheiden sind. Sie müsste ihnen wohl auch bei der Konstruktion des Instruments helfen und wäre eher versucht, entsprechend dem Instrument zu unterrichten. Schließlich aber, und dies ist der Haupteinwand: Schüler können als »beschulte Objekte« nicht bei der Auswertung in die scheinbar objektive Rolle des Beobachters schlüpfen und neutral ihre Eindrücke vermitteln. Denn es besteht nun einmal ein starkes Abhängigkeitsverhältnis und es wäre nicht nur töricht, sondern auch unverantwortlich, dies zu ignorieren.

Weiterhin muss man sich fragen, was Schüler dabei eigentlich lernen, außer möglicherweise wie man beobachtet und welche Methode man dabei anwendet.

Schließlich muss man sich die Situation auch einmal ganz konkret vorstellen: Ein Schüler übernimmt die Rolle des Beobachters und kann deshalb am Unterricht natürlich nicht teilnehmen, denn Beobachtungen notieren kann man nicht nebenbei. Und dadurch verpasst er Unterrichtsstoff.

Vielleicht entfährt Ihnen jetzt ein ›so what?‹. Ist das gravierend? Und genau das Gleiche sagen vielleicht auch die betroffenen Schüler. Damit signalisiert die Lehrperson aber dreierlei:

1. Der Stoff ist nicht wirklich wichtig (wodurch auch die Evaluation wieder beeinträchtigt wird: Wird z.B. die »Beteiligung« beobachtet, hat die Wichtigkeit des Stoffs einen direkten Bezug auf die Beteiligung. Vielleicht meldet sich niemand, weil alle merken, dass es unwichtig ist, vielleicht melden sich viele, weil es leicht ist).
2. Der Stoff ist zwar wichtig, aber nicht für die beobachtenden Schüler. Die brauchen ihn nicht, weil sie entweder viel intelligenter sind als der Rest der Klasse, oder – noch schlimmer – sie verstehen ihn eh nicht.
3. Der Stoff ist sehr wichtig, und die Beobachter müssen ihn selbstverständlich zu Hause nachholen. Somit werden sie bestraft, und der Lehrer signalisiert, dass man seinen Unterrichtsstoff auch problemlos ohne Unterricht lernen kann.

Keine der drei Signale empfinden wir qualitätsfördernd. Deshalb: Hände weg von dem Einsatz von Schülern als Beobachter. Denn schließlich sind sie auch weiterhin Schüler, und vielleicht neigen sie sogar (wenn auch unbewusst) dazu, ein paar Striche mehr zu machen, schließlich wissen sie, was der Lehrer als gut empfindet.

Varianten der Festlegung von Beobachtungsschwerpunkten

Normalerweise sollte die besuchte Lehrperson den Fokus der gewünschten Beobachtung festlegen; denn sie hat ein bestimmtes Interesse, darüber etwas zu erfahren, und dieses Interesse ist Voraussetzung für eine erfolgreiche Selbstreflexion. Es kann, allerdings immer mit Zustimmung der Betroffenen, auch andere Möglichkeiten der Fokusbestimmung geben:

a) **Der Beobachter legt einen Fokus fest, ohne ihn der besuchten Lehrperson mitzuteilen**
Nachdem in den ersten Besuchen die Wahl des Beobachtungsfokus der beobachteten Lehrperson überlassen wurde und ein Vertrauensverhältnis und auch eine Sicherheit in der Praktizierung dieser Methode gewonnen wurde, empfehlen wir, in der nächsten Phase die Wahl des Fokus dem Beobachter zu überlassen. Da diese Beobachtungsform von beiden praktiziert wird, besteht eine »Reversibilität der Beziehungen« (**Tausch/Tausch**) und somit auch eine hohe Erfolgschance.

Auch bei dieser Variante findet zunächst ein Gespräch über den Inhalt und ungefähren Verlauf der Unterrichtsstunde statt. Auf Grund des Gesprächs kann sich der Beobachter einen Fokus aussuchen, von dem er nun weiß, dass er in der Lektion überhaupt beobachtbar ist. Dies erfordert eine Vertrauensbasis zwischen den beiden Lehrpersonen, und vor allem erfordert es auf Seiten des Beobachters die Kenntnis unterrichtsrelevanter und -wirksamer Merkmale. Dies wiederum ist nur möglich, wenn die Lehrperson über eine entsprechende »didaktische Expertise« (Helmke) verfügt, sich also – ceterum censeo – wie ein »reflective practitioner« verhält.

Was sind die Vorteile dieser Variante? Die beobachtete Lehrperson ist sich des Beobachtungsfokus nicht bewusst und kann sich völlig »unbelastet« auf das Unterrichtsgeschehen konzentrieren und vermeidet dadurch mit Sicherheit ein »teaching to the test«. Es ist selbstredend so, dass die beobachtete Lehrperson natürlich nicht völlig unbelastet ist, da sie sich möglicherweise Gedanken darüber gemacht hat, was denn wohl beobachtet werden könnte, und vielleicht ist sie anschließend auch enttäuscht über die Wahl. Aber abgesehen von der banalen Feststellung, dass es ohnehin keine hundertprozentig richtige Methode für alle Lehrpersonen gibt, sehen wir einen weiteren wichtigen Vorteil darin, dass auf diese Art unterrichtsrelevante Beobachtungsfokusse gewählt werden, die zwar auf den ersten Blick die beobachtete Lehrperson aus welchen Gründen auch immer nicht sonderlich interessiert, deren Bearbeitung für ihren Unterricht aber hoch bedeutsam ist.

b) Das Kollegium oder die Fachgruppe legt den Fokus fest

Es ist denkbar (und auch wünschbar), dass ein Kollegium oder eine Fachgruppe einen den Unterricht tangierenden Entwicklungsschwerpunkt festlegt und beschließt, dass die Auswirkungen Gegenstand der Unterrichtsbesuche sein sollen. Denkbar sind konkrete Vorhaben wie »Begabtenförderung«, »Verbesserung des Leseverständnisses« oder »Geschlechtergerechtes Verhalten von Lehrpersonen im Unterricht«. Dabei soll festgestellt werden, wie diese Schwerpunkte vermittelt werden und welche Auswirkungen sie haben. Von den Ergebnissen profitieren dabei sowohl die individuellen Lehrpersonen als auch das gesamte Kollegium oder die Fachgruppe, und anhand der Datenanalyse hat man wiederum Erkenntnisse für die Weiterentwicklung gewonnen.

c) Schulleitung legt den Fokus fest

Es wäre durchaus denkbar, dass die Mitglieder der Schulleitung auf Grund von Rückmeldungen, Beobachtungen, Interesse, Erkenntnissen aus der Literatur etc. einen gemeinsamen Beobachtungsfokus für einen bestimmten Zeitraum bei allen Unterrichtsbesuchen festlegen und diesen natürlich auch dem Kollegium bekannt geben. Dies könnte im Zusammenhang mit dem aktuellen Entwicklungsschwerpunkt, einem Leitsatz des Leitbilds oder einer Maßnahme des Schulprogramms stehen. Die Schulleitung erhielte so einen natürlich anonymen Überblick über einen speziellen Sektor von Lehrerverhalten im Unterricht und könnte für die Organisation als Ganzes Vorschläge erarbeiten. Uns ist allerdings kein Fall bekannt, in dem eine Schullei-

---

Abb. V.27: **Rahmenbedingungen kollegialer Unterrichtshospitationen**

1. Ziel

Lehrerinnen und Lehrer der Musterschule besuchen sich gegenseitig im Unterricht, um kontinuierlich die Qualität ihres Unterrichts zu verbessern. Dies ist ein Teil der Selbstevaluation unseres Unterrichts.

Die Lehrperson erhält auf kollegialer Ebene eine Rückspiegelung ihrer Arbeit und wertvolle Hinweise für ihre Weiterentwicklung.

2. Grundsätzliches

- Ist die Teilnahme für alle obligatorisch?
- Bilden wir Tandems oder Trios?
- Ist der Partner/die Partnerin frei wählbar?
- Kann man die Partnerin/den Partner wechseln?
- Wie lange bestehen Tandems/Trios?
- Wann fangen wir an?
- Beginnen wir alle gleichzeitig oder gibt es einen Pilotversuch?
- Welche Ressourcen benötigen wir?
- Gibt es zuvor ein Feedback-Training?

3. Umfang der Besuche

- Wie viele Besuche führen wir durch? In welchem Zeitraum?
- Wie viele Besuche erträgt eine Klasse wie oft im Jahr?
- Wird die Durchführung kontrolliert und wenn ja wie?
- Gibt es eine Koordinationsstelle?
- Hängt die Anzahl der Besuche vom Deputat ab?

4. Durchführung der Besuche

- Legen Tandems/Trios ihre Ziele individuell fest oder gibt es gemeinsame Beobachtungsfokusse für alle?
- Werden Besuche angemeldet?
- Was passiert im Konfliktfall?
- Erfolgen die Besuche während der eigenen Unterrichtszeit?
- Werden allgemeine Eindrücke notiert und mitgeteilt?
- Wie und wann erfolgt die Besprechung?
- Welche Folgen haben die Besuche (Zielvereinbarungen)?

5. Rolle der Schulleitung

- Nimmt die Schulleitung teil?
- Überwacht sie die Durchführung?
- Beobachtungsinstrumente
- Wer erarbeitet die Instrumente?
- Was geschieht mit den Instrumenten (vorher und nachher)?

(Fortsetzung **Abb. V.27**)

6. **Rückkoppelung an das System und Evaluation**

- Erfolgt eine Rückkoppelung an das System? Wenn ja, wie?
- Gibt es eine Gesamtevaluation? Zwischenevaluationen?

7. **Daten**

- Wer muss informiert werden? (Eltern, Vorstand, Schüler ...)? Wie, wann, von wem?
- Was geschieht mit den Daten (Einsicht, Archivierung, Entsorgung)?
- Was teilen wir den Schülern vor, während und nach den Besuchen mit?
- Offene Fragen
- Was passiert, wenn nichts passiert?

Quelle: Kempfert

tung den Beobachtungsfokus für das Gesamtkollegium festgelegt hätte, und wir können uns dies auch nur vorstellen bei einem entsprechenden Vertrauensverhältnis und klarer Zustimmung des Kollegiums.

Wie bei allen Methoden gibt es auch bei Feedback-Besuchen keinen allein selig machenden Königsweg. Empfehlenswert scheint uns, in Absprache mit dem Kollegium den für die Schule jeweils richtigen Weg behutsam zu gehen und immer wieder auch den Mut zu haben, das bisherige Prozedere in Frage zu stellen und neue Wege auszuprobieren.

Bevor allerdings ein größeres Hospitationsprojekt an einer Schule beginnt, gilt es wie beim reziproken Feedback, zunächst die Rahmenbedingungen zu diskutieren und verbindlich festzulegen. Denn nur wenn die gegenseitigen Erwartungen vorher geklärt sind, ist die Gefahr gering, dass es zu Konflikten kommt. Analog zum Feedback-Verfahrens drängen sich dabei die Fragen in Abbildung V.27 zur Klärung auf.

VI. Schulevaluation

Aufwändig und anspruchsvoll, aber sehr förderlich für die Qualitätsentwicklung ist die Initiierung einer Evaluation der Schule als Ganzes. Angestoßen wird eine solch umfassende Evaluation durch Schulprogramme, die sich die Schulen in vielen Ländern geben und anschließend evaluieren müssen (vgl. dazu und auch zur gemeinsamen Diagnose einer Schule Philipp/Rolff 1998).

Ein Aspekt, der in der Qualitätsdiskussion häufig vergessen wird, ist die Frage, ob es um die Evaluation der *Angebote* oder aber um die Evaluation der *Ergebnisse* geht. Nur die Ergebnisse zu evaluieren hieße, nur eine Seite der Medaille zu erfassen. Zur Qualität der Schule gehört auch die Qualität ihrer Angebote. Mit den Lernergebnissen ist noch nicht die Qualität der Schule evaluiert. Die Lernergebnisse können ja auch ohne das Zutun der Schule erreicht worden sein, z.B. durch das Elternhaus, durch die hohe Leistungsfähigkeit der Schüler/innen usw.

Es gibt eine Vielzahl von Instrumenten, mit denen Daten erhoben werden können. Wir möchten an dieser Stelle nur drei Beispiele herausgreifen:

- Ein qualitatives Verfahren, das die Kooperation und das Klima im Kollegium erfasst und schon gut erprobt ist, besteht darin, dass sich das Kollegium einer Schule als Orchester beschreibt und jeder Einzelne sich einem Instrument in diesem Orchester zuordnet.
- Eine andere Möglichkeit, durch die man auch ein Stück weit an Tabus herankommen kann, besteht in der fiktiven Frage an alle, was man einer neuen Kollegin an Verhaltensstrategien mit auf den Weg geben würde, wenn sie wissen möchte, was sie im Kollegium besser nicht sagt und besser nicht tut.
- Auch Jahresberichte können als Qualitätsberichte verstanden werden. In Jahresberichten lässt sich die Arbeit eines Jahres, lassen sich die wichtigen Ergebnisse hervorragend dokumentieren und unter der Frage bilanzieren, was man sich vorher vorgenommen hat und was dann tatsächlich erreicht worden ist. Sie nähern sich desto mehr einer Qualitätsevaluation, je mehr sie datengestützt sind.

Mit den gerade genannten Beispielen sind vornehmlich qualitative Verfahren angesprochen. Sie sollten grundsätzlich nicht gegen die sog. quantitativen ausgespielt werden, sondern mit quantitativen Verfahren kombiniert werden. Es hängt in erster Linie von der Fragestellung und dem Evaluationsziel ab, für welches Instrument man sich entscheidet. Gut ist eine Kombination, weil ein einzelnes Instrument schnell zur Routine wird und damit nicht mehr so wirksam ist.

1. Leitbild und Schulprogramm

Wie oft haben wir bei Schulbesuchen erlebt, dass Lehrpersonen keine klaren Zielvorstellungen verfolgen. Zumindest wurden unsere Fragen nach den leitenden Absichten des Unterrichts zumeist mit einem etwas verlegenen Achselzucken oder mit ganz allgemein gehaltenen Floskeln beantwortet. Qualitätsentwicklung ist indes ohne klare Zielvorstellungen, anhand derer evaluiert und entwickelt werden kann, schlechthin nicht möglich.

Qualitätsevaluation wird häufig auch in vordergründiger Weise als allgemeine Effektivierung verstanden, ohne dass dabei pädagogische Werte im Spiele sind. Und eine Qualitätsevaluation der ganzen Schule läuft leicht Gefahr, zu einer Breitbandevaluation zu werden, die das Ganze der Schule irgendwie diffus einzufangen versucht, weil kein spezifischer Fokus vorhanden ist. Um allen drei Problemen entgegenzuwirken, empfiehlt es sich, ein Leitbild der Schule zu entwickeln, das wir als zugespitztes Schulprogramm verstehen (vgl. dazu Philipp/Rolff 1998, S. 14ff.). Ein Leitbild stellt wie ein Schulprogramm den Ausdruck des pädagogischen Selbstverständnisses einer Schulgemeinde dar. Damit bezeichnet es Prüfkriterien, an denen Schulqualität abgelesen und bewertet werden kann. Ein objektives und allgemein gültiges Verständnis von Qualität kann es in einer pluralen und dynamischen Gesellschaft nicht geben; deshalb muss jede Schulgemeinde (im Rahmen der Vorgaben) selbst und neu klären, was sie unter Qualität versteht und woran sie zu messen ist.

Ein Leitbild ist also ein ganz entscheidendes Element eines Qualitätsentwicklungsprozesses. Es erfüllt drei zentrale Aufgaben:

- Die schon angesprochene Aufgabe der *Präzisierung der Kriterien* für Qualität. Ein Leitbild enthält implizit oder explizit Leitsätze für Qualität, die allerdings noch weiter präzisiert werden müssen, wie das in den folgenden Abschnitten dieses Kapitels versucht wird. Ein Leitbild kann auch nicht insgesamt evaluiert werden; es sind auch hier Fokussierungen vonnöten. So ist es beispielsweise denkbar, nur einen oder zwei Leitsätze zu evaluieren und über den Zustand bzw. die Entwicklung der Schule in Bezug auf die anderen Leitsätze nur zu berichten. Auch ist es sinnvoll, nicht einen Leitsatz unbedingt voll ausschöpfen zu wollen (z.B. »Wir wollen eine Teamschule sein«), sondern die Evaluation innerhalb eines Leitsatzes zu fokussieren, z.B. auf eine Stufe, ein Fach oder nur auf die Lehrpersonen und erst in der nächsten Runde auf die Schülerinnen und Schüler – oder umgekehrt.
- Die in der Einleitung betonte Aufgabe, eine *pädagogische Perspektive für Qualität zu artikulieren*. Ein Leitbild ist hierfür die beste Gelegenheit. Denn es soll Aus-

druck des pädagogischen Selbstverständnisses sein und nicht in erster Linie betriebswirtschaftlichen Zwecken oder der Verbesserung der Marktposition der Schule dienen. Pädagogik indes ist immer an der Förderung von Heranwachsenden orientiert, damit aus ihnen selbstbewusste Personen werden, die über soziale Kompetenz verfügen und die im gelungenen Fall wissbegierig sind und Interesse am Verstehen von Zusammenhängen haben.

- Die dritte Aufgabe besteht darin, eine *Vision zu verkörpern* und die Schulgemeinde zu begeistern. Qualitätssicherung wäre eine weitere lästige Pflichtaufgabe der Schule, wenn sie dem Kollegium nicht einleuchten und nicht hier und da Spaß machen würde. Qualitätssicherung als bloße Rechenschaftslegung würde als Kontrolle verstanden und keine Lehrerin und keinen Lehrer »vom Hocker reißen«; im Gegenteil, sie würde Abwehrmechanismen auslösen und »defensive Routinen« aktivieren. Und darin sind Lehrerkollegien geübt.

Ein aus pädagogischem Engagement kommendes Leitbild indes könnte Visionen einer besseren Schule, eines geistvollen Unterrichts, einer unkomplizierteren Kollegialität und eines erziehlich entspannten Verhältnisses zu den Schülerinnen und Schülern enthalten – und auf diese Weise Sinn stiften und Menschen bewegen.

Das Ganze einer Schule drückt sich vor allem im Klima, in der Schülerschaft, dem Lehrerkollegium oder der Leitung aus. Mit Letzterer wollen wir beginnen.

2. Schulmanagement und Schulklima

Schulleitung ist Führung, Management und Moderation. Zur Führung gehört auch, Vorbild zu sein. Insofern wäre Schulleitung nicht schlecht beraten, wenn sie Qualitätsentwicklung an sich selbst exemplifizieren würde.

Eine sehr unkomplizierte Einstiegsübung heißt »Was ist eine gute Schulleitung?«. Sie ist im »Manual Schulentwicklung« (Rolff 1998b) vollständig abgedruckt. Abbildung VI.1 versucht, diese Übung zu veranschaulichen.

Was eine gute Schulleitung ist, kann anhand dieses Instruments sowohl die Schulleitung selbst und allein als auch das Kollegium oder ein Teil des Kollegiums klären. Wenn die Schulleitung aus mehreren Personen besteht (z.B. Leiterin, Stellvertreter, Abteilungsleiter, pädagogische oder Studienleiterin), ist es sinn- und wirkungsvoll, auf diese Weise untereinander zu klären, was man unter guter Schulleitung versteht. Das Ergebnis dieser Übung kann eine Zielvereinbarung sein. Wir kennen einige Schulen, in denen das auf diese Weise entstandene Leitbild an der Wand des Besprechungszimmers hängt: als ständige Anregung und Aufforderung.

Die Übung kann auch von Gruppen des Kollegiums durchgeführt werden, um deren Vorstellungen einer guten Schule artikulierbar und damit auch diskutierbar zu machen. Aus dem Vergleich der möglicherweise unterschiedlichen Ergebnisse können gemeinsam geteilte Leitungsgrundsätze ausgehandelt werden. Übereinstimmung festzustellen ist mindestens ebenso wichtig.

Der Vorteil dieser Übung ist, dass sie sozial verträglich ist und niemandem unter die Haut gehen muss: Es wird ja die Leitung nicht direkt evaluiert, sondern ein Wunschmodell von Leitung entwickelt. Dieser Vorteil kann aber auch ein Nachteil sein, weil bei wirkungsvoller Qualitätsentwicklung unvermeidbar ist, dass die Komfortgrenze hin und wieder überschritten werden muss.

Die zweite von uns praktizierte Übung ist schon eher geeignet, die Komfortgrenze zu tangieren. Das Instrument besteht aus einem parallel aufgebauten Fragebogen mit jeweils 16 Aussagen (vgl. Abb. VI.2). Er bezieht sich auf die Wechselwirkung zwischen Leitung und Geführten. Der Fragebogen dient sowohl der Selbsteinschätzung der Leitungsperson als auch der Fremdeinschätzung durch »geführte« Kollegen. Auf diese Weise vermag eine Leitungsperson die eigene Selbsteinschätzung mit der Fremdeinschätzung verschiedener Kollegen/Kolleginnen abzugleichen und ihr eigenes Leitungshandeln zu reflektieren. Auf Grund eines solchen Abgleichs können Qualitätsgrundsätze der Schulleitung erörtert, vereinbart und zu einem späteren Zeitpunkt (z.B. ein Jahr später) überprüft werden. Der Fragebogen bietet auf diese Weise wichtige Impulse zur (Weiter-)Entwicklung der Führungsqualifikation einer Leitungsperson.

Die Struktur der Befragung von Leiter und Geführten ist identisch: Zu 16 Dimensionen des Leitungshandelns haben die Befragten Gelegenheit, Einschätzungen abzugeben. Dasselbe gilt für die Schulleiterin bzw. den Schulleiter.

Abb. VI.1: **Übung: Was ist eine gute Schulleitung?**

Ziele:

1. Unterschiedliche Auffassungen zu der Frage, was eine gute Schulleitung ist, abklären.

2. Unter den Teilnehmer/innen einen möglichst weitgehenden Konsens zum Begriff einer guten Schulleitung herstellen.

3. Qualitätsgrundsätze für Schulleitung vereinbaren.

Ausgangssituation:

Die Teilnehmenden erhalten je ca. 70 Karten. Auf jeder Karte steht eine Aussage, die ein mögliches Merkmal einer guten Schulleitung beschreibt. Jede/r bekommt 15 bis 20 Minuten Zeit, um 5 Karten herauszusuchen und herauszuschneiden, die zusammen sein/ihr Wunschbild einer guten Schulleitung beschreiben.

Vorgehensweise:

Jede Gruppe (5 bis 8 Mitglieder) versucht dann, in der Frage, was eine gute Schulleitung kennzeichnet, zu einem Konsens zu kommen. Dabei ist es wichtig, dass die Auffassungen aller Gruppenmitglieder berücksichtigt werden.

a) Die Aussagen mancher Karten stehen einander inhaltlich sehr nahe. Durch Diskussion in der Gruppe sollten die Karten in einem ersten Schritt nach inhaltlicher Nähe geordnet bzw. gruppiert werden.

b) Man kann auch übereinkommen, einzelne Karten, über die kein Konsens besteht, nicht weiter zu benutzen, also auszusortieren.

c) Dann sollte versucht werden, daraus ein »Zielbild« bzw. »Zielprofil« zu gestalten, etwa so:

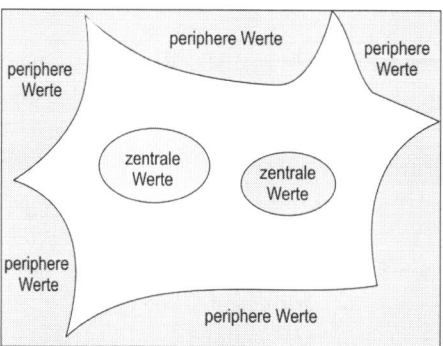

d) Schließlich sollte das gemeinsam entwickelte Werteprofil für die gegenseitige Vorstellung auf ein großes Blatt geklebt werden. Grafische Ausschmückungen sind willkommen!

Abb. VI.2: Schulleitung (Fremdeinschätzung)

Bitte geben Sie durch Ankreuzen (x) an, welche Aussagen für Ihre Schulleitung zutreffen.

Unsere Leitung ...

1.	... praktiziert eine breite Information des Kollegiums	☐	☐	☐	☐	... praktiziert eine selektive Information des Kollegiums
2.	... betrachtet Visionen als wichtig	☐	☐	☐	☐	... betrachtet Visionen als unwichtig
3.	... führt Einstellungen von Lehr-kräften undurchsichtig durch	☐	☐	☐	☐	... führt Einstellungen von Lehrkräften transparent durch
4.	... verhindert Mitwirkung der Lehrkräfte	☐	☐	☐	☐	... fördert Mitwirkung der Lehrkräfte
5.	... wirkt unterstützend	☐	☐	☐	☐	... wirkt nicht unterstützend
6.	... bietet Freiräume	☐	☐	☐	☐	... engt Freiräume ein
7.	... setzt feste Normen durch	☐	☐	☐	☐	... lässt jeden/jede tun, was er/sie für gut hält
8.	... fördert die Kommunikation	☐	☐	☐	☐	... fördert die Kommunikation nicht
9.	... fördert gegenseitige Rücksichtnahme	☐	☐	☐	☐	... fördert gegenseitige Rücksichtnahme nicht
10.	... ist Stundenausfällen gegenüber gleichgültig	☐	☐	☐	☐	... vermeidet Stundenausfälle systematisch
11.	... ist auf Lösung anstehender Probleme nicht bedacht	☐	☐	☐	☐	... ist auf Lösung anstehender Probleme bedacht
12.	... verteilt Aufgaben nach Beziehungskriterien	☐	☐	☐	☐	... verteilt Aufgaben nach Eignung
13.	... hat erkennbare Ziele	☐	☐	☐	☐	... hat keine erkennbaren Ziele
14.	... hat kein Konzept für Fort- und Weiterbildung	☐	☐	☐	☐	... hat ein klares Konzept für Fort- und Weiterbildung
15.	... verursacht Überlastung	☐	☐	☐	☐	... überlastet nicht
16.	... gibt Rückendeckung	☐	☐	☐	☐	... gibt keine Rückendeckung

Alternative: Schulleitung (Selbsteinschätzung)

Bitte geben Sie durch Ankreuzen an, welche Aussagen auf Sie zutreffen.

1.	Ich praktiziere eine breite Information des Kollegiums	☐	☐	☐	☐	Ich praktiziere eine selektive Information des Kollegiums
2.	...	☐	☐	☐	☐	

Quelle: Gymnasium Liestal/IFS

Mit diesem Instrument lassen sich fünf Verfahrensschritte unterscheiden:

1. **Selbsteinschätzung**
   Der Schulleiter oder die Schulleiterin schätzen sich selbst ein. Sie können die eingetragenen Kreuze miteinander verbinden und erhalten so ein Leitungsprofil. Sie können selber beurteilen, wie weit sie sich dabei im eher positiven oder eher negativen Bereich bewegen. Aber diese Beurteilung hat Grenzen, die in weißen Flecken der Selbstwahrnehmung begründet liegen.

2. **Selbst- und Fremdeinschätzung im Monolog**
   Bei diesem Verfahrensschritt bitten die Schulleiter bzw. -leiterinnen fünf bis 10 Schulleitungsmitglieder oder Lehrpersonen um eine Fremdeinschätzung. Die »Fremdeinschätzer« bleiben anonym. Die Leitungspersonen werten sämtliche Antworten aus und vergleichen für sich die Selbst- mit der Fremdeinschätzung und ziehen persönliche Schlüsse daraus. Sie führen angesichts der Fremdeinschätzung eine Art Monolog mit sich selbst.

3. **Selbst- und Fremdeinschätzung im Dialog**
   Bei diesem Schritt bitten die Schulleiter oder Schulleiterinnen die Fremdeinschätzer zu einem Gespräch über die Ergebnisse. Es werden die Übereinstimmungen der Einschätzungen festgehalten, und über die Diskrepanzen wird gesprochen, indem u.a. nach Beispielen für die Einschätzung gefragt wird oder nach Begründungen. Da diese Gespräche unter die Haut gehen können, z.B. weil die Leitungspersonen unter Rechtfertigungszwang geraten, ist die Herbeiziehung eines »neutralen« Moderators dringend zu empfehlen. Die Auswahl der Fremdeinschätzer ist sehr sorgsam und transparent vorzunehmen. Es sollten nicht mehr als ein halbes Dutzend sein, damit die Leitungsperson nicht zu vielen gegenübersitzt, und es sollten nicht nur die Fans der Leitungsperson mitwirken; schließlich sollte vorher gesagt werden, dass über die Ergebnisse gesprochen wird.

4. **Zielvereinbarungen treffen**
   Im Anschluss an einen Dialog gemäß Verfahrensschritt 3 können zu den Dimensionen, bei denen die Diskrepanz besonders deutlich oder die Werte bemerkenswert niedrig sind, Zielvereinbarungen geschlossen und schriftlich festgehalten werden. Solche Zielvereinbarungen sollten wechselseitig sein, also auch die Erwartungen der Geführten an die Leitungspersonen enthalten. Nach einer gewissen Zeit (ca. ein Jahr) können die Einschätzungen mittels desselben Fragebogens wiederholt und die Verwirklichung der Zielvereinbarungen überprüft werden. Auch hier empfiehlt sich die Heranziehung eines Moderators.

5. **Weitergabe als »Schneeball«**
   Führt eine Leitungsperson den Prozess der Führungsbeurteilung mit Stellvertretern oder sonstigen Schulleitungsmitgliedern durch, können diese sich im Anschluss selbst einschätzen lassen von den Lehrpersonen, die sie führen, oder es bei der Selbsteinschätzung belassen. Im Prinzip können sich alle genannten Verfahrensschritte wiederholen, sodass sich die Führungskräfteevaluation wie ein Schneeball ausbreitet, der weitergegeben wird.

Wir haben dieses Instrument u.a. in einer großen Berufsbildenden Schule eingesetzt, bei der die Leitung aus einem Rektor, seinem Stellvertreter und vier Abteilungsleitern bestand. Die Schule hat sich von vornherein für ein Zusammenwirken mit einem Moderator entschieden. Der Moderator hat dem Schulleiter einen Satz Fragebögen zur Verfügung gestellt und sich selbst zum Auswerten derselben bereiterklärt. Der Schulleiter hat den Fragebogen für sich selbst ausgefüllt und etliche Leerexemplare an die Mitglieder der Schulleitung weitergegeben. Alle ausgefüllten Fragebögen wurden in geschlossenen Umschlägen an den Moderator weitergeleitet, was Anonymität garantieren sollte.

Der Moderator hat die Mittelwerte der Fremdeinschätzung ausgerechnet und auf ein plakatgroßes Exemplar des Fragebogens eingetragen und durch die Werte der Selbsteinschätzung des Schulleiters ergänzt.

So wurde auf einen Blick sichtbar, wo es Übereinstimmungen der Selbst- mit der Fremdeinschätzung gab und wo Diskrepanzen vorkamen.

Feedback-Sitzung

Danach fand eine Feedback-Sitzung statt, bei der der Moderator die eben genannte Ergebnispräsentation vorstellte und erläuterte. Anwesend waren der Schulleiter, sein Stellvertreter und alle vier Abteilungsleiter. Hauptinhalt dieser Sitzung waren Gespräche angesichts der zurückgespiegelten Ergebnisse, wobei Wahrnehmungen und Erläuterungen im Mittelpunkt standen. Während dieser Gespräche wurden Themen vereinbart, zu denen Zielvereinbarungen geschlossen werden sollten. Die sieben Themenbereiche umfassende Liste wurde nach Prioritäten bepunktet:

- Controlling durch Leitung.
- Die Leitung motiviert das Kollegium für Zukunftsinteressen.
- Die Leitung setzt Zwischenschritte/Meilensteine bei der Schulentwicklung.
- Die Leitung pflegt positive Rituale.

Zu Beginn dieser Sitzung wurden Normen vereinbart, die vor allem Offenheit/Echtheit der Gespräche und pfleglichen Umgang mit den Daten beinhalteten.

Die Arbeit an den Zielvereinbarungen wurde auf eine zweite Sitzung vertagt. Die erste hatte knapp drei Stunden gedauert.

Zielvereinbarungs-Sitzung

Bei dieser Sitzung hatte sich der Moderator entschlossen, mit dem ersten Themenbereich zu beginnen, der als der schwierigste anzusehen war, insofern Controlling einen komplexen, die ganze Schule betreffenden Sachverhalt bezeichnet. Die Arbeit an einer Zielvereinbarung nahm auch zwei Stunden in Anspruch, wobei mehr als die Hälfte der Zeit für eine Sachstandsklärung benötigt wurde.

Als Methode wurden Kartenabfrage und morphologische Analyse benutzt. Dies gilt auch für den zweiten Themenbereich »Zukunftsinteressen«. Der dritte wurde in die ersten beiden integriert. Die vierte Zielvereinbarung »Rituale« wurde mittels der Methode 635 relativ zügig erarbeitet. Die Prozessabfolge war zweischrittig: zunächst Konkretisierung der Ziele, dann Herausschälen von Vereinbarungen. Zu Beginn der Sitzung hatte der Moderator die Struktur von Zielvereinbarungen erläutert und visualisiert. Er hob insbesondere die folgenden Elemente hervor:

- Zielvereinbarungen werden im gegenseitigen Einverständnis ausgehandelt.
- Sie beschränken sich auf das tatsächlich Machbare.
- Sie werden nach einem Jahr evaluiert.
- Ausgangspunkte sind gemeinsam festgestellte Phänomene – in diesem Fall durch den Fragebogen.

Die Evaluation in einem Jahr soll im Rahmen einer Bilanzkonferenz durch eine Wiederholung der Selbst- und Fremdbefragung erfolgen und durch Zielabgleiche bzw. Feststellung des Grades der Zielerreichung. Im Anschluss daran sollen neue Zielvereinbarungen getroffen werden. Am Schluss der Sitzung wurden Vereinbarungen für die Weiterarbeit getroffen. Der Stellvertreter, eine Abteilungsleiterin und ein Abteilungsleiter erklärten sich bereit, sich in den folgenden Monaten von Lehrpersonen fremdeinschätzen zu lassen und mit ihnen über die Ergebnisse einen Dialog zu führen sowie Zielvereinbarungen auszuhandeln.

Zum modernen Verständnis von Management gehört es, Management als eine »Systemeigenschaft« (Hochschule St. Gallen) zu verstehen bzw. davon auszugehen, dass Management alle in einer Organisation Tätigen betrifft. Auf die Schule übertragen heißt das, dass Lehrpersonen nicht nur als »class-room-manager« anzusehen sind, sondern an der Gesamtorganisation der Schule mitwirken. Deshalb gehört zur Qualitätsentwicklung der ganzen Schule auch die Entwicklung der Arbeitsorganisation. Um hier die passenden und akzeptablen Ansätze zu finden, empfiehlt sich eine Qualitätsevaluation der schulischen Arbeitsorganisation. Abbildung VI.3 zeigt ein einfaches Instrument zur Einschätzung der Arbeitsorganisation durch das ganze Kollegium.

Zur Qualitätsentwicklung der ganzen Schule gehört schließlich die Verbesserung des Schulklimas, da zahlreiche empirische Untersuchungen ergeben haben, dass ein gutes Schulklima eine wichtige Voraussetzung von gutem Unterricht ist (vgl. Tillmann 1989). Abbildung VI.4 zeigt ein einfaches Instrument, um das Schulklima zu evaluieren. Es kann von Lehrkräften oder von Schülerinnen und Schülern oder von Eltern getrennt ausgefüllt werden und ist leicht auszuwerten. Wenn es zwei oder gar alle drei der genannten Gruppen ausfüllen, entsteht eine Datenbasis für interessante Vergleiche, die etliche Impulse für Qualitätsentwicklung erbringen können.

Ein etwas differenzierteres, aber auch aufwändigeres Instrument zur Evaluation der Arbeitsorganisation und des Schulklimas ist im IFS-Barometer enthalten, das wir vor allem für Schüler- und Elternbefragungen empfehlen.

Abb. VI.3: Arbeitsorganisation

Bitte geben Sie durch Ankreuzen an, welche Aussage Sie als für Ihre Schule zutreffend erachten.

Unsere Schule ...

1.	... ist schlecht organisiert	☐ ☐ ☐ ☐	... ist gut organisiert
2.	... untersteht bürokratischen und schulunfreundlichen Behörden	☐ ☐ ☐ ☐	... untersteht verständnisvollen und schulfreundlichen Behörden
3.	... ist materiell mangelhaft ausgerüstet	☐ ☐ ☐ ☐	... ist materiell gut ausgerüstet
4.	... geht mit Betriebsmitteln ineffizient um	☐ ☐ ☐ ☐	... geht mit Betriebsmitteln effizient um
5.	... lässt Nebentätigkeiten von ein paar wenigen leisten	☐ ☐ ☐ ☐	... verteilt Nebentätigkeit auf viele Personen
6.	... achtet wenig auf sorgsamen Umgang mit Mobiliar und Geräten	☐ ☐ ☐ ☐	... achtet sehr auf sorgsamen Umgang mit Mobiliar und Geräten
7.	... achtet wenig auf Sauberkeit	☐ ☐ ☐ ☐	... achtet sehr auf Sauberkeit
8.	... achtet wenig auf Pünktlichkeit	☐ ☐ ☐ ☐	... achtet sehr auf Pünktlichkeit
9.	... belastet mich zu stark	☐ ☐ ☐ ☐	... belastet mich nicht zu stark

Quelle: Gymnasium Liestal/IFS

Abb. VI.4: Schulklima

Bitte geben Sie durch Ankreuzen zu jeder Aussage an, in welchem Maße Sie ihr zustimmen oder nicht zustimmen.

		Stimme völlig zu				Stimme nicht zu
1.	Die Befindlichkeit der Menschen an unserer Schule ist gut.	☐	☐	☐	☐	☐
2.	Die Lehrkräfte sind motiviert.	☐	☐	☐	☐	☐
3.	Unsere Schule ist kulturell arm.	☐	☐	☐	☐	☐
4.	In unserer Schule gibt es gute Gemeinschaftserlebnisse.	☐	☐	☐	☐	☐
5.	Die Schule lässt allen ihre Individualität.	☐	☐	☐	☐	☐
6.	Die Schule ist am persönlichen Umfeld der Schüler/innen interessiert.	☐	☐	☐	☐	☐
7.	Der Konkurrenzdruck unter Lehrpersonen ist groß.	☐	☐	☐	☐	☐
8.	Der Konkurrenzdruck unter Schülerinnen und Schülern ist groß.	☐	☐	☐	☐	☐
9.	Wir gehen wertschätzend miteinander um.	☐	☐	☐	☐	☐
10.	Ich fühle mich an unserer Schule wohl.	☐	☐	☐	☐	☐

Quelle: Gymnasium Liestal/IFS

3. Schüler- und Elternbefragungen

Das IFS-Schulbarometer ist vom Dortmunder »Institut für Schulentwicklungsfor-schung« (IFS) entwickelt worden. Es ist ein mehrperspektivisches Instrument zur Erfassung von Schulwirklichkeit. Es bietet der einzelnen Schule die Möglichkeit, eine innerschulische Bestandsaufnahme verschiedener schulischer Bereiche aus Schüler- und Elternsicht und auch aus Lehrersicht durchzuführen. Zusätzlich bietet es die Möglichkeit, diese Bestandsaufnahme mit Daten aus einem repräsentativen Bundes-durchschnitt zu vergleichen. Das IFS-Schulbaromenter eignet sich zur Qualitätseva-luation von Schulen und als Impulsgeber für Schulentwicklung.

Das Barometer ist entstanden aus der repräsentativen bundesweiten IFS-Elternumfrage, die im Zweijahresrhythmus erhoben und regelmäßig im »Jahrbuch für Schulentwicklung« veröffentlicht wird. Diese Umfrage wurde ergänzt um eine Lehrer- und Schülerbefragung. Weitere Teile sind Diagnoseinstrumenten entnom-men, die im Zusammenhang mit Schulentwicklungsprozessen in verschiedenen Pro-jekten des IFS entwickelt wurden. Das IFS-Schulbarometer wurde u.a. im Rahmen der Ausbildung von Schulentwicklungsberaterinnen und -beratern (SchuB) in Schleswig-Hostein und im Schweizer Kanton Wallis als Diagnoseinstrument in Schulentwicklungsprozessen erprobt.

Aufbau und Handhabung

Bei dem IFS-Schulbarometer handelt es sich um ein standardisiertes Befragungsin-strument, das flexibel benutzt werden kann. Es enthält

- einen Schülerteil mit 25 Fragenblöcken (S),
- einen Elternteil mit 17 Fragenblöcken (E) sowie
- einen Lehrerteil mit 23 Fragenblöcken (L).

Alle Fragebogenteile erheben zusätzlich Angaben zur Person. Das IFS-Schulbaro-meter enthält verschiedene Blöcke zu unterschiedlichen Dimensionen von Schul-wirklichkeit, u.a.:

- Unterrichtsgestaltung,
- Leistungsanforderungen,
- Förderung von Schülerinnen und Schülern,

- Abschlusswünsche,
- Schulprofilelemente,
- Innovationsbereitschaft,
- Erwartungen an die Schule,
- Berufswirklichkeit von Lehrpersonen,
- Elternmitarbeit,
- Lehrer-Schüler-Beziehungen,
- Schüler-Schüler-Beziehungen,
- Schülerverhalten,
- schulische Veranstaltungsangebote,
- Lehrerkooperation,
- Zufriedenheit mit der Schule.

Die einzelnen Items sind als geschlossene Aussagen formuliert, die mit drei- bis sechsstufigen Skalen bewertet werden. Zusätzlich sind einige offene Fragen enthalten, die die Möglichkeit einer freien Antwort bieten. Verschiedene Bereiche ermöglichen Ist-Soll-Vergleiche, also eine Gegenüberstellung der gegenwärtigen Situation mit einer angestrebten Zielsituation. Darüber hinaus sind bei verschiedenen Frageblöcken direkte Vergleichsmöglichkeiten der Schüler- und Lehrerperspektive gegeben, da einige Items in den drei Teilen identisch sind.

IFS-Durchschnittsschule

Neben dem Fragebogenteil gehört zum IFS-Schulbarometer die so genannte *IFS-Durchschnittsschule*. Darin sind Ergebnisse aus der aktuellen IFS-Umfrage zu denjenigen Fragebogenteilen enthalten, die identisch mit der Lehrer-, Schüler- und Elternumfrage des IFS sind. So besteht die Möglichkeit für die einzelne Schule, sich mit Daten des jeweils repräsentativen Bundesdurchschnitts zu vergleichen. Dies ist eine Form des so genannten Benchmarking, wobei sich jede Schule am Durchschnitt messen kann. Sie wird normalerweise auf einigen Dimensionen über dem Durchschnitt liegen, auf anderen darunter. Die Daten der *IFS-Durchschnittsschule* werden alle zwei Jahre mit neuen Ergebnissen der IFS-Umfrage aktualisiert. Die *Durchschnittsschule* ist parallel zum Fragebogen ebenfalls in drei Teile gegliedert:

- einen Schülerteil mit 10 der 25 Fragebögen (S),
- einen Elternteil mit 9 der 17 Fragenblöcke (E) und
- einen Lehrerteil mit 18 der 23 Fragenblöcke (L).

Die Daten existieren für Haupt-, Real-, Gesamtschulen sowie für Gymnasien getrennt. Das IFS-Schulbarometer muss nicht komplett eingesetzt werden. Es soll Schulen als Anregung dienen, die eine schulweite Bestandsaufnahme ihrer konkreten Bedingungen und Arbeitssituationen durchführen möchten. Dabei ist es möglich,

Teilbereiche und Auszüge aus dem Barometer zu verwenden, die für die besondere Situation der Schule als sinnvoll, interessant und wichtig erscheinen. Daneben können Veränderungen einzelner Items innerhalb der Fragenblöcke vorgenommen und zusätzliche Bereiche ergänzt werden, die für die Belange der Schule wichtig sind.

Das IFS-Schulbarometer ist komplett mit IFS-Durchschnittsschule und Diskette über den IFS-Verlag (Fax 0231/755-5517) gegen eine Schutzgebühr zu beziehen.

Schulen können nicht nur Teile des IFS-Barometers übernehmen, wir empfehlen ihnen, darüber hinaus, einige eigene Fragen zu ergänzen. Abbildung VI.5 zeigt einen Schülerfragebogen, den das Gymnasium in Brig/Wallis verwendet hat. Die Fragen S1, S2, S4 und S5 wurden vom IFS-Barometer übernommen, die Frage S3 hat die Schule selbst formuliert. Wichtig ist, dass ein Schülerfragebogen nicht allzu lang ist. Wenn er wie in unserem Beispiel nicht länger als zwei Seiten ist, kann er verhältnismäßig unaufwändig ausgewertet werden, selbst wenn ihn Hunderte von Schülerinnen und Schülern ausgefüllt haben.

Eine offene Schlussfrage wie in unserem Beispiel S6 sollte in jedem Fall angefügt werden, um den Schülerinnen und Schülern eine Gelegenheit für eigene Kommentare zu geben. Diese Kommentare sind im Übrigen häufig ergiebiger als die Auswertungen geschlossener und standarisierter Fragen, deren Antwortmöglichkeiten festliegen und nur angekreuzt werden müssen.

Die Zahlen in unserem Beispiel stammen nicht aus dem Gymnasium Brig, sondern aus dem IFS-Barometer. Sie sind das Ergebnis einer repräsentativen Befragung von Schülerinnen und Schülern der 8. Klassen aller Schulformen in Deutschland – mit Ausnahme der Sonderschule. Die Zahlen sind also Teil der IFS-Durchschnittsschule, also eine Art Benchmark für die Qualitätsevaluation von Einzelschulen.

In ähnlicher Weise können Elternbefragungen durchgeführt werden. Abbildung VI.6 zeigt einen Elternfragebogen, welcher ausschließlich aus Teilen des IFS-Barometers »komponiert« wurde und der auch nicht länger als zwei Seiten ist. Man kann auf diese Weise alle Eltern einer Schule befragen oder – etwas weniger aufwändig – die Eltern einer Schulstufe oder Abteilung. Ein Vergleich mit Durchschnittswerten ist für deutsche Schulen möglich. Das IFS wird demnächst auch schulformspezifische Durchschnittswerte bereitstellen können für alle Schulformen bei der Elternbefragung (und für Haupt-, Real-, Gesamtschulen sowie Gymnasien bei den Schülern und Lehrern; Lehrerdaten liegen auch für die Grundschulen vor).

Wichtig ist, dass die Befragungsdaten den Eltern zurückgespiegelt werden, z.B. auf Elternabenden. Das erhöht mit großer Wahrscheinlichkeit die Akzeptanz der Schule bei den Eltern und vermutlich auch die Bereitschaft der Eltern, die Schule bei der Qualitätsentwicklung zu unterstützen. Am förderlichsten für Qualitätsentwicklung ist allerdings, wenn die Ergebnisse von Schüler- und Elternbefragungen direkt in Maßnahmen umgesetzt werden nach dem Motto: Evaluation muss Konsequenzen haben.

Schließlich ist es auch möglich und sinnvoll, dieselben oder ähnliche Fragebögen der Lehrerschaft vorzulegen, weil dann die Einschätzungen von Schüler, Eltern und Lehrern miteinander verglichen werden können, was nicht nur deren Gültigkeit erhöht, sondern auch zusätzliche Impulse für Qualitätsentwicklung verspricht.

Abb. VI.5: **IFS-Schulbarometer/Schülerbefragung**

(Vorbemerkung zum Zwecke der Befragung)

S1 *Wie viel in der Schule von den Schülerinnen und Schülern verlangt wird, wird unterschiedlich beurteilt. Wenn du jetzt an deine Klasse denkst, was trifft auf euch am ehesten zu?*

Die Leistungsanforderungen sind für die meisten in der Klasse ...

	viel zu hoch	ziemlich hoch	gerade richtig	eher zu niedrig	viel zu niedrig
... in den sprachlichen Fächern					
... in den naturwissenschaftlichen Fächern					
... in den gesellschaftswissenschaftlichen Fächern, wie z.B. Geschichte und Sozialkunde					
... in Musik oder Kunst					
... in den Fächern Arbeit Lehrern, Wirtschaft, Technik					

S2 *Wenn jemand bei euch in der Schule gar nicht klarkommt, wie sehr helfen die Lehrer ihm und unterstützen ihn dann?*

Die Lehrer geben sich dann ...

... sehr große Mühe	
... etwas Mühe	
... kaum Mühe	
... gar keine Mühe	

	Prozent			
S3 *In der Schule möchte ich lernen ...* (bitte höchstens zwei ankreuzen)				
	wichtig		nicht wichtig	
... gut reden zu können.				
... gewandt meinem Körper einzusetzen.				
... mich leicht entspannen zu können.				
... Fremdsprachen fließend zu sprechen.				
... die Grundlagen der Naturwissenschaften zu verstehen.				
... die Grundlagen der Mathematik zu verstehen.				
... korrekt zu schreiben.				
... interessante Texte zu schreiben.				

(Fortsetzung **Abb. VI.5**)

… die Grundlagen von Philosophie und Religion zu verstehen.			
… mit anderen Menschen ein gutes Gespräch zu führen.			
… mit anderen Menschen wirkungsvoll zusammenzuarbeiten.			
…in schwierigen Momenten heiter und gelassen zu bleiben.			
… mein Leben besser in den Griff zu bekommen.			
… meine Arbeit besser zu planen.			
… die Grundlagen der Computertechnik zu verstehen.			
… etwas für den Umweltschutz tun zu können.			

S4 Erinnere dich an den Unterricht, den du in den letzten ein bis zwei Jahren gehabt hast. Du hast sehr viele Lehrer gehabt, und ihr habt auf sehr unterschiedliche Art und Weise gearbeitet. Wie häufig habt ihr auf die folgende Art und Weise in der Klasse gearbeitet? Und wie sollte es deiner Meinung nach sein?

	So ist es:			So soll es sein:		
	sehr oft	manchmal	niemals oder ganz selten	sehr oft	manchmal	niemals oder ganz selten
Die Schüler sitzen und hören zu, der Lehrer redet.						
Der Lehrer redet und stellt Fragen, einzelne Schüler antworten.						
Der Lehrer und die Klasse diskutieren gemeinsam.						
Die Schüler bearbeiten in Gruppen Aufgaben.						
Die Schüler arbeiten jeder für sich an den gleichen Aufgaben.						
Die Schüler arbeiten selbstständig an selbst gewählten Aufgaben.						
Die Schüler führen eigene Untersuchungen durch.						
Die Schüler bearbeiten Arbeitsblätter.						
Die Schüler gucken Filme und Videos.						

(Fortsetzung **Abb. VI.5**)

S5 Wie viel Wert wird deiner Meinung nach an deiner Schule auf die folgenden Dinge gelegt?

1 = Da wird zu viel Wert darauf gelegt.

2 = Das ist in Ordnung.

3 = Da wird zu wenig Wert darauf gelegt.

	1	2	3
Fachwissen			
Disziplin			
Kritisches Denken			
Vernünftiger Umgang miteinander			
Allgemeinwissen			
Künstlerisches und Handwerkliches			
Fähigkeit zur Zusammenarbeit			
Rechtschreibkenntnisse			
Höflichkeit und gute Umgangsformen			
Elternbeteiligung			
Toleranz gegenüber anderen			

S6 Schlusskommentar:

Im Übrigen möchte ich noch das Folgende anmerken:

Quelle: Gymnasium Brig/Wallis/IFS-Barometer

Abb. VI.6: **Elternfragebogen**

(Vorbemerkungen zum Zweck der Befragung)

Bitte geben Sie durch Ankreuzen an, welche Aussage Sie für zutreffend halten

E1 *Schulklima*	Richtig	Nicht richtig
Mein Kind geht gern zur Schule.		
Die Schule überfordert mein Kind.		
Zu den meisten Lehrern meines Kindes habe ich großes Vertrauen.		

E2 *Gewalt*	Ja	Nein
Würden Sie sagen, dass es an der Schule Probleme mit Gewalt gibt?		
War Ihr Kind in der Schule von Formen der Gewalt betroffen?		

E3 *Die Leistungsanforderungen der Schule sind:*

viel zu hoch ☐   ☐   ☐   ☐   ☐   viel zu niedrig

E4 *Bei der Schülerförderung gibt sich die Schule:*

sehr große Mühe ☐   ☐   ☐   ☐   ☐ gar keine Mühe

E5 *In der Schule wird heute zu wenig geachtet auf ...* (zweimal ankreuzen ist möglich)

Fachwissen	
Disziplin	
Kritisches Denken	
Vernünftiger Umgang miteinander	
Allgemeinwissen	
Künstlerisches und Handwerkliches	
Soziale Kompetenzen	
Rechtschreibkenntnisse	
Elternbeteiligung	
Toleranz gegenüber anderen	
Sonstiges, und zwar ...	
Nein, es gibt nichts, worauf zu wenig geachtet wird.	
Weiß nicht.	

(Fortsetzung **Abb. VI.6**)

E6 Die Eltern sollten sich beteiligen/beteiligen sich in folgenden Bereichen:	Sollten sich beteiligen	Beteiligen sich
Freizeitbereich		
Lehrplanarbeit		
Fachkonferenzen		
Schulprogramm		
Unterricht		
Hausaufgabenbetreuung		
Sonstiges, und zwar ...		

E7 Die Schule muss sich kümmern um:	Mehr	Weniger
Vorbereitung auf das Berufsleben		
Zusammenarbeit mit außerschulischen Einrichtungen		
Förderung von sozialen Kompetenzen und Teamfähigkeit		
Vermittlung vertieften Fachwissens		
Beschäftigung mit den Alltagsproblemen der Jugendlichen		
Vermittlung einer guten Allgemeinbildung		
Förderung von Selbstdisziplin und Durchhaltevermögen		
Hinführung zu möglichst hohen Schulabschlüssen		
Schule als Lebensraum für Jugendliche mit außerschulischen Angeboten		
Vermittlung der Fähigkeit, Probleme zu erkennen und Lösungswege zu erarbeiten		

Schlusskommentar:

Im Übrigen möchte ich noch das Folgende anmerken:

Quelle: IFS-Schulbarometer

VII. Lernerfolgsfeststellungen

Leistungsmessung und Notengebung gehören seit Jahrhunderten zum Tagesgeschäft von Schulen, aber trotz aller Bemühungen um Objektivierung gibt es wohl kaum ein sensibleres Thema an Schulen, das zudem auch zumeist noch tabuisiert ist. Alle wissen zwar, wie der Kollege zu seinen Noten kommt, aber darüber redet man nicht.

Gerechtigkeit, das haben schon die Untersuchungen von Ingenkamp gezeigt, ist im Bereich der Notengebung nicht gegeben. Denn Einzelnoten »beziehen sich nicht auf vergleichbare Merkmale des Individuums, sondern geben in weit stärkerem Maße die Rangposition in einer bestimmten Schulklasse wieder, in die der Schüler zufällig hineingekommen ist« (Ingenkamp 1974, S. 192). Leistungsbeurteilungen deshalb aber abzuschaffen hieße, das Kind mit dem Bade auszuschütten. Insofern wollen wir hier nicht die Diskussion über die »Fragwürdigkeit der Zensurengebung« erneut aufrollen. Wir möchten ebenso wenig eine Diskussion über erweiterte Beurteilungsformen, Selbsteinschätzung oder -beurteilung, Leistungsstress etc. führen. Unser Anliegen ist es vielmehr, Möglichkeiten aufzuzeigen, wie Lehrkräfte sich um Trans-

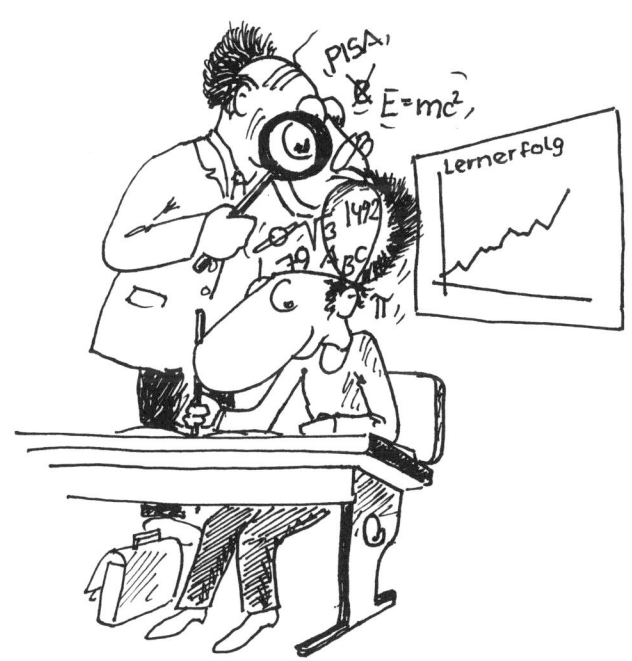

parenz und Gerechtigkeit bemühen und – dies ist schließlich ein Kennzeichen guter Schulen – ebenso hohe Anforderungsstandards verlangen können. Vor allem sind Verfahren der Lernerfolgsfeststellung dazu geeignet, ein internes pädagogisches Qualitätsmanagement zu betreiben. Denn um den Kriterien von Gerechtigkeit, Transparenz und hohen Anforderungen zu entsprechen, sind gemeinsame Anstrengungen eines Kollegiums unumgänglich.

Bevor wir drei Modelle der Lernerfolgsfeststellung darlegen, möchten wir klarmachen, warum wir dabei auf die großen international vergleichenden Schülerleistungsstudien IGLU und PISA nicht näher eingehen.

1. Es handelt sich dabei um Stichproben-Untersuchungen, bei denen relativ wenige Schulen einbezogen werden, und die nur alle drei Jahre stattfinden.
2. Auf Grund der Stichprobengrößen innerhalb einer Schule kann die Leistungsfähigkeit einer Einzelschule nur mit einer relativ großen Fehlerwahrscheinlichkeit beschrieben werden.
3. Sie zielen primär darauf ab, die Leistungsfähigkeit von Schulen auf der Systemebene zu erfassen. Die Designs dieser Studien sind nicht auf die Evaluation von Einzelschulen zugeschnitten.
4. Die Rückmeldungen von IGLU und PISA sind in Deutschland höchst vertraulich. Sie werden nur den Schulen ausgehändigt, die sie ausdrücklich anfordern. Bei IGLU, wo die zuständigen Lehrpersonen identifiziert werden können, gehen die Ergebnisse nur an diese Lehrpersonen (an die Privatadresse) und ebenfalls nur, wenn diese darum bitten.

Wir konzentrieren uns im Folgenden indes auf Lernerfolgsfeststellungen, die zum Alltag aller Schulen gehören und deren Ergebnisse auch schulöffentlich diskutiert werden (können). Solche Lernerfolgsfeststellungen werden inzwischen in fast allen deutschen Bundesländern praktiziert, in einer »liberalen« Variante auch in der Schweiz (»Klassencockpit«) und in Österreich (TIMSS-Aufgaben zum Selbsttest von Schulen).

1. Parallelarbeiten/Beispielaufgaben

Im Grunde genommen ist die Erarbeitung von Parallelarbeiten in Teams für die pädagogische Unterrichtsentwicklung ebenso wichtig wie deren Durchführung, die eigentlich nur den Erfolg der gemeinsamen Qualitätsanstrengungen misst.

Unter Parallelarbeiten werden hier Arbeiten verstanden, die gleichzeitig in parallelen Klassen geschrieben und nach vorher gemeinsam festgelegten Kriterien korrigiert werden. Sie können – wie andere Tests auch – Bestandteil der Notengebung sein oder ausschließlich eine Orientierung der Schüler und Lehrer über den erreichten Unterrichtserfolg darstellen.

In aller Regel werden solche Parallelarbeiten, in der Schweiz auch Tests genannt, zunächst einmal von einzelnen Lehrkräften konzipiert und danach von den zuständigen Gremien überarbeitet und schließlich genehmigt. Dies kann geschehen in

- Klassenteams,
- Jahrgangsteams,
- Fachkonferenzen.

In diesen Gremien werden organisatorische Fragen und Terminabsprachen sowie die inhaltliche Gestaltung verabredet, die Korrekturform festgelegt und die abschließende Evaluation und Dokumentation beschlossen. Konkret bedeutet dies:

- **Fachinhalte gemeinsam definieren**
Zunächst gilt es, ein geeignetes Thema für eine Parallelarbeit festzulegen. Es gilt zu prüfen, welche Relevanz das Thema innerhalb des Curriculums aufweist, ob also alle Schüler/innen das gleiche Thema im gleichen Umfang überhaupt zur Kenntnis nehmen sollen. Bei diesem ersten Schritt erfolgt z.B. in Fachkonferenzen eine wesentliche inhaltliche Diskussion über Qualitätsmaßstäbe des Fachs, und bereits hier entsteht ein entscheidender Qualitätssicherungskurs.

Ist eine Einigung erzielt, muss auch der Unterricht in den betroffenen Klassen koordiniert werden, damit die Voraussetzungen für einen aussagekräftigen Quervergleich erfüllt werden können. Bei diesem Diskurs werden inhaltliche Prioritäten gesetzt, und auch dies führt wiederum zu einem bewussten Qualitätsmanagement. So ist es nicht unerheblich, ob sich die Fachkonferenz Geschichte bei der Konzeption eines Paralleltests zum Thema »Kalter Krieg« darüber einigt, ob dieses Thema am Beispiel der Kuba-Krise oder des Aufstands in der Tschechoslowakei oder an beiden bearbeitet wird.

- **Planung des Unterrichts**

Die Klassen müssen natürlich einen identischen Unterrichtsstoff behandelt haben – doch hier fangen die Schwierigkeiten bereits an. Denn Lehrer erklären unterschiedlich und im Unterbewusstsein vielleicht auch schon im Hinblick auf Tests.

Jedes Thema kann auf unzählige Arten behandelt werden, und je nach Durchführungsart werden sich die Leistungskontrollen unterscheiden. Hier haben die betreffenden Gremien die Aufgabe, einerseits Sozialformen (Gruppenarbeit, selbstständiges Arbeiten etc.) wie auch mögliche Materialien zu diskutieren. Unterlagen werden entweder selbst hergestellt, oder man stützt sich auf bereits vorhandene. Es kann eine verbindliche Einigung auf Schulbücher erfolgen oder die Durchführung von Exkursionen beschlossen werden. Diese Absprachen fördern zusätzlich die Teambildung, sind allerdings zeitaufwändig. Wenn aber die Durchführung von Paralleltests verwertbare Auswertungen ergeben soll, empfiehlt sich dieser Mehraufwand. Um die Verfälschung der Ergebnisse zu mindern, kann Teamteaching oder gegenseitiger Unterrichtsbesuch vorgesehen werden, können die Klassen sogar von verschiedenen Lehrern Unterricht erhalten – sofern der Stundenplan dies ermöglicht.

- **Konzeption der Parallelarbeiten**

Nachdem der inhaltliche Schwerpunkt der Prüfung vereinbart, Unterrichtsmaterialien und auch -formen vereinbart wurden, muss eine Einigung über die zu prüfenden Kriterien erzielt werden. Sollen z.B. lediglich Wissensfragen oder nur Transferfragen oder aber beides gestellt werden? Dürfen Hilfsmittel verwendet und wie stark soll welcher Prüfungsstil gewichtet werden? Schließlich muss lediglich noch der Unterricht stattfinden, die Vergleichsarbeit geschrieben, korrigiert und ausgewertet werden. Parallelarbeiten sollten nicht häufiger als ein- oder zweimal im Jahr geschrieben werden.

- **Auswertung**

Die Auswertung soll zeigen, ob die anvisierten Ziele erreicht wurden, und soll Daten für die unterrichtliche Weiterentwicklung liefern. Lehrer/innen können entweder in ihrer Arbeit bestätigt oder angeregt werden, Konsequenzen zu ziehen. Wenn ein Handlungsbedarf evident ist, wird dies Auswirkungen auf die künftige Gestaltung des Unterrichts haben. Wenn immer möglich, sollten Schüler/innen über die weiterführenden Ergebnisse unterrichtet werden, damit mit ihnen gemeinsam nach Lösungen z.B. für eine Modifizierung des Unterrichts gesucht werden kann. Der Handlungsbedarf kann natürlich auch auf der Schülerseite bestehen, und schließlich kann die Konsequenz auch in der Neuformulierung des Schulcurriculums bestehen.

Muster- bzw. Beispielaufgaben

Muster- bzw. Beispielaufgaben sind Parallelarbeiten in vielen Bereichen ähnlich, unterscheiden sich allerdings vor allem in ihrer Auswertung. Während Parallelaufgaben den erreichten Leistungsstand in allen Parallelklassen dokumentieren sollen, können Musteraufgaben auch in verschiedenen Jahrgängen eingesetzt werden. Sie zeigen zudem mögliche inhaltliche Schwerpunkte auf, die aber nicht alle von jedem Lehrer im Unterricht behandelt und geprüft werden müssen. Musteraufgaben haben somit noch stärkere fachinterne Qualitätsdimensionen, denn Lehrpersonen reflektieren dadurch ihre Unterrichtsinhalte und legen ihre Kriterien den Kollegen gegenüber offen.

In einer Musteraufgabe werden nicht nur unterschiedliche inhaltliche Bereiche, sondern ebenso verschiedene Leistungsanforderungen skizziert. Muster- oder Beispielaufgaben können landesweit bereitgestellt und von jeder Schule selbst entworfen werden.

Das folgende Beispiel einer Musteraufgabe einer Biologiefachkonferenz des Gymnasiums Liestal (Schweiz) soll vor allem den Entstehungsprozess verdeutlichen und zeigen, was wir unter einer prozessorientierten pädagogischen Qualitätsentwicklung verstehen.

Zuerst entwarfen zwei Lehrpersonen einen Test zum Thema »Mitose«, indem sie aus ihren Unterrichtserfahrungen Aufgabenstellungen einbrachten, die ihnen relevant erschienen. Bei der Auswahl der Fragen wurden drei Fragetypen berücksichtigt, nämlich

- Wissensfragen (Fachwissen),
- Synthesewissen,
- Transferwissen.

Danach fand eine Einigung zwischen den beiden Lehrern statt, und schließlich wurde die Fachkonferenz Biologie zu einer ersten Lesung eingeladen. Dabei hatten die Kollegen folgende Aufgaben erhalten:

1. Verständlichkeit der Fragen,
2. Schwierigkeit der Probe,
3. Frageart: Fachfrage, Transferfrage etc.
4. Beantworten und bepunkten Sie die Fragen.
5. Stellen Sie einen Notenspiegel für die Probe auf.

In der entsprechenden Sitzung wurde der Vorschlag einstimmig zurückgewiesen, da er den Leistungsanforderungen der Fachkonferenz nicht genügte und der Aufbau unlogisch erschien.

Nach vier Wochen wurde die zweite, von den beiden Lehrpersonen überarbeitete Version diskutiert, aber auch diese musste nochmals überarbeitet werden. Nach der dritten Diskussionsrunde konnten sich dann endlich alle mit dem vorliegenden Resultat zufrieden erklären, und die Musteraufgabe steht nun allen Kollegen der Fachkonferenz zur Verfügung. Die Musteraufgabe kann entweder vollständig oder teilweise eingesetzt werden, und nach einem Jahr sollen die Erfahrungen ausgetauscht werden.

Diese Form der fachschaftsinternen Qualitätsarbeit soll auch auf andere Inhalte ausgeweitet werden, und mit der Zeit sollen möglichst alle Lehrinhalte in dieser Form aufgearbeitet sein. Dies wird nicht in einem Jahr geschehen, sondern ein Prozess sein, der sich über mehrere Jahre erstreckt und im besten Fall nie endet.

Die Diskussion führte den Teilnehmern wieder einmal vor Augen, wie unterschiedlich sie im gleichen Fach zum gleichen Thema Leistungen messen, welche unterschiedlichen Schwerpunkte sie dabei setzen und regte eine intensive Reflexion der eigenen Beurteilungspraxis an. Ein Ergebnis dieser Reflexion könnte sein, dass z.B. alle vermehrt bewusst verschiedene Fragedimensionen in ihre Tests mit einbeziehen, dies in ihrem Unterricht berücksichtigen und somit den unterschiedlichen Fähigkeiten der Schüler/innen gerecht werden.

Diese Form der fachschaftsinternen Qualitätssicherung ist sicherlich zeitaufwändig – kann auf Dauer aber auch entlastend und somit zeitsparend sein.

Parallelarbeiten und Musteraufgaben stellen allerdings nur eine von vielen Möglichkeiten dar, zu Reflexion über gemeinsame Anforderungen zu gelangen. Sie werden an vielen Schulen bereits mit Erfolg praktiziert.

Das gemeinsame Planen, Durchführen und Korrigieren muss nicht notwendigerweise zur Qualitätsverbesserung führen. Bei entsprechender Zusammensetzung der Fachschaft und deren Intention kann es auch zu bloßen Fassadenverbesserungen kommen. Wenn nämlich Gruppen bewusst im eigenen Saft weiterschmoren, sich aus Bequemlichkeit nicht gegenseitig auf die Füße treten wollen, können Lehrkräfte sehr geschickt jedes System unterlaufen. Um dies zu verhindern, muss der Erfolg gemeinsamer Leistungsanforderungen gelegentlich auch evaluiert werden. Es muss also geprüft werden, ob die angestrebten Ziele auch tatsächlich erreicht wurden. Sollen Innovationen nicht im Sand verlaufen und kein Unmutsgefühl der Lehrpersonen über vermeintlich nutzlose Verbesserungen hervorbringen, dann muss der Erfolg der gemeinsamen Anstrengungen an – wiederum vereinbarten – Indikatoren ablesbar sein.

Das Erarbeiten von Parallelarbeiten ist arbeitsaufwändig und kann nur von Zeit zu Zeit erfolgen. Außerdem können sie nicht wieder verwendet werden, da Klassenarbeiten nach der Rückgabe und Besprechung in die Hand des Schülers gehören.

Das eigentliche Problem besteht allerdings nicht im Zeitaufwand. Das momentan wohl größte Hindernis ist die Angst der Lehrkräfte vor dem Vergleich. Dies beginnt bei der Diskussion über die Festlegung gemeinsamer inhaltlicher Kriterien und Anforderungen. Welcher Lehrer möchte/kann sich eine Blöße geben und womöglich zugeben, fachlich bisher von seinen Schülern zu wenig gefordert zu haben. Oder – noch schlimmer – andere könnten glauben, er selber könne den fachlichen Anforderungen nicht genügen. Hier ist also sehr viel Fingerspitzengefühl der Beteiligten nötig. Deshalb können Parallelarbeiten auch nicht einfach verordnet werden, sondern müssen aus der Einsicht der Fachlehrer erwachsen. Dass diese Einsicht gefördert werden kann und wohl auch muss, versteht sich von selbst.

Seit einigen Jahren gehen auch Schulbehörden, z.B. die in Nordrhein-Westfalen, Hamburg oder Hessen, dazu über, Musteraufgaben zu entwickeln und die Schulen zu verpflichten, diese zum Zwecke des Qualitätsmanagements einzusetzen. In NRW sind Musteraufgaben in erster Linie als Aufgabenbeispiele konzipiert, die Leistungsstände und Ansprüche (und deren Abstufungen) an Klassenarbeiten verdeutlichen sollen (Ministerium für Schule 1998).

Seit dem Schuljahr 1999/2000 müssen dort in den Jahrgängen drei, sieben und zehn Parallelarbeiten in den Fächern Deutsch bzw. Sprache, Englisch und Mathematik geschrieben werden. Parallelarbeiten sind nach dem in NRW entwickelten Verständnis in mehreren Klassen einer Jahrgangsstufe einer Schule oder in mehreren Schulen geschriebene Klassenarbeiten, die eine gleiche oder in wesentlichen Teilen gleiche Aufgabenstellung haben, ggf. im Verbund mehrerer Lehrkräfte korrigiert und bewertet und klassenübergreifend ausgewertet werden. Um die fachlichen Standards und die erforderliche Anspruchshöhe der Parallelarbeiten zu verdeutlichen, wurden vom Schulministerium Aufgabenbeispiele veröffentlicht, die von den Fachkonferenzen bei der Konzeption der in der eigenen Schule gestellten Aufgaben berücksichtigt werden sollen.

Parallelarbeiten nach dem für NRW entwickelten Konzept sollen folgende Funktionen erfüllen:

- Förderung des Diskurses über grundlegende Fragen des Lehrens und Lernens und der fachlichen Arbeit,
- Klärung von Anforderungen, die Schülerinnen und Schüler bewältigen sollen, und damit von fachlichen Standards,
- Förderung einer abgestimmten Praxis von Leistungsbewertung,
- Anstoßen von Projekten und Maßnahmen zur Entwicklung und Sicherung von Unterrichtsqualität.

Die Parallelarbeiten sind nach etwa drei Jahren Erfahrung mit diesem neuen Instrument offensichtlich im Grundsatz in der schulischen Praxis verankert. Nach ersten Evaluationsergebnissen kann davon ausgegangen werden, dass wichtige Ziele im Bereich der Klärung von Anforderungen und der Abstimmung der Leistungsbewertung erreicht wurden, dass aber die weitergehenden Wirkungen für gezielte Anstrengungen zu einer Verbesserung der Lernergebnisse noch nicht zufrieden stellen können (vgl. dazu Orth 2002).

2. Zentrale Lernstandserhebungen

Ungeachtet der Vorzüge von Parallelarbeiten sind einige Begrenzungen unübersehbar. Parallelarbeiten sind eine Form der alltäglichen Leistungsfeststellung und Leistungsbeurteilung durch Lehrkräfte, bei der zwar eine Orientierung an allgemeinen Standards (Beispielaufgaben) erfolgt, die Auswahl der Aufgaben und die damit gestellten Ansprüche und deren Bewertung allerdings nach schulinternen Kriterien vorgenommen wird. Eine vergleichende Standortbestimmung ist für Schulen auf der Basis von Parallelarbeiten deshalb – wenn überhaupt – nur sehr eingeschränkt möglich. Deshalb ergänzen immer mehr Bundesländer (sieben allein im Zusammenhang mit VERA) diese dezentralen, von der Schule verantworteten Lernstandsüberprüfungen nun um zentrale Lernstandserhebungen. Zur Sicherung von Objektivität und Vergleichbarkeit schulischer Arbeit scheint es notwendig, auch Lernerfolgsüberprüfungen durchzuführen, bei denen über die Standards, Aufgabenstellungen und Bewertungsmaßstäbe zentral entschieden wird (vgl. dazu und zum Folgenden Burkard/Orth 2004).

Grundsätzlich werden in der Fachdiskussion drei Ebenen unterschieden, auf denen standardbezogene Testverfahren genutzt werden können: Auf der Systemebene kann auf der Grundlage standardisierter Testverfahren das Erreichen von nationalen Bildungsstandards kontrolliert werden. Auf Schulebene können Rückschlüsse auf den Erfolg unterrichtlicher bzw. schulischer Entwicklungsmaßnahmen gezogen werden. Und schließlich kann mit Hilfe von Testverfahren auf der Ebene der einzelnen Schülerinnen und Schüler individueller Lern- und Förderbedarf diagnostiziert werden.

Die in etlichen Bundesländern in der Jahrgangsstufe 4 und in Nordrhein-Westfalen geplanten Vergleichsarbeiten in der Jahrgangsstufe 9 sollen insgesamt dazu dienen, mehr gesichertes Wissen für die Entwicklung und die Sicherung der Qualität von Schule und Unterricht zu gewinnen. Lernstandserhebungen und Lernbedarfsdiagnosen sind gedacht als zentrale Hilfen und Instrumente zur Verbesserung des Unterrichts und seiner Ergebnisse. Ebenso sollen sie ein Hilfsmittel für die Steuerung des Systems und ggf. im begrenzten Umfang auch für die Rechenschaftslegung nach außen sein. Vergleichsarbeiten sollen somit Ziele auf allen oben skizzierten Ebenen verfolgen. Sie werden von Burkard/Orth wie folgt ausdifferenziert:

(1) **Standardüberprüfung und Qualitätssicherung**
Vergleichsarbeiten dienen dazu, in ausgewählten Kompetenz- und Teilleistungsbereichen zu überprüfen, inwieweit Schülerinnen und Schüler die in den Kernlehrplänen formulierten Anforderungen und Standards erreichen. In der Perspektive wird

auch die Orientierung an den zurzeit von der Kultusministerkonferenz entwickelten verbindlichen nationalen Bildungsstandards möglich sein. Der Vergleich der Ergebnisse mit landesweiten Referenzwerten ermöglicht eine Standortbestimmung der einzelnen Schulen und Klassen.

(2) Impulse für die didaktische und methodische Weiterentwicklung des Unterrichts

Vergleichsarbeiten bieten eine Grundlage zur Identifizierung der Lernstände und des Förderbedarfs von Lerngruppen und in begrenztem Maße von einzelnen Schülerinnen und Schülern. Anhand des innerschulischen Vergleichs von Parallelklassen lassen sich relative Stärken und Schwächen in den Fächern Deutsch, Englisch und Mathematik aufdecken und Gründe für Ergebnismuster analysieren. Auf dieser Grundlage können Maßnahmen zur Förderung und Unterrichtsentwicklung vereinbart und umgesetzt werden.

(3) Verbesserung der diagnostischen Kompetenz von Lehrkräften

Durch den Vergleich von Voraussagen mit realen Ergebnissen ergeben sich vielfältige Möglichkeiten zur Erfassung und zum Training diagnostischer Kompetenzen. Die Vergleichsarbeiten lassen sich beispielsweise nutzen zur Diagnose von Aufgabenschwierigkeiten und typischen Fehlermustern oder zur Diagnose der Leistungsniveaus von Klassen und einzelnen Schülerinnen und Schülern.

(4) Orientierungshilfe bei der Leistungsbewertung – Beitrag zur Bewertungsgerechtigkeit

Vergleichsarbeiten liefern eine klassen- und schulübergreifende, objektive Zusatzinformation des Leistungsstandes der Schülerinnen und Schüler. Lehrkräfte erhalten damit eine Orientierungshilfe bei der Absprache schulinterner Kriterien zur Leistungsbewertung und bei der Beratung von Schülern und Eltern beispielsweise bei Laufbahnentscheidungen.

(5) Unterstützung der Umsetzung der neuen Kernlehrpläne

Da sich die Aufgaben inhaltlich an den neuen Kernlehrplänen und Bildungsstandards orientieren, sind sie zugleich ein Werkzeug, um deren Umsetzung im Unterrichtsalltag zu befördern und zu beschleunigen.

(6) Bereitstellung von Informationen für das System-Monitoring

Die kontinuierliche Auswertung repräsentativer Zentralstichproben stellt wichtige Informationen zur Steuerung des Systems und zur Bildungsberichterstattung zur Verfügung. Darüber hinaus sind die Ergebnisse der einzelnen Schulen eine wichtige Grundlage der schulaufsichtlichen Begleitung von Schul- und Unterrichtsentwicklung.

Die Lernstandserhebungen in den Jahrgängen 4 und 9 werden als teilzentrale Vergleichsarbeiten durchgeführt. Ein Teil der Aufgaben wird zentral gestellt und je nach schulspezifischen Schwerpunkten von den Schulen ergänzt, allerdings nicht frei, sondern um Aufgaben aus einer erprobten Aufgabensammlung. Damit soll sowohl dem Gebot landesweiter Chancengleichheit als auch den Anforderungen schulischer Selbstständigkeit Rechnung getragen werden.

Derartige Vergleichsarbeiten unterscheiden sich von Parallelarbeiten dadurch, dass sie sich auf zentrale Standards beziehen und in Orientierung an sog. Testgütekriterien entwickelt werden. Es handelt sich um schriftliche Arbeiten, die auf der Basis einer vorgegebenen Aufgabenstichprobe eingesetzt werden mit dem Ziel, die Leistungen der Schüler an einem über die einzelnen Klassen hinausgehenden Vergleichsmaßstab, d.h. an einer klassen- und schulübergreifenden sozialen und/oder kritialen Bezugsnorm zu messen (vgl. Helmke/Hosenfeld 2003).

Vergleichsarbeiten werden somit als ein Verfahren verstanden, Lernstände von Schülerinnen und Schülern nach einem allgemein gültigen Maßstab zu erheben, um über schulinterne Anforderungen und Maßstäbe hinausgehende Aussagen zu den Lernergebnissen der Schülerinnen und Schüler machen zu können. Sie bestehen zu einem erheblichen Teil aus Aufgabenformaten, die von Klassenarbeiten abweichen.

Vergleichsarbeiten werden in Klasse 4 in Mathematik und Deutsch geschrieben. Sie werden auch für den Jahrgang 9 in den Fächern Deutsch, Mathematik und Englisch durchgeführt. Der Jahrgang 9 wurde gewählt, um bis zum Abschluss der Sekundarstufe I in Folge der Vergleichsarbeit ausreichend Zeit für ggf. notwendige Förder- und Unterstützungsmaßnahmen für Schüler zur Verfügung zu haben.

Der erste flächendeckende Durchgang für die 4. Klassen ist bereits im Schuljahr 2003/2004 erfolgt, in NRW zu Beginn des Schuljahrs 2004/2005. Neuentwickelte Vergleichsarbeiten für den Jahrgang 9 wurden in NRW erstmals im November 2004 eingesetzt.

Prinzipien der Aufgabenentwicklung

Fächerübergreifend wurden die folgenden vorläufigen Konstruktionsprinzipien für die Aufgabenentwicklung formuliert:

- Die Aufgabenstellungen sollen auf Domänen und Anforderungen bezogen werden, die in den geltenden Lehrplänen formuliert sind,
- sie sollen auf Domänen und Anforderungen bezogen werden, die in den zurzeit in Vorbereitung befindlichen Kerncurricula als Anforderungen am Ende der Klassenstufe 8 formuliert sind, sowie in der Perspektive auf die Bildungsstandards der KMK,
- sie sollen unterrichtsnah sein, d.h., sie sollen in Formaten gestellt werden, die fachdidaktischen Ansprüchen und nach Expertenurteil dem sog. implementierten Curriculum genügen bzw. entsprechen,

- sie sollen (bezogen auf einzelne Domänen) ein breites Spektrum an Schwierigkeitsgraden abdecken, um die unterschiedlich erreichten Lernstände der Neuntklässlerinnen und Neuntklässler angemessen abbilden zu können,
- sie sollen in einer Form erstellt werden, die Schülerinnen und Schüler zur schriftlichen Bearbeitung auffordert (Paper-and-pencil-Verfahren),
- zu den Aufgaben selbst sollen jeweils Anforderungsprofile formuliert werden, denen die Schülerinnen und Schüler bei der richtigen Lösung der Aufgabe gerecht werden müssen (Beschreibung der mentalen/kognitiven Operationen bei der Bearbeitung der Aufgabe); damit verbunden ist aufgabenseitig die Formulierung schwierigkeitsbestimmender Faktoren;
- sie sollen so konstruiert sein, dass die Lösungen der Schülerinnen und Schüler nach eindeutig beschreibbaren Verfahren auswertbar sind (Beurteilungskriterien und -hinweise),
- sie sollen von Lehrkräften vor Ort auswertbar sein.

Angestrebt wird mittelfristig die Zuordnung von Aufgaben bzw. der einzelnen Test-Items zu Kompetenzmodellen, wie sie beispielsweise bereits mit dem europäischen Referenzrahmen für Sprachen oder den Kompetenzstufen der PISA-Studie angeboten wurden.

Die Vergleichsarbeiten sollen immer quantitative Anteile (Skalen auf der Basis der Testtheorie) und qualitative Anteile (offene Aufgabentypen) enthalten. Mittelfristig wird angestrebt, vergleichbar zu Schweden auch komplexe Aufgabenformate, wie beispielsweise Gruppenaufgaben für Vergleichsarbeiten, vorzusehen.

Lernstandserhebungen werden differenziert nach Schwierigkeitsgrad in unterschiedlichen Versionen entwickelt. Alle Versionen werden einen Kern an Aufgaben enthalten, der die gesamte Bandbreite an Anforderungen umfasst. Je nach Niveaustufe werden Aufgaben im oberen bzw. unteren Schwierigkeitsgrad ergänzt. Wie viele Stufen es geben soll und wie dabei die unterschiedlichen Schulformen berücksichtigt werden, muss noch entschieden werden. Im Klartext: Es ist umstritten, ob sich die (dann drei) Niveaustufen am dreigliedrigen (deutschen) Schulsystem orientieren sollen – oder nicht.

Zentralstichprobe und Referenzwerte

Pro Durchgang wird bei den Lernstandserhebungen in 4 und 9 eine repräsentative Stichprobe von Schulen aller Schulformen gezogen. Die zentral gestellten Anteile der Vergleichsarbeiten dieser Schulen werden zentral nach Schulformen ausgewertet. Damit sollen Daten für die Systemsteuerung und die kontinuierliche Bildungsberichterstattung zur Verfügung gestellt werden. Ein Ranking von Schulen wird ausdrücklich nicht angestrebt.

Im Rahmen der Auswertung der Zentralstichprobe werden landesweite Referenzwerte für die Standortbestimmung der Schulen ermittelt. Diese sollen in einem Zeitraum von rund vier bis sechs Wochen nach Testerhebung den Schulen zur Verfügung gestellt werden. Als Referenzdaten werden den Schulen für alle Aufgaben Lösungsprozentsätze, Fehlerverteilungen und ggf. typische Fehlermuster zur Verfügung gestellt. Es wird angestrebt, diese Werte differenziert nach Schulformen und für typische Cluster von Standortfaktoren (beispielsweise Migrantenanteile, soziale Herkunft, Urbanisierungsgrad etc.) zur Verfügung zu stellen. Um faire Vergleiche zu ermöglichen, müssen diese berücksichtigt werden.

Weitergabe der Ergebnisse an die Eltern

Bei landesweiten Vergleichsarbeiten, die nicht auf Stichproben-, sondern auf Vollerhebungen beruhen, entstehen für jeden Schüler Einzelergebnisse. Diese können und sollen in einigen Bundesländern an die Eltern weitergegeben werden. Dazu haben Helmke/Hosenfeld in Rheinland-Pfalz ein Formblatt entwickelt. Es besteht aus

- einem kurzen einführenden Text,
- der grafischen Darstellung der Kompetenzstufenverteilung auf Landesebene,
- einer kurzen Beschreibung, was die Stufen inhaltlich bedeuten. Diese Beschreibung ist absichtlich kurz gehalten, sodass Sie sie je nach Bedarf ergänzen oder kommentieren können.

Die zuständigen Lehrpersonen müssen die schülerspezifischen Angaben zu den Kompetenzstufen auf den für die Eltern bestimmten Bogen übertragen, indem sie die für das Kind zutreffende Stufe handschriftlich ankreuzen.

Zu ihrer persönlichen Information erhalten die Lehrpersonen gesondert eine komplexere Beschreibung der Kompetenzstufen mit der Bitte, dies den Eltern bei Nachfragen adressatengerecht zu erläutern. Was die Weitergabe von Testergebnissen an die Schülereltern bewirkt, ist allerdings noch völlig unerforscht. Damit kommen wir zu den

Grenzen zentraler Lernstandserhebungen

Vor allem bei der Elterninformation sind die Grenzen der Aussagekraft der eingesetzten Testverfahren zu berücksichtigen. Die Vergleichsarbeiten in den Jahrgängen 4 und 9 sind so angelegt, dass sie schwerpunktmäßig der Standardisierung und Unterrichtsentwicklung auf Ebene der einzelnen Schule bzw. der Klassen dienen. Vergleichsarbeiten erfassen auch individuelle Kompetenzen bzw. Kompetenzprofile der einzelnen Schülerinnen und Schüler. Dennoch ist ihre individualdiagnostische Aussagekraft begrenzt. Zur Identifizierung von individuellem Förderbedarf müssen zusätzliche Instrumente zur Verfügung gestellt werden, wie es beispielsweise mit den Lernbedarfsdiagnosen beim schwedischen Modell geschieht.

3. »Liberale« Alternativen

In der Schweiz verbreitet sich (in St. Gallen und Zürich beginnend) ein »liberales« Modell der ergebnisorientierten Leistungsüberprüfung. Das so genannte »Klassencockpit« ist eine standardisierte, also testförmige Aufgabensammlung in Deutsch und Mathematik für 3. bis 9. Klassen, die die Schulen nach eigener Entscheidung zur vergleichenden Evaluation ihres Unterrichts einsetzen können.

Pro Jahr können bis drei Module zu einem vorgegebenen Zeitpunkt eingesetzt werden. Die Schülerdaten können online eingegeben werden; die Auswertung erfolgt für die einzelnen Schülerinnen und Schüler, die Klasse und im Vergleich zu einer kantonalen Vergleichsstichprobe von 25–30 zufällig ausgewählten Klassen (St. Gallen) bzw. im Vergleich zu rund 500 Schülern (Zürich). »Klassencockpit« beruht auf der Idee, dass auf Grund des Vergleichs mit anderen Klasse eine Standortbestimmung vorgenommen und anhand der analysierten Leistungen der Unterricht gezielter geplant werden kann.

Zur Beurteilung der Ergebnisse der Klasse wird die Verteilung der Leistungen innerhalb der Klasse in Form eines Säulendiagramms dargestellt. Zudem wird der Lehrkraft die durchschnittliche Anzahl richtig gelöster Aufgaben in Prozent mitgeteilt. Zur Beurteilung der Ergebnisse einzelner Schülerinnen und Schüler werden Punktzahlen, Prozentränge und drei Anforderungsniveaus zur Verfügung gestellt.

Für die Kantone St. Gallen und Zürich liegen bereits Evaluationsberichte vor (Moser 2003). Diese behandeln folgende Aspekte:

- Verbreitung und Einsatzhäufigkeit von Klassencockpit,
- Akzeptanz des Instruments in der Lehrerschaft und Einsatzzwecke,
- Allgemeine Beurteilung der Nützlichkeit und Eruieren von Problembereichen.

In standardisierten Lehrerbefragungen (St. Gallen: N = 824 – Rücklauf 55 Prozent; Zürich N = 216 – Rücklauf 98 Prozent) wurde per Fragebogen die Nutzung des konkreten Instruments erhoben. Dabei werden durchaus kritische Töne laut:

> »Bemängelt wird von den Lehrpersonen insbesondere, dass die Ergebnisse zu wenig differenziert ausgewertet werden können. Der Wunsch nach Detailauswertungen zeigt das große Interesse an einem Instrument zur Verbesserung der Unterrichtsqualität.« (Moser 2003, S. 15)

Beim »Klassencockpit« steht zwar die Standortbestimmung im Vordergrund. Trotzdem haben die Lehrpersonen die Ergebnisse differenziert und zu verschiedenen Zwecken genutzt:

- »Bestätigung des Leistungsstandes der Klasse,
- Orientierung der Eltern und des Kollegiums,
- Nutzung der Informationen zur Verbesserung des Unterrichts,
- Anpassung der Schülerbeurteilung.« (Ebd., S. 16)

Der korrekten und bewussten Nutzung der Möglichkeiten von »Klassencockpit« stehen Tendenzen entgegen, die als eher kritisch zu beurteilen sind:

>»Einer adäquaten, korrekten Nutzung steht bisweilen der Wunsch der Lehrpersonen entgegen, über ein zuverlässiges Instrument zu verfügen, das den selber getroffenen Selektionsentscheid abstützt oder – noch besser – unanfechtbar macht.« (Landert 2002, S. 22)
>
>»Der offenbar kaum vermeidbaren, durch einige Lehrpersonen vorgenommenen Vermischung von individueller Notengebungspraxis und Klassencockpit-Note sollte entgegengesteuert werden, indem der Unterschied zwischen den beiden noch besser erklärt wird: Die ›Klassencockpit‹-Note schafft den Bezug zur Leistung einer größeren Gruppe von Schüler/innen und Schülern aus dem ganzen Kanton, die individuelle Notengebung ist eine stärker der Verzerrung unterliegenden, oft auf die Leistung der jeweiligen Klasse Bezug nehmende Bewertung einer individuellen Leistung.« (Ebd., S. 23)

Das eigenständige Entwickeln eines *Schattennotensystems* auf Grund der Ergebnisse widerspricht den Zielen eines regional administrierten (kantonal oder länderspezifisch) Leistungstests. Vielmehr sollen der Lern- und Förderbedarf in den überprüften Bereichen festgestellt werden und die diagnostische Kompetenz der Lehrkräfte gestärkt werden. Die Ergebnisse des Leistungstests sollen lediglich eine Orientierungshilfe bei der Leistungsbewertung und bei Schullaufbahnentscheidungen bieten und diese nicht ersetzen.

In Österreich können sich Schulen die TIMSS-Aufgaben nicht nur aus dem Internet besorgen (das können sie in Deutschland und der Schweiz auch), sondern sie als Tests einsetzen und an der Universität Salzburg auswerten lassen. Auf diese Weise erfahren die Lehrpersonen, wie sich ihre Schüler auf die Stufen der von TIMSS verwendeten (Mathe- und Naturwissenschaften-)Kompetenzskalen verteilen, und die Schulen, wie sie im Vergleich zu anderen Schulen abschneiden.

Die große Frage lautet jedoch auch hier: Was fangen die Schulen mit diesen neuen und neuartigen Informationen an?

4. Innerschulische Verarbeitung[1]

Gleichwohl, welche der drei vorherrschenden Formen von Lernerfolgsfeststellungen praktiziert wird, es stellt sich in jedem Fall die Frage nach der innerschulischen Verarbeitung.

Wenn Lernstandserhebungen die Unterrichtsentwicklung stimulieren sollen, ist eine zielgerichtete Verarbeitung der Ergebnisse in der Einzelschule notwendig. Doch gibt es durch eine fehlende Tradition von zentralen Leistungserhebungen noch viele Vorbehalte in den Bildungseinrichtungen und besonders in Schulen. Für den anglo-amerikanischen Raum beschreibt Kinder die Situation in den Kollegien:

»For most teachers, the word data triggers the ›off-switch‹ in the brain. Why should everything be researched, analyzed, and scrutinized to death?« (Kinder 2000, S. 4)

Der Umgang mit vergleichenden Leistungsdaten in der Einzelschule ist noch unerforscht. Doch eines scheint sicher: Der Druck auf Schulen, sich an Bildungsstandards und zentralen Lernstandserhebungen zu orientieren, wird nicht aufzuhalten sein.

Umso mehr ist geboten, die Ergebnisse von Lernstandserhebungen für die konkrete Qualitätsarbeit fruchtbar zu machen. Erst wenn in den Schulen über die Aufgaben diskutiert, sich über die Ergebnisse ausgetauscht wird und Hinweise für gelingendes Unterrichtshandeln erarbeitet werden, kann von einer erfolgreichen Umsetzung von Leistungsüberprüfung in Qualitätsmanagement gesprochen werden.

Denn »extern erhobenes Wissen und an die Schulen zurückgemeldetes Wissen setzt nicht automatisch Reflexions- und Verbesserungsprozesse in Richtung der verfolgten Zielrichtung in Gang. (...) Die Rückmeldedaten stellen zunächst wissenschaftliches und nicht Handlungswissen dar.« (vgl. Rolff 2002, S. 85)

Um den für alle Schulen neuen Anspruch der konkreten Verarbeitung der Lernstandserhebungen in den Schulen umzusetzen, werden im Folgenden Verantwortlichkeiten und Arbeitsstrukturen beschrieben, die diesen Prozess begleiten und unterstützen sollen. Dabei wird besonderer Wert darauf gelegt, bereits vorhandene Strukturen zu nutzen. So werden zeitliche Ressourcen geschont und routinierte Arbeitsabläufe effektiv genutzt.

In den schulinternen Verarbeitungsprozess der Lernstandserhebungen werden vor allem drei Gruppen von »Hauptakteuren« eingebunden sein:

---

1 Dieser Abschnitt wurde zusammen mit Jan von der Gathen konzipiert.

- die betroffenen Fachlehrkräfte,
- die Fachkonferenz und die
- Schulleitung.

- **Rolle der betroffenen Fachlehrkräfte**

Die Ergebnisse der Lernstandserhebungen sollen den Lehrerinnen und Lehrern helfen, die Leistungen ihrer Schülerinnen und Schüler an einheitlichen Standards zu messen, den Stand ihres Kompetenzerwerbs, aber auch ihre Defizite aufzuzeigen. Zusätzlich erhalten sie Hinweise für den Förderbedarf. Es ist zu erwarten, dass sie damit eine wichtige Grundlage für die Weiterentwicklung des Unterrichts sowie für die Beratung der Schüler und Eltern werden. Damit entsteht eine Reihe konkreter Aufgaben für Lehrkräfte der Fächer Deutsch, Englisch und Mathematik:

- **Vorbereitung, Durchführung und Auswertung der Lernstandserhebung**

Den betroffenen Fachlehrkräften obliegt die konkrete Durchführung der Erhebungen am zentral festgelegten Testtag. Sie tragen Sorge für einen korrekten Ablauf unter gleichen Bedingungen für alle Schüler, und sie erledigen die anschließende computerunterstützte Auswertung der Arbeiten mit Hilfe von vorgegebenen Korrekturhinweisen und Codierleitfäden.

- **Individuelle Auseinandersetzung mit den Ergebnissen**

Jede Lehrkraft ist aufgefordert, aus den bei den Lernstandserhebungen gewonnenen Erkenntnissen Konsequenzen für die Gestaltung des Unterrichts zu ziehen. Folgende Fragen können erkenntnisleitend sein (vgl. Orth 2002):

1. Waren die Aufgaben mit Blick auf die Lernvoraussetzungen an der Schule angemessen? Waren die (eigenen) Leistungserwartungen realistisch?
2. Lassen sich deutliche Leistungsunterschiede zwischen Mädchen und Jungen, zwischen Schülerinnen und Schülern mit deutscher und nicht-deutscher Muttersprache, zwischen Schülerinnen und Schülern aus unterschiedlichen Einzugsgebieten feststellen?
3. Zeichnen sich Bereiche des Faches ab, in denen die Schülerinnen und Schüler der Klasse im Mittel besonders gute/schlechte Leistungen erbringen?
4. Wann war das, was besonders gut (bzw. nur mit erheblichen Einschränkungen) beherrscht wird, Gegenstand von Unterricht? Wie lange liegt das zurück? Wie sind diese »Fachgegenstände« im Unterricht behandelt worden?
5. Wie haben sich die Leistungsergebnisse meiner Klasse im Zeitablauf verändert? Zeigt die Entwicklungskurve nach oben oder nach unten? Was mögen die Gründe dafür sein?

- **Kollegiale Auseinandersetzung mit curricularen Standards**

Durch die Vorbereitung, Durchführung und anschließende Korrektur und Bewertung der Arbeiten soll jede Lehrkraft mit den anderen Fachlehrkräften desselben

Jahrgangs über die curricularen Standards in Austausch treten. Grundlage für eine fruchtbare Diskussion ist, dass sie wie folgt verläuft:

- *systematisch*, d.h. nach festgelegtem Ablauf (kurzes Vorbereitungsgespräch mit Terminfestlegung, Auswertungsgespräch, Zielvereinbarung),
- *fokussiert* auf einzelne Aspekte, Fragen oder Probleme,
- *datengestützt* durch die bereitgestellten Materialien und Auswertungen der Leistungsergebnisse,
- *gemeinsam interpretierend:* Ergebnisse, Zielvereinbarungen und Absprachen über »Sofortmaßnahmen« müssen im Konsens festgelegt werden.

- **Anregung der fachdidaktischen Diskussion**

Ein wesentliches Ziel der ergebnisorientierten Unterrichtsentwicklung ist, dass Lehrerinnen und Lehrer allein und im Team auf der Grundlage differenzierter und empirisch verlässlicher Daten selbst Antworten auf die Fragen finden: »Was ist an meinem Unterricht gut?« und »Wie macht man guten bzw. besseren Unterricht?« – und damit mehr Verantwortung für die methodisch-didaktische Gestaltung ihres Unterrichts übernehmen können.

Voraussetzung dafür ist, dass sie die Ergebnisse der Lernstandserhebungen fachlich differenziert und methodisch sicher auswerten und Hypothesen über die Ursachen auffälliger Ergebnisse formulieren können.

- **Ermittlung des Förderbedarfs**

Zum professionellen Umgang mit Unterrichtsergebnissen gehört auch, dass der Förderbedarf von Schülerinnen und Schülern ermittelt wird und dass entsprechende Fördermaßnahmen eingeleitet werden.

- **Schaffung einer Entlastung für Lehrkräfte**

Der Mehraufwand für die innerschulische Verarbeitung von Lernstandserhebungen muss ausgeglichen werden. So soll in NRW die Zahl der Klassenarbeiten in den Jahrgangsstufen um eine Arbeit pro Schuljahr auf mindestens vier verringert werden. Die bisher vorgeschriebenen Parallelarbeiten sollen in den Klassen drei und zehn entfallen, da zu Beginn der Klasse vier und zu Beginn der Klasse neun die Lernstandserhebungen eingeführt werden. In Klasse sieben sollen die Parallelarbeiten weiterhin geschrieben werden.

Rolle der Fachkonferenzen

Die Durchführung und Verarbeitung der zentralen Lernstandserhebungen in einer Schule würde die einzelne Lehrkraft überfordern. Deshalb gilt es, die Fachkonferenz als Ort der konkreten Analyse von fachdidaktischen Fragen (wieder) zu beleben. Sie muss zukünftig mehr Verantwortung für die fachliche Qualitätsentwicklung und

Qualitätssicherung übernehmen. Lernstandserhebungen sind ein passender Anlass. Die Fachkonferenz trägt die

Verantwortung für fachliche Qualitätsentwicklung:
1. Analyse, Diskussion und Entscheidungen zu den Ergebnissen der Lernstandserhebungen,
2. Vergleich der Ergebnisse mit schulübergreifenden Referenz- und Vergleichswerten,
3. qualitative Analyse der Ergebnisse innerhalb der Schule (Vergleich von Teilleistungsergebnissen, Fehleranalyse, Lösungsprofile ...),
4. zusammenfassende Ermittlung und Darstellung des Schulergebnisses (unter Berücksichtigung der Referenzwerte).

Die Fachkonferenz ist zudem zuständig für

Qualitätssicherung:
5. Datensammlung und -pflege zum »Monitoring« der Schülerleistungsstände im Fach,
6. Organisation wechselseitiger Korrekturen,
7. Vereinbarungen, wie Unterricht an der Schule konkret verändert werden soll,
8. Indikatoren für die Qualität des Unterrichts gemeinsam entwickeln,
9. Absprachen über Evaluation der getroffenen Zielvereinbarungen.

Zur Stimulierung der Unterrichtsentwicklung könnte es nützlich sein, wenn sich die Fachkonferenzen mit den folgenden Fragen beschäftigen:
- Welche Aufgaben waren (mit welchen Teilleistungsaspekten/Anforderungen) für die Schülerinnen und Schüler am leichtesten, am schwersten?
- Welche Schülergruppe tut sich schwer, welcher fällt es leicht?
- Entsprechen die realen Ergebnisse den bei den Fachlehrern vorher abgefragten Erwartungen?
- Welche Fehlertypen, welche Fehlermuster fallen auf?
- Welche Leistungen erbringen die einzelnen Klassen der Jahrgangsstufe 4 bzw. 9 im Vergleich zu
  - anderen Klassen der eigenen Schule?
  - den Nominierungswerten/dem Durchschnitt der betreffenden Schulform/ Schulen in vergleichbarer Lage und Situation?
  - den Anforderungen (Standards, Kriterien)?

Rolle der Schulleitung

Bei der innerschulischen Verarbeitung der Ergebnisse von Lernerfolgsfeststellungen kommt der Schulleitung eine besonders wichtige Funktion zu. Sie muss die Fachkonferenzen für die Nutzung der Lernstandserhebungen verantwortlich machen und unterstützen. Die einzelnen Mitglieder der Fachkonferenzen Deutsch, Englisch und Mathematik werden nicht immer von sich aus die Ergebnisse der Lernstands-erhebungen intensiv diskutieren und auswerten. Den Anstoß muss dann die Schul-leitung geben. Bei der Begleitung der Arbeit der Fachkonferenzen durch die Schul-leitung ist vor allem die Einforderung von Informationen über den aktuellen Arbeitsstand und eine anschließende Rückmeldung sinnvoll. Dadurch wird die Wertschätzung der Arbeit der Fachkonferenz und die Wichtigkeit der Lernstandser-hebung signalisiert. Eine Konkretisierung der Aufgaben bei der Zusammenarbeit mit den Fachkonferenzen könnte wie folgt aussehen:

1. Zielvereinbarungs-, Beratungs- und Zwischenbilanzgespräche mit den Vorsitzen-den der Fachkonferenzen,
2. gelegentliche Teilnahme an den Konferenzen,
3. Kenntnisnahme der Einladungen, Tagesordnungen und Protokolle aller Konfe-renztermine,
4. Einfordern von Notenstatistiken, Ergebnisübersichten von Klassenarbeiten: In-formationen über gefährdete Versetzungen etc.,
5. Unterstützung der Selbststeuerung der FK durch eigenständiges, wenngleich kleines Budget und verbindliche Organisation,
6. Einfordern einer Verschriftlichung der Aufgaben, Rechte und Pflichten der Mit-glieder und der Vorsitzenden,
7. Drängen auf einen konzentrierten Fokus aller Aktivitäten auf die Qualität und Entwicklung von Unterricht.

Die größte Schwierigkeit ist, dass der Vorsitzende der Fachkonferenz die im Rahmen des gesetzlichen Auftrages gefällten Beschlüsse für alle Mitglieder verbindlich durch-setzen muss. Er benötigt dabei die ebenso vorbehaltlose wie sensible Unterstützung der Schulleitung. Die Schulleitung kann nicht direkt auf Unterrichtsentwicklung Einfluss nehmen. Dennoch ist sie die Schlüsselstelle für eine erfolgreiche Durchfüh-rung der Lernstandserhebung. Sie trägt die Gesamtverantwortung für die Initiie-rung, Planung, Organisation, Koordination und Moderation der Arbeitsprozesse in der Einzelschule, die mit den Lernstandserhebungen zu tun haben.

Über die Aktivierung der Fachkonferenzen hinaus obliegen der Schulleitung da-bei folgende konkrete Aufgaben:

- Information über Konzept, Zielstellung und Anlage der zentralen Lernstandser-hebungen sowie Klären schuleigener Fragestellungen und Erkenntnisinteressen (Letzteres möglichst bevor die Ergebnisse vorliegen),
- Vereinbarung von Konsequenzen für die Lerngruppen und die Schule,
- innerschulische Berichterstattung und Information der Eltern, Schüler und Gre-mien,
- Berichterstattung an die Schulaufsicht über Ergebnisse und Konsequenzen der Schule.

Perspektive

Regelmäßige zentrale Lernstandserhebungen sind neu im deutschsprachigen Raum. Sie sind gleichzeitig voraussetzungsreich und anspruchsvoll. Qualitätsmanagement mittels Lernstandserhebungen verlangt letztlich nach einer lernfähigen Schule. Es muss jeder am Prozess beteiligten Person klar sein, dass wichtige Entwicklungen nicht über Nacht passieren und nicht als Resultat isolierter Einzelveranstaltungen, auch dass Probleme ein unvermeidliches und wesentliches Element jedes Entwicklungsprozesses sind. Unterstützung und Geduld gehören also dazu.

Das gesamte Vorhaben muss als ein Entwicklungsprozess verstanden werden. Nicht alle Ziele können und sollen bereits im ersten Jahr verfolgt werden. Dies wäre eine Überforderung für alle Beteiligten. Die Perspektive kann also nur heißen:

»Denke in großen Konzepten – aber beginne klein.«

VIII. Externe Evaluation muss sein: Konzepte und Beispiele

Interne Evaluation durch die Schulen selbst ist zwar immer noch ungewohnt, stößt aber zunehmend auf Interesse und auch auf Akzeptanz. Externe Evaluation indes ist vielfach verpönt: Sie klingt nach Kontrolle und Fremdbestimmung und scheint zudem noch außerordentlich aufwändig zu sein.

Doch das Thema externe Evaluation liegt auf dem Tisch, nicht zuletzt durch die diesbezügliche Empfehlung der NRW-Bildungskommission (Bildungskommission 1995), die etwas aufgeregte Diskussion über die internationalen Vergleiche der Schülerleistungen in Mathematik und den Naturwissenschaften sowie die inzwischen in vielen Bundesländern und Kantonen erlassenen Richtlinien zur Erstellung von Schulprogrammen, bei denen externe Evaluation oft ein integraler Bestandteil ist. Hinzu kommt die Tatsache, dass im Zuge zunehmender Gestaltungsautonomie der Schulen der Ruf nach Rechenschaft verständlicherweise lauter geworden ist und auch in der Schuleffektivitätsforschung unter dem Begriff »Accountability« verankert ist. Öffentlichkeit und Schulpolitik rufen nach externer Evaluation, von der sie sich Qualitätssicherung erhoffen.

Externe Evaluation muss also sein. Dies leitet sich vor allem aus zwei Begründungen her: Zum einen ist es eine einsichtige Tatsache, dass Selbstbeobachtungen immer ihren blinden Fleck haben. Selbsteinschätzungen sind nahezu zwangsläufig einseitig und möglicherweise zu wenig selbstkritisch. Das gilt für alle Berufe, nicht nur für Lehrer. Wenn die Selbstbeobachtungen nicht durch einen fremden Blick ergänzt werden, dann wird die eigene Wahrnehmung zu selektiv. Zweitens gehört das Bildungssystem zu einer der teuersten gesellschaftlichen Einrichtungen. Angesichts leerer Staatskassen gerät auch und vor allem die Schule – wie andere öffentliche Einrichtungen – zunehmend unter Rechtfertigungszwang. Schule muss also ihre Qualität nach außen nachweisen.

Darüber hinaus kann eine externe Evaluationen folgende Funktionen haben:

- Sie liefert Steuerungswissen für die Weiterentwicklung der schulischen Qualitätsarbeit, ist somit ein wesentliches Instrument der Orientierung im Schulentwicklungsprozess,
- dadurch bietet sie eine datengestützte Grundlage der Zielklärung,
- die Schule legt öffentlich Rechenschaft ab und kann somit auch die Diskussionen über reine Vermutungen versachlichen,

- durch die Veröffentlichung entsteht (zumindest bei guten Ergebnissen) ein Imagegewinn,
- der Schulentwicklungsprozess erhält eine erhöhte Verbindlichkeit, weil alle Beteiligten wissen, dass die Ergebnisse evaluiert werden,
- es kann ein durchaus positiver, anspornender Wettbewerb zwischen Schulen entstehen von dem letzten Endes alle profitieren,
- Lehrpersonen erhalten ein Erfolgserlebnis, denn nichts demotiviert Beteiligte mehr als die Unverbindlichkeit und Folgenlosigkeit ihrer Arbeit.

Eine wesentliche Funktion von externer Evaluation besteht demnach in der Unterstützung der Schulentwicklung der Einzelschule.

1. Formen externer Evaluation

Entscheidend für die Wirkung externer Evaluation ist die Wahl der Verfahren und Vorgehensweisen externer Evaluation: ob man die Schulen zur externen Evaluation zwingt oder ob man mit externer Evaluation an interne Evaluation anschließt. Bedeutsam ist vor allem die Frage, welche Funktion der Schulaufsicht dabei zukommt. Es gibt im europäischen Raum fünf verschiedene Modelle externer Evaluation, die wir aufführen möchten, um zu zeigen, dass externe Evaluation keine Domäne der Schulaufsicht ist, aber irgendwann mit der Schulaufsicht zu tun haben muss:

- standardisierte Tests (z.B. TIMSS, PISA),
- Audit (systematische Untersuchung durch unabhängige Experten),
- Peer-Review (ohne Schulaufsicht),
- Schulberatungsbesuch (mit Schulaufsicht),
- Pflichtvisitation bzw. Inspektion (mit Schulaufsicht).

Standardisierte Tests sind in den deutschsprachigen Ländern noch eine recht junge Erscheinung. Es handelt sich hier um zentrale Leistungstests, die in erster Linie die erreichte Lernleistung der Schüler, und zwar vor allem die im Bereich der Kognition liegenden Lernleistungen, erfassen.

Audits sind systematische Untersuchungen durch Experten, die – wie z.B. in England – durch eine unabhängige, vom Staat getragene Agentur organisiert werden und eine Schule für ca. zwei Wochen besuchen. Diese Experten, die oft gar keine Pädagogen sind, hospitieren im Unterricht, führen aber keine Debatten mit den Lehrern, sondern protokollieren ihre Beobachtungen und schicken diese Berichte dann an die beauftragende Behörde. Ähnlich wie bei den standardisierten Leistungstests steht hier die externe Kontrolle mit z.T. schulfremden Kriterien im Vordergrund. Es gibt kein dialogisches Vorgehen zwischen den »Kontrollierten« und den »Kontrolleuren«, und nicht zuletzt deshalb ist diese Form zumeist wenig wirksam für Schulentwicklung.

Anders dagegen sind *die Peer-Reviews* einzuschätzen: Hier laden Schulen Personen aus verschiedenen gesellschaftlichen Bereichen ein, die ein wohlwollendes und ein kritisches Auge auf die Schulen werfen (»critical friends«). Das können Steuergruppenmitglieder anderer Schulen, Wissenschaftler oder Eltern sein, die sie sich selbst aussuchen. Diese externen »Peers« geben ein kritisches Feedback und ergänzen damit die Ergebnisse und Erkenntnisse einer vorangegangenen Selbstevaluation.

Die vierte der o.g. Formen – der *Schulberatungsbesuch* – ist dem Peer-Review sehr ähnlich, nur dass diesmal die zuständigen Schulaufsichtsbeamten dabei sind. Im Vordergrund steht – wie es der Name sagt – Beratung und nicht Kontrolle.

Das fünfte Modell ist die *Pflichtvisitation* durch die Schulaufsicht. Dieses Verfahren geht von der Schulaufsicht aus, die sich in bestimmten Mehrjahresperioden bei den Schulen meldet, um zuvor angekündigte Bereiche zu visitieren, die vor dem Hintergrund zuvor zusammengestellter Daten beurteilt werden.

Man kann diese Liste noch um eine sechste Form ergänzen, die allerdings weniger systematisch ist: Die Befragung der Absolventen hinsichtlich der Nützlichkeit des Gelernten, der Verbesserungsvorschläge usw. Ehemaligenvereine eignen sich vorzüglich zum Träger derartiger Evaluationsvorhaben.

Die Schulaufsicht ist notwendigerweise bei der Form (4) und (5) vertreten. Die Form (1) wird von immer mehr Politikern favorisiert. Die Form (2) existiert in den deutschsprachigen Ländern nicht. Bei Form (3) ist die Schule völlig frei, so zu verfahren, wie sie es für nützlich und finanzierbar hält. Deshalb ist es für Schulen empfehlenswert, mit dieser Form der externen Evaluation zu beginnen.

Dass die Behörde die externen Evaluationsteams zusammenstellt und die externe Evaluation organisiert, kann demnach auch nur für Form (5) gelten – und eingeschränkt bei Form (4). Zumeist ist es wenig sinnvoll, wenn die Behörde die Evaluationsteams selbst zusammenstellt. Wenn die Evaluation authentisch werden soll, muss die Schule die überwiegende Mehrzahl der Mitglieder des Teams bestimmen können – und nicht die Behörde.

Die Behörde kann ohnehin nur ein bis zwei Mitglieder der Teams selbst stellen, wie aus überschlägigen Berechnungen hervorgeht. Die verhältnismäßig geringe Anzahl von Schulaufsichtsbeamten führt dazu, dass aus rein quantitativen Gründen lediglich zwei Konstellationen realistisch erscheinen:

Wenn nur ein Schulaufsichtsbeamter im Team vorhanden sein soll, kann mit dem heutigen »Bestand« an Schulaufsicht eine Schulvisitation etwa alle vier Jahre durchgeführt werden, und jeder Beamte kann viermal pro Jahr mitwirken. Wenn zwei Schulaufsichtsbeamte im Team vertreten sein sollen (was bei großen Schulen bzw. großen Evaluationsvorhaben sinnvoll ist), dann können solche Visitationen ebenfalls alle vier Jahre durchgeführt werden, aber jeder Beamte müsste achtmal pro Jahr mitwirken. Andere Konstellationen sind wenig plausibel, weil die Schulen dann nur alle sechs oder mehr Jahre »bedient werden« könnten oder weil die Schulaufsichtsbeamten zu häufig in Evaluationsteams arbeiten müssten. Dabei darf nicht vergessen werden, dass die Vor- und Nachbereitung einer Visite sehr zeitaufwändig ist:

- Treffen des Teams untereinander (Kennenlernen, Absprachen, Normen ...);
- Treffen des Teams mit den korrespondierenden Schulteams;
- Durchsicht der Daten und Dokumente der Schule (am besten auch im Team);
- Durchführung der Visite (1½ bis 5 Tage);

- Nachbereitung, Abfassung und teaminterne Abstimmung des Berichts;
- mindestens eine Feedback-Sitzung in der Schule zur Diskussion des Berichtes.

So kommen leicht 10 Arbeitstage pro Visitation zusammen (vgl. dazu auch Kohlhoff 1996). Außerdem kann man nicht von vornherein von Teams ausgehen, denn die Evaluationsgruppen müssen sich erst zu Teams entwickeln. Vielleicht ist es deshalb auch realistischer, nicht von Teams, sondern von Evaluationskommissionen zu sprechen. Aus diesen Überlegungen und Kalkulationen folgt, dass kaum mehr als ein oder zwei Schulaufsichtsbeamte in externen Evaluationskommissionen vorhanden sein können und auch deshalb die Schule das Recht haben sollte, nicht nur ein Mitglied zu benennen, sondern fast alle.

Erste Erfahrungen zeigen, dass die Schulaufsicht bei externer Evaluation mit dem Problem überbordender und kommunikationsverzerrender Rollenvielfalt (»Rollenmix«) konfrontiert ist. Für die Schulaufsicht ist es schwierig, gleichzeitig zu beaufsichtigen und zu beraten, und die bisherigen Erfahrungen lassen das Gleiche für das Verhältnis von Evaluation und Beratung vermuten. Gleichzeitig zeigen erste Projekte, dass es immerhin möglich ist, mit diesem Rollenmix umzugehen, aber nicht unter jeder Bedingung. Voraussetzung für ein Gelingen sind klare Zielvereinbarungen, penible Rollenklärungen, griffige Normenvereinbarungen und eine situative Entflechtung sowohl der Rollen als auch der Beratungsanlässe (vgl. dazu LSW 1998).

2. Authentische Evaluation statt Fassadenevaluation

Externe Evaluation ist für die meisten Schulen eine Terra incognita; sie ist nicht nur (weitgehend) unbekannt, sondern zudem ein sehr empfindliches Gelände, und das auch noch aus doppeltem Grunde: Zum einen sprengt sie den zumeist sorgsam gehüteten persönlichen, fast privaten Arbeitsraum der Lehrpersonen, indem von außen bewertet und veröffentlicht wird, was der bisherigen Kultur des Schulehaltens vollkommen fremd ist. Zum anderen betrifft die externe Evaluation die staatliche Steuerungsfunktion der Schulentwicklung und damit die Kerntätigkeit der Schulaufsicht, für die sie eine Art Folie der Modernisierung darstellt.

Bei externer Evaluation handelt es sich also um eine Neuerung, die einem Kulturbruch nahe kommt. Denn Evaluation berührt das Berufsbewusstsein der Lehrerschaft im Kern, einer Berufsgruppe, die ständig selber (Schüler) beurteilt, sich deshalb auch der Schwierigkeiten und Problematik von Beurteilung bewusst ist, aber abgesehen von äußerst seltenen punktuellen Anlassbeurteilungen selbst nie direkt beurteilt wird. Deshalb ist davon auszugehen, dass es langwieriger, d.h. mehrjähriger Gewöhnungsprozesse bedarf, bis »Evaluation Bestandteil der Arbeitskultur« (Ekholm) einer Schule wird, was für externe Evaluation noch problembeladener ist als für interne.

Andererseits beginnen Schulen nicht erst heute mit der Evaluationsdiskussion, sondern haben schon immer ihre Arbeit überprüft. Bisher waren diese Anstrengungen allerdings meistens punktuell und basierten selten auf empirischen Untersuchungen. Zudem folgten solchen Evaluationen nicht zwingend entsprechende Maßnahmen. Insofern kommt der internen wie auch der externen Evaluation eine qualitativ andere Bedeutung zu:

Die größte Gefahr ist darin zu sehen, dass Schulevaluation aus Gründen von Misstrauen, Arbeitsbelastung oder auch Unwissen als bloß defensive Routine bzw. als Fassadenevaluation entsteht. Wenn Evaluation authentisch sein soll, also einer offenen und ungeschönten Spiegelung der Schule dienen soll, dann müssen die Erkenntnisse sorgsam beachtet werden, die in bisherigen einschlägigen Schulentwicklungsprozessen gemacht wurden (z.B. im Soester Landesinstitut für Schule und Weiterbildung; im Dortmunder Institut für Schulentwicklungsforschung; im Q2E-Projekt in der Schweiz, bei QUIS in Österreich).

Demnach sind die folgenden Grundvoraussetzungen für eine authentische Evaluation, die sich von einer instrumentalisierten, defensiven oder oberflächlichen Fassaden-Evaluation unterscheidet, von größtem Belang.

- Freiwilligkeit der Beteiligung, zumindest während einer Erprobungs- und Gewöhnungszeit.
- »Vertrauen durch Verfahren«, also Vertrauen, welches nicht auf (zufälligen) persönlichen Beziehungen basiert, sondern auf verlässlichen Abmachungen, die auch bei Personenwechsel gelten.
- Externe Evaluation ist als Dialog zu gestalten, bei dem Felder bzw. Gegenstände, Kriterien und Verfahren zwischen Schulen und Evaluation ausgehandelt werden.
- Gute Vorbereitung ist zentral, d.h., vorweg sollten Normen, Ziele und Interessen geklärt werden.
- Bedürfnisbezogenheit, d.h. Evaluation sollte nicht mit abstrakten Themen und auch nicht mit der ganzen Schule beginnen, sondern an den Interessen der Schulen ansetzen und mit einzelnen Bereichen anfangen (»fokussierte Evaluation«).
- Evaluation schnurstracks zu verordnen ist ineffektiv. Die Schulen sollten mindestens fünf Jahre Gelegenheit zum Experimentieren auf freiwilliger Basis erhalten. Sie sollten dabei Unterstützung in jeder Hinsicht erhalten.
- Interne Evaluation ist primär; das gilt in zeitlicher wie inhaltlicher Hinsicht.
- Die Entwicklung einer »Arbeitskultur von Selbstevaluation« von Schulen sollte Vorrang haben. Hier gilt: Die Einzelschule ist der Motor.
- Schulen, die das wünschen, sollten erst einmal Gelegenheit erhalten, mit Selbstevaluation und Peer-Reviews zu experimentieren, ohne dass sich die Schulaufsicht einmischt.

Externe Evaluation stellt hohe Anforderungen an Schulaufsicht. Deshalb sollte die Schulaufsicht unverzüglich fortgebildet werden und praktische Erfahrungen sammeln mit Schulen, die die Schulaufsicht bei Evaluationsvorhaben dabeihaben wollen.

- Die Schulen sollten die nicht-schulaufsichtlichen Mitglieder von Evaluationskommissionen benennen und besetzen dürfen.
- Die Schulen sollten ermuntert und unterstützt werden, Evaluation durch Peer-Reviews durchzuführen.
- Evaluation dient vor allem der Beratung und Spiegelung.
- Keine Evaluationskommission sollte weniger als zwei Mitglieder haben (sonst wäre es auch keine Kommission).
- Möglichst jedes Evaluationsvorhaben sollte auch der Schulentwicklung dienen.
- Die Schulen sollten bei diesen neuen und prekären Aufgaben durch Schulentwicklungsmoderatoren unterstützt werden.

Insgesamt ist ein »Doppelter Kreislauf der Evaluation« zu empfehlen, wie er sich aus Abbildung VIII.1 ergibt. Auf der linken Seite befindet sich der Kreislauf der internen Evaluation, der mit der Entscheidung der Schule beginnt, einen Bereich zu evaluieren. Nach der Planung und Durchführung der Evaluation wird das Ergebnis

Abb. VIII.1: **Doppelkreislauf der Evaluation**

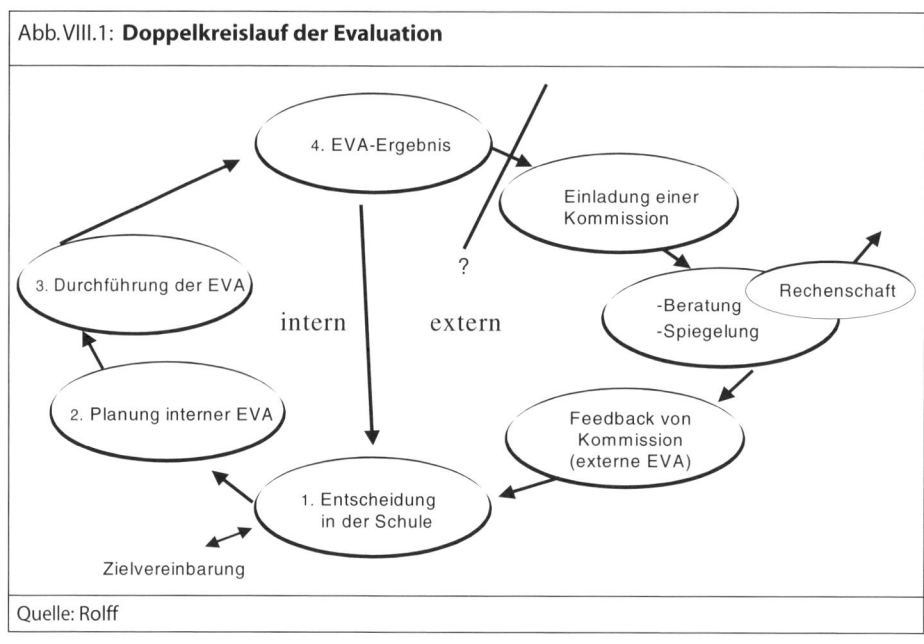

Quelle: Rolff

analysiert und besprochen. Danach entscheidet die Schule, ob sie eine externe Evaluation durchführt, die im Wesentlichen der Spiegelung und Beratung dient, aber auch für Rechenschaft geeignet ist. Der Kreislauf der externen Evaluation schließt durch die Einladung einer Evaluationskommission an die interne an.

Die Schule und die Evaluationskommission klären untereinander, welches die Bereiche, die Ausgangsfragen und die Normen der Evaluation sind, d. h., sie schließen eine Art Zielvereinbarung. Danach findet der Besuch der Kommission statt. Er dient im Wesentlichen der Beratung und der Spiegelung, kann aber auch für die Rechenschaftslegung nach außen nützlich sein. Ein zunächst mündliches, dann schriftliches Feedback beendet die externe Evaluation. Je nach Bedarf kann die Schule nach ca. einem Jahr erneut eine interne Evaluation durchführen.

3. Ein Fallbeispiel aus der Schweiz

Bei externen Evaluationen von Schulen setzt sich immer mehr das Modell des so genannten Peer-Review durch, für das sich auch die Schulleiterkonferenz der weiterführenden Schulen des Kantons Basel-Land sowie die Kultusminister der Nordwestschweizer Kantone entschieden haben, die dort Erziehungsdirektoren genannt werden.

Bei einem Peer-Review werden Schulen von so genannten »Kritischen Freunden« während mehrerer Tage besucht und erhalten von den Peers anschließend zuerst ein mündliches und danach ein schriftliches Feedback. Diese Peers sollten aus verschiedenen Berufswelten kommen und mit der Schule in keiner Weise verflochten sein. Diese Kritischen Freunde müssen folgende Voraussetzungen erfüllen:

- sie fühlen sich der ganzen Schule verpflichtet;
- sie geben Hilfe zur Selbstorganisation, keine Rezepte;
- sie haben kontinuierliche Prozesse im Auge;
- sie unterliegen keinen Weisungen;
- sie evaluieren nie allein;
- sie lassen sich nicht vereinnahmen;
- sie zertifizieren und begutachten nicht.

Diese externen Evaluatorinnen und Evaluatoren werden vom Erziehungsdirektor auf Vorschlag u.a. der Schulleiter eingesetzt und für jeden Einsatz mandatiert. Es handelt sich dabei um unabhängige Personen, welche über Spezialaspekte hinaus die gesamte Schule überblicken, im Team mit anderen zusammenarbeiten können, einen Sinn für prozesshafte Entwicklungen haben, die Fähigkeit der Schule zur Selbstentwicklung und Selbstorganisation respektieren und sich nicht von Äußerlichkeiten oder Details blenden lassen.

Als Team vertreten sie verschiedene gesellschaftliche für die Schule relevante Schichten sowie Berufszweige (Abnehmer- und Zulieferschulen, Wirtschaft und Wissenschaft, Elternschaft und Parallelschulen in anderen Kantonen) und verfügen auch, aber nicht nur über Spezialwissen im Schulbereich.

Um diese Evaluationen so zu organisieren, dass die »critical friends« wissen, worauf sie überhaupt achten können resp. sollen, wurden die Kernbereiche schulischen Handelns in fünf so genannte Qualitätsbereiche unterteilt, von denen jeder einen, selbstverständlich erneut unterteilbaren, Fokus für die Evaluation darstellen kann.

- **Unterricht**
  (Lernergebnisse, Förderung der Lernbereitschaft, Leistungsanforderungen, Gestaltung durch Lehrkraft, Erziehungsstil etc.);
- **Lebensraum Schule**
  (Schulklima, Wohlbefinden, Umgang mit Konflikten, Umgang mit Minderheiten, kulturelles Angebot etc.);
- **Schulpartnerschaft und Außenbeziehungen**
  (Partnerschulen, Elternkontakte, Öffentlichkeitsarbeit etc.);
- **Schulmanagement**
  (Leitung und Administration, Führungsstil, Aufgabenverteilung und Informationsfluss etc.);
- **Professionalität und Personalentwicklung**
  (Zusammenarbeit, Innovationsbereitschaft, Fortbildung, Lehrer/innenbetreuung etc.).

Im Kanton Basel-Land legt die Schulaufsicht in Absprache mit der Schule drei Evaluationsbereiche fest, und den vierten kann die Schule selbst bestimmen, während in den anderen Kantonen im Rahmen des Q2E-Projekts die Schule allein die Fokusse bestimmte. Bei der Evaluation wird als ein Fokus immer die Professionalität der internen Evaluation und andererseits immer ein Bereich des Unterrichts untersucht. Dabei ist es eminent wichtig, folgende Verfahrensstandards zu vereinbaren:

- Multiperspektivität (verschiedene Personen),
- Triangulation (verschiedene Methoden).

Durch dieses Verfahren soll gewährleistet werden, dass einerseits verschiedene, also zustimmende und kritische Personen befragt und darüber hinaus nicht nur Fragebogen, sondern z.B. auch Leitfadeninterviews oder Beobachtungen angewendet werden, damit das Bild insgesamt abgerundet wird.

Schließlich müssen verbindliche Normen vereinbart werden, damit vor allem Unsicherheiten und Ängste abgebaut werden und der Prozess somit einen tatsächlich fördernden Charakter erhält:

- Daten, die Schulen erheben lassen, gehören den Schulen.
- Evaluations-Bericht muss konsensuell sein, d.h., es darf keine Minderheitsvoten von einzelnen Peers geben.
- Evaluiert und dokumentiert werden ausschließlich die vereinbarten Aspekte.
- Schulen müssen auf den Evaluations-Bericht mit Maßnahmen reagieren.

Wie kann bei einer Evaluation gewährleistet werden, dass die Untersuchung wirklich extern geschieht und nicht zur Fassadenevaluation verkommt, gleichzeitig aber den schulischen Entwicklungsprozess unterstützt? Denn so plausibel für Außenstehende dieses Konzept auch erscheint, zunächst sorgt solch ein Vorhaben wohl überall für

Unsicherheit und Widerstände im Kollegium. Schließlich sind Lehrpersonen nicht gewohnt, evaluiert zu werden und viele Fragen, wie z.B. die Verwendung der gesammelten Daten oder ob die Evaluatoren nicht vielleicht doch mit dem Schulleiter unter einer Decke stecken und ihm unangenehme Informationen zufließen lassen, bewegen die Gemüter.

Das Gymnasium Liestal möge als Beispiel dienen: Dort wurde das Kollegium rechtzeitig und ausführlich informiert und eine Kontaktgruppe, bestehend aus Lehrpersonen und dem Schulleiter, gewählt. Sie sollte einerseits die korrekte Durchführung garantieren, andererseits den Peers die für sie notwendigen Informationen zukommen lassen und schließlich für die organisatorischen Fragen im Schulhaus während der Evaluation die Verantwortung tragen.

Zunächst traf sich das Evaluationsteam während eineinhalb Tagen mit der schulinternen Kontaktgruppe unter der Leitung eines externen Beraters zur genaueren Vorbereitung der Evaluation. Bei dieser Klausurtagung stellte die Kontaktgruppe den Peers unsere Schule vor, erklärte die Evaluationsfokusse und beantwortete Fragen der Peers. Zudem konnten die Peers bereits erste Aufträge an die Kontaktgruppe erteilen und mit Hilfe des Beraters adäquate Instrumente für die Untersuchungsbereiche erarbeiten. Nachdem die vier Evaluationsbereiche ausgeleuchtet waren, konnten die Anzahl der Besuchstage mit den entsprechenden Terminen bestimmt, die Verteilung auf die einzelnen Tage vorgenommen und detaillierte Tagesabläufe festgesetzt werden. Folgende Bereiche wollten die Peers untersuchen:

1. Selbstevaluation des Projekts »Notengebung und Selektion«;
2. Beobachtung des Unterrichts;
3. Fortbildung der Lehrpersonen;
4. Vermittlung von Arbeitstechniken.

3.1 Notengebung

Das Thema »Notengebung« ist am Gymnasium Liestal Teil eines längerfristigen Entwicklungsprozesses. In unserem Leitbild verpflichten wir uns zu einer transparenten Beurteilung, zur Beteiligung aller Lehrpersonen an der Selektion und zu einer Abstimmung der Leistungsstandards in und zwischen den Fachschaften. Wie können wir nun aber sicherstellen, dass wir dies auch wirklich tun? Unserer Meinung nach kann dies nur gelingen, wenn alle Lehrpersonen gemeinsame Maßnahmen ergreifen und diese auch realisieren. So führten wir fachschaftsinterne Projekte durch (z.B. Erstellen eines Kriterienkatalogs für mündliche Noten), die sich über ein gesamtes Schuljahr erstreckt hatten.

Bereits während dieser Umsetzungsphase wurde eine Evaluationsgruppe gebildet und eigens für diese Aufgabe geschult. Sie begleitete das Projekt, stand immer in Verbindung zu den einzelnen Fachschaften und überprüfte abschließend die Auswirkungen mittels eines Fragebogens. Alle Fachschaften hatten zudem einen Re-

Abb. VIII.2: **Verfahrensaudit zur Notengebung**	Trifft überhaupt nicht zu	Trifft teilweise zu	Trifft überwiegend zu	Trifft voll und ganz zu	Kann ich nicht beantworten
1. Die Arbeitsgruppe Evaluation wurde in der Anwendung von Evaluationsinstrumenten und -verfahren angemessen geschult.					
2. Es bestand ein transparenter Projektplan, wo die einzelnen »Meilensteine« (z.B. Entscheidungen) des Evaluationsprojektes für die beteiligten Personen sichtbar waren.					
3. Es waren »Spielregeln« zwischen den Beteiligten für das Evaluationsverfahren vereinbart worden.					
4. Rückblickend beurteile ich folgende Punkte im Evaluationsverfahren positiv: a) Die eingesetzten Fragebogen waren angemessen.					
b) Die Fragestellungen waren angemessen.					
c) Die Auswertungsdaten der Fragebogen sind hilfreich für die Weiterentwicklung des Projektes.					
5. Die aus der Evaluation abgeleiteten Entwicklungsimpulse sind für das Gymnasium bedeutsam.					
6. Es gab ein effektives Projektmanagement zur Umsetzung der Verbesserungsmaßnahmen auf Grund der Evaluationsergebnisse.					
7. Die Evaluation trug wesentlich dazu bei, dass die persönliche unterrichtsbezogene Qualitätsentwicklung (Reflexion der eigenen Praxis) bei den meisten Lehrpersonen kontinuierlich stattfand.					
8. Die Evaluation trug wesentlich dazu bei, dass die persönliche unterrichtsbezogene Qualitätsentwicklung (Reflexion der eigenen Praxis) bei den meisten Lehrpersonen verbindlich stattfand.					
9. Der ganze Evaluationszyklus genoss im Kollegium eine hohe Akzeptanz.					
10. Der ganze Evaluationszyklus genoss bei den Schüler/innen eine hohe Akzeptanz.					
11. Die Schulleitung hat das Evaluationsprojekt angemessen unterstützt.					
12. Relevante Erkenntnisse der Evaluation wurden – in Form eines adressatengerechten Berichtes – an die Aufsichtskommission (= Schulbehörde) weitergeleitet.					
13. Mir hat die Arbeit in der Eva-Gruppe Spaß gemacht.					

chenschaftsbericht verfasst, der nun mit den Daten der Schüler- und Lehrerfragebögen verglichen wurde.

Die Peers wiederum überprüften in Gesprächen mit der Evaluationsgruppe, mit Lehrpersonen und Schüler/innen, ob die von der Evaluationsgruppe eingesetzten Instrumente sinnvoll und aussagekräftig waren und ob die Arbeit des Evaluationsteams insgesamt den üblichen Anforderungen interner Selbstevaluation entsprach.

Dazu wurden die einzelnen Gruppenmitglieder zunächst mittels des Fragebogens über ihre Selbsteinschätzung befragt (Abb. VIII.2).

In ihrem Abschlussbericht formulieren die Peers ihre Eindrücke folgendermaßen:

Evaluationsverfahren

Die von der Evaluations-Gruppe eingesetzten Fragebogen und die Fragestellungen werden als angemessen betrachtet, und die Auswertungsdaten erscheinen den Gesprächspartnerinnen und -partnern als hilfreich für die Weiterentwicklung des Projektes, wobei die Fachschaftsvertretungen etwas kritischer urteilen als die Lehrpersonen.

Bedeutsamkeit der abgeleiteten Entwicklungsimpulse für die eigene Fachschaft

Eine Mehrheit der Gesprächsteilnehmerinnen und -teilnehmer erachtet diese Bedeutsamkeit als gegeben, es gibt aber auch Stimmen, die dies nur teilweise oder gar nicht so sehen.
Im Gespräch der Peers mit den Schüler/innen zeigte sich, dass die Notengebung im Allgemeinen als gerecht empfunden wird. Die Peers stellten auf Seiten der Lehrer/innen eine durchweg spürbare positive Einstellung zum Schulentwicklungsschwerpunkt »Notengebung« und dessen Evaluation fest. Zudem wurde deutlich, dass die Lehrpersonen vor allem Wert auf einen anspruchsvollen Unterricht legen.

Der abschließende Befund ist zweideutig. Einerseits empfindet die überwältigende Mehrheit unserer Schüler/innen die bei uns praktizierte Notengebung als sehr gerecht und transparent. Andererseits haben nur wenige eine Veränderung im Verlauf des Projekts bemerkt. War die Arbeit also überflüssig? Wohl nicht: Denn erstens haben wir uns wieder einmal sehr intensiv mit dem wohl heikelsten Aspekt unseres Lehrerdaseins auseinander gesetzt und werden dies konsequent fortsetzen. Dies kann nur zum Wohl der Schüler/innen sein. Andererseits ist es für Schüler/innen auch sehr schwer, innerhalb des laufenden Schuljahrs Veränderungen festzustellen. Würde man aber ältere Kollegen befragen, sähe das Bild ganz anders aus. Bei einer ähnlichen Befragung neun Jahre zuvor gaben lediglich 60 Prozent der Schüler/innen an, dass sie unsere Notengebung als gerecht empfänden. Man sieht, unsere Anstrengungen hatten doch etwas bewirkt.

3.2 Beobachtung des Unterrichts

Die Beurteilung des Unterrichtes und des Schulalltages ist sicherlich einer der wichtigsten Bestandteile einer Schulevaluation und gleichzeitig einer der schwierigsten. Die Peers haben für diesen Evaluationsbereich die Form des Shadowing (dt. Beschattung) gewählt. Jeder Peer begleitete einen Schüler bzw. eine Schülerin während eines Schultags. Anschließend fand ein Gespräch mit der ganzen Klasse statt.

Die Peers stellten fest, dass sich die Schüler/innen am Gymnasium Liestal wohl fühlen. Zwischen den Schüler/innen und Lehrer/innen besteht ein Gefühl der gegenseitigen Wertschätzung. Es herrscht eine offene Gesprächskultur und ein Klima, das Freiräume und Mitgestaltungsmöglichkeiten zulässt. Die Peers erlebten vorwiegend lehrerzentrierte Schulstunden, allerdings erfuhren sie auch eine auffallende Skepsis der Schüler/innen gegenüber Gruppenarbeiten. Die Schüler/innen empfinden die allgemeine Schulbelastung (Hausaufgaben, Prüfungen) als erträglich. Gelegentlich wird über die schlechte Verteilung der Prüfungen oder den zu starken Fächerwechsel von Lektion zu Lektion geklagt. Die Peers erlebten angstfreie Prüfungsatmosphären sowie eine transparente Orientierung der Schüler/innen über die Notengebung.

Die Schüler/innen wünschen sich eine bessere Informationskultur und eine leichtere Erreichbarkeit der Schulleitung. Sie hätten gern eine Mensa, mehr Internetanschlüsse und Arbeitsplätze.

Die Fragebögen in Abbildung VIII.3 und VIII.4 verdeutlichen die Arbeitsweise der Peers bei ihrem Shadowing.

Abb. VIII.3: **Eigenbeurteilung durch Schüler/innen**						
	trifft voll zu				trifft gar nicht zu	große Abweichung
Allgemeine Zufriedenheit						
Mir macht der Schulalltag normalerweise Spaß.						
Ich gehe grundsätzlich gerne in diese Schule.						
Ich bin lieber hier als in einer anderen Schule.						
Ich habe Spaß am Lernen.						
In der Schule bin ich normalerweise gut gelaunt und fröhlich.						
Nach den Ferien freue ich mich auf die Schule.						
Soziales/Zwischenmenschliches						
Ich habe genug Zeit für den Kontakt zu meinen KollegInnen.						
In unserer Klasse haben wir ein gutes Verhältnis.						
Die Schule tut etwas für die Förderung der Klassenteams.						

(Fortsetzung **Abb. VIII.3**)						
Das Verhältnis zwischen Lehrpersonen und Schülern ist gut.						
Mit den Lehrpersonen kann man über Probleme offen reden.						
Für besondere Probleme gibt es eine Anlaufstelle.						
Persönlichkeitsbildung						
In der Schule wird etwas für die Förderung meiner Persönlichkeit getan.						
Die Wertschätzung hängt nicht nur von den schulischen Leistungen ab.						
Unterricht						
Den Unterricht finde ich abwechslungsreich.						
Der Stundenplan ist interessant/abwechslungsreich.						
Es gelingt mir normalerweise, mich über lange Zeit zu konzentrieren.						
Ich verfüge über Kenntnis nötiger Arbeitstechniken.						
Ich werde im Unterricht gefordert.						
Ich kann im Unterricht meine Fragen loswerden.						
Ich komme mit der Art der meisten Lehrpersonen zurecht.						
Ich finde die Art der Unterrichtsgestaltung der Lehrpersonen interessant.						
Ich kann bei der Planung des Unterrichts mitreden.						
Im Unterricht kann ich auch Dinge einbringen, die ich aus meiner Freizeit/von meinen Hobbys kenne.						
Prüfungen finden in einer angstfreien Atmosphäre statt.						
Die Verteilung der Prüfungen übers Jahr ist gleichmäßig.						
Freizeit und Pausen						
Es gibt genügend Möglichkeiten, mich in der freien Zeit zu beschäftigen.						
Die Pausen sind abwechslungsreich.						
Infrastruktur und Einrichtungen						
Die Einrichtung der Schule ist ansprechend.						
Die Unterrichtsräume genügen ihrem Zweck.						
Die Bibliothek ist aktuell und bringt mir etwas.						
Die Schule verfügt über zweckmäßige Computerarbeitsplätze.						
Was müsste ergänzt werden?						
Die Schulverwaltung hilft mit, die Probleme der Schüler/innen zu lösen.						

Abb. VIII.4: **Fremdbeurteilung durch die Evaluator/innen**	Trifft voll zu				Trifft gar nicht zu	Große Abweichung
Allgemeine Zufriedenheit						
Die Schüler/innen machen einen zufriedenen Eindruck.						
Soziales/Zwischenmenschliches						
In der Klasse herrscht eine gute Stimmung.						
Die Klasse ist im Wesentlichen ein Team.						
Die Klasse hat Interesse, vom Unterricht zu profitieren.						
In der Klasse gibt es keine krassen Außenseiter/innen.						
Zwischen Lehrpersonen und Schüler/innen ist eine gegenseitige Wertschätzung spürbar.						
Unterricht						
Die Pausen werden eingehalten.						
Die Unterrichtsmethoden sind zeitgemäß.						
Der Unterricht ist abwechslungsreich.						
Der Unterricht regt die Schüler/innen zur aktiven Teilnahme/Eigenaktivität an (Wortmeldungen, Gruppendiskussionen, Präsentation von Ergebnissen ...).						
»Hier wird gelernt.«						
Belastung der Schüler/innen						
Die Belastung der Schüler/innen während des Schultages ist verträglich.						
Die Belastung der Schüler/innen durch Aufgaben außerhalb des Unterrichts ist verträglich.						
Tagesablauf, Freizeit und Pausen						
Die Schüler/innen haben nicht zu viele Leerstunden im Tagesablauf.						
Die Abfolge der Fächer ist interessant/ abwechslungsreich.						
Die Schüler/innen müssen während des Tages nicht zu oft das Klassenzimmer wechseln.						
Infrastruktur und Einrichtungen						
Die Unterrichtsräumlichkeiten sind zweckdienlich.						
Die Räumlichkeiten sind freundlich gestaltet.						

3.3 Fortbildung

Fortbildung ist ein wesentlicher Bestandteil der Schulentwicklung. Sie ermöglicht den Lehrer/innen, fachlich und pädagogisch auf dem Laufenden zu bleiben und ihren Unterricht weiterzuentwickeln. Bei der Evaluation interessierte die Peers vor allem die Frage der Effektivität unserer Fortbildung: Inwiefern fließen die in Fortbildungsgängen gewonnenen Erkenntnisse zurück in den Schulalltag der einzelnen Lehrperson und, mindestens ebenso wichtig: Inwiefern gibt es einen, womöglich systematischen, Rückfluss in das Gesamtsystem. Bei der Beurteilung dieses Aspekts interviewten die Peers neben der Schulleitung diverse Projektverantwortliche sowie einzelne Lehrpersonen. Grundlage dieser Beurteilung bildeten statistische Daten über die Anzahl und Inhalte sämtlicher Fortbildungen der vergangenen fünf Jahre, deren Kosten, unser Fortbildungskonzept, Protokolle der Fachschaften und Urlaubsberichte der einzelnen Lehrpersonen. Auch hier sei zum besseren Verständnis das Leitfadeninterview wiedergegeben:

Leitfaden für Interviews mit einzelnen Lehrpersonen

A **Konzept/Konzeptwahrnehmung**
Kennen Sie das (nicht schriftlich fixierte) Fortbildungskonzept des Gymnasiums? Wie wird es kommuniziert?
Wer hat Einfluss auf das Fortbildungskonzept des Gymnasiums Liestal?
Wer legt im Einzelnen die Themen für die Fortbildung fest?
Wie läuft dies im Alltag/in der Praxis ab?

B **Geschieht die Fortbildung bedürfnisgerecht?**
Finanzielle Mittel
- *Sind die bereitgestellten Mittel: zu knapp/zu hoch/angemessen?*
- *Können Sie Ihre Fortbildungsbedürfnisse befriedigen?*
- *Wie werden die Finanzen aufgeteilt zwischen individueller/gruppenweiser Fortbildung und Schilf-Veranstaltungen? Stimmt diese Verteilung für die direkt Betroffenen? Stimmt die Verteilung des Geldes für die direkt Betroffenen?*

Bereitschaft
- *Wie schätzen Sie die Bereitschaft des Kollegiums zur Fortbildung ein? Wie erklären Sie sich dieses Verhalten?*
- *Werden auch andere Kurse außerhalb der Schule besucht? Nutzt die Schule diese Ressourcen?*

C **Auswirkungen im (Schul)alltag**
Zeitlicher Aufwand
- *Wie viel Zeit wird in einem Schuljahr für die Fortbildung eingesetzt? Wie ist die Verteilung auf unterrichtsfreie Zeit und Schulzeit?*

- *Stimmt dieses Verhältnis, sollte es geändert werden? In welchem Sinne müsste eine Veränderung vorgenommen werden?*
- *Wie geht man mit dem »Unterrichtsausfall« um? Wird er als lästig empfunden oder ist Schule ohne Lehrkraft etwas Selbstverständliches? Wie reagieren die Eltern?*

Die Peers kommen nach ihrer Untersuchung des Bereichs Fortbildung zu folgendem Schluss: Geschätzt wird vom Kollegium die flexible Handhabung der Fortbildung. Gewünscht wird ein Konzept, das Eckpunkte der Fortbildung fixiert und eine systematische interne Fortbildung sicherstellt. Die Fortbildung führt zwar nicht immer zu einem systematischen Transfer von Inhalten in den Schulalltag, aber es funktioniert ein informeller Informationsfluss innerhalb des Kollegiums. Als besonders fruchtbar werden die Moderationstechnik und die regelmäßige Fortbildung der Klassenlehrer/innen (Kommunikationstraining) empfunden. Vom Kollegium werden die Semesterurlaube (Sabbaticals) als effizienteste Form der Fortbildung betrachtet.

Die Peers empfehlen für die Weiterentwicklung Folgendes: Die im Leitbild enthaltenen Ziele zur Fortbildung sollen konkret umgesetzt werden in Vorgaben für Fachschaften und einzelne Lehrpersonen. Der Bedarf für die Fortbildung soll systematisch durch Befragung der Lehrpersonen und Lehrer von der Schulleitung erhoben werden. Der Nutzen der Fortbildung für die Schulentwicklung sollte sichtbarer gemacht, der Austausch innerhalb des Kollegiums über die in der Fortbildung gemachten Erfahrungen gefördert werden.

3.4 Arbeitstechniken für selbstständiges Lernen

Unter Arbeitstechniken verstehen wir z.B. Lesetechniken, Notizen machen, Wörter lernen, Zeitmanagement, Prüfungsvorbereitung, Vorträge halten, Nutzung des Internets, in Gruppen arbeiten etc. Im ersten Semester der ersten Klasse werden die Schüler/innen von dem/der Klassenlehrer/in in diese Techniken eingeführt.

Für diesen Bereich führte die Kontaktgruppe eine repräsentative Umfrage bei Schülerinnen und Schülern sowie Lehrpersonen durch. Auf Grund dieser Ergebnisse konnten die Peers im Gespräch mit den Beteiligten erfahren, wo eventuell Nachholbedarf bestand und gleichzeitig unserer Kontaktgruppe ein Feedback über deren Evaluationskompetenz erteilen (Abb. VIII.5, Abb. VIII.6).

Im Allgemeinen, so die Peers, wird diese Einführung als sinnvoll und wichtig betrachtet. Der Nutzen der Arbeitstechniken im Schulalltag, aber auch außerhalb des schulischen Lernens und Arbeitens wird als groß angesehen. Ein Hauptproblem besteht darin, dass für Schüler/innen die Einführung durch die Klassenlehrer/innen ganz am Anfang ihrer Zeit am Gymnasium z.T. als »künstliche Trockenübung« mit zu schwachem Praxisbezug empfunden wird. Paradoxerweise wenden die Schüler/innen die Arbeitstechniken mit zunehmender Schuldauer immer weniger an.

Abb. VIII.5: **Fragebogen zur Arbeitstechnik (Schüler/innen)**

1. Angaben zu Ihrer Person:

Ich bin:

Geschlecht	männlich	☐

weiblich	☐

Ich bin in:

	der 2. Klasse	der 3. Klasse	der 4. Klasse
Klasse	☐	☐	☐

Ich bin im Typus:

	A	B	C	D	E	M	In der DMS
Typ	☐	☐	☐	☐	☐	☐	☐

2. In welche der unten aufgelisteten Arbeitstechniken wurden Sie an unserer Schule eingeführt? Wie beurteilen Sie diese Einführung?

(Noten 1 bis 6, 1 = überhaupt keine Einführung, 6 = sehr gute Einführung)

		6	5	4	3	2	1
1.	Lesetechniken	☐	☐	☐	☐	☐	☐
2.	Notizen machen	☐	☐	☐	☐	☐	☐
3.	Vokabel-Training	☐	☐	☐	☐	☐	☐
4.	Zeitmanagement	☐	☐	☐	☐	☐	☐
5.	Organisation des Arbeitsplatzes	☐	☐	☐	☐	☐	☐
6.	Prüfungsvorbereitung	☐	☐	☐	☐	☐	☐
7.	Prüfungsdurchführung	☐	☐	☐	☐	☐	☐
8.	Vorträge halten	☐	☐	☐	☐	☐	☐
9.	Spickzettel für Vorträge machen	☐	☐	☐	☐	☐	☐
10.	Exzerpte machen	☐	☐	☐	☐	☐	☐
11.	Selbstständiges Beschaffen von Informationen	☐	☐	☐	☐	☐	☐
12.	Nutzung des Internets	☐	☐	☐	☐	☐	☐
13.	In Gruppen arbeiten	☐	☐	☐	☐	☐	☐
14.	Mindmapping	☐	☐	☐	☐	☐	☐
15.	Clustering/Strukturieren	☐	☐	☐	☐	☐	☐
16.	andere: ...	☐	☐	☐	☐	☐	☐
17.	andere: ...	☐	☐	☐	☐	☐	☐

(Fortsetzung **Abb. VIII.5**)

3. Von wem wurden Sie in diese Arbeitstechniken eingeführt?

(Mehrfachnennung möglich)

18.	Vom Klassenlehrer oder von der Klassenlehrerin	☐
19.	Von einem Fachlehrer oder einer Fachlehrerin	☐
20.	Von anderen Personen: ...	☐

4. Von wem würden Sie gern in diese Arbeitstechniken eingeführt werden?

(Mehrfachnennung möglich)

21.	Vom Klassenlehrer oder von der Klassenlehrerin	☐
22.	Von einem Fachlehrer oder einer Fachlehrerin	☐
23.	Von anderen Personen: ...	☐

5. Wie häufig wenden Sie einzelne Arbeitstechniken an?

		täglich	wöchentlich	monatlich	seltener	nie
24.	Lesetechniken	☐	☐	☐	☐	☐
25.	Notizen machen	☐	☐	☐	☐	☐
26.	Vokabel-Training	☐	☐	☐	☐	☐
27.	Zeitmanagement	☐	☐	☐	☐	☐
28.	Organisation des Arbeitsplatzes	☐	☐	☐	☐	☐
29.	Prüfungsvorbereitung	☐	☐	☐	☐	☐
30.	Prüfungsdurchführung	☐	☐	☐	☐	☐
31.	Vorträge halten	☐	☐	☐	☐	☐
32.	Spickzettel für Vorträge machen	☐	☐	☐	☐	☐
33.	Exzerpte machen	☐	☐	☐	☐	☐
34.	Selbstständiges Beschaffen von Informationen	☐	☐	☐	☐	☐
35.	Nutzung des Internets	☐	☐	☐	☐	☐
36.	In Gruppen arbeiten	☐	☐	☐	☐	☐
37.	Mindmapping	☐	☐	☐	☐	☐
38.	Clustering/Strukturieren	☐	☐	☐	☐	☐
39.	andere: ...	☐	☐	☐	☐	☐
40.	andere: ...	☐	☐	☐	☐	☐

(Fortsetzung **Abb. VIII. 5**)

6. Welche Arbeitstechniken finden Sie nützlich und möchten Sie deshalb weiter/intensiver trainieren?

41.	Lesetechniken	☐
42.	Notizen machen	☐
43.	Vokabel-Training	☐
44.	Zeitmanagement	☐
45.	Organisation des Arbeitsplatzes	☐
46.	Prüfungsvorbereitung	☐
47.	Prüfungsdurchführung	☐
48.	Vorträge halten	☐
49.	Spickzettel für Vorträge machen	☐
50.	Exzerpte machen	☐
51.	Selbstständiges Beschaffen von Informationen	☐
52.	Nutzen des Internets	☐
53.	In Gruppen arbeiten	☐
54.	Mindmapping	☐
55.	Clustering/Strukturieren	☐
56.	andere: ...	☐
57.	andere: ...	☐

Weiter wurde festgestellt, dass die Lehrer/innen weitere Ausbildungsmöglichkeiten als sinnvoll erachten, um alle verlangten Arbeitstechniken kompetent vermitteln zu können. Erschwerend für eine lernfördernde Einführung ist die Tatsache, dass die Schüler/innen im Bereich Arbeitstechnik z.T. sehr unterschiedliches, mitunter überhaupt kein Vorwissen mitbringen.

Abb. VIII.6: **Fragebogen zur Arbeitstechnik (Lehrpersonen)**
1. Angaben zu Ihrer Person:
Welche Fächer unterrichten Sie?
1. Fach:
2. Fach:
3. Fach:

(Fortsetzung **Abb. VIII. 6**)

Zu welcher Altersgruppe gehören Sie?

unter 30 Jahre	☐
30–50 Jahre	☐
über 50 Jahre	☐

Welches Geschlecht haben Sie?

Männlich	☐	Weiblich	☐

2.   Welche Arbeitstechniken haben Sie in welcher Funktion schon unterrichtet?

(es können beide Funktionen genannt werden)

		als Klassenlehrer/in	als Fachlehrer/in
1.	Lesetechniken	☐	☐
2.	Notizen machen	☐	☐
3.	Vokabel-Training	☐	☐
4.	Zeitmanagement	☐	☐
5.	Organisation des Arbeitsplatzes	☐	☐
6.	Prüfungsvorbereitung	☐	☐
7.	Prüfungsdurchführung	☐	☐
8.	Vorträge halten	☐	☐
9.	Spickzettel für Vorträge machen	☐	☐
10.	Exzerpte machen	☐	☐
11.	Selbstständiges Beschaffen von Informationen	☐	☐
12.	Nutzung des Internets	☐	☐
13.	In Gruppen arbeiten	☐	☐
14.	Mindmapping	☐	☐
15.	Clustering/Strukturieren	☐	☐
16.	andere: …	☐	☐
17.	andere: …	☐	☐

4. »Knackpunkte« und Hinweise

Peer-Reviews sind noch nicht erforscht, aber angesichts unserer Erfahrungen sowohl als Peers und Ausbildner von Peers als auch aus der Perspektive der Evaluierten möchten wir auf folgende Punkte hinweisen, die bei Nichtbeachtung einer Evaluation zu Friktionen führen können.

- **Akzeptanz im Kollegium**

Wenn eine externe Evaluation »von oben« verordnet wird, kann sie problemlos von jedem Kollegium unterlaufen werden und somit wirkungslos verpuffen. Voraussetzung für die kollegiale Umsetzung eines solchen Projekts bildet also die breite Akzeptanz im Kollegium. Diese ist wohl in den seltensten Fällen von allein vorhanden, denn schließlich geistert in vielen Köpfen immer noch die Gleichsetzung von »Evaluation« mit »Kontrolle« herum, und die hat noch selten eine positive Schulentwicklung ausgelöst. Um die Beteiligten einzubinden und eine positive Kooperation zu erhalten, müssen alle Betroffenen gründlich informiert werden. Dabei ist es unerlässlich, ehrlich zu informieren, also positive und negative Stimmen zu Wort kommen zu lassen, Kritiker und Befürworter anzuhören. Oft ist es längerfristig viel sinnvoller und am Ende auch effektiver und effizienter, wenn man mit solch einem Projekt etwas länger wartet, dann allerdings alle »im Boot« hat.

Als weitere vertrauensbildende Maßnahme hat sich die Bildung einer schulinternen »Kontaktgruppe« bewährt, die den Evaluatoren die notwendigen Informationen über die Schule besorgt und eventuell kleinere Datenerhebungen in Absprache mit ihnen und für sie durchführt sowie die administrativen Vorkehrungen für den Besuch der Evaluatoren organisiert (Interviews, Reservierung von Zimmern etc.). In dieser Gruppe sollte die Schulleitung vertreten sein, allerdings nicht die Führung übernehmen. Dank eines solchen Gremiums hat das Kollegium direkte Ansprechpartner und ist über die weiteren Schritte im Bilde. Denn nichts schafft mehr Verunsicherung und sorgt für entsprechende Gerüchte als fehlende oder unvollständige Informationen. Dies wird zusätzlich noch vermieden, wenn die Kontaktgruppe Protokolle ihrer Sitzungen veröffentlicht und immer wieder von sich aus das Kollegium informiert.

- **Rekrutierung und Schulung der Peers**

Ist die Lehrerschaft einverstanden, beginnt der ebenso schwierige Weg, geeignete Personen zu finden. Manchmal fängt das Problem allerdings schon vorher an: Das Kollegium möchte nämlich wissen, wer die Peers sind, bevor sie zustimmen.

Wo findet man nun unabhängige Laien, die trotzdem etwas von Schule verstehen, sich aber nicht nur an ihr rächen wollen? Wie kann man diese Laien in kurzer Zeit intensiv und wirkungsvoll schulen und bei dieser Schulung die vorhandenen Informations- und Erfahrungsunterschiede ausgleichen?

Zunächst einmal ist es wichtig dass alle, die für die Auswahl der Peers zuständig sind, sich bewusst sind, dass es sich dabei um eine die Schulentwicklung unterstützende und auf keinen Fall kontrollierende Maßnahme handelt. Personen, die schon immer mal beweisen wollten, wie schlecht die Schule ist, haben dabei also nichts verloren. Es sollten auf keinen Fall ausschließlich Lehrpersonen sein. Empfehlenswert ist ein Evaluatorenpool, aus dem jedes Jahr drei Peers eine Schule evaluieren. Gefragt sind Schulleiter aus anderen Bundesländern oder Kantonen, Wirtschaftsvertreter, Universitätsangehörige, freie Berater u.a.m. Sie sollten alle etwas von Schule verstehen, denn schließlich erwarten die Schulen in den Berichten auch konkrete Empfehlungen. So konnten wir kürzlich in einem Evaluationsbericht Sätze wie den folgenden lesen: »Die Kommunikation im Schulhaus könnte optimiert werden.« Mit solchen Allgemeinplätzen ist natürlich keiner Schule geholfen. Schulen brauchen den fremden Blick, aber sie erwarten zu Recht konkrete Vorschläge zur Verbesserung. Ob und wie sie diese dann implementieren, ist ihre Sache. Insofern sollte die Möglichkeit gegeben sein, die Auswahl des Teams der kritischen Freunde entsprechend den Fragestellungen vorzunehmen. Wenn z.B. die Ausgabenpolitik der Schule evaluiert werden soll, ist es hilfreich, wenn jemand aus dem Team etwas von Buchhaltung versteht.

Sie alle müssen gemeinsam mit den jeweiligen Kontaktgruppen von einem anerkannten Spezialisten geschult werden, d.h. mit den verschiedenen Methoden, aber auch Theorien von Evaluation vertraut gemacht werden und vor allem die zu evaluierende Schule kennen lernen. Bereits hier können Instrumente erarbeitet und Arbeitsaufträge delegiert werden.

Diese Schulung ist außerdem für das Evaluatorenteam eine erste Gelegenheit zur Teambildung und schafft zudem Vertrauen zwischen Kontaktgruppe und den Peers.

Bei dieser Schulung ist es außerordentlich wichtig, dass die leitende Person die Arbeit an konkreten Beispielen ermöglicht, denn ein »learning on the job« spart einige zusätzliche Sitzungen (und Sitzungsgelder!), was wegen der prallen Terminkalender aller Beteiligten zur spürbaren Entlastung führt.

Diese Poolmitglieder werden sich mit der Zeit ein umfassendes Evaluations-Know-how aneignen, wodurch sich die Kosten mittel- und langfristig in Grenzen halten, da teure Schulungs- und Begleitkosten entfallen.

- **Dokumentation der Schule für die Peers**

Wie gelangen die Peers an die notwendigen Informationen über die Schule und speziell zu ihren Untersuchungsbereichen? Wer garantiert, dass die Informationen nicht »frisiert« werden? Garantieren kann dies natürlich niemand, da es sich beim Peer-Review aber um eine unterstützende Maßnahme handelt, sollten Vertuschungsmanöver nicht im Vordergrund stehen. Von Vorteil ist es natürlich, wenn die Schule eine aktuelle Dokumentation der Zuständigkeiten, Abläufe und Projekte besitzt, am besten selbstverständlich ein Schulprogramm. Trotzdem wird die Schule nicht darum herumkommen, neue Daten zu produzieren, denn die Peers werden Fragen stellen, die mit den vorhandenen Dokumenten nicht beantwortet werden können. In Liestal musste z.B. eine Statistik der Fortbildungsveranstaltungen der letzten fünf Jahre erstellt werden, die die Inhalte der verschiedenen Veranstaltungen, deren Kosten sowie die Anzahl Teilnehmender aufzeigte.

- **Beobachtungsschwerpunkte**

Was sollen die Peers überhaupt beobachten und wer soll die Beobachtungspunkte verbindlich festlegen? Die externe Evaluation soll den Schulentwicklungsprozess unterstützen und gleichzeitig auch Rechenschaft über die bisherige Arbeit ablegen. Insofern ist es unerlässlich, dass sowohl die Schule als auch die Schulaufsicht das Recht haben, Beobachtungsschwerpunkte festzulegen. Es kann z.B. im Interesse der Schulaufsicht sein, dass sie im Zuge des »system monitoring« vergleichbare Daten über die Ergebnisse strategischer Erlasse haben möchte. Besonders wichtig ist, dass die Schule sich intensiv Gedanken darüber macht, welche Fragen sie an die kritischen Freunde stellt. Die Qualität der Fragen entscheidet über die Qualität der Antworten.

- **Zeitpunkt und Zeitdauer**

Für die Durchführung des Besuchs sind in der Regel je nach Fragestellung zwei bis drei Tage anzusetzen. Es empfiehlt sich, diese Visitationen nicht hintereinander anzusetzen, sondern eine Reflexionsphase für die Peers dazwischen zu schalten, damit beim nächsten Besuch noch nicht geklärte oder neu aufgetretene Fragen geklärt werden können. Es lässt sich oft nicht vermeiden, dass einzelne Evaluationsschritte in eine Zeit erhöhter Arbeitsbelastung fallen, in der die Schulleitung, das Sekretariat und Lehrpersonen anderes zu tun haben, als Daten für die Evaluatoren zu generieren oder sich für Interviews zur Verfügung zu stellen. Solche Datenkollisionen sorgen dann auch für Unmutsäußerungen, und dies kann sich natürlich entsprechend negativ auf die Ergebnisse einer Evaluation auswirken. Andererseits wird so eben auch ein Teil des Schulalltags abgebildet. Die Koordination ist Sache der Kontaktgruppe. Sie kennt den Ablauf im Schulalltag und weiß, wie lang und wann eine Evaluation in den Schulalltag integriert werden kann, damit sie möglichst reibungsarm verläuft.

- **Arbeitsweise der Peers**

Methodische Grundpfeiler sind Beobachtungen und Interviews mit Schulbeteiligten, und die Tätigkeit der kritischen Freunde könnte sich auf die folgenden Bereiche erstrecken:

- Analyse des verfügbaren statistischen und dokumentarischen Materials, insbesondere der Ergebnisse der Selbstevaluation,
- Beobachtung von Unterricht und anderer schulischer Aktivitäten, allerdings nicht mit dem Ziel einer Beurteilung der Lehrpersonen,

– Gespräche mit Schulleitung, Schülerinnen und Schülern, Eltern, Hauspersonal, Schulbehördenmitgliedern, Lehrpersonen,
– Einsicht in Arbeiten von Schülerinnen und Schülern,
– Analyse von Prüfungsergebnissen, Schülerbeurteilungen,
– Analyse spezieller Aktivitäten der Schulen.

Fragen sollten demzufolge evaluativ sein, d.h., sie müssen sich auf zu bewertende Sachverhalte beziehen, also mit Evaluation zu tun haben. Es sind keine allgemeinen oder theoretischen Fragestellungen. Sie sollten sich auf möglichst eindeutig erfassbare (messbare), beobachtbare, erfragbare Sachverhalte oder Kriterien beziehen, damit sie realistisch beantwortbar sind. Meist muss der Bedeutungsgehalt der Begriffe erheblich eingegrenzt werden (»klein arbeiten«), eine (wieder ausweitende) Rückübersetzung erfolgt dann ggf. in einer anschließenden Diskussion. Und sie sollten handlungsorientiert sein, d.h., ihre Beantwortung soll unmittelbar zu (weiteren) Handlungen, Maßnahmen oder Projekten führen. Weitere Hinweise und Tipps zu operativen Fragen:

– Komplexität reduzieren, bescheiden fragen.
– Nicht vergessen: Evaluation ist stets datengestützt!
– Kausale Fragen sind (auch in der Wissenschaft) schwer zu beantworten.
– Eine einfache, oft sehr sinnvolle Frage: Machen wir überhaupt das, was wir beschlossen haben?

Fragen lassen sich oft nur im kritischen Dialog erarbeiten (Vorgespräch).

● **Kosten**

Kritische Freunde sind teuere Freunde. Ein Berater arbeitet zu einem festen Honoraransatz, und Unternehmen lassen ihre Mitarbeiter auch nicht kostenlos anderswo arbeiten, wenn sie sie überhaupt freistellen. Und staatliche Lohnempfänger schließlich haben Mühe, die Erlaubnis zu einem bezahlten Nebenjob zu erhalten. Der Staat hat zwar ein Interesse, muss ein Interesse haben, an einer externen Evaluation, sieht sich aber angesichts seiner leeren Kassen oft nicht in der Lage, sie auch zu finanzieren. Was also tun? Sehr schnell können findige Politiker zu einer Billiglösung kommen: Eine Schule evaluiert eine andere, oder noch besser: Schulräte, die eh ihren Lohn beziehen, können doch auch gleich noch die Evaluation übernehmen.

Dies ist alles möglich, produziert allerdings im ersten Fall einen zweifelhaften »Stallgeruch« und widerspricht im zweiten Fall der Intention einer nicht-staatlich verordneten und durchgeführten Evaluation. Inzwischen gibt es auch Projekte, in denen sich Schulen gegenseitig evaluieren, was natürlich angesichts überall leerer Kassen nachvollziehbar ist. Bei diesem Verfahren erhält jede Schule durch die schulinternen Evaluatoren Evaluationswissen, und zudem bietet die Ausbildung zu Evaluatoren eine willkommene Job-enrichment-Maßnahme der Personalentwicklung. Es ist allerdings darauf zu achten, dass sich nicht Schulen gegenseitig evaluieren, sondern sich mindestens drei oder besser noch mehr Schulen zusammenschließen, damit die Versuchung von Gefälligkeitsevaluationen kleiner ist.

- **Objektivität der Evaluatoren**

Sind die Evaluatoren einmal im Haus, werden sie sehr schnell zum »Kummerkasten« all derjenigen Personen, die ihnen ihre persönlichen und vermeintlich allgemeinen Probleme mitteilen oder aber in den Sitzungen Themen anschneiden, die überhaupt nicht gefragt waren. Dadurch hoffen sie, über den quasi wissenschaftlich-objektiven Evaluationsbericht eine Legitimation zur Durchsetzung ihrer partikulären Interessen zu finden. Wie sollen Evaluatoren sich in solchen Fällen verhalten? Es kommt hinzu, dass Evaluatoren bei ihren Befragungen und Rundgängen logischerweise Beobachtungen machen, die zwar überhaupt nicht zu den festgelegten Beobachtungsbereichen gehören, von denen sie aber trotzdem glauben, dass sie wichtig sind. Sollen sie diese verschweigen oder auch veröffentlichen?

Es gibt wohl kein Allheilmittel, um solche Friktionen auszuschließen. Trotzdem ist es unumgänglich, die Evaluatoren von Beginn an darauf hinzuweisen, dass lediglich vereinbarte Beobachtungsbereiche untersucht und dementsprechend protokolliert werden. Denn nur dann kann das Vertrauen in die Methode wachsen und den Prozess fördern. Und nur dann sind datengestützte Aussagen überhaupt möglich. Zufällige Beobachtungen und Zuflüsterungen von Dritten haben genau diese Datensicherheit nicht, und die Diskussion darüber kann nicht über Mutmaßungen hinausgehen. Ein Vorgespräch zwischen Team und Schule kann hier wirksam helfen. Im Gespräch werden Normen festgelegt (z.B. Datenhoheit), die Fragestellungen geklärt, der Ablauf besprochen etc. und in einem schriftlichen Kontrakt (z.B. als Protokollnotiz) festgehalten.

- **Umgang mit den Daten**

Nicht nur die Schulleitung, sondern das gesamte Kollegium und wohl auch zumindest eine Vertretung der Schülerschaft müssen nach erfolgter Evaluation die Ergebnisse erhalten. Und auch die Schulaufsicht hat das Recht, den Bericht zu erhalten, denn sie hat ja auch Beobachtungsschwerpunkte festgelegt, und sie muss danach die Verbindlichkeit von umzusetzenden Maßnahmen einfordern. Damit sind die Resultate ein Stück weit öffentlich, und es stellt sich die Frage, wie man damit umgeht. Denn einerseits hat wohl auch die Elternschaft ein Recht zu wissen, was an der betreffenden Schule passiert ist, andererseits können negative Ergebnisse den öffentlichen Druck immens verstärken und den intendierten Schulentwicklungsprozess gefährden. Das Beispiel angelsächsischer Schulen mit öffentlichen Rankings hat zwar durchaus positive Seiten, doch bestehen unserer Meinung nach erhebliche kulturelle Unterschiede zum deutschsprachigen Schulraum, und die negativen Folgen einer möglichen Stigmatisierung sind ungleich größer als der intendierte Anreiz zur Qualitätsverbesserung.

Was also tun? Auch hier gilt, dass dies von Fall zu Fall abgesprochen werden muss. Möglich wäre eine erste Diskussion der Ergebnisse im kleineren Kreis zwischen Schulleitung, Lehrerschaft sowie weiteren an der Schule beteiligten Personenkreisen. Dort wird über das weitere Prozedere entschieden, dort wird der Einbezug der übrigen Personengruppen festgelegt und die Frage der Information der Öffentlichkeit entschieden.

Auch wenn unangenehme Ergebnisse bekannt werden und die Schule dies eingesteht, gleichzeitig allerdings Maßnahmen zur Behebung der Defizite ergreift und diese ebenfalls kommuniziert, führt dies eher zu einer Akzeptanz bei den Eltern (die durch ihre Kinder ohnehin informiert zu sein glauben), als wenn Schulen versuchen, Defizite unter den Teppich zu kehren.

In Liestal wurden allen Eltern die wesentlichen Ergebnisse der Evaluation schriftlich mitgeteilt und ihnen angeboten, auf Wunsch den vollständigen Bericht zuzuschicken. Außerdem wurde er auf der Homepage veröffentlicht (www.gymliestal.ch) und schließlich auch der Presse vorgestellt. Anfragen von Eltern mit der Bitte, ihnen den ganzen Bericht zu schicken, gingen allerdings nicht ein ...

- **Verbindlichkeit der Umsetzung**

Wer ist dafür verantwortlich, dass die im Evaluationsbericht angesprochenen Empfehlungen nicht zur Makulatur verkommen? Denn wenn anders als z.B. in England keine Existenzgefährdung bei Nichtstun besteht, muss die Schule selbst Anstrengungen unternehmen *wollen*, um ihren Weg einer pädagogischen Qualitätsentwicklung fortzusetzen. Hier ist sicherlich die Schulleitung gefragt, aber ebenso kann es Aufgabe der Kontaktgruppe sein, die weiteren Schritte der Umsetzung zu initiieren. Wer auch immer an der Schule dafür zuständig ist, eines ist wohl klar: Diese Maßnahmen können und dürfen nicht von oben angeordnet werden, da Kollegien dies in aller Regel unterlaufen.

Die Einrichtungen der Schulaufsicht haben aber das Recht (und sollten in diesem Fall wohl auch darauf pochen), nach einer bestimmten Frist einen Bericht der Schule über die erfolgten Maßnahmen zu verlangen.

Diese Umsetzungen müssen auch nicht innerhalb einer zu kurzen Frist erfolgen, denn nach einer Evaluation ist es nicht ganz einfach, den notwendigen Elan für die Weiterarbeit an der Qualitätsentwicklung aufzubringen. Es ist deshalb unabdingbar, die Ressourcen sinnvoll einzuteilen, denn neben der Arbeit an diesen gesamtschulischen Qualitätsprojekten stehen Lehrpersonen Tag für Tag im Klassenzimmer und betreiben ihr »Kerngeschäft«, nämlich Unterricht.

5. Einige Verallgemeinerungen

Nach einigen Jahren Erfahrung mit externen Evaluationen lassen sich zwar noch keine wissenschaftlich gesicherten Erkenntnisse beschreiben, aber eine – zugegebenermaßen subjektiv gesehene – Tendenz lässt sich beschreiben.

Nach unserer Erfahrung laufen externe Evaluationen immer in folgenden Schritten ab:

Zunächst herrscht in den Schulen eine Mischung aus Befürchtungen und hoch gesteckten Erwartungen vor, während die Peers sich zunächst einmal in mühsamer Arbeit durch die Datenberge der Schule wühlen.

Anschließend arbeiten die die Evaluation begleitenden Gruppen in den Schulen daran, Daten für die Peers aufzuarbeiten und die Logistik zu organisieren, während die Peers an den Instrumenten basteln und versuchen, in den ihnen zur Verfügung stehenden zwei Besuchstagen ein möglichst umfassendes Bild der Schule zu erhalten.

Beim eigentlichen Evaluationsbesuch merken die Peers dann oft, wie schwierig es für sie ist, den Fokussen auf den Grund zu gehen, um Aussagen auf verlässlicher Datenbasis fällen zu können, während die befragten Personen der Schule ihr Bestes tun, um ihre Institution positiv darzustellen.

Von den Peers wird erwartet, dass sie einen nicht allzu kritischen Bericht verfassen, und wenn es Defizite gibt, dann sind praxisorientierte Hinweise zur Verbesserung gewünscht. Peers hingegen müssen sich auf einen konsensuellen Bericht einigen und geben in der Regel keine Vorschläge zur Defizitbehebung.

In fast allen Schulen ging der externen Evaluation ein intensiver Schulentwicklungsprozess voraus, der von einem externen Berater professionell begleitet wurde. Alle Schulen wussten zudem, dass zum Schluss dieses Prozesses eine externe Evaluation stattfinden würden. So ist es wohl auch nicht weiter verwunderlich, dass die meisten Evaluationen durchweg gute Resultate zeitigten.

Und wenn der Bericht positiv ausfällt, sind natürlich alle glücklich und zufrieden und klopfen sich gegenseitig auf die Schulter. Was aber passiert bei weniger positiven oder sogar negativen Rückmeldungen? In diesen Fällen hatten Schulen Mühe, solche Feedbacks zu akzeptieren, und zweifelten folgerichtig die Aussagen an, verlangten eine Korrektur des Berichts oder aber ließen ihn in der Schublade verschwinden.

Hier liegt unseres Erachtens das eigentliche Problem jeder externen Evaluation: Sie muss von allen Beteiligten als Chance wahrgenommen werden, den laufenden Schulentwicklungsprozess einer Reflexion zu unterziehen, um Steuerungswissen für die weitere Qualitätsentwicklung zu gewinnen, und darf weder als Bestrafung noch als Strafaktion missverstanden werden.

Hier sind nicht nur Schulen, sondern vor allem auch staatliche Behörden gefordert. Denn nur, wenn Evaluationen im Bewusstsein durchgeführt werden, dass es keine perfekte Entwicklung gibt, und vor allem im Bewusstsein, dass »Fehler« als Anhaltspunkte für den weiteren Schulentwicklungsprozess dienen, werden sie produktiv nutzbar sein.

Und sobald Schulen nicht nur ein Bewusstsein für die Bedeutung einer systematischen Schulentwicklung und der damit verbundenen externen Evaluation, sondern vor allem die Bereitschaft dazu entwickelt haben, werden externe Evaluationen nicht länger als störende Fremdkörper betrachtet. Solange dies aber der Fall ist, werden Schulen natürlich auch (zumeist erfolgreich) die Fassaden putzen und den Peers potemkinsche Dörfer zeigen.

Will eine Schule aber mehr und eben nicht im eigenen Saft schmoren, sondern sich wirklich entwickeln, dann wird sie eine externe Evaluation zur Unterstützung des Prozesses als wünschenswert betrachten. Denn nur kritisch-konstruktive Außensichten vermögen blinde Flecken im eigenen Gebäude zu beleuchten, und wenn es gelingt, diese Fremdbeurteilung als Unterstützungsmaßnahme zu akzeptieren und sie auch entsprechend zu realisieren, dann ist ein Riesenschritt für die Einzelschule (und ein ganz kleiner für die Pädagogik ...) gemacht.

Damit Schulen dies auch wirklich tun, müssen die Behörden für Verbindlichkeit in der Umsetzung von Maßnahmen sorgen. Sie können nach einer Zeit Berichte verlangen oder aber die Umsetzung selber anschauen. Wenn die Verbindlichkeit nicht hergestellt wird, wird die Schule sehr schnell wieder einem Urwald gleichen, in dem alle Reformen in Kürze überwuchert werden.

Diese Arbeit erfordert auf beiden Seiten Konsequenz, verursacht mitunter Konflikte und Frustrationen, sorgt im Endeffekt aber für eine qualitative Verbesserung der gesamten Schule. Allerdings besteht die große Gefahr, dass zu viele Dinge gleichzeitig, zu schnell hintereinander oder zu oberflächlich realisiert werden (möchten). Deshalb gilt in jeder Beziehung:

Weniger ist mehr.

IX. Einzelne Schritte gehen, aber das Ganze sehen

Am Ende dieses Buches wollen wir einige Hinweise zur Realisierung geben. Wir haben mit der Skizzierung eines Gesamtkonzepts des PQM begonnen. Eine solche Gesamt-Architektur aufscheinen zu lassen dient weniger der Theorie, sondern mehr der Praxis. Denn Schley hat Recht, wenn er empfiehlt: »Fasse das Ganze in den Blick, wenn du einen Teil bewältigen willst.« Ohne Blick aufs Ganze geht verloren, was wesentlich ist, welche Wirkungen und Rückwirkungen alte und neue Maßnahmen haben oder wie der Rahmen für Prioritätenentscheidungen aussieht.

Bei der Realisierung geht es allerdings um kleine Schritte, die Überlastung vermeiden, Fehler einkalkulieren und korrigieren, Erfolge feiern und insgesamt so viel Sinn und Spaß an der Sache finden, dass die Luft und die Lust nicht ausgehen.

1. **Die Schulleitung führt den Prozess**

Eine besonders wichtige Rolle spielt die Schulleitung, auch bei der Gestaltung der Schrittfolge. Es ist inzwischen unbestritten, dass ohne oder gar gegen die Schulleitung Schulentwicklung nicht funktionieren kann. Das Gleiche gilt aber auch für das Kollegium. Der wesentliche Unterschied besteht allerdings darin, dass Schulleitungen eher Kenntnisse von Schulentwicklungsprozessen haben und vor allem über die dazu notwendigen Ressourcenzuteilung verfügen. Insofern ist die Schulleitung hauptsächlich für die Initialzündung und im weiteren Verlauf für die Koordinierung des Prozesses verantwortlich. Dies klingt einfach, bedeutet in der Realität oft das Überwinden langer Durststrecken. Was dies konkret bedeutet, soll im Folgenden kurz skizziert werden.

Initiieren

Die Tage des Schulleiters als Administrator sind endgültig gezählt (vgl. Rosenbusch 1989). Ohne das Kind mit dem Bade ausschütten zu wollen, müssen die meisten administrativen Angelegenheiten delegiert werden – ansonsten erstickt die Schulleitung in Routinearbeit und verliert die Kraft für die Prozessgestaltung der pädagogischen Qualitätsentwicklung. Wollen also Schulleiter ihre neue Rolle als »transformational leaders« wahrnehmen, kommen sie nicht umhin, Prioritäten zu setzen – und zwar in Richtung Prozessverantwortung.

Fähigkeit zur Prozessgestaltung setzt zunächst einmal Wissen um deren Möglichkeiten voraus, bedingt also eine Professionalisierung der Schulleitung. Diese Professionalisierung kann erworben werden durch Aus- und Weiterbildung (wo der Austausch mit den Teilnehmern besonders stimulierend sein kann), durch Kenntnisnahme der entsprechenden Literatur oder durch Reflexions- bzw. Intervisionsgruppen.

Natürlich müssen Schulleiter tausend Dinge erledigen und haben wenig Zeit, sich der Wissenschaft zu widmen. Insofern empfehlen wir z.B. die regelmäßige Lektüre pädagogischer Zeitschriften, deren Artikel den neuesten Forschungsstand auf wenigen Seiten reflektieren und somit für Schulleiter bearbeitbar sind.

Ein weiteres wesentliches Element der Professionalisierung stellt die regelmäßige Reflexion dar. Sie erfolgt am besten in Intervisionsgruppen, wenn möglich mit professionellem Begleiter, eventuell auch mit Führungskräften aus anderen gesellschaftlichen Bereichen, auch aus der Wirtschaft. Dieser Blickwinkel öffnet die Augen und hilft, eigene Probleme nicht nur besser zu verstehen, sondern auch zu lösen. Er zeigt zudem, dass z.B. Personalprobleme auf allen Etagen vergleichbar sind. Nur wer sich mit den Anforderungen seines Berufsstandes auseinander setzt, wer also die eigene Professionalisierung aktiv betreibt, ist auch fähig, dem Kollegium Visionen und Ziele zu vermitteln. Aus Untersuchungen über erfolgreiche Unternehmer weiß man schließlich seit langem, dass die visionäre Kraft der Führungspersonen einen wesentlichen Grund für deren Erfolg darstellt.

Ohne visionäre Kraft kann der Funke zur Initiierung des Schulentwicklungsprozesses nicht überspringen. Schöngeistige Utopien allein werden ein Kollegium allerdings auch nicht motivieren, wenn Schulleitungen nicht auch sachkundig informieren können. Auseinandersetzung mit der Wissenschaft führt also einerseits zu Visionen und vermittelt andererseits die notwendige Kenntnis zur Initiierung von Prozessen.

Vom Umgang mit Widerstand

Vor der Initialzündung, also bevor der Versuch einer systematischen Schulentwicklung gestartet wird, müssen Schulleiter sich in ihrer Euphorie bremsen und Überlegungen zum unausbleiblichen Widerstand anstellen. Denn alles Neue verursacht Widerstände, und deshalb ist eine behutsame und prozessorientierte Einführung langfristig effektiver als das vermeintlich effiziente Durchpeitschen einer Idee (vgl. Schley 1998). Nur wenn alle Beteiligten die Möglichkeit haben, ihre Erwartungen und Befürchtungen zu äußern, werden sie auch ernst genommen und sind eher zu einer Kooperation bereit. Folg man also Ruth Cohns Devise »Hast du wenig Zeit, dann nimm dir am Anfang viel davon«, hat man eher Aussicht auf langfristigen Erfolg, da alle die Möglichkeit hatten, sich »einzubringen«. Weitere Möglichkeiten, Widerständen zu begegnen, sind:

- Widerstand als Chance akzeptieren, verkrustete Strukturen aufzubrechen und Konflikte anzugehen, die daraus entstandene Energie produktiv zu nutzen.
- In kleinen Schritten vorgehen, denn kleine Schritte verursachen auch nur kleine Widerstände. Deshalb keinen Perfektionismus anstreben. Dann haben Lehrer auch weniger Angst vor dem, was auf sie zukommt, und sie müssen auch nicht zuerst ein Gesamtkonzept erarbeiten.
- Widerstände antizipieren, indem Vorhaben in kleineren Kreisen andiskutiert, Ideen informell ausgesprochen und die Reaktionen abgewartet werden.
- Möglichst umfassende Information der Beteiligten (ansonsten brodelt die Gerüchteküche).
- »Visibility« im Kollegium. Viele Kleinigkeiten können innerhalb von wenigen Minuten erledigt werden, und informelle Pausengespräche nehmen Dampf aus der Angelegenheit.
- Ehrlichkeit statt Taktieren; denn irgendwann wird die Taktik bestimmt aufgedeckt, oder der ehemalige Komplize wird zum Gegner.
- Einbezug der Kritiker, z.B. in eine Steuergruppe, als »Feedbacker« oder »Kümmerer« im Kollegium.
- Fehler zugeben und sie nicht abstreiten. So nimmt man den Gegnern den Wind aus den Segeln und beweist zudem Lernfähigkeit.
- Verbindlichkeit herstellen und klare Kompetenzabklärungen vornehmen. (Was hat das Projekt für Konsequenzen für wen, wer entscheidet worüber und wann etc.) Dann ist auch allen von vorneherein klar, auf was sie sich einlassen, und es gibt weniger Möglichkeiten, Machtspiele auszuprobieren.
- Nach (Reform)anstrengungen Ruhephasen akzeptieren/einplanen, denn rein physikalisch folgt auf jede Anspannung eine Entspannung. Wird dieses Gesetz übersehen, kann es zu Explosionen kommen, deren Ursache im ersten Moment niemand erkennt.
- Prioritäten setzen und andere Projekte (vorläufig) beenden: Damit kann auch das zumeist subjektiv empfundene Belastungsgefühl vermindert oder gar abgebaut werden. Es wird dann nicht noch zusätzlich etwas Neues angefangen, aber offiziell etwas Altes beendet.
- Nicht alles selber machen respektive selber initiieren. Andere ermuntern und fördern und ihnen dafür auch die offizielle Anerkennung zukommen lassen.
- Mit der Einsicht leben, dass auch andere Recht haben können, aber trotzdem die eigenen Visionen nie aufgeben!

- Bei jedem Vorhaben prüfen, ob man es nicht um 20 Prozent kürzen kann, ohne die Substanz zu gefährden.

Um Prozesse initiieren zu können, müssen Schulleiter aber nicht nur theoretische Kenntnisse aufweisen, sondern vor allem das Ohr des Kollegiums haben.

Sie müssen erkennen, wo Handlungsbedarf und auch -bedürfnis besteht und zum richtigen Zeitpunkt mit den richtigen Personen ins Gespräch kommen.

Ist der Prozess der pädagogischen Qualitätsentwicklung – der ja in Wirklichkeit aus vielen kleinen Prozessen besteht – einmal in Gang gekommen, ist die Schulleitung hauptverantwortlich für die Aufrechterhaltung des Prozesses. In dieser Eigenschaft hat sie im Wesentlichen informierende, unterstützende und koordinierende Funktionen.

Information

Schulleiterinnen und Schulleiter haben in der Regel durch ihr Beziehungsnetz sowie die Kenntnis der pädagogischen Literatur Zugang zu vielfältigen Informationen, die für die einzelnen Prozessträger von Bedeutung sein können und ihnen deshalb weitergeleitet werden müssen. Dies kann geschehen, indem Artikel für die Lehrkräfte fotokopiert, Kontakte hergestellt oder aber spezifische Weiterbildungsmöglichkeiten angeboten werden. Es empfiehlt sich, die entsprechenden Lehrkräfte von Zeit zu Zeit auf diese Angebote anzusprechen, um einerseits informell über den Prozessverlauf orientiert zu werden und andererseits zu prüfen, ob die Angebote überhaupt gut waren.

Je mehr Personen in der Schule über Absichten und Ziele der Schulleitung informiert sind, umso geringer ist die Wahrscheinlichkeit, dass sich Gerüchte bilden, die eine Eigendynamik entwickeln, sich zu Scheinwahrheiten verselbstständigen und kontraproduktiv sein können. Eine gute Möglichkeit, dieser Misere entgegenzutreten, bilden regelmäßige Mitteilungen der Schulleitung z.B. in Form von Mitteilungsblättern oder aber auch die Veröffentlichung von längerfristigen Zielen der Schulleitung. Dann wissen alle – jedenfalls alle, die geschriebene Informationen zur Kenntnis nehmen –, in welchem Rahmen sich die Vorstellungen der Schulleitung bewegen, und somit ist die Leitung auch berechenbar.

Unterstützung

Der Prozess beziehungsweise die den Prozess tragenden Lehrkräfte können auf vielfältige Weise unterstützt werden. Besonders wichtig erscheint uns, dass die Kolleginnen und Kollegen spüren, dass die Schulleitung hinter ihren Anliegen steht und ihnen den Rücken freihält (vgl. Schratz 1998).

Neben den keineswegs üblichen, aber bedeutsamen symbolischen bzw. rituellen Gesten wie Anerkennung in Form von öffentlichem Lob, Geschenken oder Einladungen zählen wir zur Unterstützung die Bereitstellung notwendiger Ressourcen sowie Fortbildungsangebote.

Fortbildungsangebote, und hier besonders schulhausinterne Fortbildung, soll zur fachlich-didaktischen Qualitätsverbesserung sowie zur Professionalisierung der Lehrkräfte beitragen. Denn um Prozesse erfolgreich von der Datenaufbereitung bis zur Evaluation systematisch durchzuführen, sind Kenntnisse z.B. im Projektmanagement, der Moderationsmethode, Sitzungsleitung, Evaluation und Kommunikation, eventuell auch Supervision erforderlich. Schulleiter haben dabei die Pflicht, solche Fortbildungen selber zu besuchen und Personen auszuwählen, die diese Kurse für das eigene Kollegium erteilen können.

Materielle Ressourcenzuteilung kann erfolgen durch Übernahme von eigentlicher Sekretariatsarbeit, Mithilfe durch Hauswarte, Stundenentlastungen oder Unterrichtsbefreiungen – je nach Möglichkeit und Kompetenz der Schulleitung. Die Schwierigkeit, z.B. keine Entlastungsstunden verteilen zu können, darf allerdings nicht zum Anlass genommen werden, Projekte nicht durchzuführen. Es gibt nämlich meistens einen Weg, und oft ist es besser, z.B. nicht immer zuerst alle zuständigen Behördenmitglieder um Erlaubnis zu fragen.

Wer sich auf den Weg einer systematischen, pädagogischen Qualitätsentwicklung begibt, geht neue Wege und verursacht auch Neid. Um unnötige Stolpersteine zu vermeiden, sollten Schulleiter sich auch um die Unterstützung außerschulischer Kreise bemühen, deren positive Haltung der Schule gegenüber auf vielen verschlungenen Pfaden auch den Lehrkräften zugute kommt. So gilt es, die Öffentlichkeitsarbeit zu intensivieren, gute Kontakte zu den Medien, Behörden, Eltern, dem Ehemaligenverein und der Wirtschaft aufzubauen und dieses Beziehungsnetz auch zu pflegen. Dies kostet Zeit (und manchmal auch Geld) und darf – ceterum censeo – nicht durch administrativen Ballast verhindert werden. Eine weitere Unterstützungsform kann darin bestehen, dass Prozessergebnisse in geeigneter Form publiziert und somit auch anerkannt werden.

Koordination

Publikation und Dokumentation gehören bereits zur Koordinierung des Prozesses, denn Koordinierung beinhaltet auch die Verpflichtung, den Gang des Prozesses aufrechtzuerhalten bzw. die Verbindlichkeit zu garantieren.

Sinnvollerweise sorgt der Schulleiter dafür, dass eine Zentrale Qualitätsgruppe (vgl. Kapitel V.2) einen wesentlichen Teil der Verantwortung für den Prozess übernimmt.

Koordinieren bedeutet weiterhin, das Projektmanagement für die Schulentwicklung zu übernehmen, und beinhaltet schließlich, Zielvereinbarungen mit den Akteuren des Prozesses zu treffen (vgl. Kapitel III.3). Zielvereinbarungen können mit den Leitern der Projektgruppen, mit den Fachschaftsvorsitzenden sowie unter den Mitgliedern der Schulleitung getroffen werden.

Damit die Ziele der verschiedenen Projektgruppen der Gemeinschaft zugänglich werden und der Synergieeffekt genutzt werden kann, kann z.B. einmal im Jahr eine Konferenz aller Projektleiter mit der Schulleitung stattfinden, wobei ähnlich wie bei der Konferenz der Fachvorstände die Zielvorstellungen und ein Rückblick über vergangene Ziele allen Beteiligten vorher schriftlich verteilt werden.

In dieser Rechenschafts- und Zielvorstellungssitzung wird gruppenweise diskutiert, und anschließend im Plenum kann jede Projektgruppe Auskunft zu ihrer Arbeit erteilen und Anregungen entgegennehmen. Der Schulleiter sammelt die ihm danach auf Disketten abgegebenen, bereinigten Zielvorstellungen und verwendet sie als Basis für das Schulprogramm, das schließlich die Operationalisierung der schulischen Leitideen darstellt.

Rechenschaftsbericht der Schulleitung

Auch und gerade die Schulleitung sollte über ihre zuvor dem Kollegium bekannt gegebenen Ziele schriftlich Rechenschaft ablegen und somit auch Vorbildfunktion übernehmen. In diesem Bericht wird kurz über die Realisierung der Ziele Auskunft erteilt, inwieweit es Schwierigkeiten gab und warum und natürlich auch ob und wenn ja warum einzelne Vorhaben nicht geglückt sind. Die Absicht darf nicht darin bestehen, einen Hochglanzprospekt zu erstellen, in dem alle Klippen elegant umschifft werden. Gerade die Stolpersteine zeigen dem Kollegium, dass die Schulleitung zu keinen übermenschlichen Taten fähig ist, wodurch auch der Leistungserwartungsdruck minimiert wird. Rechenschaftslegung führt mit der Zeit auch dazu, sich nur noch wirklich realisierbare Ziele vorzunehmen und schützt vor potemkinschen Dörfern.

Dass dieser soeben idealtypisch beschriebene Prozessverantwortungskreislauf nicht ohne Rückschläge, Konflikte oder gar Niederlagen verläuft, ist wohl selbstverständlich. Problematisch wird es allerdings erst dann, wenn in Schulen die Überzeugung herrscht, es dürfen keine Pannen passieren, oder wenn die gleichen Fehler sich häufen.

Lernende Organisationen lernen eben auch aus Fehlern, und nur wer Mut hat, ungewohnte Wege zu beschreiten, wer den Mut zu Innovationen hat, der erlebt neben Niederlagen auch ermutigende Erfolgserlebnisse, die langfristig zur Qualitätsverbesserung der Organisation Schule führen. – Hoffentlich.

2. Management durch eine Steuergruppe

Die Schulleitung ist letztverantwortlich. Aber wir haben schon erwähnt: Für Qualität sind alle verantwortlich. Diese Verantwortung muss allerdings aktualisiert werden. Ab besten eignet sich dazu eine Steuergruppe (STG). Die Aufgaben der STG sind in Abbildung IX. 2.1 aufgelistet.

Abb. IX.1: **Aufgaben der Steuergruppe**
• koordiniert die Arbeiten der Q-Teams
• erarbeitet ein schulspezifisches Q-Konzept
• sammelt, ergänzt und erarbeitet Instrumente zur Q-Evaluation
• organisiert und betreibt Fortbildung zur Qualitätsevaluation
• unterstützt die Q-Teams, Jahrgangsteams und Fachgruppen bei deren Evaluationsarbeit
• bereitet die Daten für die Diskussion in der Lehrerkonferenz auf
• wertet diese Konferenz aus
• sorgt für Transparenz und Information in allen Phasen des Prozesses
• führt auch eigene ergänzende Evaluationen durch
• bereitet die Ergebnisse für einen Evaluationsbericht auf
• dient als »Korrespondenzgruppe« für externe Evaluatoren
Quelle: Kempfert/Rolff

Um die Fülle dieser Aufgaben erledigen zu können, benötigt die STG Fortbildung vor allem zu Methoden der Qualitätsevaluation. Dies kann außerhalb der Schule geschehen. Eine vielleicht sogar bessere Alternative ist, wenn sich die STG-Gruppe um einen fachkundigen externen Berater bemüht, der die Arbeit der STG-Gruppe begleitet und sie anlassgemäß, also schulspezifisch schult.

Wenn in der Schule bereits eine Steuergruppe besteht, kann diese die Aufgaben des Qualitätsmanagements übernehmen. Ungeachtet dessen, ob eine STG neu eingerichtet wird oder ob sie aus einer Steuergruppe hervorgeht, benötigt sie ein Mandat des Kollegiums. Das Mandat bezieht sich auf die Personen und auf die Aufgaben, wobei die in Abbildung IX.1 enthaltene Liste als Anregung gelten kann.

Bei der Zusammensetzung ist darauf zu achten, dass die Schulleitung in jedem Fall vertreten ist (am besten die Leiterin bzw. der Leiter selbst). Wenn sich Fachschaften als Q-Gruppen verstehen, sollten sie einen Vertreter in die Steuer-Gruppe entsenden. Ein oder zwei Schülervertreter in der Steuer-Gruppe symbolisieren, dass pädagogische Qualitätsentwicklung auch Sache der Schülerschaft ist. Auch wenn breite Beteiligung wünschenswert ist, sollte nicht vergessen werden, dass arbeitsfähige Gruppen nicht mehr als ca. 10 Personen umfassen können.

Wir verfügen im Moment noch nicht über genügend Erfahrungen, um mit Sicherheit sagen zu können, welche Variante am wirksamsten für Qualitätsentwicklung ist.

Aber wir weisen darauf hin, dass jedes Modell mit dem Kollegium besprochen und am besten auch abgestimmt werden sollte. Optimal ist eine Initiative der Schulleitung, gekoppelt mit einem Mandat des Kollegiums für die Steuer-Gruppe.

Eine weitere Aufgabe der Steuer-Gruppe könnte es sein, ein Qualitätshandbuch der und für die Schule anzulegen. Die Idee der Qualitätshandbücher entstammt dem Konzept der europäischen Qualitäts-Norm-Familie ISO9000ff. Die ISO-Handbücher sind meist sehr umfangreich, sie enthalten alles, was eine Einrichtung zur Qualitätssicherung und -entwicklung unternimmt. Dabei werden oft zahlreiche technische Details genannt, die bei einer Zertifizierung durch Auditoren (vgl. Kapitel II) zu überprüfen sind.

Ein Handbuch dieses Zuschnitts kann in Schulen (im Unterschied zu technischen Betrieben) zu einer Qualitätsbürokratie führen, die sich in der Kontrolle von Details verliert. Schulische Qualitätshandbücher können jedoch nützlich sein, wenn sie demgegenüber folgende Merkmale aufweisen:

- geringer Umfang,
- Orientierung am Leitbild/Schulprogramm, das sie auch abdrucken,
- Aktivitäten und Projekte der Qualitätsevaluation werden aufgeführt,
- ebenso die Verfahren und Instrumente,
- die Ergebnisse werden berichtet,
- falls vorhanden, sollten auch Führungsgrundsätze der Schulleitung dokumentiert werden.

3. Personalauswahl

Ohne eine bewusste Personalpolitik kann es keine systematische Schulentwicklung geben. Wenn die Schulleitung nicht die Kompetenzen erhält, Lehrkräfte in eigener Regie anzustellen, sondern auf die Entscheidungen der Behörde angewiesen ist, dann ist eine zielorientierte und längerfristig angelegte Schulentwicklung schwer möglich. Wenn der Grundsatz, dass die Einzelschule der Motor der Entwicklung darstellt, nicht zum Lippenbekenntnis verkommen soll, dann muss die Einstellung eines wesentlichen Teils der Lehrpersonen durch die jeweilige Schule erfolgen. Wie soll denn eine übergeordnete Behörde die Bedürfnisse der Schulen erkennen? Schließlich wird die Schulentwicklung vom Kollegium getragen, und wenn Lehrkräfte einer Schule zugeteilt werden und sich dann für den Rest ihres Lebens allein ihrem Unterricht widmen dürfen, erfolgt Schulentwicklung wie immer: Sie wird von einigen Engagierten getragen, die irgendwann erschöpft sind und frustriert aufhören. Die Kompetenz zur Auswahl und Einstellung von Lehrkräften allein ist allerdings nur die Voraussetzung für die pädagogische Qualitätsentwicklung. Nach der Einstellung müssen Schulleitungen die Lehrkräfte weiterhin fördern und stützen. Dies kann z.B. durch Personalgespräche und unterrichtsbezogene Feedback-Besuche erfolgen. In welcher Form diese Führungsaufgabe auch immer wahrgenommen wird – der zukünftige Erfolg oder Misserfolg von Schulen hängt wesentlich vom Grad der Personalautonomie der Schulleitungen ab. Sie müssen Personalpolitik als ihr Kerngeschäft ansehen und die dafür nötigen Kompetenzen und Ausbildungen erhalten.

Dies mag utopisch und unrealisierbar klingen, wird aber z.B. in der Schweiz und ansatzweise auch in einigen deutschen Bundesländern bereits praktiziert. Unsere Ausführungen und Vorschläge orientieren sich denn auch an diesen Beispielen.

Der Trend zur Abschaffung des Beamtentums bei Lehrkräften ist unübersehbar und wohl auch richtig, da Lehrpersonen keinerlei hoheitliche Aufgaben zu bewältigen haben. Für Schulen bedeutet dies die Chance, eine eigene Personalpolitik zu betreiben, indem es z.B. neben der Mehrheit von fest angestellten auch eine Anzahl von befristet angestellten Lehrkräften geben kann.

Auf Grund der von den Behörden prognostizierten Schülerzahlen begeben sich in der Schweiz zumindest Schulleitungen der Gymnasien spätestens ab Februar eines Jahres auf die Suche nach Lehrkräften, damit alle Klassen in allen Fächern Unterricht erhalten. (Im Gegensatz zu Deutschland gibt es in der Schweiz nie eine Bemerkung wie »wegen Lehrermangels nicht unterrichtet« im Zeugnis. Jeder Schüler/jede Schülerin hat ein Recht auf die Erteilung des vollständigen Curriculums. So müssen auch nicht im Wahl- oder Freifachangebot Abstriche vorgenommen werden, um z.B.

einen Deutschlehrer einstellen zu können.) Da dieses System seit Jahrzehnten gang und gäbe ist, bewerben sich Lehrkräfte aus der ganzen Schweiz (und zunehmend auch aus Deutschland) um Stellen.

Bevor die Stelle ausgeschrieben wird, muss sorgfältig überlegt werden, welche über die fachliche Qualifikation außerfachlichen Qualifikationen für die Schule wünschenswert sind: Sollte die Englischlehrerin z.b. noch Theatererfahrungen haben oder die Physiklehrerin auch bilingual unterrichten können? Ein wesentliches Hilfsmittel bei der gezielten Suche nach Lehrkräften stellen Personalstatistiken dar, die die Geschlechter- und Altersverteilung insgesamt sowie für jedes Fach aufzeigen.

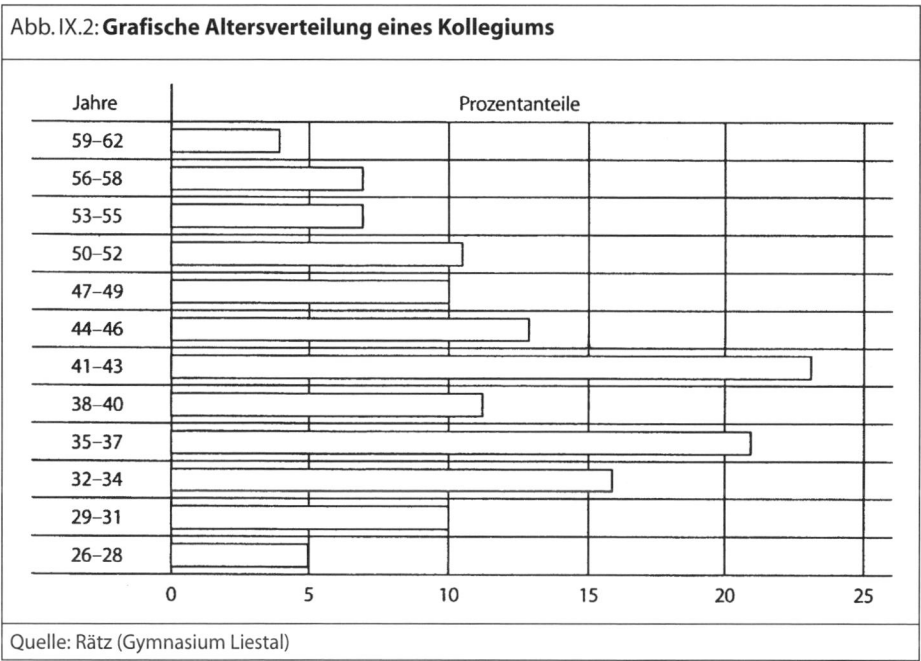

Abb. IX.2: Grafische Altersverteilung eines Kollegiums

Quelle: Rätz (Gymnasium Liestal)

Nur so ist eine langfristige Planung sowohl in Bezug auf eine ausgewogene Verteilung der Geschlechter als auch der verschiedenen Altersgruppen möglich. Es macht z.b. keinen Sinn, im Fach X noch einen 35-Jährigen einzustellen, wenn schon von vornherein klar ist, dass dann die Hälfte der Fachschaft gleichzeitig pensioniert wird. Es kann aber durchaus Sinn machen, einen älteren hoch motivierten und geschätzten Kollegen zu bitten, noch zwei Jahre mit einem Teilpensum bis zum 62. Altersjahr weiter zu unterrichten. Denn erstens befruchtet er die Fachschaft, zweitens wird der Altersabstand zum anschließend pensionsreifen Lehrer kleiner, und drittens kann dann in drei Jahren ein im Vergleich zu heute drei Jahre jüngerer Kollege eingestellt werden. Schließlich kommen alle Bildungsforscher bei ihren Untersuchungen über sog. gute Schulen zur Erkenntnis, dass es in guten Schulen wenig Fluktuationen im

Abb. IX.3: **Anzahl der erteilten Wochenstunden nach Fächergruppen**			
Fächergruppen	*Weiblich*	*Männlich*	*Summe*
Angewandte Mathematik/Mathematik/Informatik	11	144	155
Biologie/Naturwissenschaften	20	124	144
Chemie/Chemie Praktikum	0	58	58
Deutsch	51	98	149
Englisch	68	51	119
Französisch	69	56	125
Geografie	0	62	62
Griechisch	3	18	21
Geschichte	219	67	96
Handarbeit	8	0	8
Hauswirtschaft	8	0	8
Italienisch	24	28	52
Klassenstunde	1	6	7
Latein	8	33	41
Musik	17	32	49
Physik/Physik Praktikum	0	59	59
Turnen/Sport	54	69	123
Wirtschaft/Recht	3	52	55
Zeichnen/Kunstbetrachtung/Werken	32	52	84
Insgesamt	406	1.009	1.415
Quelle: Rätz (Gymnasium Liestal)			

Lehrkörper gibt. Dies ist auch mehr als einsichtig, zumal die Ergebnisse von Innovationen erst nach ca. vier bis fünf Jahren spürbar sind. Wenn ständig neue Lehrer kommen und gehen, kann die Schulentwicklung gar keinen Niederschlag finden. Das wichtigste Merkmal guter Schulen schließlich ist ein »gemeinsames Ethos« über die wesentlichen an der Schule geltenden Werte. Auch dies ist nur bei einer einigermaßen konstanten Zusammensetzung des Kollegiums möglich.

Auf Grund der den Bewerbungen beigefügten (Ausbildungs-)Unterlagen kann in Gymnasien der Schweiz der Schulleiter eine Auswahl treffen und Lehrkräfte zu einem Vorstellungsgespräch einladen. Dieses Gespräch vermittelt einen ersten Eindruck und gibt beiden Gesprächspartnern die Möglichkeit, sich zu orientieren. Schon beim ersten Kontakt werden die Philosophie und auch das Anforderungsprofil der Schule vermittelt, und es zeigt sich sehr schnell, ob die Bewerber in dieses Konzept passen. Schulleiter erfahren mehr über pädagogische Anliegen und spezielle

Interessen der Kandidaten und können bereits in der ersten Phase abschätzen, ob die Person z.B. Fähigkeiten für einen wünschenswerten Aspekt der anstehenden Schulentwicklung hat. Eine wesentliche Rolle spielen dabei natürlich unbewusste Sympathie- oder Antipathiegefühle. Damit der Schulleiter nicht zu einseitig immer den gleichen Typus einstellt, empfiehlt es sich, diese Vorstellungsgespräche nicht allein zu führen. Es sollten andere Mitglieder der Schulleitung oder der jeweilige Fachkonferenzleiter hinzugezogen werden, um die erste Entscheidung breiter abzustützen. Zudem ist es ein Zeichen der Wertschätzung und kann zur Stärkung der Corporate Identity beitragen. Es muss mitunter aber auch die Aufgabe des Schulleiters sein, die personelle Zusammensetzung einer Fachschaft zu ändern, damit sie sich weiterentwickelt und nicht im eigenen Saft schmort. Haben Schulleiter und Bewerber nach dem Gespräch ein positives Gefühl, sollten Probelektionen vereinbart werden, damit die pädagogischen Fähigkeiten der Kandidaten geprüft werden können. Die Lektionen werden von den zuständigen Fachkonferenzleitern organisiert und anschließend fachlich und didaktisch gemeinsam mit dem Schulleiter beurteilt. Wann immer möglich, sollten sie dazu auch das Urteil der Schüler/innen einholen. Diese Probelektionen

- bieten allen Kandidaten die gleichen Chancen,
- gewährleisten, dass Aufsichtskommissionen und Schulleitungsmitglieder die gleichen Stunden beurteilen,
- zeigen, ob der Kandidat in relativ kurzer Zeit sich Wissen aneignen und auch umsetzen kann,
- zeigen, wie Kandidaten mit Stress umgehen können.

Es ist ein Ammenmärchen zu glauben, ein Kandidat könne eine »Showstunde« organisieren und sei in der Schulrealität dann wieder ganz anders. Eigene Erfahrungen und wissenschaftliche Untersuchungen belegen, dass jeder Kandidat sich vielleicht 20 Minuten »verstecken« kann, und dann werden seine Stärken und Schwächen offenkundig. Zudem absolvieren alle Probanden zwei Probelektionen, wodurch diese Gefahr noch weiter verringert wird.

Entschließt sich die Schulleitung, die Bewerberin oder den Bewerber einzustellen, sollten sie im ersten Schuljahr für jedes Fach einen erfahrenen Kollegen als Mentor erhalten, der in die Gepflogenheiten der Schule einführt (quasi als Sozialisationsagentur), ihnen zeigt, wo welche Formulare zu finden sind, Stundenbesuche durchführt, Klassenarbeiten bespricht und schließlich einen Bericht zu Händen der Schulleitung schreibt. Es versteht sich von selbst, dass diese Zusatzaufgabe auch in irgendeiner Form entschädigt werden muss. Nach spätestens 1½ Jahren sollte jede neue Lehrerin/jeder Lehrer vom Schulleiter auf Grund eigener Stundenbesuche sowie des Mentoratsberichts eine klare Aussage über ihre Zukunft an der Schule erhalten. Entweder muss die Lehrperson wegen nicht genügender Leistungen die Schule wieder verlassen, oder aber sie kann bleiben und hat gute Chancen, bei der nächsten Stellenausschreibung einen unbefristeten Vertrag zu erhalten.

So ist es möglich, jemanden über einen längeren Zeitraum ohne zu großen Druck zu beobachten. Die Schulleitung kann so u.a. beobachten,

- wie der Unterricht organisiert wird,
- auf welchem Niveau er stattfindet,
- wie die Notengebung erfolgt,
- ob die Lehrperson sich in den Fachschaften und im Schulalltag engagiert,
- ob sie Disziplinprobleme mit Schüler/innen hat,
- ob sie im Kollegium überhaupt akzeptiert wird,
- wie sie ihre administrativen Pflichten wahrnimmt.

»Nebenbei« ist dieses Mentoratssystem ein Instrument zur Förderung der eigenen Lehrkräfte, die sich mit neuen Unterrichtsmethoden und -inhalten auseinander setzen müssen und zudem eine Verantwortung für die Personalauswahl mittragen.

Für die Schulentwicklung sind diese Kriterien eminent wichtig, und man kann jetzt wohl auch erkennen, welch wesentliches Instrument ein Schulleiter mit der Personalkompetenz für die Weiterentwicklung der Schule hat. Systematische Personalentwicklung sollte allerdings auch bewusst betrieben werden, und als Schulleiter muss man dann eben auch den Mut haben, jemanden nicht mehr weiterzubeschäftigen, falls die oben genannten Kriterien nicht erfüllt werden. Es ist theoretisch sehr schön und auch leicht, über mangelnde Personalkompetenzen zu lamentieren. Ob allerdings alle Schulleiter sie überhaupt möchten, ist mehr als fraglich.

Was z.B. passiert mit denjenigen internen Kandidaten, die nicht gewählt werden? Können sie sich ein zweites Mal bewerben oder gar ein drittes Mal? Wäre dies möglich, würde die kuriose Situation entstehen, dass jemand nicht berufen wird, ihm also bescheinigt wird, dass er die erforderlichen Qualitäten nicht hat, er aber weiterhin Klassenlehrer werden kann und jahrelang weiterbeschäftigt wird und mit ansehen muss, wie ständig andere, externe Personen ihm vorgezogen werden.

Um auch und gerade die Personalpolitik allen transparent zu machen, müssen insofern die internen Kandidaten im Voraus wissen, dass sie die Schule im Fall einer Nichtwahl verlassen müssen. So wird niemand im Unklaren über sein Schicksal gelassen. Andererseits sollten interne Kandidaten nicht gezwungen werden, sich zu bewerben und somit das Risiko von Probelektionen einzugehen. Sie müssen sich dann allerdings bewusst sein, dass die verfügbaren Lektionen zurückgehen können, wenn ein externer Kandidat gewählt wird.

Bei einer Beamtung bzw. unbefristeten Anstellung von Lehrkräften, die einem anderen Kündigungsrecht unterstehen und somit größere Sicherheiten genießen, sollte die Wahl hauptsächlich durch Probelektionen erfolgen, da die internen Kandidaten in allen anderen Bereichen hinlänglich bekannt sein sollten. Wird eine neue Beamtenstelle hingegen öffentlich ausgeschrieben, so sollte das Wahlprozedere ebenso ein längeres Vorstellungsgespräch beinhalten.

Vielen mag dieses System unrealistisch und mit zu vielen Fragezeichen versehen sein. So könnte die Allmacht des Schulleiters ins Grenzenlose wachsen, die Schulleiter zur Personalpolitik gar nicht fähig sein. Es entsteht auch die Frage, ob Schulen nicht Personalräte als Gegengewicht benötigen. Zudem könnte dieses System zu einer unerwünschten Konkurrenzsituation unter den Schulen führen, die sich gegenseitig die Lehrkräfte abspenstig machen würden. Es würden nicht mehr Noten, sondern vielleicht gute Beziehungen bei der Einstellung eine wesentliche Rolle spielen, städtische Schulen noch mehr bevorzugt werden, andere Schulen eventuell sogar Bankrott machen.

In der Tat würde eine sofortige Umstellung wohl mehr Schaden als Nutzen anrichten, und insofern ist auch hier eine vorsichtige und überlegte Implementation vonnöten. Möglich wären Anreize, indem innovative Schulen z.B. mit einem Schulprogramm als Belohnung zuerst in den Genuss einer Personalautonomie kommen. Dadurch würden zwar die Schulen belohnt, die ohnehin schon ein innovatives Kollegium haben, andere könnten dadurch aber angespornt werden. Eindrücklich warnen möchten wir hingegen vor einer Verwässerung der Personalautonomie dahingehend, dass die Kompetenz der Behörde durch eine schulinterne Bürokratie in Form eines gleichberechtigt aus Eltern, Schülern, Betriebsräten, Gleichstellungsbeauftragten, Hausmeistern und Schulleitern bestückten Gremiums ersetzt wird.

Ein Blick in die als nicht besonders reformfreudig geltende Schweiz kann viele der oben beschriebenen Befürchtungen nehmen, denn dort haben in fast allen Kantonen die Schulleiter der Gymnasien das Recht, Lehrkräfte auf dem »freien Markt« zu suchen und auch einzustellen, ohne dass bisher die Qualität im internationalen Vergleich litt.

4. Jahresgespräche

Zwei sehr engagierte Lehrkräfte suchten kurz nacheinander und unabhängig voneinander das Gespräch mit ihrem Schulleiter, um über ihren weiteren beruflichen Werdegang zu reden. Beide verspürten den Wunsch, über ihren Unterricht hinausgehende Erfahrungen sammeln zu können, sich engagieren zu können in Bereichen, die Schulen mit den üblichen Arbeitsgruppen im Allgemeinen nicht abdecken.

Dank dieser Gespräche wusste der Schulleiter um ein wichtiges Potenzial, und nach einem Jahr eröffnete sich eine Möglichkeit, mit diesen Lehrkräften ein viel versprechendes Projekt zu beginnen, das sowohl ihren individuellen Wünschen als auch der Entwicklung der gesamten Schule zugute kommen kann. Wären sie aber nicht von sich aus aktiv geworden, hätten nicht sie den ersten Schritt getan, so wäre dieses Projekt wohl nie zu Stande gekommen. Wenn zwei von über 100 Lehrkräften Entfaltungswünsche äußern, so ist mit Sicherheit davon auszugehen, dass dies anderen ähnlich geht. Nur, wie kann schlummerndes Potenzial erkannt werden?

In der Wirtschaft und in den Schulen Schwedens werden seit langem und auch sehr erfolgreich so genannte strukturierte Jahresgespräche zur Förderung der Mitarbeiter eingesetzt. Unter diesen Gesprächen versteht man im Allgemeinen periodisch wiederkehrende Gespräche zwischen Schulleiter und Lehrperson, die nach bestimmten Strukturen verlaufen und deren Ergebnisse in Form von Zielvereinbarungen verbindlich festgehalten werden.

Strukturierte Jahresgespräche bieten dazu sicherlich eine Möglichkeit, sie haben allerdings auch noch ganz andere Vorteile: Schule geht alle an und muss kommunikativ gestaltet werden. Das »Haus des Lernens« kann nur gebaut werden, wenn es gelingt, eine Verständigung über gemeinsame Ziele und Werke dialogisch zu erzielen. Um diese Ziele auch zu realisieren, müssen Zielvereinbarungen getroffen werden.

Strukturierte Jahresgespräche zielen somit auf »Anregung, Förderung, Unterstützung, Reflexion und Begleitung der Arbeits- und Entwicklungsprozesse der Organisation Schule und des einzelnen Mitarbeiters« (Eikenbusch 1995, S. 123). Eikenbusch spricht in diesem Zusammenhang von »Planungs- und Entwicklungsgesprächen«, was den Gegenstand gut bezeichnet.

Strukturierte Jahresgespräche haben hauptsächlich drei Funktionen. Sie sind wesentliche Bestandteile des Qualitätsmanagements hinsichtlich

- der Personalförderung/-entwicklung der Lehrkräfte,
- der systematischen Schulentwicklung und
- den Feedbacks für die Schulleitung.

Personalförderung

In diesen Gesprächen soll zunächst einmal die Wertschätzung für die Arbeit der Lehrkräfte zum Ausdruck kommen; denn sie erfahren selten die Unterstützung durch die Schulleitung – es sei denn in Krisensituationen. Schulleiter können Lehrkräfte beraten, unterstützen und ihnen helfen, ihr Potenzial gezielt einzusetzen. Dies bedeutet natürlich nicht, dass Lehrkräfte dadurch auf subtile Art zu Mehrarbeit getrieben werden. Sie sollen hingegen in ihrer fachlichen, persönlichen und schulischen Arbeit unterstützt werden. Und es ist ebenso möglich, Lehrkräfte wirkungsvoll zu entlasten, wenn im Gespräch sich Zeichen eines drohenden Burnouts zeigen. Dadurch können Lehrkräfte aus ihrer Einzelgängerrolle herausgeholt und besser für ihre persönliche wie auch gesamtschulische Arbeit motiviert werden. Schließlich sind die meisten Lehrkräfte bereit, sich für und in ihrer Schule zu engagieren, sofern sie einerseits dazu ermuntert werden und andererseits dafür auch Anerkennung erhalten. Dabei darf es keine Rolle spielen, dass Lehrkräfte sich womöglich auch für außerschulische Tätigkeiten qualifizieren. Denn erstens würden sie ansonsten unzufrieden, zweitens baut sich eine Schule damit gute Außenkontakte auf, und drittens wird es auch und gerade in der Schule Zeit, den Lehrerberuf nicht immer als Endstation der Karriere respektive als Einbahnstraße anzusehen. Schlussendlich haben diese Gespräche natürlich auch eine Kontrollfunktion, indem sie die Möglichkeit bieten, auf nachweisbare Versäumnisse hinzuweisen und darüber hinaus allen die Verbindlichkeit von Vereinbarungen zu signalisieren.

Schulentwicklung

Neben der individuellen Entwicklung tragen alle Lehrkräfte – bewusst oder unbewusst – zur Entwicklung ihrer Schule bei. Eine systematische Schulentwicklung erfordert das Wissen über das, was in der Schule abläuft, damit erhaltene Informationen in das System zurücktransferiert werden. In Jahresgesprächen können die Schulleiter die Informationsflut kanalisieren und bündeln und mit entsprechenden Instrumenten den Schulentwicklungsprozess koordinieren.

Auf der Grundlage der erarbeiteten kollegialen Ziel- und Wertevorstellungen soll gemeinsam die Vision der guten Schule diskutiert und anschließend in ersten Schritten geplant werden. Denn es ist unabdingbar, bei Lehrkräften angesichts ihrer Autonomie das Bewusstsein für die gemeinsame Verantwortung der gesamten Schulentwicklung dialogisch zu wecken. Corporate Identity kann schließlich nicht verordnet, sondern muss gelebt werden! Es ist sicherlich nicht immer leicht, Lehrkräften den Sinn eines Engagements für die Schulentwicklung zu verdeutlichen, denn meistens ging es ihnen (scheinbar) auch so gut, und die positiven Folgen sind erst nach einigen Jahren sichtbar. Hier ist die Geduld, der lange Atem der Schulleiter gefordert, die sich getreu dem Grundsatz »Weniger ist mehr« auch mit kleinen (Fort-)Schritten begnügen müssen. Aber so können die »verstreuten Individualisten« auf Dauer ohne Überlastung in einen innovativen Schulentwicklungsprozess mit einbezogen werden.

Feedback an Schulleitung

Jahresgespräche dürfen nicht zu einem einseitigen, von oben nach unten geführten Gespräch werden, da sie sonst als Befehlsempfang verstanden werden und entsprechend folgenlos bleiben. Genau so, wie Lehrkräfte ein Feedback über ihre Arbeit erwarten, soll auch die Leistung der Schulleitung bewertet werden. Für den Schulentwicklungsprozess ist es unabdingbar, dass Lehrkräfte und Schulleitung sich regelmäßig über ihre z.T. unterschiedlichen Konzeptionen und Erwartungen austauschen, damit der Prozess auch weiterhin von allen gemeinsam getragen wird.

Lehrkräfte sollen ebenso Vorschläge zur Verbesserung der Gesamtinstitution einbringen und Informationen erhalten, wodurch ihnen auch immer wieder die gemeinsame Verantwortung bewusst wird. Bei solcher Bilanzierung können blinde Flecken der Schulleitung beleuchtet und der notwendig andere Blickwinkel der Schulleitung korrigiert werden. Insofern funktioniert dieses Feedback sowohl als seismografisches Frühwarnsystem, z.B. bei übertrieben hohen und unrealistischen Forderungen der Schulleiter, als auch als Personalentwicklung der Lehrkräfte und Schulleiter.

Wenn beide Parteien kontinuierlich im Dialog sind, werden Konfliktpotenziale minimiert, und mögliche Vorurteile können abgebaut werden. Es ist zugegebenermaßen für die Lehrkräfte nicht immer leicht, Kritik an der Schulleitung zu üben, und man darf sich nicht der Illusion hingeben, auf diese Weise würde man lückenlos und objektiv über die Stimmungslage im Kollegium informiert. Je besser allerdings das Vertrauensklima ist und je transparenter die Führungspolitik praktiziert wird, umso offener werden Feedback-Gespräche auch von Lehrerseite.

Theoretischer Hintergrund

Führung durch Zielvereinbarung, verbunden mit einer konsequenten Überprüfung der Resultate, erhöht die Verbindlichkeit der getroffenen, gemeinsamen Philosophie und stärkt die Motivation sowie die Selbstständigkeit der Mitarbeiterinnen und Mitarbeiter.

Während in der Wirtschaft die jeweilige Zielerreichung oder auch Nichterreichung oftmals über Lohnanpassungen belohnt respektive bestraft wird, fehlt dieser Motivationsanreiz in der staatlichen Schule gänzlich. Hier muss die Motivation also eine andere sein, und mit Sprenger (»Mythos Motivation«) sind wir der Meinung, dass pekuniäre Anreize ebenso wie andere extrinsische Motivationsangebote nur sehr bedingt tauglich sind, da ihre Wirkung – wenn überhaupt – nur von kurzer Dauer ist. Viel sinnvoller hingegen ist es, Mitarbeiterinnen und Mitarbeitern die Möglichkeit zur Entfaltung zu bieten, anspruchsvolle Herausforderungen zu bieten und deren Erfüllung zum Schluss im nächsten Gespräch zu überprüfen. Vertrauen in die Leistungsbereitschaft kommt somit der Mehrheit der Betroffenen zugute, während die kleine Minderheit der Unwilligen auch mit Motivationsmanipulationen nicht zu begeistern ist. Abgesehen davon, dass man für diese Gruppe unnötig viel Energie verschleißen würde, stimuliert eine auf Vertrauen, Anspruchserwartung und Verbindlichkeit insistierende Führungspolitik zu Höchstleistungen für sich und die Institution als Ganzes. Für Schulleiter und Schulleiterinnen bedingt dies nicht nur eine andere Gesprächs- und mitunter auch Streitkultur, sondern vor allem die Einsicht, dass sie sich unmissverständlich zu ihrer Führungsrolle bekennen, sie wahrnehmen und auch transparent machen und nicht einer überholten »primus inter pares«-Ideologie das Wort reden. Und Jahresgespräche stellen ein klares Führungsinstrument dar.

Wenn Schulen zu lernenden Organisationen werden sollen, müssen sie vermehrt fähig sein, ihre Prozesse zu kommunizieren. Denn eine lernende Organisation muss in der Lage sein, sich selbst zu steuern, über sich nachzudenken und sich auch zu organisieren. Diese anspruchsvollen Ziele können aber nur kommunikativ realisiert werden.

Einführung in der Schule

Zunächst, und dies trifft für alle Neuerungen in der Schule zu, gilt es, sich in der Schulleitung klarzumachen, was mit diesem Instrument eigentlich erreicht werden soll. Es klingt zwar banal, aber dennoch scheitern viele Projekte genau an der Unklarheit des Auftrags. Es ist z.B. zu klären,

- ob den Lehrkräften allein die Entscheidung bei den Zielvorgaben überlassen wird oder ob der Schulleitung auch ein Weisungsrecht zukommt, welche Folgen diese Gespräche für die Gesamtorganisation haben sollen und wie die Rückkoppelung erfolgen kann,
- ob finanzielle Mittel für Fortbildungswünsche vorhanden sind oder von der Behörde bewilligt werden,
- ob die Schulleitung für die neue Aufgabe geschult ist und
- ob bei allen Beteiligten überhaupt genügend Zeitreserven zur Verfügung stehen.

Die Ziele müssen also jedermann/frau klar sein, und entsprechende Transparenz muss geschaffen werden. Wenn nämlich eine Schulleitung führen und diese Gespräche auch als Führungsinstrument einsetzen will, dann soll sie dies gefälligst auch sagen und dazu stehen. Denn nichts ist unangenehmer als heimliche Zielsetzungen! Wenn aber allen Beteiligten die Spielregeln klar sind, dann ist eher davon auszugehen, dass sie sich auch daran halten. Diese Anfangsphase ist enorm wichtig, denn alle nicht geklärten Fragen und Zielsetzungen werden im Verlauf der Zeit irgendwie und irgendwo wieder auftauchen und zu Friktionen führen. Diese dann zu beheben wird viel mehr Zeit- und Energieressourcen erfordern als der vermeintliche Zeitgewinn einer vorschnellen Einführung. Gefragt ist also hier wie überall eine »glühende Geduld« (Neruda) der Schulleitung.

Die Bedeutung einer behutsamen Einführung solcher Gespräche im Kollegium wird in der Literatur übereinstimmend bestätigt. Niemand äußert sich allerdings zum Fall eines möglichen negativen Konferenzbeschlusses. Was dann?

Unseres Erachtens ist eine sorgfältige Implementation unumgänglich – allerdings mit der klaren Vorgabe der Leitung, dass diese Gespräche für eine bestimmte Versuchsphase, z.B. während drei Jahren, eingeführt werden. Nach einer daran anschließenden Evaluation kann das Kollegium über die endgültige Einführung bestimmen. Sagt es dann immer noch nein, dann wies die Durchführung offenkundige Mängel auf. Das Kollegium entscheiden zu lassen, bevor diese Gespräche überhaupt durchgeführt wurden, ist erfahrungsleer und erscheint unsinnig.

Natürlich empfiehlt sich eine autoritär angeordnete Einführung nicht, weshalb wir auch ein mehrstufiges Vorgehen empfehlen:

- Diskussion und Zielklärung im Schulleitungsteam, das einen Rohentwurf der Strukturbeschreibung z.B. durch eine Checkliste erhält und die Gespräche unter sich durchführt.
- Diskussion und Durchführung der Gespräche mit kritischen und wohlmeinenden Lehrkräften, die ungeniert unter drei Frageaspekten reagieren sollten:
  – Was kann mir dieses Verfahren bringen?
  – Worin bestehen mögliche Gefahren?
  – Wie kann ich das System unterlaufen?
- Bekanntgabe und Erläuterung in einer Konferenz möglichst auf der Grundlage eines schriftlichen Konzepts der Schulleitung.
- Bereitstellung von Fachliteratur zum Thema im Lehrerzimmer.
- Offizielle Einführung der Gespräche mit kleineren Gruppen (Fachvorständen, einzelnen Fachgruppen, Projektleitern etc.).

Eine sukzessive Einführung hat zwar den Nachteil der längeren Implementationsdauer, bietet aber auch etliche Vorteile:

- »Kinderkrankheiten« können eher diagnostiziert und geheilt werden,
- der Beweis kann erbracht werden, dass dieses System funktioniert, wodurch
- die Akzeptanz im Kollegium wächst,
- eventuell steigen sogar das Bedürfnis und der Wunsch bei vielen Lehrkräften, diese Gespräche auch führen »zu dürfen«!

Wie bei allen Neuerungen hilft es ungemein, wenn deutlich vermittelt wird, dass das System lernfähig ist und die Schulleitung nicht beabsichtigt, alle erdenklichen Probleme nur allein mit diesem neuen Instrument zu lösen. Schließlich stellen strukturierte Jahresgespräche nur eine von (momentan) vielen Möglichkeiten der Personal- und Systementwicklung dar. Bei den Gesprächen sollten erfahrungsgemäß Themen aus folgenden Bereichen angesprochen werden:

- Rückblick mit Selbst- und Fremdeinschätzung,
- Einschätzung des Unterrichts
- Einschätzung des Schulklimas,
- Einschätzung der Schulleitung und der Organisation,
- Reflexion über die Schulentwicklung,
- Diskussion über Zielvorhaben und deren Evaluation,
- Sonstiges.

Entsprechend dieser Bereiche sollen sich sowohl Schulleiter als auch Lehrkraft mit Hilfe der abgedruckten Checkliste auf das Gespräch vorbereiten. Je nach Schwerpunkt wird ein Bereich ausführlicher, ein anderer kürzer oder eventuell gar nicht diskutiert. Die Checkliste soll nicht systematisch abgearbeitet werden, sondern dient beiden Gesprächspartnern dazu, sich Gedanken zu gleichen Themen zu machen, sich also bereits im Vorfeld aufeinander zuzubewegen und eventuell nicht bedachte Punkte »anzudenken«. Die Aufgabe des Schulleiters besteht u.a. darin, darauf zu achten, dass die fachlich-didaktischen Aspekte ausreichend besprochen werden. Denn dieser Bereich bildet nun einmal die Kernaufgabe der Lehrkräfte. Und methodisch-fachlich kompetente Lehrpersonen vermitteln die Begeisterung für ihr Fach weiter, und dies trägt wesentlich zum Gelingen der guten Schule bei. Insofern müssen Schulleiter hellhörig werden, wenn Lehrkräfte sich hauptsächlich in der Schulentwicklung engagieren möchten, da dies auch Anzeichen einer »Flucht« sein können.

Vorbereitungsfragen für den Schulleiter/die Schulleiterin

Eine Checkliste zur Strukturierung von Jahresgesprächen sollte die in Abbildung IX.4.1 genannten Elemente enthalten.

Bei der Präsentation unserer Checkliste in Fortbildungsveranstaltungen taucht immer wieder die Frage auf, ob der Schulleiter der Lehrkraft überhaupt ein Feedback über dessen Arbeit geben soll und, wenn ja, woher er denn seine Informationen beziehe. Ob er/sie dafür sogar spezielle (Geheim-)Dossiers anlegen müsse, was ja dann wieder rechtlich problematisch sei usw. Diese Angst ist durchaus berechtigt, und wie jedes Instrument können auch strukturierte Jahresgespräche missbraucht werden. Wenn sie allerdings ihren oben beschriebenen Sinn erfüllen sollen, ist Missbrauch ausgeschlossen. Zudem hat jeder Schulleiter ein Bild über jeden Kollegen, und unseres Erachtens ist es besser, die gegenseitigen Einschätzungen auszutauschen, damit sie notfalls auch korrigiert werden können. Dies bedeutet einen Schritt hin zu mehr Offenheit und

---

Abb. IX.4: **Vorbereitungs-Checkliste für die Schulleitung**

---

1. **Rückblick**

   - Welche Eindrücke habe ich von ihr/ihm in Bezug auf Unterricht, Engagement, Mitarbeit in Arbeitsgruppen resp. Fachschaft, Umgang mit Kollegen, Zuverlässigkeit und Corporate Identity gewonnen?
   - Welche Fortbildungen hat er/sie besucht?
   - Wie sahen seine/ihre Noten aus?
   - Wie viele Stunden fielen aus?
   - Was schätze ich besonders an ihr/ihm?
   - Womit habe ich bei ihr/ihm Mühe?
   - Welches war ihr/sein letztjähriges Ziel?
   - Wie wollte sie/er es evaluieren?

2. **Einschätzung des Schulklimas**

   - Was würde sich an der Schule ändern, wenn sie/er nicht da wäre?

3. **Einschätzung der Schulleitung und der Organisation**

   - Inwiefern habe ich ihr/ihm wichtige Informationen zur Schule geben können?
   - Habe ich wesentliche Informationen von ihr/ihm erhalten?
   - Bei welchen Gelegenheiten habe ich sie/ihn in Entscheidungsprozesse miteinbezogen?

4. **Reflexion über die Schulentwicklung**

   - Wo liegen ihre/seine Stärken in der Schulentwicklung?
   - In welchen Projekten könnte sie/er mitarbeiten?
   - Welche Projekte wären mit ihr/ihm erst möglich?

5. **Diskussion über Zielvorhaben und deren Evaluation**

   - Wo sehe ich Handlungsbedarf und was könnte ich ihr/ihm diesbezüglich anbieten?

6. **Sonstiges**

   - Nebentätigkeiten?
   - Was fällt mir zu ihr/ihm sonst noch ein?
   - Mit welchen Erwartungen kommt er/sie zu dem Gespräch?

Quelle: Kempfert

Transparenz, auch wenn der Weg dorthin nicht immer einfach ist. Das Feedback des Schulleiters muss sicherlich datengestützt sein, aber dies bedingt nicht das Anlegen von Aktennotizen. Es genügt in der Regel – stellt aber auch eine conditio sine qua non dar – darzulegen, auf Grund welcher Beobachtungen dieses Feedback entsteht. Und schließlich gibt es in guten Schulen Statistiken z.B. über Notengebung oder Unterrichtsausfälle, aus denen Daten für das Gespräch gewonnen werden können. Eine weitere Möglichkeit, Daten zu erhalten, besteht darin, im Vorfeld in der Schulleitungsrunde kurz die Kollegen nach ihren Eindrücken zur Lehrperson zu fragen. Dabei erhält man oft Informationen, die man auf Grund der eigenen selektiven Perzeption ausgeblendet hat. Für die Lehrpersonen sollte es ebenfalls ausreichend Gelegenheit für die Vorbereitung geben. Sie sollten zudem das Recht haben, einen Moderator zum ersten Gespräch hinzuziehen zu dürfen. Auch für Lehrpersonen ist eine Checkliste nützlich (Abb. IX.5).

Abb. IX.5: Vorbereitungs-Checkliste für die Lehrpersonen

1. Rückblick

- Worauf bin ich besonders stolz?
- Womit bin ich besonders zufrieden?
- Was hat mich besonders gefreut?
- Wie beurteile ich mein Engagement für die Schule/die Fachschaft/die Schulentwicklung?
- Wie schätze ich meine Zuverlässigkeit ein? (Einhaltung von Terminen/Absprachen/Verordnungen, Pünktlichkeit etc.)
- Worin liegen meine besonderen Stärken?
- Welches sind meine Schwächen?
- Wie beurteile ich die Realisierung meiner letztjährigen Ziele?

2. Einschätzung des Unterrichts

- Was bereitet mir im Unterricht am meisten Freude?
- Was bereitet mir im Unterricht am wenigsten Freude?
- Wie schätze ich mich ein in Bezug auf meinen Unterricht?
- Wie zufrieden bin ich mit den Leistungen meiner Schülerinnen und Schüler?
- Wie schätzen die Schüler/innen meinen Unterricht ein?
- Wie sieht der ideale Unterricht für mich aus?
- Was möchte ich in meinem Unterricht einmal ausprobieren?
- Wie möchte ich in 5 oder 10 Jahren unterrichten?
- Wie kann ich diese Situation erreichen?

3. Einschätzung des Schulklimas

- An welches Ereignis erinnere ich mich besonders gern/ungern?

(Fortsetzung **Abb. IX.5**)

- Wie fühle ich mich momentan an der Schule/in meiner Fachgruppe? (Gründe)
- Was bereitet mir besonders Freude?
- Was ist besonders interessant?
- Was ärgert/belastet/behindert/überfordert mich?
- Was würde mir fehlen, wenn ich nicht mehr an dieser Schule wäre?

4. **Einschätzung der Schulleitung und der Organisation**

- Was hat die Schulleitung besonders gut gemacht? (Administration, Personalpolitik, Schulentwicklung, Information, persönlichen Umgang, Sonstiges)
- Was sollte verbessert werden?
- Inwiefern hat mich die Schulleitung gefördert?
- Habe ich das Gefühl, dass meine Leistung anerkannt wird?
- Was möchte ich von der Schulleitung wissen?
- Inwiefern erleichtert/erschwert die Infrastruktur meine Arbeit?
- Was sollte an der Organisationsstruktur geändert werden?
- Wie nehme ich die Arbeit der Aufsichtsbehörden wahr? (Schulrat, BKSD)

5. **Reflexion über die Schulentwicklung**

- Wenn ich unbeschränkt viel Geld einsetzen könnte, wofür würde ich es einsetzen?
- Wie beurteile ich unsere Schulentwicklung?
- Wie empfinde ich das Verhältnis von Aufwand und Ertrag?
- Worüber wird in unserer Schule zu viel/zu wenig geredet?
- Wo sehe ich mein Potenzial in der Schulentwicklung?
- Welche Erkenntnisse habe ich aus meinen Evaluationen für die Schule gewonnen?

6. **Diskussion über Zielvorhaben und deren Evaluation**

- Welche Herausforderungen reizen mich?
- Welche Ziele setze ich mir für das kommende Jahr?
- Welche Unterstützung (z.B. Fortbildung) benötige ich dafür?
- Welche Schwierigkeiten könnten dabei auftauchen?
- Inwiefern profitiert die Schule von meinem Vorhaben?
- Wie werde ich den Erfolg meiner Ziele evaluieren?
- Welche längerfristigen Ziele habe ich?
- Was werde ich in 10 Jahren tun?

7. **Sonstiges**

- Welchen Nebentätigkeiten gehe ich nach?
- _____

Quelle: Kempfert

Vorbereitung und Durchführung der Gespräche

Wenn beide Gesprächspartner sich mit Hilfe der Checklisten seriös auf das Gespräch vorbereitet haben, ist eine wesentliche Bedingung für das Gelingen der Kommunikation bereits erfüllt. Denn beide nehmen diesen Anlass als Chance wahr, ernsthaft über positive Entwicklungsmöglichkeiten nachzudenken.

Es versteht sich von selbst, dass dieser Dialog in einem störungsarmen Umfeld ohne Zeitstress und nach den allseits bekannten Kommunikationsregeln stattfindet. Anderenfalls sind Jahresgespräche von vornherein zum Scheitern verurteilt. Ein gegenseitiges Feedback über den Gesprächsverlauf gehört ebenso wie die schriftliche Fixierung der Zielvereinbarung zum integralen Bestandteil strukturierter Jahresgespräche. Auf Grund der Notizen sollte der Schulleiter danach überlegen, ob – im Einverständnis mit der Lehrkraft – Informationen an Dritte zur Klärung unmittelbar weitergegeben werden müssen oder aber ein bestimmtes Thema an einer der nächsten Konferenzen behandelt werden sollte. Abschließend wird der Vertrag von beiden Partnern unterschrieben, und jeder erhält ein Exemplar.

Vor- und Nachteile

Die Wirkung von strukturierten Jahresgesprächen ist in der Schule wissenschaftlich noch nicht untersucht worden. Erfahrungen aus der Wirtschaft und aus anderen europäischen Schulen, wie z.B. Schweden, die auf eine längere Tradition solcher Gespräche zurückschauen, zeigen allerdings die positive Bedeutung für Schulentwicklungsprozesse deutlich. Im Folgenden sollen deshalb im Überblick die wesentlichen Vor- und Nachteile dieses Führungsinstrumentes sowohl aus Sicht der Schulleitung wie auch aus derjenigen der Lehrkräfte aufgezeigt werden. Wir streben damit keine vollständige Aufzählung an und sind uns auch bewusst, dass Vor- und Nachteile nicht überall eindeutig einer Personengruppe zuzuordnen sind. Diese Übersicht soll aber Schulen helfen, die Auswirkungen einer eventuellen Implementation rasch zu überblicken, um in einer konstruktiven Auseinandersetzung den für die einzelne Schule jeweils richtigen Weg zu gehen.

Vorteile aus der Sicht der Schulleitung:
- vorhandenes Potenzial erkennen und fördern,
- echte Anerkennung und Wertschätzung zeigen,
- informiert sein über Stimmungslage im Kollegium,
- Verbesserungsvorschläge für die Organisation Schule erhalten,
- signalisieren, dass systematische Schulentwicklung ein für alle verbindliches Ziel darstellt,
- Ziele und deren Realisierung verlangen,
- Verminderung von Kriseninterventionen,
- Systematisierung der Kontakte mit dem Kollegium.

Nachteile aus der Sicht der Schulleitung:
- zeitaufwändig,
- Druck/Zwang zur Evaluierung.

Vorteile aus der Sicht des Kollegiums:
- Anerkennung der geleisteten Arbeit,
- Einzelkämpfertum minimieren,
- Schwellenangst zur Schulleitung minimieren,
- direkten Zugang zu relevanten Informationen erhalten,
- Gerechtigkeit erhöhen, da alle Lehrkräfte die gleichen Angebote erhalten,
- Burnout vorbeugen,
- Mobbing verhindern,
- Kontakt zur Schulleitung,
- Möglichkeit, Unterstützung zu erhalten,
- Erhalten eines lernfördernden Feedbacks ihrer Arbeit,
- Rückendeckung ihrer Aktivitäten,
- erhöhte Möglichkeit der eigenverantwortlichen Mitgestaltung.

Nachteile aus der Sicht des Kollegiums:
- Angst, am Gängelband gehalten zu werden,
- Erfolgsdruck bzw. Erwartungsdruck durch die Schulleitung.
- Was passiert mit den Daten?

Vorteile für das Gesamtsystem:
- Einübung einer Zielvereinbarungskultur,
- Praktizierung einer Verbindlichkeitskultur,
- Einübung einer Evaluationskultur,
- Verbesserung des öffentlichen Images,
- systematische und koordinierte Arbeit an gemeinsamen Zielen,
- Stärkung der Corporate Identity,
- kostengünstige Schulentwicklungsmaßnahme,
- bewusstes Qualitätsmanagement.

Es ist sicherlich nicht überraschend, dass die aufgezeigten Vorteile die möglichen Nachteile bei weitem überwiegen. Trotzdem möchten wir vor allzu euphorischen Erwartungen an ein mögliches Wunder- bzw. Allheilmittel warnen. Mit strukturierten Jahresgesprächen kann z.B. ein in sich oder mit der Schulleitung zerstrittenes Kollegium nicht arbeiten, da solche Gespräche nicht nur zu einer positiven Kommunikationskultur führen, sondern sie in Ansätzen auch bedingen. Des Weiteren werden auch nicht alle Kollegen und Schulleitungen über Nacht zu Musterknaben avancieren. Gleichwohl werden diese Gespräche langfristig ihre Wirkung zeigen und Einzelpersonen sowie die Institution als Ganzes weiterentwickeln, wenn sie in einem Klima des Vertrauens und der Verbindlichkeit durchgeführt werden.

5. Zielvereinbarungen

Führung in allen Organisationen muss sich – zumindest in der Theorie – an Zielen orientieren, denn wenn Ziele nicht klar sind, dann ist auch der Weg unklar. Und ist der Weg unbekannt, dann stochern entweder alle im Nebel und verlaufen sich, oder jeder läuft dorthin, wo er sein persönliches Ziel sieht. Deshalb haben alle guten Schulen auch Leitbilder, die die großen pädagogischen Ziele beinhalten und die sie im Alltag in erreichbare und messbare Ziele übersetzen und im Idealfall sogar im Schulprogramm dokumentieren.

Wenn eine Schulleitung eine zielorientierte Führung proklamiert und praktizieren will, sollte sie selbst auch klare Ziele haben und diese transparent kommunizieren. Ansonsten wirkt sie wenig glaubwürdig. Eine Schulleitung sollte denn zunächst ein Führungsleitbild erarbeiten, in dem sie ihre Ziele deklariert. So verdeutlicht sie den Lehrpersonen was ihr wichtig ist und worauf sie bei der Schulführung achtet und wird somit berechenbar. Führungsgrundsätze muss die Schulleitung allein erarbeiten. Über Führungsgrundsätze kann man nicht das Kollegium abstimmen lassen. Dies ist in Schulen ungewohnt, und viele Schulleitungen scheuen sich denn auch vor solch einem scheinbar undemokratischen Prozedere. Schulleitungen müssen aber lernen, zu ihrer Führungsverantwortung zu stehen, denn schließlich können sie nicht Führungsgrundsätze leben, mit denen sie nicht einverstanden sind. Es ist hingegen nicht nur sinnvoll, sondern unbedingt erforderlich, wenn diese Führungsgrundsätze dem Kollegium in angemessener Form vorgestellt werden und ihm die Möglichkeit gegeben wird, Fragen zu stellen oder auch Vorschläge einzureichen. Ob diese anschließend von der Schulleitung übernommen werden oder nicht, muss sie entscheiden und dies auch vorher so kommunizieren.

Im Gymnasium Liestal haben wir diesen Weg beschritten und vor allem bei einem Punkt, der »unternehmerischen Führung«, heftige Kritik von einigen und ebensolche Zustimmung von anderen Kollegen erhalten. Hier bestand also Klärungsbedarf, und nachdem dies geschehen war, haben wir unsere Führungsgrundsätze verabschiedet (Abb. IX.6).

Es ist Aufgabe von Lehrpersonen und Schulleitungen, die Schule zielorientiert zu gestalten, und es ist natürlich vornehmlich Aufgabe der Schulleitung, die Schule zielorientiert zu führen. Zielorientiert führen kann entweder bedeuten, zunächst einmal Ziele mit den Beteiligten aushandeln oder aber Ziele vorgeben, die sich aus dem Leitbild ergeben. Aushandeln ist sicherlich Erfolg versprechender, aber mitunter darf sich eine Leitung auch nicht davor scheuen, Ziele zu deklarieren, von denen sie wegen ihrer Führungsverantwortung überzeugt ist, dass sie zu erreichen sind.

Abb. IX.6: Führungsgrundsätze der Schulleitung des Gymnasiums Liestal

---

Präambel

- Die Schulleitung führt das Gymnasium Liestal als Team, in dem alle Mitglieder Verantwortung für klar definierte Bereiche übernehmen.

- Die Grundlage unseres Handelns und der folgenden Führungsgedanken ist unser Leitbild.

- Wir sind bestrebt, gemeinsam mit allen Mitarbeitenden ein konstruktives und auf Vertrauen basierendes Arbeitsklima zu schaffen.

- Wir begegnen allen im Schulalltag mit Respekt, Offenheit und Toleranz. Wir setzen uns für eine Schulhauskultur ein, in der sich Lernende und Lehrende wohl fühlen.

1. Wir leiten die Schule zielorientiert

- Wir entwickeln Visionen zur Gestaltung der Schule und kommunizieren diese. Dabei sind wir offen für Anregungen und Kritik. Wir akzeptieren Widerstände und nehmen sie ernst.

- Unser Leitprinzip ist Führung durch Zielvereinbarung. Die jeweiligen Ziele werden zwischen den Partnern gemeinsam festgelegt. Dabei gewähren wir größtmögliche Autonomie. Wir kontrollieren die Einhaltung der Abmachungen, sorgen somit für Verbindlichkeit und evaluieren das Erreichen der vereinbarten Ziele.

2. Wir legen Wert auf Qualität

- Im Zentrum unserer Arbeit steht die Sicherung und kontinuierliche Weiterentwicklung der schulischen Qualität in allen Bereichen, ohne die Beteiligten zu überfordern.

- Dazu fördern wir das Bewusstsein für Qualitätsentwicklung auf allen Ebenen und schaffen Strukturen, in denen Qualitätsvorstellungen definiert, realisiert und reflektiert werden können.

3. Wir fördern eine offene Kommunikations- und Konfliktkultur

- Wir nehmen uns Zeit für Gespräche, sind im Schulhaus präsent und unkompliziert erreichbar.

- Wir pflegen eine offene Gesprächskultur, sind bereit, Kritik entgegenzunehmen und erwarten Kritikbereitschaft.

- Wir stellen uns Konflikten, bemühen uns, sie selbst zu lösen, oder stellen die für die Lösung notwendigen Ressourcen zur Verfügung.

- Wir holen in regelmäßigen Abständen Feedbacks ein um unsere Arbeit zu optimieren.

4. Wir pflegen einen partizipativen und kooperativen Führungsstil

- Wir fördern die Zusammenarbeit auf allen Ebenen und unterstützen Initiativen und Impulse aus dem Kollegium und der Schülerschaft.

- Wir ziehen Betroffene in Entscheidungen mit ein, und nehmen ihre Anliegen ernst.

- Wir nehmen Stärken der Mitarbeitenden wahr und fördern sie.

- Wir sind bereit, Verantwortung abzugeben und Führungsaufgaben zu delegieren.

- Wir bieten zusätzliche herausfordernde Tätigkeiten für die Schule an.

(Fortsetzung **Abb. IX.6**)

5. Wir sorgen für Transparenz

- Wir kommunizieren Wissen, das für die Schulorganisation relevant ist. Unsere Entscheide sollen nachvollziehbar sein.
- Wir beschreiben die Zuständigkeiten und Kompetenzen der Mitarbeitenden.
- Wir sind verantwortlich dafür, dass unser Schulhandbuch alle wesentlichen Informationen enthält, regelmäßig aktualisiert wird und allen zugänglich ist.
- Wir sorgen für klar definierte Abläufe sowie für eine effiziente Administration und Organisation.
- Wir definieren effiziente Informationswege und setzen sie in die Praxis um. Wir bemühen uns, die Informationsfülle sinnvoll auf das Wesentliche zu beschränken, und erwarten, dass die verbreiteten Informationen zur Kenntnis genommen werden.

6. Wir führen die Schule unternehmerisch

- Wir erkennen und analysieren Entwicklungen im Umfeld der Schule frühzeitig und ergreifen entsprechende Initiativen.
- Wir halten an Bewährtem fest, sind offen für Veränderungen und fördern das Verständnis für neue Entwicklungen.
- Wir vergleichen uns mit anderen Schulen und nehmen innovative Anregungen auf.
- Als lernende Organisation sind wir bestrebt, Defizite zu erkennen und sie adäquat zu beheben.
- Wir setzen die Ressourcen sinnvoll ein und sorgen dabei für ein ausgewogenes Verhältnis von Aufwand und Ertrag unserer Arbeit.
- Wir fördern dieses unternehmerische Bewusstsein in der ganzen Schule.

7. Wir fördern die Corporate Identity der Schule

- Wir unterstützen Lehrpersonen, Schülerinnen und Schüler darin, ein gemeinsames pädagogisches Selbstverständnis zu entwickeln.
- Wir setzen uns für ein einheitliches, klar erkennbares Erscheinungsbild unserer Schule ein.
- Wir ermöglichen Gemeinschaftsveranstaltungen der Schule und regen solche an.
- Wir streben eine positive Medienpräsenz des Gymnasiums Liestal an.

Quelle: Schulleitung Gymnasium Liestal

Im Schulalltag spielen sich Zielvereinbarungen auf zwei Ebenen ab: Es gibt individuelle und gruppenbezogene Vereinbarungen. Die individuellen werden entweder in institutionalisierten Jahresgesprächen, in Konfliktgesprächen oder in speziellen Personalgesprächen getroffen. Gruppenvereinbarungen findet man zwischen Schulleitung und Fach- oder diversen Projektgruppen.

Das Prozedere auf allen Ebenen ist immer das Gleiche: Im gegenseitigen Einverständnis werden Ziele ausgehandelt und die dazu notwendige Unterstützung sowie die Erfolgsmessung festgelegt. Zwei Schwierigkeiten haben sich bei diesen Vereinbarungen als besonders hartnäckig erwiesen. Zum einen verwechseln Lehrpersonen häufig Ziele mit Maßnahmen, und zum anderen nehmen sie sich oft zu viele Ziele vor. Es ist für Lehrpersonen oft auch nicht einsichtig, warum Ziele genannt werden sollen und warum die Zielwahl auch noch begründet werden soll. Es ist doch schließlich jedem klar, warum etwas gemacht werden soll. Denn jede Lehrperson trägt schließlich ihre subjektiven Theorien mit sich herum und nimmt an, sie seinen selbst-evident. Hier hilft es, wenn man Lehrpersonen darauf hinweist, dass die Evaluation von Maßnahmen lediglich zeigt, ob die Maßnahme erfolgreich war, aber keinerlei Aussagen über die Zielerreichung zulässt. Maßnahmen können zwar auch evaluiert werden, aber immer nur im Hinblick auf das zu erreichende Ziel. Natürlich gibt es hinter jedem Ziel immer noch ein Ziel, und am Schluss führt alles zum Oberziel: Lernleistungen der Schüler/innen zu verbessern. Und auch hier könnte man noch philosophische Grundziele hinzufügen. Hier gilt es also, Augenmaß zu bewahren. Wenn also eine Lehrperson das Ziel hat, das Leseverständnis ihrer Schüler zu verbessern, ist dies ein sinnvolles Ziel, das nicht noch auf eine höhere Zielstufe gehoben werden muss, indem als Ziel schlussendlich der allgemeine demokratische Grundauftrag der Schule bemüht wird. Wichtig ist, dass es sich hierbei klar um ein Ziel und keine Maßnahme handelt. Wie das Leseverständnis verbessert wird, ist schließlich Sache der Lehrperson.

Manchmal taucht eine weitere Schwierigkeit bei der Zieldiskussion auf, wenn Lehrpersonen oder Fachgruppen keine anderen Ziele als die Erfüllung des Lehrplans angeben. Hier beißen sich Schulleitungen mitunter die Zähne aus, denn oberflächlich betrachtet haben sie ja Recht. Denn wenn alle den Lehrplan erfüllen, sollte es doch eigentlich keine Probleme geben. Hinter diesen Aussagen verbirgt sich meistens nicht offen formulierter Widerstand gegen Zielvereinbarungen. Es besteht die Angst, eingespannt zu werden oder gar die Selbstständigkeit zu verlieren. Verbindlichkeit ist nun einmal nicht jedermanns Sache. Hier braucht es Geduld, und oft hilft die Frage, inwiefern Schüler den Lehrplan erfüllen und inwiefern nicht und was die Personen(en) gedenken, dagegen zu tun und warum. Und schon können Ziele vereinbart werden.

Die Anzahl der Ziele und der daraus folgenden Maßnahmen ist hingegen einfacher zu steuern. Wenn man den Betroffenen verdeutlicht, dass sie in ihrer Lehrerkarriere zwischen 20 und 35 Jahren Zeit haben, um noch ganz viele Ziele zu erreichen und nicht alle bereits im ersten Jahr erledigt sein müssen, legt sich das Problem meist schnell.

Im Folgenden sollen Beispiele gezeigt werden, um zu verdeutlichen, was wir unter Zielvereinbarungen verstehen.

Zunächst zeigen wir eine Zielvereinbarung nach einem Jahresgespräch. Die Ziele werden von beiden Seiten gemeinsam formuliert, mitunter mehrfach hin und her gemailt, bis beide einverstanden sind. Hier muss die Schulleitung neben dem eben Ausgeführten darauf achten, dass der Aspekt »Evaluation« mit klaren Indikatoren versehen wird. So gab ein Kollege sich das Ziel, die Selbstständigkeit der Schüler zu fördern, indem er u.a. Gruppenarbeiten optimieren wollte. Und als Indikator schrieb er: »Bei der Präsentation der Gruppenarbeit kann ich beurteilen, wie gut die Aufträge erfüllt worden sind.« Es bedurfte einige Anläufe, um dem Kollegen klarzumachen, dass dies keine Indikatoren darstellten und dass somit auch das Ziel für die Schüler/innen nicht transparent war.

Es ist ratsam, den geschätzten Zeitaufwand pro Ziel möglichst realistisch einschätzen zu lassen, damit sich Lehrpersonen nicht zu viel (aber auch nicht zu wenig) vornehmen, und oft ist es hilfreich, wenn Lehrpersonen bei der Zielformulierung auch über die dazu notwendigen Maßnahmen reden, denn durch einen Vergleich von Maßnahmen und Zielen kann das Ziel oft genauer formuliert werden. Die Formulierung von Maßnahmen in einer Zielvereinbarung sollte aber fakultativ sein, denn entscheidend ist die Zielerreichung – wie auch immer (Abb. IX.7).

Abb. IX.7: Kontrakt mit einer Lehrperson nach einem Jahresgespräch

1. Zielsetzungen bis zum nächsten Gespräch
   a) im Unterricht
   b) im Rahmen der Schulentwicklung
   c) persönliche Fortbildung
2. Was möchte ich mit meinen Zielen erreichen?
3. Wie will ich die Ziele realisieren? (fakultativ)
4. Geschätzter Zeitaufwand pro Ziel?
5. Längerfristige Vorhaben:
6. Unterstützung durch die Schulleitung (z.B. Fortbildungsmaßnahme):
7. Woran wird der Erfolg meiner Ziele zu erkennen sein? (Indikatoren)
8. Zeitpunkt des nächsten Gesprächs:

Datum: _____

Unterschrift der Lehrperson: Unterschrift des Schulleiters:

Quelle: Kempfert

Solche Gespräche mit anschließenden Zielgesprächen sind, wie im vorangegangenen Kapitel beschrieben, in der Regel sehr angenehm und werden von beiden Seiten als stimulierend empfunden. Es gibt aber in Schulen auch Konflikte, und diese müssen möglichst schnell angesprochen werden. Es ist oft mühsam, und manchmal möchte man als Schulleiter auch wegsehen in der Hoffnung, dass sich das Problem von allein erledigt. Die Erfahrung aber zeigt, das Probleme selten von allein verschwinden, sondern höchstens schlimmer werden. Wir meinen, dass es eine der wichtigsten Aufgaben von Schulleitungen ist, hier einzugreifen, denn Qualitätsentwicklung äußert sich auch darin, dass man bereit ist, tagtäglich auf die Verbindlichkeit der vereinbarten Qualitätsstandards zu achten. Und Konflikte stellen nichts anderes dar als die Verletzung eben dieser Standards. In Schulen sind es meistens Klassen oder Eltern, die sich über Lehrer beschweren, oder es sind Ereignisse, die die Schulleitung wahrgenommen hat. In solchen Konfliktgesprächen gehen wir nur kurz auf die Analyse des Konflikts ein und konzentrieren uns hauptsächlich darauf herauszufinden, wie solche Störungen in Zukunft vermieden werden können. Und dies geschieht wiederum über Zielvereinbarungen, und auch sie werden evaluiert.

Fachgruppen haben wir im Kapitel III als Zentren der Qualitätsentwicklung bezeichnet. Sie sind verantwortlich für die Qualitätsentwicklung in ihrem Fach, und es liegt an ihnen, die dafür notwendigen Maßnahmen zu ergreifen. Sie benötigen für ihre Aufgaben Ressourcen, und die sollten sie nur erhalten, wenn klar ist, wozu sie verwendet werden, d.h., welche Ziele damit erreicht werden sollen. Zudem sollen Fachgruppen auf Grund ihrer internen Analyse beschließen, in welchen Bereichen und wozu ihre Hauptaktivitäten stattfinden. Diese Ziele werden im Gymnasium Liestal jährlich von den Fachschaften erhoben, in der Schulleitung diskutiert, je nachdem erneut mit den Fachgruppen verhandelt und anschließend veröffentlicht, damit alle Kolleginnen und Kollegen erfahren, welche Ziele an der Schule von wem bearbeitet werden. Diese Veröffentlichung informiert nicht nur und führt mitunter zu Synergien, sondern spornt (hoffentlich) auch an.

Auch hier zunächst eine sicherlich gut gemeinte Zieleingabe, die allerdings nur aus einem Maßnahmenkatalog bestand (Abb. IX.8).

Abb. IX.8: **Fachschaftsziele der Fachschaft XY (aus Datenschutzgründen leicht modifiziert)**

- Einführung und Evaluation des neuen Unterrichtswerks XY
- Zusammenstellung möglicher Tagesexkursionen mit Schulklassen (Bis Ende Sommerferien werden Ideen gesammelt; während der mündlichen Maturprüfungen können diese eventuell »ausprobiert« werden.)
- Planung einer Weiterbildung für die Fachschaft zum Thema _____

Bei der anschließenden Diskussion war den Vertretern der Fachschaft das Problem zunächst überhaupt nicht klar. Denn sie wollten doch sogar etwas evaluieren, zudem den Unterricht mit Tagesexkursionen bereichern und schließlich sich noch selbst fortbilden. Dass man sich aber zunächst einmal fragen sollte, warum ein neues Unterrichtswerk eingeführt und in welchem unterrichtlichen Zusammenhang die Exkursionen stehen, wurde erst im Verlauf der Diskussion klar.

Schulentwicklung wird nicht nur von Fach-, sondern auch von Projektgruppen getragen, die im Auftrag der Schulleitung und/oder des Kollegiums klar definierte Aufgaben für eine bestimmte Zeit übernehmen. Das Ziel solcher Delegation besteht darin, die Nachhaltigkeit der Schulentwicklung langfristig zu sichern, indem sie institutionalisiert, d.h. Personen übertragen wird, die mit entsprechenden Kompetenzen versehen werden.

Dadurch kann die Schulleitung wirkungsvoll entlastet werden. Denn wenn sie für alle Schulentwicklungsvorhaben die alleinige Verantwortung trägt, läuft die Schulentwicklung Gefahr zu versanden, sobald es einen Wechsel in der Schulleitung gibt oder aber die Schulleitung aus Überlastungsgründen ihre Energien anders investiert. Zudem ist diese eine Personalentwicklungsmaßnahme zur Förderung engagierter Kollegen. Bei dieser Institutionalisierung sollten folgende Prinzipien eingehalten werden:

- Die Leitung sollte, wenn immer möglich, zwei Lehrpersonen (im Idealfall männlich/weiblich) übertragen werden. Sie können sich ergänzen und unterstützen, und sobald einer der beiden aufhört, kann die zweite Person einen neuen Kollegen einarbeiten und somit das erworbene Wissen weitergeben. Ansonsten droht ein Wissensverlust, und das Rad muss wieder neu erfunden werden.
- Die Verantwortlichen erarbeiten ein Konzept, in dem sie die Ziele des Projekts darlegen und auch ihre Arbeitsweise beschreiben.
- Mit der Schulleitung werden jährliche Zielvereinbarungen getroffen, die
- Ebenso jährliche evaluiert werden
- Die Schulleitung stellt den Verantwortlichen ein Budget zur Verfügung und regelt eventuelle Entlastungen.

Nicht alle Zielvereinbarungsgespräche verlaufen so reibungslos, wie diese Beispiele vermuten lassen. Alle Gespräche erfordern immer wieder die Rückbesinnung auf die Ziele und deren Evaluationsindikatoren. Und schließlich muss auch noch eine Evaluation durchgeführt werden. Zielvereinbarungen als Bestandteil des Pädagogischen Qualitätsmanagements sind zwar aufwändig, aber gleichzeitig entlastend und erfolgreich. Denn Lehrpersonen werden nicht ständig kontrolliert und gegängelt, sondern können in Eigenverantwortung, mit entsprechenden Kompetenzen und Ressourcen die selbst gesteckten Ziele erreichen und erfahren dadurch eine bedeutsame Bereicherung und Anerkennung ihrer Arbeit. Dass dieser Idealzustand nie völlig erreicht werden kann, wissen wir alle. Aber deshalb wieder zur von Misstrauen geprägten bürokratischen Kontrolle zurückzukehren ist unsinnig und vor allem ineffektiv. Das wissen wir auch alle.

6. Man kann jede Stelle dieses Buches zum Anfang nehmen

Angesichts der bisher beschriebenen Möglichkeiten zur pädagogischen Qualitätsentwicklung fühlen sich sicherlich etliche Lehrkräfte und Schulleiter zeitlich überfordert. Denn wie soll man das alles schaffen, wie sollen die Kolleginnen und Kollegen motiviert werden? Schließlich wollen die Eltern dieses und die Schulbehörden jenes, und Entlastungsstunden für zusätzliche Arbeit gibt es eh nicht.

Wir sind uns dieser Schwierigkeiten bewusst und haben deshalb auch kein theoretisches Vademecum einer Idealschule beschrieben. Unsere Absicht ist, realistische und auch bereits realisierte Verfahren und Instrumente vorzustellen und Schulen Mut zu machen, sich auf den Weg der systematischen Qualitätsentwicklung zu begeben.

Anfangen kann man eigentlich überall. Ob mit Schülerbefragungen, der Fachschaftsarbeit, der Konzeption von Parallelarbeiten oder mit einer Lehrerselbstevaluation. Oder aber mit ganz anderen, bei uns überhaupt nicht aufgezeigten Verfahren. Wichtig ist allerdings, dass der systematische Kreislauf von der Datenerhebung über die Konzeption und die Maßnahme(n) bis zur Evaluation im Laufe eines, höchstens zweier Schuljahre geschlossen wird (vgl. Abb. IX.9). Auch wenn man klein anfängt, ergibt sich mit der Zeit die notwendige Professionalisierung des Kollegiums und der Schulleitung.

Wenn eine Schule irgendwo einsteigt – und es gibt keine Schule, die keine Schulentwicklung betreibt –, dann kommt es häufig zu lähmenden, aber trotzdem notwendigen Zieldiskussionen. Diese Zieldiskussion, die oftmals auch eine Wertediskussion ist, dient oftmals als Vorwand zur Verhinderung einer Innovation und kann den Prozess blockieren. Insofern – und unsere Erfahrung mit Schulen bestätigt dies – bietet eine Zielklärung mit der anschließenden Formulierung eines Leitbildes eine ideale Einstiegsmöglichkeit in den Entwicklungsprozess. Zwar sind auch Leitbilddiskussionen nicht ohne Widerstände möglich, aber sie können den Rahmen für die zukünftige Arbeit bilden (vgl. Kempfert/Rolff 1997). Denn wenn ein Kollegium erst einmal diese Diskussion erfolgreich durchgeführt hat, ist das Fundament für die Weiterarbeit gelegt. Zukünftige Vorhaben können sich dann an den vereinbarten Werten orientieren und müssen nicht jedes Mal erneut die Zieldiskussion durchlaufen. Leitbilddiskussionen führen Kollegien in einem relativ kurzen Zeitraum auch vor Augen, dass eine Einigung überhaupt möglich ist und Veränderungen durchaus realisierbar sind. Aber auch Leitbilddiskussionen können nicht einfach verordnet, sondern müssen sorgfältig vorbereitet werden. Ein gescheiterter Versuch kann schließlich den Entwicklungsprozess auf lange Sicht begraben. Möglichkeiten für einen erfolgreichen Einstieg in eine Leitbildarbeit können sein:

Abb. IX.9: Kreislauf der Schulentwicklung (»Basis-Prozesse«)

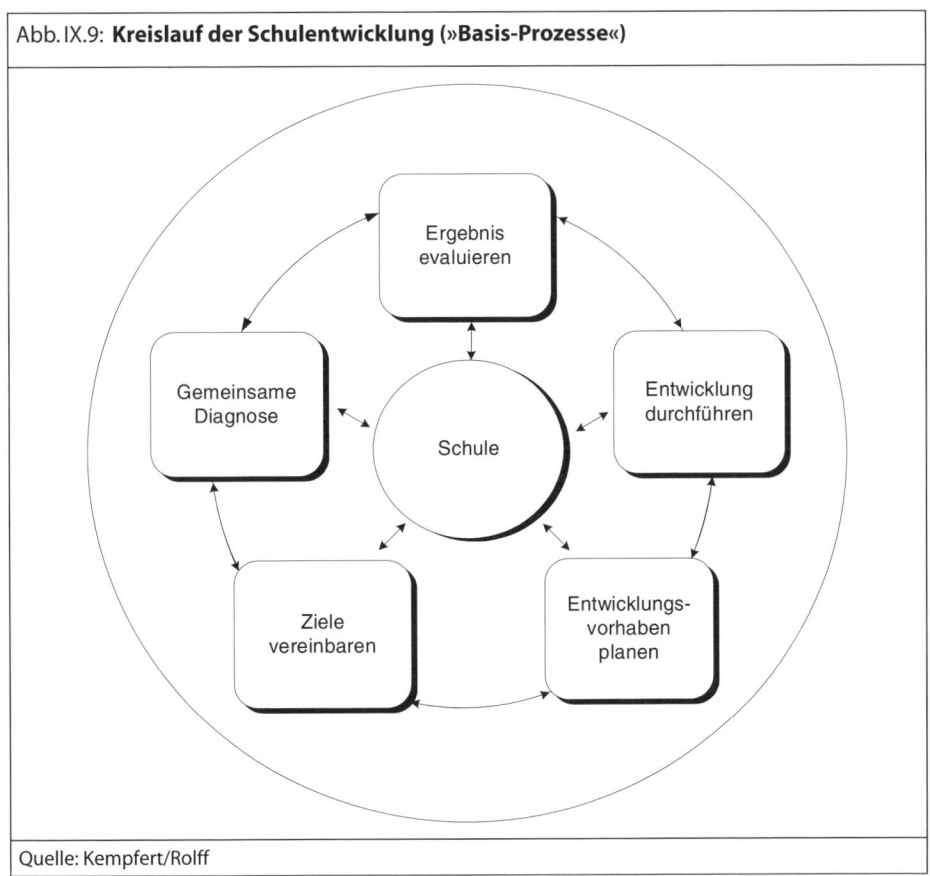

Quelle: Kempfert/Rolff

- Einen konkreten »Vorfall« zum Anlass einer pädagogischen Grundsatzdebatte nutzen (z.B. Schulschwänzen, Vandalismus, nachlassende Leistungen, gute oder fehlende Öffentlichkeitsarbeit etc.).
- Leidensdruck der Schule auflisten, Probleme sammeln und im Anschluss daran eine pädagogische Klausurtagung veranstalten, damit ein Leitbild erarbeitet werden kann.
- Die Schätze einer Schule suchen und auflisten.
- Vorhaben bekannt geben und frühzeitig Informationen verteilen oder eine Leseecke im Lehrerzimmer mit neuerer pädagogische Literatur einrichten bzw. mit Themen, die gerade aktuell sind.
- Referenten einladen und die Idee der Leitbildarbeit vorstellen. Dies sollte eine kompetente Person sein, die selber bereits Erfahrungen mit Leitbildarbeit gesammelt hat und mit niemandem im Kollegium »verflochten« ist.
- Lehrpersonen aus Schule mit Leitbildern einladen (auch Kritiker!). Diese Veranstaltung eventuell sogar ohne Schulleitung durchführen. Auch hier besteht die Möglichkeit, ehrliche Antworten zu erhalten.

- Erwartungen und Befürchtungen im Kollegium z.B. in einer Konferenz sammeln, auf Kärtchen oder Post-its sammeln, aufschreiben und auch diskutieren (keine Befürchtungen unter den Tisch kehren), auswerten und bei der nächsten Konferenz weiterdiskutieren.
- Steuergruppe bilden mit dem Auftrag, sich Gedanken zu einer eventuellen Leitbildarbeit zu machen. Dadurch wird der Fokus auf Kollegen gelenkt, die weniger im Verdacht stehen, irgendein geheimes Ziel zu verfolgen. Zudem wird die Leitbildarbeit bereits zu Beginn zum geistigen Eigentum von mehreren Leuten.
- Besuch bei einer Schule mit einem Leitbild. Man sieht dann vor Ort, wie Schulen mit einem Leitbild arbeiten, und kann Lehrer informell befragen.
- Informelle Pausengespräche führen und punktuelle Impulse z.B. bei Konferenzen setzen.
- Als Schulleitung selbst ein Leitbild für die Schulleitungsarbeit entwerfen und durch diese Vorbildfunktion demonstrieren, dass man sowohl Wein predigt als auch selber trinkt.

Im Zuge einer richtig verlaufenden Leitbilddiskussion hat der dabei geführte pädagogische Diskurs zudem auch schon weitere Entwicklungsschwerpunkte notwendig erscheinen lassen, sodass die Bereitschaft zur Veränderung größer geworden ist. Denn bei Zieldiskussionen taucht immer unweigerlich auch die Frage der Realisierung auf. Wenn ein Leitsatz also z.B. lautet: »Wir sind eine ökologisch orientierte Schule«, dann schwingen auch immer schon bereits mögliche Maßnahmen wie »Abfallprojekte«, »Bessere Mittagsverpflegung« etc. mit, denn Ziele leiten sich ja häufig aus als defizitär empfundenen Zuständen der Schule ab. Und wenn sich ein Kollegium über Ziele verständigen kann, erfordert es in der Regel keinen ganz so großen Kraftakt mehr, auch zu dessen Realisierung zu schreiten. Wichtig für die Schulleitung wie auch das Kollegium ist es in dieser Situation höchstens, die Reformeuphorie des Kollegiums zu bremsen und klarzumachen, dass nicht alle wünschenswerten Ziele bereits im ersten Halbjahr erreicht werden müssen.

Natürlich gibt es auch entmutigende Beispiele von fehlgeschlagenen Leitbildprozessen – so wie es wohl zu allen erfolgreichen Initiativen auch negative Gegenbeispiele gibt. Wir wollen hier auch nichts schönreden – dafür kennen wir die Praxis zu gut. Es gibt aber Gott sei Dank eine große Anzahl Mut machender Beispiele (siehe z.B. etliche Schweizer Schulen sowie das Netzwerk innovativer Schulen der Bertelsmann-Stiftung), und mitunter muss ein Anfang auch zweimal gewagt werden. Und nach wie vor gilt auch für die Schule:

If you always do what you have always done, you will always get what you have always got.

Literaturverzeichnis

Ackeren, I. v.: Evaluation, Rückmeldung und Schulentwicklung. Erfahrungen mit zentralen Tests, Prüfungen und Inspektionen in England, Frankreich und den Niederlanden. Münster 2003.

Altrichter, H./Posch, P.: Möglichkeiten und Grenzen der Qualitätsevaluation und Qualitätsentwicklung im Schulwesen. Studien Verlag, Innsbruck/Wien 1997.

Altrichter, H./Messner, E.: Wenn Schulen sich den Spiegel vorhalten. In: Pädagogik 50 (1998) 6.

Altrichter, H./Posch, P.: Lehrer erforschen ihren Unterricht. Eine Einführung in die Methoden der Aktionsforschung. Klinkhardt, Bad Heilbronn [3]1998.

Altrichter, H./Schley, W./Schratz, M. (Hrsg.): Handbuch der Schulentwicklung. Studien Verlag, Innsbruck/Wien 1998.

Amrein, A.L./Berliner, D.C.: The Effects of High-Stakes Testing on Student Motivation and Learning. In: Educational Leadership 5 (2003) 60.

Argyris, Ch.: Wissen in Aktion. Klett-Cotta, Stuttgart 1997.

Arnold, R./Faber, K.: Qualität entwickeln – aber wie? Kallmeyer, Seelze 2000.

Bastian, J./Rolff, H.-G.: Vorabevaluation des Projektes »Schule und Co«. Gütersloh (Bertelsmann-Stiftung) 2001 und Abschlussevaluation des Projektes »Schule und Co«. Bertelsmann-Stiftung, Gütersloh 2003.

Bastian, J./Combe, A./Langer, R.: Feedback-Methoden. Erprobte Konzepte, evaluierte Erfahrungen. Beltz, Weinheim/Basel/Berlin 2003.

Bauer, K.-O.: Konzepte pädagogischer Professionalität und ihre Bedeutung für die Lehrerarbeit. In: Bastian, J./Helsper, W./Reh, S./Schelle, C. (Hrsg.): Professionalisierung im Lehrerberuf. Leske + Budrich, Opladen 2000, S. 55–72.

Baumert, J. u.a.: PISA 2000. Basiskompetenzen von Schülerinnen und Schülern. Leske + Budrich, Opladen 2001.

Baumgartner, I. u.a.: OE-Prozesse. Die Prinzipien systemischer Organisationsentwicklung. Haupt, Bern 1988.

Berndt, J./Prangemeier, F.-J.: Fragebogen für Berufsbildende Schulen. In: Ministerium für Schule und Weiterbildung (Hrsg.): Evaluation in der Schulpraxis. Düsseldorf 1998.

Bessoth, R.: Lehrerberatung – Lehrerbeurteilung. Luchterhand, Neuwied [3]1994.

Bildungskommission NRW: Zukunft der Bildung – Schule der Zukunft. Luchterhand, Neuwied 1995.

Black, P./William, D.: Inside the Black Box: Raising Standards through Classroom Assessment. In: Phi Delta Kappan, Heft 10, 1998.

Bork, J./Döring, N.: Forschungsmethoden und Evaluation. Springer, Berlin/Heidelberg [3]2002.

Brophy, J.: Teaching (Educational Practices Series, Vol. 1). Brüssel: International Academy of Education & International Bureau of Education. www.ibe.unesco.org

Bruhn, M.: Qualitätsmanagement für Dienstleistungen. Springer, Berlin [2]1997.

Buchen, H./Horster, L./Rolff, H.-G. (Hrsg.): Schulleitung und Schulentwicklung. Raabe, Berlin 1995ff.

Buhren, C.G. u.a.: Qualitätsindikatoren für Schule und Unterricht. IFS-Verlag, Dortmund 1999.

Buhren, C.G.: Lehrerbeurteilung – und was Schülerinnen und Schüler dazu beitragen können. In: Journal Schulentwicklung 3 (1999) 1.

Buhren, C.G./Rolff, H.-G.: Qualitätsindikatoren für den Unterricht. In: Buchen, H./Horster, L./Rolff, H.-G. (Hrsg.): Schulleitung und Schulentwicklung. Raabe, Berlin 1998.

Buhren, C.G./Rolff, H.-G.: Personalentwicklung in der Schule. Beltz, Weinheim/Basel 2002.

Buhren, C.G./Killus, D./Müller, S.: Wege und Methoden zur Selbstevaluation. IFS-Verlag, Dortmund 1999.

Burkard, Ch.: Schulentwicklung durch Evaluation? Lang, Frankfurt/M. 1998.

Burkard, Ch./Eikenbusch, G.: Praxishandbuch Evaluation in der Schule. Scriptor, Berlin 2000.

Burkard, Ch./Eikenbusch, G./Ekholm, M.: Starke Schüler – gute Schulen. Wege zu einer neuen Arbeitskultur im Unterricht. Cornelsen, Berlin 2003.

Burkard, Ch./Orth, G.: Lernstandserhebungen. In: Schulverwaltung NRW, Heft 4, 2004.

Coe, R.: Can feedback improve teaching? A review of the social science literature with a view to identifying the conditions under which giving feedback to teachers will result in improved performance. In: Research Papers in Education (13) 1, 1998, S. 43–66.

Coleman, P.: Quality Assurance. A case study. In: School Organization 12(1992) 2, S. 201–235.

Dalin, P./Rolff, H.-G./Buchen, H.: Institutionelles Schulentwicklungsprogramm. Ein Handbuch. Kettler, Bönen 1995 (zuerst 1990).

Dell, J./Schmidt, G./Tautenhahn, F.: Qualitätsmanagement macht Schule. Kettler, Bönen 1997.

Ditton, H./Arnold, B./Bornemann, E.: Entwicklung und Implementation eines extern unterstützenden Systems der Qualitätssicherung an Schulen. In: Zeitschrift für Pädagogik. 45. Beiheft. Beltz, Weinheim/Basel 2002.

Döbrich, P.: Pädagogische Entwicklungs-Bilanzen (PEB). In: Päd. Führung 1(2003)14.

Dreier, F./Hartmann, H.R.: Zertifizierung einer Schule nach dem Modell Q2E. In: Buchen, H./Horster, L./Rolff, H.-G. (Hrsg.): Schulleitung und Schulentwicklung. Raabe, Berlin 2003.

Dubs, R.: Die Führung einer Schule. Steiner, Zürich 1994.

Dubs, R.: Qualitätsmanagement für Schulen, St. Gallen (Institut für Wirtschaftspädagogik der Universität) 1998.

Educational Leadership: »Accountability«, H. 3, Bd. 61, 2003; »Using Data to Improve«, H. 5, Bd. 60, 2003.

Eikenbusch, G.: Systemische Planungs- und Entwicklungsgespräche in der Schule. In: Organisationsberatung – Supervision – Clinical Management, Heft 2 (1995) 1, S. 123–139.

Ekholm, M.: Evaluation als Bestandteil der Arbeitskultur von Schule. In: Landesinstitut für Schule und Weiterbildung: Schulentwicklung und Qualitätssicherung in Schweden. Soest 1993.

Engel, P.: Japanische Organisationsprinzipien. Verbesserung der Produktivität durch Qualitätszirkel. Landsberg 1986.

European Foundation for Quality Management (Hrsg.): Das EFQM-Modell für Excellence – Version für Öffentlichen Dienst und soziale Einrichtungen. Brüssel 2002 (www.efqm.org).

Fend, H.: Qualität im Bildungswesen. Beltz, Weinheim/Basel 1998.

Flick, U.: Triangulation. In: Zeitschrift für Soziologie der Erziehung 18 (1998) 4, S. 443–447.

French, W.L./Bell, C.H.: Organisationsentwicklung. Haupt, Bern ³1990.

Fullan, M.: Schulentwicklung im Jahr 2000. In: Journal für Schulentwicklung, Heft 4/2000.

Fullan, M.: The Moral Imperative of School Leadership. Corwin, Thousand Oaks 2003.

Gonon, Ph. u.a.: Qualitätssysteme auf dem Prüfstand. Sauerländer, Aarau 1998.

Gray, J./Reynolds, D./Fitz-Gibbon, C./Jesson, D. (Hrsg.): Merging Traditions. The Future of Research and School Improvement. Redwood Books, New York 1996.

Guskey, Th.R.: How Classroom Assessments Improve Learning. In: Educational Leadership 5 (2003) 60.

Gathen, v.d. J./Schultebraucks-Burgkart, G.: Zielführendes Arbeiten in der Grundschule. In: Buchen, H./Horster, L./Rolff, H.-G. (Hrsg.): Schulleitung und Schulentwicklung. Raabe, Berlin 2004.

Gonon, Ph. u.a.: Qualitätssysteme auf dem Prüfstand. Sauerländer, Aarau 1998.

Hargreaves, A.: Changing teachers, changing times. Cassel, London 1994.

Hargreaves, A./Fink, D.: The Seven Principles of Sustainable Leadership. In: Educational Leadership 61 (2004) 7, S. 8–13.

Helmke, A.: Leistungssteigerung und Ausgleich von Leistungsunterschieden in Schulklassen. In: Zeitschrift für Entwicklungspsychologie und Pädagogische Psychologie 10 (1988) 1, S. 45–76.

Helmke, A.: Unterrichtsqualität. Erfassen, Bewerten, Verbessern. Kallmeyer, Seelze 2003.

Helmke, A.: Von der Evaluation zur Innovation? In: Empirische Pädagogik (18)1, 2004a.

Helmke, A.: MARKUS und die Folgen: Zentrale Ergebnisse der Rezeptionsstudie WALZER und ihre Bedeutung für die Evaluationsforschung und das Qualitätsmanagement. In: Jäger, R.S. u.a. (Hrsg.): Lernprozesse, Lernumgebung und Lerndiagnostik. Landau 2004b (im Druck).

Helmke, A./Hosenfeld, J.: Vera. In: Schulverwaltung NRW 7/8 (2003) 14.

Hentig, H. v.: Schule neu denken. Taschenbuchausgabe. Beltz, Weinheim/Basel 2003.

Herrmann, J./Höfer, Chr.: Evaluation in der Schule – Unterrichtsevaluation. Bertelsmann-Stiftung, Gütersloh 1999.

Hillerich, I.: Wie werden Ergebnisse von empirischen Schulleistungsstudien von Schulen verarbeitet? In: Döbert, H. u.a. (Hrsg.): Bildung vor neuen Herausforderungen. Luchterhand, Neuwied 2003.

Horster, L./Rolff, H.-G.: Unterrichtsentwicklung. Grundlegung – Praxis – Prozesssteuerung. Beltz, Weinheim/Basel 2001.

Huberman, U.A./Miles, M.B.: Innovation up close. Plenum Press, New York/London 1984.

IFS-Schulbarometer: Ein mehrperspektivisches Instrument zur Erfassung der Schulwirklichkeit. Dortmund 1996/[8]2003.

Ingenkamp, K.H.: Fragwürdigkeit der Zensurengebung. Beltz, Weinheim [4]1973.

Inspectie van het Onderwijs: Beurteilung schulischer Qualität in Niedersachsen. Utrecht 2003 und: Indikatoren für Qualität. Utrecht 2001. (E-Mail: t.verhoef@owinsp.nl).

Johnson, D.W./Johnson, R.T.: Circles of Learning. Cooperation in the class room. Edina, Minnesota (USA) 1993.

Journal für LehrerInnenbildung 4 (2001): Portfolios in der LehrerInnenfortbildung. Studien Verlag, Innsbruck/Wien 2001.

Joyce, B./Showers, B.: Student Achievement through Staff Development. Longman, USA [2]1995.

Kanaga, K./Browning, H.: Keeping watch. How to monitor and maintain a team. In: Leadership in Action 2 (2003), S. 3–8

Käsler, D.: Max Weber. In: Käsler, D. (Hrsg.): Klassiker des soziologischen Denkens. Beck, München 1978.

Kamiske, G.E.S./Brauer, J.P.: Qualitätsmanagement von A bis Z. Hanser, München [2]1995.

Kempfert, G.: Der widerspenstigen Zähmung … oder wie gehe ich mit änderungsresistenten Lehrpersonen um? In: Lernende Schule 4 (2001)16.

Kempfert, G./Rolff, H.-G.: Leitbildentwicklung mit dem ganzen Kollegium. In: Buchen, H./ Horster, L./Rolff, H.-G. (Hrsg.): Unterricht und Schulentwicklung. Raabe, Berlin 1995ff.

Kempfert, G./Rolff, H.-G.: Pädagogische Qualitätsentwicklung. Beltz, Weinheim/Basel [3]2002.

Kempfert, G.: Gestaltungsmöglichkeiten einer teilautonomen Schule – Ein Erfahrungsbericht aus der Schweiz. In: Koch, St./Fisch, R. (Hrsg): Schulen für die Zukunft. Neue Steuerung im Bildungswesen. Schneider, Köln 2004.

Klieme, E. u.a.: Zur Entwicklung nationaler Bildungsstandards. Hrsg. v. BMBF. Bonn 2003.

Klippert, H.: Unterrichtsentwicklung durch neue Lernformen. In: Buchen, H./Horster, L./Rolff, H.-G. (Hrsg.): Unterricht und Schulentwicklung. Raabe, Berlin 1998.

Klippert, H.: Teamentwicklung im Klassenraum. Beltz, Weinheim/Basel 1999.

Kohlhoff, W.: Halb »peers«, halb »inspectors« – externe Evaluation durch ein gemischtes Team. In: Buchen, H./Horster, L./Rolff, H.-G. (Hrsg.): Unterricht und Schulentwicklung. Berlin 1995ff.

Kotter, K.H. (Hrsg.): Unsere Schule – Schulentwicklung nach dem EFQM-Modell. Kastner-Verlag, Wolnzach 2003.

Krainz-Dürr, M.: Wie kommt Lernen in die Schule? Studien Verlag, Innsbruck 1999.

Kuhl, J.: Was bedeutet Selbststeuerung und wie kann man sie entwickeln? In: Personalführung 4 (2004), S. 30–39.

Kuwan, H./Waschbüsch, K.: Zertifizierung und Qualitätssicherung in der beruflichen Bildung – Berichte zur beruflichen Bildung. Bertelsmann, Bielefeld 1996.

Kyriakides, L./Campbell, R.J./Christofidou, E.: Generating Criteria for Measuring Teacher Effectiveness Through a Self-Evaluation Approach: A Complementary Way of Measuring Teacher Effectiveness. In: School Effectiveness and School Improvement 13 (2002) 3, S. 291–322.

Landert, Ch.: Klassencockpit – Evaluation im Auftrag der Projektleitung Klassencockpit St. Gallen. Zürich 2002.

Landesinstitut für Schule und Weiterbildung (Hrsg.): Evaluation und Schulentwicklung. Kettler, Bönen 1995.

Landesinstitut für Schule und Weiterbildung: Schulentwicklung und Schulaufsicht (Quess). Kettler, Bönen 1998.

Landwehr, N.: Neue Wege der Wissensvermittlung. Sauerländer, Aarau 1994.

Landwehr, N./Steiner, P.: Q2E-Qualität durch Evaluation und Entwicklung. Sauerländer, Aarau 2002.

Lortie, D.C.: School Teachers. A Sociological Study. University of Chicago Press-Phoenix-Edition, Chicago 1977.

Ludwig-Tauber, M.: Der Unterrichtsbesuch in der Aufsicht und Beratung von Lehrpersonen. In: Beiträge zur Lehrerbildung 1 (1995), S. 50–59.

Liket, Th.: Freiheit und Verantwortung. Bertelsmann-Stiftung, Gütersloh 1993.

MacBeath, J./McGlynn, A.: Self-Evaluation. What's in it for schools? Routledge, London/New York 2002.

Mauthe, A./Rösner, E. (Hrsg.): Schulqualität konkret. IFS-Verlag, Dortmund 2000.

Meyer, H.: Schulpädagogik. Bd. II: Für Fortgeschrittene. Scriptor, Berlin 1997.

Ministerium für Schule und Weiterbildung: Rahmenkonzept »Qualitätsentwicklung und Qualitätssicherung schulischer Arbeit«. Düsseldorf 1998.

Moser, H.: Grundlagen der Praxisforschung. Lambertus, Freiburg 1995.

Moser, U.: Klassencockpit im Kanton Zürich. Kompetenzzentrum für Bildungsevaluation. Universität, Zürich 2003.

Müller, S.: Schulinterne Evaluation. IFS-Verlag, Dortmund 2002.

Nagel, F.W./Rolff, H.-G./Schmitz, R.: Evaluation als Grundlage von Schulberatungsversuchen am Beispiel einer Hauptschule. In: LSW (Hrsg.): Evaluation und Schulentwicklung. Kettler, Bönen 1995.

Newman, F.M./King, M.B./Rigdom, M.: Accountability and School Performance. In: Harvard Educational Review 67 (1997) 1, S. 41–74.

Niedersächsisches Kultusministerium: Orientierungsrahmen Schulqualität in Niedersachsen. Hannover 2003.

Orth, G.: Vergleichsarbeiten. In: Rolff, H.-G./Schmidt, H.J. (Hrsg.): Brennpunkt Schulleitung und Schulentwicklung. Luchterhand, Neuwied 2002.

Patton, M.Q.: Utilization-Focused Evaluation. Sage, Thousand Oaks ³1997.

Peek, R.: Vortrag im Atelier »Schulrückmeldungen« am IFS, 15.08.2003.

Peek, R.: Klassenbezogene Rückmeldungen aus Schulleistungsstudien und ihre Rezeption in beteiligten Schulen – QuaSUM 2 in Brandenburg, o.J.

Philipp, E.: Teamentwicklung in der Schule. Beltz, Weinheim/Basel 1996.

Philipp, E./Rolff, H.-G.: Leitbilder und Schulprogramme entwickeln. Beltz, Weinheim/Basel ²1998.

Prenzel, M.: Steigerung der Effizienz des mathematisch-naturwissenschaftlichen Unterrichts – Ein Modellversuchsprogramm. In: Unterrichtswissenschaft 1 (2001), S. 103–126.

Qualicon: Diplomlehrgang zum Assessor nach dem EFQM-Modell. Seminarunterlagen. Kirchberg 2002.

Rolff, H.-G.: Schulentwicklung als Entwicklung von Einzelschulen. In: Zeitschrift für Pädagogik, 6 (1991).

Rolff, H.-G.: Wandel durch Selbstorganisation. Beltz, Weinheim/Basel [2]1995.

Rolff, H.-G.: Pädagogisches Qualitätsmanagement (PQM). In: Buchen, H./Horster, L./Rolff, H.-G. (Hrsg.): Schulleitung und Schulentwicklung. Raabe, Berlin 2003.

Rolff, H.-G.: Rückmeldung und Nutzung der Ergebnisse von großflächigen Leistungsuntersuchungen. Grenzen und Chancen. In: Rolff, H.-G./Holtappels, H.G./Klemm, K./Pfeiffer, H./ Schulz-Zander, R. (Hrsg.): Jahrbuch der Schulentwicklung, Bd. 12. Juventa, Weinheim/ München 2002, S. 75–98.

Rolff, H.-G. u.a. (Hrsg.): Jahrbuch der Schulentwicklung. Bd. 10. Beltz, Weinheim/Basel 1998.

Rolff, H.-G.: Peer-Review. In: Journal Schulentwicklung 2 (2000).

Rolff, H.-G.: Schulentwicklung konkret. Kallmeyer, Seelze 2001.

Rolff, H.-G. u.a.: Manual Schulentwicklung. Beltz, Weinheim/Basel [2]1999.

Rolff, H.-G./Schmidt, H.J. (Hrsg.): Brennpunkt Schulleitung und Schulaufsicht. Luchterhand, Neuwied 2002.

Rolff, H.-G./Berkemeyer, N./Riegel, K.: Qualitätsentwicklung in Netzwerken in Niedersachsen – Evaluative Dokumentation. Niedersächsisches Kultusministerium, Hannover 2004.

Rolheiser, C. (Hrsg.): Self-Evaluation: Helping Students Get Better At It. University Toronto 1996.

Rosenbusch, H.: Der Schulleiter – ein notwendiger Gegenstand organisationspädagogischer Reflektion. In: Rosenbusch, H./Wissinger, J. (Hrsg.): Schulleiter zwischen Administration und Innovation. Schulleiter-Handbuch, Bd. 50. Bertelsmann, Braunschweig 1989.

Rosenholtz, S.R.: Teachers Workplace. New York 1989.

Rudd, P./Davies, D.: A revolution in the use of data? The LEA role in data collection, analysis and use and its impact on pupil performance (Slough) 2002.

Sacks, P.: Standardized minds. The high price of America's testing culture. Perseus, Cambridge 1999.

Saunders, L./Rudd, P.: Schools' use of »value added« data: A Science in the service of an art? (Slough) 1999.

Schmoker, M.: Results – The Key to continous School Improvement. Alexandria, Va (ASCD) 1999.

Schön, D.: Educating the reflective practitioner. Jossey-Bass, San Francisco 1987.

Schrader, F.W./Helmke, A.: Evaluation – und was danach? In: Schweizer Zeitschrift für Bildungswissenschaften 1 (2003) 25, S. 79–110.

Schratz, M./Iby, M./Radnitzky, E.: Qualitätsentwicklung. Beltz, Weinheim/Basel 2000.

Schubert, M.: Qualitätszirkel. In: Masing, W. (Hrsg.): Handbuch Qualitätsmanagement. Hanser, München 1994, S. 1075–1100.

Schley, W.: Change Management. In: Altrichter u.a. (Hrsg.): Handbuch zur Schulentwicklung. Studien Verlag, Innsbruck 1998.

Schratz, M.: Schulleitung als change agent. In: Altrichter u.a. (Hrsg.): Handbuch zur Schulentwicklung. Studien Verlag, Innsbruck 1998.

Schwarz, A./Steffens, U.: PISA 2000 – Evaluation von Schulrückmeldungen und Schulberatungen in Hessen. Beiträge des Projektbüros für Vergleichsuntersuchungen. Wiesbaden 2003.

Scottish Office of Education: How good is our school? Edinburgh 1996.

Seashore Louis, K./Leithwood, K.: From Organizational Learning to Professional Learning Communities. In: Leithwood, K./Seashore Louis, K. (Hrsg.): Organizational Learning in Schools. Lisse (NL) 2000.

Sparka, A.: Das niederländische Inspektorat. Hrsg.: Inspectie van het Onderwijs. Utrecht 2001.

Sprenger, R.: Mythos Motivation. Campus, Frankfurt 1991.

Stamm, M.: Qualitätsevaluation und Bildungsmanagement. Sauerländer, Aarau 1998.

Stern, C. u.a.: Vergleich als Chance. Bertelsmann-Stiftung, Gütersloh 2003.

Stoll, L./Myres, U. (Hrsg.): No Quick Fixes. Falmer, London 1998.

Strittmatter, A.: Evaluation: »Eine knüppelharte Sache«. In: Pädagogik 49 (1997) 5.

Temme, K.: Qualitätsmanagement in der Schule (ISO). Schroedel, Hannover 2002.

Terhart, E.: Wie können die Ergebnisse von vergleichenden Leistungsstudien systematisch zur Qualitätsverbesserung in Schulen genutzt werden? In: Zeitschrift für Pädagogik (48) 1, S. 91–110, 2002.

Tillmann, K.J. (Hrsg.): Was ist eine gute Schule? Bergmann u. Helbig, Hamburg 1989.

Training Journal, January 2004. Fenman limited, Ely.

Visscher, A.J./Coe, R. (Hrsg.): School Improvement through Performance Feedback. Lisse (NL) 2002.

Visscher, A.J./Coe, R.: School Performance Feedback systems: Conceptualisation, Analysis, and Reflection. In: School Effectiveness and School Improvement 14 (2003) 3, S. 321–349.

Vollstädt, W./Tillmann, K.J. u.a.: Lehrpläne im Schulalltag. Leske + Budrich, Opladen 1999.

Weinert, F.E. (Hrsg.): Leistungsmessungen in Schulen. Beltz, Weinheim/Basel 2001.

Wuppertaler Kreis e.V./Certqua: Qualitätsmanagement und Zertifizierung in der Weiterbildung. Luchterhand, Neuwied 2002.

Schule entwickeln

Hans-Günter Rolff / Claus G. Buhren /
Detlev Lindau-Bank / Sabine Müller
Manual Schulentwicklung
Handlungskonzept zur pädagogischen
Schulentwicklungsberatung (SchuB).
3. Auflage 2000.
366 Seiten. Pappband.
ISBN 3-407-25219-6

Ein umfassendes Handlungskonzept
zur pädagogischen Schulentwicklungsberatung (SchuB). Es ist entstanden
auf dem Hintergrund langjähriger
Forschungs- und Praxiserfahrung

in der Beratung von Schulen und der
Fortbildung von Lehrern, Schulleitung
und Schulaufsicht.
Die Ausbildungsinhalte zur pädagogischen Schulentwicklungsberatung
werden konkret und anschaulich
beschrieben und die vielfältigen
Handlungsfelder und Arbeitsbereiche
der Berater dargestellt:

- Arbeit mit Steuergruppen,
- Diagnostizieren,
- Ziele klären,
- Projekte planen,
- Unterricht entwickeln,
- mit Konflikten umgehen,
- Schulleitung beraten,
- Schulprogramme entwickeln,
- Evaluieren und Supervision

sind einige der Themen, die praxisnah,
verständlich und anwendungsbezogen
dargestellt werden. Dabei liefert jedes
Kapitel neben einer kurzen theorie-
geleiteten Einführung eine Vielzahl von
Anregungen, Materialien, Übungen
und Beispielen für die Beratungspraxis.
(Mit Kopiervorlagen.)

 Beltz Verlag · Postfach 100154 · 69441 Weinheim

Weitere Infos und Ladenpreis: www.beltz.de

Schritt für Schritt zum Schulprogramm

Elmar Philipp / Hans-Günter Rolff
**Schulprogramme und Leitbilder
entwickeln**
Ein Arbeitsbuch.
4., überarb. und erweiterte Auflage 2004.
147 Seiten. Broschiert.
ISBN 3-407-25285-4

Schulprogrammarbeit wird immer
wichtiger und selbstverständlicher. Das
nun erweiterte Standardwerk zeigt
einzelne Schritt der Umsetzung und
zahlreiche Beispiele von konkreter
Schulprogrammarbeit.

Die Entwicklung von Schulprogrammen
geschieht ungleichzeitig: Nicht wenige
Schulen besitzen bereits eines und
andere haben mit der Schulprogrammarbeit noch gar nicht begonnen.
Manche Schulen stellen dem Schulprogramm ein Leitbild voran, andere
wiederum nicht. Einige Schulen setzen
Leitbild und Schulprogramm zügig
um, nicht wenige stehen noch davor
und suchen nach geeigneten Implemen-
tationsstrategien. Die Evaluation von
Schulprogrammen hat kaum begonnen.
Dieses Arbeitsbuch hat sich als Standardwerk etabliert: 1998 zum ersten Mal
erschienen blieb es bis heute aktuell,
zumal es für diese vierte Auflage überarbeitet und ergänzt wurde.
Detailliert und beispielhaft werden
die einzelnen Schritte der Arbeit am
Schulprogramm beschrieben: Mit der
Vorstellung praktizierbarer Planungs-
verfahren wird gezeigt, wie Entwicklungsschwerpunkte gemeinsam gesetzt
und realisiert werden. Die Rolle von
Steuergruppen und der Aufbau von
Teamstrukturen wird dargelegt. Zur
Schwierigsten der Schulprogrammarbeit
gehört die Evaluation. Auch hierzu gibt
es Arbeitshilfen. Gelungene Fallbeispiele
von Schulprogrammentwicklung in
unterschiedlichen Schulformen ergänzen den Band.

BELTZ Beltz Verlag · Postfach 100154 · 69441 Weinheim

Weitere Infos und Ladenpreis: www.beltz.de